新财会系列丛书

WULIU QIYE KUAIJI
物流企业会计
(第四版)

丁元霖 主编

立信会计出版社
LIXIN ACCOUNTING PUBLISHING HOUSE

图书在版编目(CIP)数据

物流企业会计 / 丁元霖主编. —4版. —上海：
立信会计出版社，2019.3
ISBN 978-7-5429-6106-8

Ⅰ. ①物… Ⅱ. ①丁… Ⅲ. ①物流企业—会计 Ⅳ.
①F253.7

中国版本图书馆 CIP 数据核字(2019)第 048860 号

策划编辑　　蔡莉萍
责任编辑　　蔡莉萍
封面设计　　南房间

物流企业会计(第四版)
Wuliu Qiye Kuaiji

出版发行	立信会计出版社			
地　　址	上海市中山西路 2230 号	邮政编码	200235	
电　　话	(021)64411389	传　　真	(021)64411325	
网　　址	www.lixinaph.com	电子邮箱	lxaph@sh163.net	
网上书店	www.shlx.net	电　　话	(021)64411071	
经　　销	各地新华书店			
印　　刷	浙江省临安市曙光印务有限公司			
开　　本	787 毫米×960 毫米	1/16		
印　　张	22.5			
字　　数	448 千字			
版　　次	2019 年 3 月第 4 版			
印　　次	2019 年 3 月第 1 次			
印　　数	1—3100			
书　　号	ISBN 978-7-5429-6106-8/F			
定　　价	45.00 元			

如有印订差错，请与本社联系调换

最新财会系列丛书编写说明

　　为了满足高等财经类专业教学的需要,我们在立信会计出版社的支持下,出版了最新财会系列丛书。该套丛书包括:《商品流通企业会计》《旅游饮食服务业会计》《外贸会计》《银行会计》《物流企业会计》和《商品流通企业会计模拟实习》共六本,并同步出版了配套的习题与解答书。

　　该套丛书的特点是:理论联系实际,深入浅出,通俗易懂;遵循循序渐进的原则,合理安排各门学科的教学内容,详略得当。各本教材的主要内容均由丁元霖执笔编写,连贯性好,系统性强;能根据会计改革的需要,不断地修订、充实和更新内容,因此深受读者欢迎。

　　目前,《商品流通企业会计》一书已出了第十一版,印数已达 60.65 万册;《旅游饮食服务业会计》一书已出了第六版,印数已达 17.06 万册;《外贸会计》一书也已出了第四版,印数已达 10.92 万册;《银行会计》一书已出了第五版,前三版印数已达 13.07 万册;《物流企业会计》一书已出了第四版,前三版印数达 3.31 万册。另外,还出版了《商品流通企业会计模拟实习》,该书印数也已达 3 万余册。总之,这套书的市场效应和社会效应都相当好。其中,《外贸会计》一书荣获第七届全国高校出版社优秀畅销书一等奖。

丁元霖
2019 年春

第四版前言

本书自2006年1月初版以来，承蒙广大读者厚爱，已出了三版，印刷了7次。

本书第三版自2016年4月面世以来，我国全面实行了"营改增"的税制改革，同时，财政部也对《企业会计准则》进行了修订，会计核算内容又有了新的变更。为了使本书的内容紧扣《企业会计准则》，进一步体现先进性，编者对本书进行了修订，完成了第四版。同时，可提供与本书配套的教学课件。还将修订出版与本书配套的《物流企业会计习题与解答》一书。

本书全面系统地阐述了物流企业会计的意义、职能和对象，物流企业的会计要素和会计科目，货币资金和结算业务，外币业务和国际结算，应收及预付款项，存货、固定资产、无形资产、长期待摊费用和对外投资的核算，负债和所有者权益的核算，运输、仓储、装卸和配送业务的核算，期间费用、税金、政府补助、利润和利润分配的核算以及财务报告等内容。

这次修订，除了保持原有的特点外，结构更趋合理，内容也更趋完善。但因编者水平有限，疏漏之处在所难免，恳请广大读者多提批评与建议，以利于今后改进（可以通过电子信箱 dingyuanlin@hotmail.com 与作者联系）。

本书由丁元霖、刘芳源、应红梅、石厚云、刘健源、马洪照、孙伟桓参加了修订工作，最后由丁元霖定稿。

编　　者

2019年春

初版前言

自从美国物流管理协会于1985年率先提出现代物流以来，物流产业得到了飞速的发展，目前物流产业已成为我国国民经济的一个重要组成部分。为了满足高等财经院校教学的需要，提高物流会计的核算水平，我们编写了《物流企业会计》一书。本书也可作为企业领导人员和财会人员自学参考用书。

本书的特点是内容新颖、重点突出、详略得当、理论联系实际、深入浅出、通俗易懂。为了便于学员学习，将配套出版本书的习题与解答书。

本书共有十四章。第一章、第四章至第十四章由丁元霖编写；第二章由陈奕编写；第三章由丁辰编写；刘芳源、王铭敏、刘骥、潘桂群、傅秋菊和吴峥参加了思考题和习题的编写。全书由丁元霖担任主编并定稿。

本书在编写过程中得到了符伟明、蒋鸿金、周丽芳和李惠琴的大力支持和帮助，并得到了立信会计出版社蔡莉萍的鼎力相助，特在此一并表示感谢。由于编者水平有限，疏漏之处在所难免，恳请广大读者通过电子信箱 dingyuanlin@hotmail.com 与编者联系。

编　者
2005.12

目　　录

第一章　总论 … 1
第一节　物流企业会计概述 … 1
第二节　会计基本假设和会计信息质量要求 … 3
第三节　物流企业的会计要素和会计科目 … 7
思考题 … 10

第二章　货币资金和结算业务 … 11
第一节　货币资金概述 … 11
第二节　库存现金和备用金 … 12
第三节　银行存款 … 14
第四节　结算业务 … 15
第五节　企业与银行对账的方法 … 33
思考题 … 35
习题 … 36

第三章　外币业务和国际结算 … 40
第一节　外币与外汇管理 … 40
第二节　外币业务 … 43
第三节　汇兑损益 … 45
第四节　国际结算 … 48
思考题 … 51
习题 … 52

第四章　应收及预付款项 … 55
第一节　应收及预付款项概述 … 55
第二节　应收账款 … 56
第三节　预付账款和其他应收款 … 57
第四节　坏账损失 … 58

思考题 …………………………………………………………………… 61
　　习题 ……………………………………………………………………… 62

第五章　存货 ………………………………………………………………… 64
　　第一节　存货概述 ……………………………………………………… 64
　　第二节　原材料 ………………………………………………………… 65
　　第三节　低值易耗品 …………………………………………………… 82
　　第四节　存货的清查盘点 ……………………………………………… 84
　　第五节　存货的期末计价 ……………………………………………… 86
　　思考题 …………………………………………………………………… 87
　　习题 ……………………………………………………………………… 88

第六章　固定资产、无形资产和长期待摊费用 …………………………… 96
　　第一节　固定资产 ……………………………………………………… 96
　　第二节　无形资产 ……………………………………………………… 111
　　第三节　长期待摊费用 ………………………………………………… 117
　　思考题 …………………………………………………………………… 118
　　习题 ……………………………………………………………………… 119

第七章　对外投资 …………………………………………………………… 124
　　第一节　对外投资概述 ………………………………………………… 124
　　第二节　交易性金融资产 ……………………………………………… 125
　　第三节　持有至到期投资 ……………………………………………… 128
　　第四节　可供出售金融资产 …………………………………………… 133
　　第五节　长期股权投资 ………………………………………………… 136
　　思考题 …………………………………………………………………… 143
　　习题 ……………………………………………………………………… 144

第八章　负债 ………………………………………………………………… 149
　　第一节　负债概述 ……………………………………………………… 149
　　第二节　流动负债 ……………………………………………………… 150
　　第三节　非流动负债 …………………………………………………… 158
　　思考题 …………………………………………………………………… 177
　　习题 ……………………………………………………………………… 177

第九章 所有者权益 ········· 184
第一节 所有者权益概述 ········· 184
第二节 实收资本和股本 ········· 185
第三节 资本公积和其他综合收益 ········· 191
第四节 留存收益 ········· 194
思考题 ········· 196
习题 ········· 196

第十章 运输业务 ········· 200
第一节 运输业务概述 ········· 200
第二节 汽车运输成本 ········· 201
第三节 船舶运输成本 ········· 218
第四节 运输收入 ········· 235
思考题 ········· 240
习题 ········· 240

第十一章 仓储、装卸和配送业务 ········· 248
第一节 仓储、装卸和配送业务概述 ········· 248
第二节 仓储成本 ········· 250
第三节 装卸成本 ········· 255
第四节 配送成本 ········· 260
第五节 仓储、装卸和配送收入 ········· 263
思考题 ········· 264
习题 ········· 264

第十二章 期间费用、税金和政府补助 ········· 269
第一节 期间费用 ········· 269
第二节 税金和教育费附加 ········· 274
第三节 政府补助 ········· 281
思考题 ········· 284
习题 ········· 284

第十三章 利润和利润分配 ········· 288
第一节 利润 ········· 288

  第二节 利润分配···298
  思考题···302
  习题··303

第十四章 财务报告···306
  第一节 财务报告概述···306
  第二节 资产负债表···308
  第三节 利润表···315
  第四节 现金流量表···318
  第五节 所有者权益变动表···331
  第六节 附注··334
  第七节 前期差错及其更正···335
  思考题···338
  习题··338

附录一 现值系数表···344
附录二 年金现值系数表···345

第一章 总　　论

第一节　物流企业会计概述

一、物流企业概述

物流企业是指为客户的物流提供管理、控制和专业化服务的具有法人资格的单位。

物流是指物品从供应地向接收地的实体流动过程，它根据实际需要，将运输、储存、装卸、搬运、包装、流通加工、配送和信息处理等基本功能实施有机结合。物品包括原材料、半成品、产成品和商品。

早年，有许多生产企业和商品流通企业既从事制造和销售业务，也拥有自身的车队和仓库，从事运输和仓储作业。随着市场竞争日益加剧和社会分工的日趋细化，生产企业和商品流通企业开始注意到自己并不是经营运输作业和库存管理的行家，因此一些生产企业和商品流通企业开始将自己不十分在行的运输、仓储业务交给那些十分有经验、有实力的专业运输企业和仓储企业。委托专业运输企业和仓储企业经营自然比生产企业和商品流通企业自己经营更经济合算。而生产企业和商品流通企业则可以将更多的精力集中在自己的主营业务上，以便与自己的主要对手展开竞争。于是，一些比较好的运输企业、仓储企业就开始进入某些生产企业和商品流通企业的物流链中，这些企业通常从帮助生产企业和商品流通企业运输原材料、半成品和产成品开始，逐渐拓展到经营仓储、流通加工和配送等业务，成为生产企业和商品流通企业的合作伙伴。由此，使不少仅具有单一服务功能的物流企业发展成为颇具规模的、具有多种服务功能的综合性的物流企业，从而为物流服务业的发展提供了机遇。近年来，物流服务业得到了很大的发展，并已成为21世纪具有发展前途的朝阳行业。

现在，物流企业已发展到能为客户提供原材料、半成品和产成品或商品的储存保管、装卸、包装、租船、订舱、配载、制单、报价、报关、集港、疏港、运输、结汇和跟踪物流位置，直至货物到达指定目的地的最终用户手中等一系列服务。

二、物流企业会计的意义和职能

物流企业会计是指以货币作为主要计量单位，对物流企业的经济活动信息通过收集、加工和提供以会计信息为主的经济信息，并为取得最佳经济效益，对经济活动进行控制、分析、预测和决策的一种经济管理活动。

因此，做好物流企业会计工作，对促进劳动生产率的提高，生产作业要素的充分利用和资源的有效配置以及物流成本和期间费用的降低、经济效益的提高有着重要的意义。

物流企业会计具有会计核算和会计监督两大基本职能。

会计的核算职能即反映职能,是指将物流企业已经发生的个别的、大量的经济业务,通过确认、计量、记录、汇总和报告,转化为全面、连续和系统的会计信息,以反映物流企业经济活动的全过程及其结果。

会计的监督职能即控制职能,是指控制和规范物流企业经济活动的运行,使其达到预定的目标的职能。会计机构、会计人员要监督物流企业的经济活动是否符合国家的财经政策和财经纪律;监督会计核算反映的会计信息是否真实完整;监督经济活动是否按照事先确定的财务目标和编制的各项预算运行;及时反馈脱离预算的偏差,并及时采取措施,予以调整。

会计核算和会计监督这两大基本职能是相辅相成的。会计核算是会计监督的基础,只有正确地进行会计核算,会计监督才有真实可靠的依据。而会计监督则是会计核算的继续,只有严格地进行会计监督,才能使经济活动按预期的目的运行,会计核算才能在企业的经济管理中充分地发挥作用。

三、物流企业的会计对象

物流企业为了开展经济活动,必须拥有与其规模相当的资金。资金是指企业所有的各种财产物资的货币表现,包括货币本身。而会计的对象是指社会再生产过程中的资金及其运动。

物流企业可以通过投资者投资和向债权人借款取得货币形态的资金,这种资金称为货币资金。货币资金的一部分用于购置营业用房、仓库、装卸设备、各种交通运输工具和管理设备等固定资产,形成固定资金;一部分用于购买原材料和低值易耗品,形成存货资金;然后为客户提供各种物流服务,取得物流服务收入,收回了货币资金。在这一过程中损耗了固定资产,消耗了存货,因此,固定资金和存货资金又转变为货币资金,实现了资金的循环。企业资金的不断循环形成了资金周转。通常,提供物流服务收入的货币资金要大于其经营活动所发生的成本和费用,两者之间的差额即为企业的利润。企业的利润一部分以所得税的形式上交国家,一部分分配给投资者作为其对企业投资回报,这两部分资金便退出企业。其余利润作为盈余公积和未分配利润,用于企业的自我积累。物流企业资金的取得、资金的循环周转和资金的退出构成了物流企业的资金运动。

四、会计目标和会计核算目标

（一）会计目标

会计目标是指在一定的客观环境和经济条件下,会计运行所期望达到的结果。它决定着整个会计活动过程的发展方向和方式,是会计运行的出发点和归结点。同时,它也决定了会计应提供什么信息,以及所提供信息的具体数量和质量。

由于会计是经济管理的重要组成部分,因此会计目标要从属于经济管理的目标。在市场经济条件下,经济管理的目标是提高经济效益。事实上,会计的产生和发展就是基于对经济效益的追求,会计方法及技术的更新和发展也总是以提高经济效益的客观需要为动力的。因此,会计目标就是为了提高经济效益,这与经济管理的目标是一致的。

(二)会计核算目标

由于会计核算是会计的基础工作,因此,为了达到提高经济效益的会计目标,就要先确定会计核算的目标。《企业会计准则——基本准则》中明确指出:企业应当编制财务报表,财务报表的目标是向财务报表使用者提供与企业财务状况、经营成果和现金流量等有关的会计信息,反映企业管理层受托责任履行情况,有助于财务报表使用者作出经济决策。财务报表的使用者包括投资者、债权人、政府及其有关部门和社会公众。而会计核算的目标就是对外提供的会计信息应符合规定的质量要求。

首先,会计核算提供的信息要符合国家宏观经济管理的要求。由于会计工作是经济管理工作的重要基础,国家作为社会管理者,需要各个企业遵守国家的政策和法规,提供真实可靠的会计信息,以便利用各种经济杠杆和法律、行政手段进行国民经济宏观控制、调节和引导。其次,会计核算提供的信息要满足有关各方了解企业财务状况、经营成果和现金流量的需要。投资者和潜在的投资者需要了解企业的财务状况、盈利能力和现金流量及发展趋势的会计信息,以便其预测投资报酬和投资风险,作出继续投资、扩大投资或转让投资的决策;债权人需要了解企业的财务状况、盈利能力和资产变现程度,以便其作出减少贷款或增加贷款的决策;税务部门需要了解企业的纳税情况,以便其加强对企业税收的征管。再次,会计核算提供的信息要满足企业加强内部经营管理的需要。企业管理者需要了解企业财务状况、经营成果、现金流量和成本水平的信息,以利于总结成绩、挖掘潜力,改善经营管理。

第二节 会计基本假设和会计信息质量要求

一、会计基本假设

会计基本假设是指对会计核算所处的时间、空间环境和计量单位等所作的合理设定。会计基本假设是企业会计确认、计量和报告的前提,它包括会计主体、持续经营、会计分期和货币计量。

(一)会计主体

会计主体是指企业会计确认、计量和报告的空间范围。在会计主体假设下,企业应当对其本身发生的交易或事项进行会计确认、计量和报告,反映企业本身所从事的各项生产经营活动。明确界定会计主体是开展会计确认、计量和报告工作的重要前提。

首先,明确会计主体才能划定会计所要处理的各项交易或事项的范围。在会计工作中,只有那些影响企业本身经济利益的各项交易或事项才能加以确认、计量和报告。会计核算中涉及的资产、负债的确认,收入的实现,费用的发生等,都是针对特定会计主体的。

其次,明确会计主体才能将会计主体的交易或事项与会计主体所有者的交易或事项以及其他会计主体的交易或事项区分开来。例如,企业所有者的经济交易或事项是属于企业所有者主体所发生的,不应纳入企业会计核算的范围;但是企业所有者投入到企业的资本或企业向所有者分配的利润,则属于企业主体所发生的交易或者事项,应当纳入企业会计核算的范围。

(二) 持续经营

持续经营是指在可以预见的将来,企业将会按当前的规模和状态继续经营下去,不会停业,也不会大规模削减业务。在持续经营假设下,企业进行会计确认、计量和报告应当以持续经营为前提。明确这一基本假设,就意味着会计主体将按照既定的用途使用资产,按照既定的合约条件清偿债务,会计人员就可以在此基础上选择会计政策和估计方法。

然而,在市场经济环境下,任何企业都存在破产和清算的风险,因此企业不能持续经营的可能性总是存在的。如果可以判断企业不能持续经营,就应当改变会计核算的原则和方法,并在企业财务报告中作相应披露。

(三) 会计分期

会计分期是指将一个企业持续经营的生产经营活动期间划分为若干连续的、长短相同的期间。根据持续经营假设,一个企业将按当前的规模和状态持续经营下去。要想最终确定企业的生产经营成果,只能等到企业在若干年后歇业时核算一次盈亏。但是,无论是企业的生产经营决策还是投资者、债权人等的决策都需要及时的信息,不能等到歇业时。因此,通过会计分期,将持续经营的生产经营活动期间划分成连续、相同的期间,据以结算盈亏,按期编报财务报告,从而及时向财务报告使用者提供有关企业财务状况、经营成果和现金流量的信息。

在会计分期假设下,企业应当划分会计期间,分期结算账目和编制财务报告。会计期间分为年度和中期。年度和中期均按公历起讫日期确定。会计中期是指短于一个完整的会计年度的报告期间。会计中期又可分为半年度、季度和月度。

(四) 货币计量

货币计量是指会计主体在进行会计核算时以货币作为计量单位,反映会计主体的财务状况、经营成果和现金流量。在会计的确认、计量和报告过程中选择货币作为基础进行计量,是由货币本身的属性决定的。货币是商品一般等价物,是衡量一般商品价值的共同尺度。因此,只有货币计量单位才能为会计核算提供一个普遍适用的手段,以全面反映企业的财务状况和经营成果。

在我国,由于人民币是国家法定的货币,因此规定以人民币为记账本位币。外商投资企业等业务收支以外币为主的企业,也可以选定以某种外币为记账本位币,但在编制和提供财务报告时应当将其折算为人民币反映。

二、会计信息质量要求

会计信息质量要求是指在会计假设制约下,会计主体在会计核算中对会计对象进行确认和计量的科学规范。会计信息质量要求是人们从会计实践中总结出来的经验,这些经验在得到会计界公认后,就成为各个会计主体进行会计核算的共同依据,以保证会计信息的质量和可比性,更好地为投资者、债权人作出正确的决策服务,并能为国家进行宏观调控服务。会计信息质量要求包括可靠性、相关性、可理解性、可比性、实质重于形式、重要性、谨慎性和及时性等。

(一) 可靠性

可靠性是指企业应当以实际发生的交易或事项为依据进行会计确认、计量和报告,如实反映符合确认和计量要求的各项会计要素及其他相关信息,保证会计信息真实可靠、内容完整的会计信息质量要求。

会计作为一个信息系统,其提供的会计信息是投资者、债权人、企业内部管理层和国家宏观经济管理部门进行决策的重要依据。如果会计信息不能真实客观地反映企业经济活动的实际情况,将无法满足有关各方进行决策的需要,甚至导致决策失误。

因此,可靠性要求会计核算必须以实际发生交易或事项时所取得的合法的书面凭证为依据,不得弄虚作假,不得伪造、篡改凭证,以保证所提供的会计信息与会计反映对象的客观事实相一致。

(二) 相关性

相关性是指企业提供的会计信息应当与财务报告使用者的经济决策需要相关,有助于财务报告使用者对企业过去、现在或者未来的情况作出评价或者预测的会计信息质量要求。

会计信息的价值在于其与决策相关,有助于决策。如果提供的会计信息没有满足会计信息使用者的需要,对其经济决策没有什么作用,就不具有相关性。因此相关性要求企业应当在确认、计量和报告会计信息的过程中,充分考虑财务报告使用者的决策模式和其对信息的需要。

(三) 可理解性

可理解性是指企业提供的会计信息应当清晰明了、便于财务报告使用者理解和使用的会计信息质量要求。

企业编制财务报告、提供会计信息的目的在于使用,而要使财务报告使用者有效地使用会计信息,应当能让其了解会计信息的内涵,弄懂会计信息的内容,这就要求财务报告所提供的会计信息应当清晰明了,易于理解。只有这样,才能提高会计信息的有用性,实现财务报告的目标,满足向财务报告使用者提供决策有用信息的要求。

(四)可比性

可比性是指企业提供的会计信息应当具有可比性的会计信息质量要求。它具体包括下列两个要求:一是同一企业不同时期发生的相同或者相似的交易或事项,应当采用一致的会计政策,不得随意变更。确实需要变更的,应当在附注中说明。二是不同企业发生的相同或者相似的交易或者事项,应当采用规定的会计政策,确保会计信息口径一致、相互可比。

可比性要求各企业都采用一致的、规定的会计政策进行核算,使企业不同时期和各企业之间的会计信息建立在相互可比的基础上,使其提供的会计信息便于比较、分析和汇总,这样既能使投资者和债权人对企业的财务状况、经营成果和现金流量以及发展趋势作出准确的判断,又能满足国民经济宏观调控的需要。

(五)实质重于形式

实质重于形式是指企业应当按照交易或事项的经济实质进行会计确认、计量和报告,不应仅以交易或事项的法律形式为依据的会计信息质量要求。

在实际工作中,交易或事项的外在法律形式并不总能完全真实地反映其实质内容。所以,会计信息要想反映其拟反映的交易或事项,就必须根据交易或事项的实质和经济现实来进行判断,而不能仅仅根据它们的法律形式。例如,融资租入的固定资产,在租赁期未满之前,从法律形式上来看,企业并不拥有其所有权,但是由于融资租赁合同中规定的租赁期长,该资产的租赁期限通常超过了该资产使用寿命的75%,而且租赁期满时,承租人能以很低的价格购置该项资产。因此,从经济实质上来看,承租人能够控制融资租入固定资产所创造的未来经济利益,所以应将其视为企业自有的固定资产。

(六)重要性

重要性是指企业提供的会计信息应当反映企业财务状况、经营成果和现金流量等有关的所有重要交易或者事项的会计信息质量要求。

重要性与会计信息的成本效益直接相关。因此,对于那些对企业资产、负债和损益等有较大影响的,并进而影响财务报告据以作出合理判断的重要的交易或事项,必须按照规定的会计方法和程序进行处理,并在财务报告中予以充分、准确的披露;而对于次要的交易或事项,在不影响会计信息真实性和不至于误导财务报告使用者作出正确判断的前提下,则可适当简化处理。这样,有利于抓住那些对企业经济发展和制定经营决策有重大影响作用的关键性内容,达到事半功倍的效果,有助于企业简化核算工作和提高工作效率。

(七)谨慎性

谨慎性是指企业对交易或者事项进行会计确认、计量和报告应当保持应有的谨慎,不应高估资产或者收益、低估负债或者费用的会计信息质量要求。

在市场经济环境下,企业的生产经营活动面临着许多风险和不确定性,如应收账款的可收回性,固定资产的使用寿命,无形资产的使用寿命等。谨慎性要求企业对存在的风险和不确定性作出合理的预计,既不高估资产或者收益,也不低估负债或者费用。

(八)及时性

及时性是指企业对于已经发生的交易或者事项,应当及时进行会计确认、计量和报告,不得提前或者延后的会计信息质量要求。

在市场经济环境下,市场瞬息万变,企业之间的竞争日趋激烈,这就要求企业及时收集、整理和提供会计信息,以有利于企业加强经营管理和经营决策,满足国家宏观经济管理的要求。企业在不影响会计信息真实性和不至于误导财务报告使用者作出正确判断的前提下,对于会计信息可适当简化处理。

第三节 物流企业的会计要素和会计科目

一、物流企业的会计要素

会计要素是指为了实现会计目标,对会计对象按其经济特征划分的大类,用于反映企业财务状况,确定经营成果的基本单位。通过对会计要素的分类,有利于依据各个要素的性质和特点,分别制定对其进行确认、计量、记录、报告的标准和方法,并为合理建立会计科目体系和设计财务报告提供根据和基本框架。我国将会计要素划分为资产、负债、所有者权益、收入、费用和利润六类。

(一)资产

资产是指过去的交易或事项形成的、由企业拥有或者控制的、预期会给企业带来经济利益的资源。它包括各种财产、债权和其他权利。资产可以是货币的,也可以是非货币的;可以是有形的,也可以是无形的,它是物流企业从事物流服务业务必须具备的物质基础。

(二)负债

负债是指过去的交易或事项形成的、履行该义务预期会导致经济利益流出企业的现时义务。它是企业筹措资金的重要渠道,但不能归企业永久支配使用,必须按期归还或偿付,它实质上反映了企业与债权人之间的一种债权、债务关系。

（三）所有者权益

所有者权益是指企业资产扣除负债后,由所有者享有的剩余权益。所有者权益主要有实收资本、资本公积、盈余公积和未分配利润等。

（四）收入

收入是指企业在日常活动中形成的、会导致所有者权益增加的、与所有者投入资本无关的经济利益的总流入。收入主要有主营业务收入和其他业务收入。企业应当合理确认收入的实现,并将实现的收入按时入账。

（五）费用

费用是指企业在日常活动中发生的、会导致所有者权益减少的、与向所有者分配利润无关的经济利益的总流出。费用主要有主营业务成本、其他业务成本、管理费用和财务费用等。企业应当以权责发生制为基础,合理地确认本期的费用。

（六）利润

利润是指企业在一定会计期间的经营成果。反映利润的指标有营业利润、利润总额和净利润。它是评价企业经济效益最主要的依据。

二、物流企业的会计科目

会计科目是指为记录各项经济业务而对会计要素按其经济内容所进行分类的项目。

物流企业在为客户提供物流服务中,各项资产、负债和所有者权益必然会发生增减变动,并会发生收入和费用,这些业务都是会计核算和监督的具体内容。然而资产包括不少的内容,它们分布在不同的形态上,发挥着各自的作用;负债和所有者权益也包括了不少内容,它们又来自不同的渠道;收入的来源和费用的用途又是多种多样。为了全面、系统、分类地核算和监督物流企业的各项经济活动,以及由此而引起资金的增减变动情况,就必须结合经营管理的需要,通过设置会计科目,对会计要素的具体内容进行科学的分类。

物流企业的会计科目,按照其反映的经济内容,可以划分为资产类科目、负债类科目、所有者权益类科目、成本类科目和损益类科目五个大类,损益类科目又可分为费用类科目和收入类科目两个小类。物流企业会计科目的具体项目如图表1-1所示。

根据规定,会计科目由财政部制定,企业在不影响会计核算要求和财务报告汇总以及对外提供统一的财务报告格式的前提下,可以根据实际情况自行增设、减少或合并某些会计科目,子、细目除少数财政部有规定者外,一般由企业根据核算与管理的需要自行确定。

会计科目表由图表1-1所示。

图表1-1

会计科目表

顺序号	编号	名称	顺序号	编号	名称
		一、资产类	29	1531	长期应收款
1	1001	库存现金	30	1601	固定资产
2	1002	银行存款	31	1602	累计折旧
3	1003	备用金	32	1603	固定资产减值准备
4	1012	其他货币资金	33	1604	在建工程
5	1101	交易性金融资产	34	1605	工程物资
6	1121	应收票据	35	1606	固定资产清理
7	1122	应收账款	36	1701	无形资产
8	1123	预付账款	37	1702	累计摊销
9	1131	应收股利	38	1703	无形资产减值准备
10	1132	应收利息	39	1711	商誉
11	1221	其他应收款	40	1801	长期待摊费用
12	1231	坏账准备	41	1811	递延所得税资产
13	1401	材料采购	42	1901	待处理财产损溢
14	1402	在途物资			二、负债类
15	1403	原材料	43	2001	短期借款
16	1404	材料成本差异	44	2101	交易性金融负债
17	1408	委托加工物资	45	2201	应付票据
18	1411	低值易耗品	46	2202	应付账款
19	1471	存货跌价准备	47	2205	预收账款
20	1481	待摊费用	48	2211	应付职工薪酬
21	1501	持有至到期投资	49	2221	应交税费
22	1502	持有至到期投资减值准备	50	2231	应付利息
23	1503	可供出售金融资产	51	2232	应付股利
24	1511	长期股权投资	52	2241	其他应付款
25	1512	长期股权投资减值准备	53	2315	预提费用
26	1521	投资性房地产	54	2401	递延收益
27	1522	投资性房地产累计折旧	55	2501	长期借款
28	1523	投资性房地产减值准备	56	2502	应付债券

(续表)

顺序号	编号	名称	顺序号	编号	名称
57	2701	长期应付款			五、损益类
58	2702	未确认融资费用			（一）收入类
59	2711	专项应付款	75	6001	主营业务收入
60	2801	预计负债	76	6051	其他业务收入
61	2901	递延所得税负债	77	6101	其他收益
		三、所有者权益	78	6111	投资收益
62	4001	实收资本（股本）	79	6201	公允价值变动损益
63	4002	资本公积	80	6202	资产处置损益
64	4003	其他综合收益	81	6301	营业外收入
65	4101	盈余公积			（二）费用类
66	4103	本年利润	82	6401	主营业务成本
67	4104	利润分配	83	6402	其他业务成本
68	4201	库存股	84	6403	税金及附加
		四、成本类	85	6602	管理费用
69	5101	辅助营运费用	86	6603	财务费用
70	5105	营运间接费用	87	6701	资产减值损失
71	5106	船舶固定费用	88	6711	营业外支出
72	5107	船舶维护费用	89	6801	所得税费用
73	5108	集装箱固定费用	90	6901	以前年度损益调整
74	5301	研发支出			

思 考 题

1. 什么是物流企业？什么是物流企业会计？物流企业会计有哪些职能？
2. 物流企业会计的对象是什么？
3. 试述会计目标和会计核算目标。
4. 什么是会计核算的基本假设？它包括哪些内容？分述各种内容的定义。
5. 什么是会计信息质量要求？它包括哪些内容？
6. 试述可靠性、相关性、可比性和谨慎性的定义。
7. 什么是会计要素？它可以分为哪几类？
8. 什么是会计科目？物流企业的会计科目按照其反映的经济内容可分为哪几类？

第二章 货币资金和结算业务

第一节 货币资金概述

一、货币资金的意义

货币资金是指企业以货币形态存在的资产。货币资金是企业流动性最强的资产，它是流动资产的重要组成部分。企业在开展经济活动中发生的资金筹集、购置固定资产和无形资产、物流服务款项结算、债权债务清偿、工资发放、费用开支、税金交纳、股利支付和对外投资等交易或事项，都是通过货币资金的收付而实现的。

物流企业必须保持一定的货币资金持有量，确保企业具有直接支付的能力，使其经济活动得以顺利进行。物流企业还必须注意对货币资金加强核算和管理，以防止货币资金被丢失、挪用、侵吞和盗窃。

物流企业在物流服务款项结算中，既有人民币资金的收付业务，又有外币资金的收付业务。根据我国外汇管理的有关规定，物流企业取得的外汇收入，可以根据业务的需要保留现汇；也可以在国家指定的专业银行结汇。物流企业在物流服务过程中所需要的外汇，有现汇的企业，可以直接使用现汇支付；没有现汇或现汇不足的企业，可以按照有关规定在国家的外汇指定银行购汇支付。本章仅阐述人民币资金业务，有关外币资金部分将在第三章中阐述。

二、货币资金的分类

货币资金按其存放地点和用途不同，可分为库存现金、备用金、银行存款和其他货币资金四类。

（一）库存现金

库存现金是指企业财会部门为了备付日常零星开支而保管的现金。

（二）备用金

备用金是指企业拨付给有关职能部门或工作人员在一定限额内周转使用的现金。

（三）银行存款

银行存款是指企业存放在银行或其他金融机构的各种款项。

（四）其他货币资金

其他货币资金是指企业除库存现金、备用金和银行存款以外的各种存款。它包括银行本票存款、银行汇票存款、信用卡存款、外埠存款和信用证保证金存款等。

第二节 库存现金和备用金

一、库存现金的管理

（一）库存现金限额的管理

我国颁布的《现金管理暂行条例》规定,各企业都要核定库存现金限额。库存现金限额原则上是根据该企业 3~5 天的日常零星现金开支的需要确定的。边远地区和交通不发达地区的库存现金限额日期可以适当放宽,但最多不得超过 15 天。由企业根据现金日常零星的支用情况提出所需的库存现金限额,报经开户银行核准。企业的库存现金若超过了限额,超过限额的部分必须在当天解存银行。企业若需要补充库存现金时,必须签发现金支票,向银行提取现金。

（二）库存现金收入的管理

企业收入的现金在一般情况下必须于当天解存银行,如当天不能及时解存银行的,应于次日解存银行,不得予以坐支。坐支是指企业从业务收入的现金中直接支付。

企业因特殊情况需要坐支现金的,应当事先报经开户银行审查批准,由开户银行核定坐支范围和限额。企业应定期向银行报送坐支金额和使用情况。

（三）库存现金支出的管理

企业必须严格按照财务制度规定的下列八个使用范围支用现金。① 职工的工资和各种工资性津贴。② 个人劳动报酬。③ 支付给个人的各种奖金,包括根据国家规定颁发给个人的各种科学技术、文化艺术和体育等各种奖金。④ 各种劳保、福利费用及国家规定的对个人的其他现金支出。⑤ 收购单位向个人收购农副产品和其他物资支付的价款。⑥ 出差人员必须随身携带的差旅费。⑦ 单位之间结算起点（1 000 元）以下的零星开支。⑧ 中国人民银行确定需要支付现金的其他支出。

上述第⑧条是指因采购地点不确定、交通不便、抢险救灾以及特殊情况等,办理转账结算不便,必须使用现金的单位,经开户银行核准后支用的现金。

凡不符上述支付范围的,应通过银行办理转账结算。企业应按照规定的用途使用现金,不准用不符合财务制度的凭证顶替现金;不准单位之间相互借用现金;不准谎报用途套取现金;不准利用银行账户代其他单位和个人存入或支取现金;不准将单位收入的现金以个人名义存入储蓄;不准保留账外公款;禁止发行变相货币;不准以任何票券代替人民币在市场上流通。

（四）库存现金的内部控制制度

为了加强库存现金的管理,应坚持"钱账分管"的内部控制制度。企业现金的收付保管,应由专职或兼职的出纳人员负责。出纳人员除了登记现金日记账和银行存款日记账外,不得兼办费用、收入、债务和债权账簿的登记工作,以及稽核和会计档案的保管工作,以杜绝弊端。

二、库存现金的核算

企业应设置"库存现金"账户对库存现金进行总分类核算。"库存现金"是资产类账户,用以核算企业库存现金的收入、付出和结存。企业收入现金时,记入借方;企业付出现金时,记入贷方;期末余额在借方,表示企业库存现金的结存数额。

为了加强对库存现金的核算与管理,详细地掌握企业库存现金收付的动态和结存情况,企业还必须设置"库存现金日记账",按照库存现金收支业务发生的时间先后顺序,逐日逐笔进行登记,并逐日结出余额,以便与实存现金相核对,做到日清日结、账款相符。

企业如发生库存现金短缺时,应借记"待处理财产损溢"账户,贷记"库存现金"账户;反之,如发生库存现金溢余时,则应借记"库存现金"账户,贷记"待处理财产损溢"账户,以保持账款相符。待查明原因,确定处理意见时,再予以转账。对于短缺的库存现金如决定由企业列支时,应借记"营业外支出"账户;如决定由责任人赔偿时,则应借记"其他应收款"账户,贷记"待处理财产损溢"账户。对于溢余的库存现金,经批准转账时,应借记"待处理财产损溢"账户,贷记"营业外收入"账户。

三、备用金的管理

企业对备用金实行定额管理。备用金的定额应由有关职能部门或工作人员根据工作上的需要提出申请,经财会部门审核同意,报经开户银行审批后才能确定。一经确定,不得任意变更。使用备用金的部门和工作人员应根据用款情况,定期或不定期地凭付出现金时取得的原始凭证向财会部门报账,财会部门收到报账的付款凭证时,应审核其是否符合财务制度规定的现金支用范围,审核无误后,根据付款凭证的金额拨付现金,以补足其备用金定额。

四、备用金的核算

企业拨付有关职能部门或工作人员备用金定额时,应设置"备用金"账户进行核算。

【例】 捷达物流公司经银行核准总务部门的定额备用金为1 000元。

(1)4月1日,签发现金支票1 000元,拨付总务部门定额备用金,作分录如下:

借:备用金　　　　　　　　　　　　　　　　　　　　　　1 000.00
　　贷:银行存款　　　　　　　　　　　　　　　　　　　　1 000.00

(2)4月5日,总务部门送来报账发票,其中:市内交通费120元,办公用品660元,清扫费100元。经审核无误,当即以现金880元补足其定额备用金,作分录如下:

借:管理费用　　　　　　　　　　　　　　　　　　　　　　880.00
　　贷:库存现金　　　　　　　　　　　　　　　　　　　　880.00

"备用金"是资产类账户,用以核算企业内部周转使用的备用金。企业拨付内部职能部门或个人备用金时,记入借方;企业收回备用金时,记入贷方;期末余额在借方,表示企业备用金的结存额。

第三节 银行存款

一、银行存款的管理

企业应根据业务的需要在当地银行或其他金融机构开立银行存款账户,进行存款、取款和各种收支转账业务的结算。企业的银行存款账户分为基本存款账户、一般存款账户、临时存款账户和专用存款账户四类。

企业只能选择一家银行的一个营业机构开立一个基本存款账户,主要用于办理日常的转账结算和现金收付。企业的工资、奖金等现金的支取,只能通过该账户办理。企业可在其他银行的一个营业机构开立一个一般存款账户,该账户可办理转账结算和存入现金,但不能支取现金。临时存款账户是存款人因临时经营活动需要开立的账户,如企业异地推介物流服务业务、临时性采购资金等。专用存款账户是企业因特定用途需要开立的账户,如基本建设项目专项资金等,企业的物流服务收入款项不得转入专用存款账户。

为了加强对基本存款账户的管理,企业开立基本存款账户,要实行开户许可证制度,必须凭中国人民银行当地分支机构核发的开户许可证办理,企业不得为还贷、还债和套取现金而多头开立基本存款账户;不得出租、出借账户;不得违反规定为在异地存款和贷款而开立账户。

物流企业银行存款收入的来源主要有投资者投入企业的现款,企业取得的短期借款、长期借款和发行债券取得的款项,物流服务收入、其他业务收入和营业外收入的款项、对外投资收到的现金股利和利润等;物流企业银行存款的支付范围主要有支付购进各种存货的款项,购置各种固定资产和无形资产的款项,对外短期投资和长期投资的款项,支付各项物流成本、期间费用,交纳各种税费,发放现金股利,支付其他业务成本和营业外支出的款项等。

二、银行存款的核算

物流企业应设置"银行存款"账户,对银行存款进行总分类核算。"银行存款"账户是资产类账户,用以核算企业银行存款的存入、付出和结存。企业存入款项时,记入借方;企业付出款项时,记入贷方;期末余额在借方,表示企业银行存款的结存数额。

为了加强对银行存款的核算与管理,及时地、详细地掌握银行存款的收付动态和结存情况,以便与银行核对账目,物流企业还必须设置银行存款日记账,按照银行存款收支发生的时间先后顺序,逐笔进行登记,逐日结出余额,并与银行存款总分类账户核对,做到账账相符。银行存款日记账的格式如图表2-1所示。

图表 2-1

银行存款日记账

单位：元

2018年		凭证号数	摘要	对方科目	银行结算凭证		收入	付出	结存
月	日				种类	号数			
1	1		上年结转						249 660.00
	2	1	支付采购柴油款	在途物资	转支	72 118		37 826.00	
	2	2	提取现金	库存现金	现支	37 605		1 000.00	
	2	7	运输收入	主营业务收入	转支	12 972	96 512.00		
	2	9	收入现金解行	库存现金	解款单		2 160.00		
	2	14	汇付前欠轮胎款	应付账款	电汇			8 200.00	302 306.00

第四节 结算业务

物流企业开展经济活动，必然与其他企业发生经济往来，因此需要通过结算来拨付清偿款项。款项的结算方式有现金结算和转账结算两类。

现金结算是指单位和个人在社会经济活动中使用现金进行货币给付的行为。而转账结算又称非现金结算，是指单位和个人在社会经济活动中，使用票据、信用卡以及托收承付、委托收款和汇兑等结算方式进行货币给付及其资金清算的行为。

由于转账结算具有方便、通用、迅速和安全的特点，因此，企业的各项结算业务，除了按照国家现金管理的规定可以采用现金结算外，都必须采用转账结算。没有在银行开立账户的个人，在向银行或其他金融机构交付款项后，也可以办理转账结算。

银行和企业办理转账结算，都必须遵守"恪守信用，履约付款；谁的钱进谁的账，由谁支配；银行不予垫款"的原则。票据和结算凭证是办理转账结算的工具。

企业使用票据和结算凭证，必须符合下列规定。① 必须使用按中国人民银行统一规定印制的票据凭证和统一规定的结算凭证。② 签发票据、填写结算凭证要标准化、规范化，要素要齐全，数字要正确，字迹要清晰、不错漏、不潦草，防止涂改；票据的出票日期要使用中文大写，单位和银行的名称要记全称或规范化简称。③ 票据和结算凭证的金额、出票或签发日期、收款人名称不得更改，而票据和结算凭证上的其他记载事项，原记载人可以更改,但应由原记载人在更改处签章证明。④ 票据和结算凭证金额以中文大写和阿拉伯数字同时记载,两者必须一致。⑤ 票据和结算凭证上的签章和其他记载事项要真实,不得伪造和变造。

转账结算有国内结算和国际结算两种。本节仅阐述国内结算,国际结算将在第三章第二节阐述。

目前物流企业国内采用的转账结算方式有支票、银行本票、银行汇票、商业汇票、信用卡、汇兑、托收承付和委托收款等八种。

一、支票

(一) 支票概述

支票是指出票人签发的、委托办理支票存款业务的银行在见票时无条件支付确定的金额给收款人或者持票人的票据。

开立支票存款账户,申请人必须使用其本名,并提交证明其身份的合法证件,还应当预留其本名的签名式样或印鉴,以便付款银行在支付票款时进行核查。开立支票存款账户和领用支票,应当有可靠的资信,并存入一定的资金。

根据支票的支付方式不同,可分为普通支票、现金支票和转账支票三种。普通支票是指既可以转账也可以支取现金的支票。由于普通支票未限定支付方式,采用划线来区分用于转账或用于支取现金。如用于转账,应在支票左上角划两条平行线,称为划线支票,未划线的则可用于支取现金。现金支票是指专门用于支取现金的支票。转账支票是指专门用于转账的支票。后两种支票在支票上端分别印明"现金""转账"字样。

支票结算作为流通手段和支付手段,具有清算及时、使用方便以及收付双方都有法律保障和结算灵活的特点。在2007年6月25以前,支票结算仅适用于单位和个人在同一票据交换区域的商品交易、劳务供应、资金交拨和其他款项的结算等。自2007年6月25日起,支票结算实现了全国通用。

(二) 支票结算的主要规定

1. 支票的填写要求　　签发支票应使用蓝黑墨水、墨汁或碳素墨水填写,未按规定填写,被涂改冒领的,由出票人负责。

2. 支票必须记载的六个事项　　具体如下所述。

(1) 表明支票字样　　目前我国使用的支票是按中国人民银行规定的格式印制的,在印制时,已印有支票字样。

(2) 无条件支付的委托　　出票人应记载无条件的委托事项。支票上通常印有"上列款项请从我账户内支付"的字样。

(3) 确定的金额　　出票人在出票时,应在支票上以中文大写和数码同时记载固定的支票金额。

(4) 付款人名称　　出票人签发支票时，填写的付款人名称必须是银行和金融机构的名称。

(5) 出票日期　　支票的出票日期必须是实际出票日期。

(6) 出票人签章　　出票人是创设票据的出票行为人，通过其签章以确认其债务人的地位。

3. 支票的金额和收款人名称可以由出票人授权补记　　由于支票在使用中往往会发生难以确定支票金额的情况，况且在活跃的市场经济活动中，使用支票采购材料时，出票人往往不能事先确定收款人。为了方便支票使用人，因此对支票的金额和收款人名称，出票人可以授权他人补记，未补记前的支票不得背书转让和提示付款。

4. 禁止签发空头支票和签章与预留银行签章不符的支票　　空头支票是指出票人所签发支票的金额超过其付款时在付款人处实有的存款金额。银行对签发空头支票和签章与预留银行签章不符的支票，除予以退票外，应按票面金额处以5％但不低于1 000元的罚款；同时，持票人有权要求出票人支付支票金额2％的赔偿金。对屡次签发空头支票的单位，银行应停止其签发支票。

5. 支票的提示付款期限　　提示付款期限为10天，自出票日起算。超过提示付款期限提示付款的，持票人开户行不予受理，付款人不予付款。

6. 收款人、被背书人受理支票时应审查的事项　　审查支票的收款是否确为本单位或本人；是否在提示付款期限内；必须记载的事项是否齐全；出票人签章是否符合规定；大小写金额是否一致；出票日期是否使用中文大写；出票金额、出票日期、收款人名称是否更改，更改的其他记载事项是否由原记载人签章；支票正面是否记载"不得转让"的字样。此外，被背书人还应审查背书是否连续，背书栏是否记载"不得转让"的字样；背书人签章是否符合规定，背书使用粘单是否按规定签章等。

7. 支票权利的转让　　持票人可以通过背书将支票权利转让给他人。背书是指在票据背面或者粘单上记载有关事项并签章的票据行为。背书由背书人签章，并记载被背书人名称和背书日期，背书未记载日期的，视为在支票到期日前背书。已背书转让的支票，背书应当连续，即转让支票的背书人与受让支票的被背书人在支票上的签章依次前后衔接。但出票人在支票上记载"不得转让"字样的支票和用于支取现金的支票不得转让。

8. 支票持票人委托开户银行收款的手续　　持票人应在支票背面背书人签章栏签章、记载"委托收款"字样、背书日期，在被背书人栏内记载开户银行名称，并将支票和填制的进账单送交开户银行。收款人持用于支取现金的支票向付款人提示付款时，应在支票背面"收款人签章"处签章，持票人为个人的，还需交验本人身份证件，并在支票背面注明证件名称、号码及发证机关等。

9. 支票的追索权　　支票被拒绝付款的,持票人可以对背书人、出票人行使追索权。持票人行使追索权时,应当向其前手提供被拒绝付款的有关证明。持票人自收到被拒绝付款的有关证明之日起,在3日内将被拒绝事由书面通知其前手,其前手应当自收到通知之日起,3日内书面通知其再前手。

10. 支票丧失的处理　　丧失了记载内容完整的支票,失票人应填写挂失止付通知书,列明票据丧失的时间、地点和原因;票据的种类、号码、金额、出票日期、付款日期、付款人名称和收款人名称;挂失止付人的姓名、营业场所或者住所以及联系方法。然后递交出票人开户银行申请挂失止付,如在挂失止付前支票已经支付,则银行不予受理。银行受理挂失,要按票面金额收取1‰但不低于5元的手续费。

(三) 支票结算的核算

企业签发现金支票提取现金时,必须在支票联背面背书后才能据以向开户银行提取现金,留下存根联,据以借记"库存现金"账户,贷记"银行存款"账户。

企业购置设备或采购材料签发转账支票后,以支票联支付设备或材料的价款,留下存根联作为付款的入账凭证,据以借记"固定资产"或"在途物资"账户,贷记"银行存款"账户。

企业对外提供物流服务收到转账支票时,应填制"进账单",一式两联,连同支票一并解存银行,取回"进账单(收账通知联)"作为收款的入账凭证,据以借记"银行存款"账户,贷记"主营业务收入"账户。

二、银行本票

(一) 银行本票概述

银行本票是指由银行签发的、承诺自己在见票时无条件支付确定的金额给收款人或者持票人的票据。

银行本票可以用于转账,注明"现金"字样的银行本票只能向出票银行支取现金。银行本票分为不定额本票和定额本票两种。定额银行本票面额为1 000元、5 000元、10 000元和50 000元。

银行本票结算作为流通和支付手段,具有信誉度高、支付能力强、并有代替现金使用功能的特点。它适用于单位和个人在同一票据交换区域内的商品交易、劳务供应以及其他款项的结算。

(二) 银行本票结算的主要规定

1. 银行本票必须记载的六个事项　　分述如下。① 表明"银行本票"的字样。② 无条件支付的承诺。③ 确定的金额。④ 收款人名称。⑤ 出票日期。⑥ 出票人签章。

2. 出票人的责任　　银行本票的出票人在持票人提示见票时,必须承担付款的责任。

3. **申请人办理银行本票的手续**　申请人应向出票银行填写"银行本票申请书",填明收款人名称、申请人名称、支付金额和申请日期等事项并签章。申请人和收款人均为个人的,若需要支取现金的,应在"支付金额"栏先填写"现金"字样,后填写支付金额。申请人或收款人为单位的,不得申请签发现金银行本票。

4. **银行本票的提示付款期限**　银行本票自出票日起,提示付款期限为1个月,最长不得超过2个月。持票人在付款期限内提示付款的,付款人必须在当日足额付款。持票人在超过提示付款期限不获付款的,在票据权利时效(2年)内向出票银行作出说明,可持银行本票向出票银行请求付款。

5. **收款人、被背书人受理银行本票时应审查的事项**　应审查银行本票的收款人是否确为本单位或本人;在提示付款期内,必须记载的事项是否齐全;出票人签章是否符合规定,不定额银行本票是否有压数机压印的出票金额,并与大写金额一致;出票金额、出票日期和收款人名称是否更改,更改的其他记载事项是否由原记载人签章证明;银行本票正面是否有记载"不得转让"的字样。

6. **银行本票权利的转让**　持票人可以通过背书将银行本票权利转让给他人,具体转让办法与支票相同,不再重述。

7. **银行本票的追索权**　银行本票被拒绝付款的,持票人可以对背书人、出票人行使追索权。具体追索办法与支票基本相同,所不同的是持票人对银行本票出票人的追索权的时效,是自出票日起2年。

8. **银行本票遇到意外的处理**　申请人因银行本票超过提示付款期限或其他原因要求退款时,应将银行本票提交出票银行办理退款手续。银行本票丧失,失票人可凭人民法院出具的其享有票据权利的证明,向出票银行请求付款或退款。

(三) 银行本票结算的核算

企业需要使用银行本票时,应填制一式数联的"银行本票申请书",在支款凭证联上加盖预留印鉴,留下存根联作为入账依据,将其余各联送交开户银行。银行凭支款凭证扣取款项,然后据以签发银行本票交给企业。企业取得银行本票后,根据银行本票申请书(存根联)借记"其他货币资金——银行本票"账户,贷记"银行存款"账户。当企业持银行本票支付购置设备或采购材料的价款时,借记"固定资产"或"在途物资"账户,贷记"其他货币资金——银行本票"账户。

企业提供物流服务,在收到银行本票时,审核无误后,据以借记"其他货币资金——银行本票"账户,贷记"主营业务收入"账户。企业若需要将收到的银行本票解存银行时,应在银行本票上加盖背书,并以填制"进账单"一式数联,然后连同银行本票一并送交开户银行,银行审核无误后,在进账单上加盖收款章,企业取回进账单收账通知联,作为收款的入账依据,据以借记"银行存款"账户,贷记"其他货币资金——银行本票"账户。

三、银行汇票

（一）银行汇票概述

银行汇票是指出票银行签发的、由其在见票时按照实际结算金额无条件支付给收款人或者持票人的票据。

银行汇票作为支付手段具有使用灵活、通汇面广、安全方便和兑现性强的特点。它适用异地单位、个体经济户和个人之间的商品交易和劳务供应等。

（二）银行汇票结算的主要规定

1. 银行汇票必须记载的七个事项　　分述如下。① 表明"银行汇票"的字样。② 无条件支付的委托。③ 确定的金额。④ 付款人名称。⑤ 收款人名称。⑥ 出票日期。⑦ 出票人签章。

2. 申请人办理银行汇票的手续　　申请人应向出票银行填写"银行汇票申请书"，填明收款人名称、汇票金额、申请人名称和申请日期等事项并签章，签章为其预留银行的签章。申请人和收款人均为个人，若需要使用银行汇票向代理付款人支取现金的，申请人须在"银行汇票申请书"上填明代理付款人名称，在"汇票金额"栏先填写"现金"字样，后填写代理付款人名称。代理付款人是指根据付款人的委托，代理其支付票据金额的银行。申请人或者收款人为单位的，不得在"银行汇票申请书"上填明"现金"字样。

3. 银行汇票的提示付款期限　　银行汇票的提示付款期限为出票日起1个月。持票人超过提示付款期限向代理付款银行提示付款，不获付款的，需在票据权利时效内向出票银行作出说明，并提供本人身份证件或单位证明，持银行汇票和解讫通知向出票银行请求付款。

4. 收款人受理银行汇票时应审查的事项　　除了要审查与受理银行本票时的六个事项外，还要审查银行汇票和解讫通知是否齐全，汇票号码和记载的内容是否一致。

5. 收款人受理银行汇票的处理　　在受理申请人交付的银行汇票时，应在出票金额以内，将实际结算金额和多余金额准确、清晰地填入银行汇票和解讫通知的有关栏内。未填明实际结算金额和多余金额或实际结算金额超过出票金额的，银行不予受理。更改实际结算金额的银行汇票无效。

6. 银行汇票权利的转让　　持票人可以通过背书将银行汇票权利转让给他人，具体转让办法与支票相同，不再重述。

7. 被背书人受理银行汇票时应审查的事项　　被背书人除了审查银行汇票是否记载实际结算金额，有无更改，其金额是否超过出票金额；背书是否连续，背书人签章是否符合规定等事项外，还包括收款人受理银行汇票时审查的事项。

8. 银行汇票的追索权　　银行汇票被拒绝付款的，持票人可以对背书人、出票人行使追索权。具体追索办法与银行本票相同。

9. 银行汇票遇到意外的处理　　申请人因银行汇票超过提示付款期限或其他原

因要求退款时,应将银行汇票和解讫通知同时提交到出票银行,出具有关证明或证件,办理退款手续。银行汇票丧失的具体处理办法与银行本票相同,不再重述。

(三)银行汇票结算的核算

企业需要使用银行汇票时,应填制一式数联的"银行汇票申请书",并在支款凭证联上加盖预留印鉴,留下存根联作为入账依据,并将其余各联送交签发银行。银行凭支款凭证收取款项,然后据以签发银行汇票,将银行汇票和解讫通知两联凭证交给企业。企业取得这两联凭证后,根据银行汇票委托书存根联,借记"其他货币资金——银行汇票"账户,贷记"银行存款"账户。

当企业持银行汇票和解讫通知去异地购置设备或采购材料,支付设备或材料价款及其采购费用时,借记"固定资产"或"在途物资"账户,贷记"其他货币资金——银行汇票"账户;若有余款退回,则借记"银行存款"账户。

【例】 上海华安物流公司去南京购置载重汽车,发生下列经济业务。

(1)申请办理银行汇票 1月5日,填制银行汇票申请书250 000元,银行受理后,收到同等数额的银行汇票及解讫通知。根据银行汇票申请书存根联,作分录如下:

  借:其他货币资金——银行汇票   250 000.00
    贷:银行存款   250 000.00

(2)以银行汇票购置载重汽车 1月8日,向南京汽车厂购进载重汽车2辆,计价款245 000元,以面额250 000元的银行汇票付讫,余款尚未退回,作分录如下:

  借:固定资产   245 000.00
    贷:其他货币资金——银行汇票   245 000.00

(3)银行退来多余款 1月11日,银行转来多余款收账通知,金额为5 000元,系本月5日签发的银行汇票使用后的余款,作分录如下:

  借:银行存款   5 000.00
    贷:其他货币资金——银行汇票   5 000.00

"其他货币资金"账户是资产类账户,用以核算企业的银行本票存款、银行汇票存款、外埠存款、信用卡存款和在途货币资金等各种其他货币资金。企业取得银行本票、银行汇票、外埠存款、信用卡存款和在途货币资金等各种其他货币资金时,记入借方;企业支用其他货币资金或将其转入银行存款时,记入贷方;期末余额在借方,表示企业其他货币资金的实有数额。

企业在提供物流服务后,收到对方的银行汇票时,对银行汇票审查无误后,应在汇票金额栏内填写实际结算金额,多余的金额应填入"多余金额"栏内。如系全额解付的,应在"多余金额"栏内写上零,然后在汇票上加盖在银行的预留印鉴,填写进账单解入银行。经银行审核无误,在进账单上加盖收款章,企业取回进账单收账通知联,据以借记"银行存款"账户,贷记"主营业务收入"账户。

收款方开户银行留下另一联进账单和银行汇票,将解讫通知和多余款收账通知寄往签发银行。签发银行凭解讫通知入账,将多余款收账通知联送交付款方,付款方将其作为退回余额的入账凭证。

四、商业汇票

(一)商业汇票概述

商业汇票是指出票人签发的、委托付款人在指定日期无条件支付确定的金额给收款人或者持票人的票据。

商业汇票根据承兑人的不同,可分为商业承兑汇票和银行承兑汇票两种。商业承兑汇票是指由出票人(收款人或付款人)签发、经付款人承兑的票据;银行承兑汇票是指由出票人(付款人)签发,并经其开户银行承兑的票据。承兑是指汇票付款人承诺在汇票到期日支付汇票金额的票据行为。

商业汇票作为一种商业信用,具有信用性强和结算灵活的特点。在银行开立账户的法人以及其他组织之间必须具有真实的交易关系或债权债务关系,才能使用商业汇票。出票人不得签发无对价的商业汇票,用以骗取银行或者其他票据当事人的资金。

(二)商业汇票结算的主要规定

1. 商业汇票必须记载的七个事项　　分述如下。① 表明"商业承兑汇票"或"银行承兑汇票"的字样。② 无条件支付的委托。③ 确定的金额。④ 付款人名称。⑤ 收款人名称。⑥ 出票日期。⑦ 出票人签章。

2. 商业汇票的付款期限　　付款期限最长不超过 6 个月。付款期限应当清楚、明确。其记载形式如下所述。

(1) 定日付款　　是指付款期限自出票日起计算,并在汇票上记载具体到期日。

(2) 出票后定期付款　　是指汇票付款期限从出票日起按月计算,并在汇票上记载的付款方式。

(3) 见票后定期付款　　是指汇票付款期限自承兑日起按月计算,并在汇票上记载的付款方式。

汇票上未记载付款日期的,为见票即付。

3. 商业汇票的提示承兑　　商业汇票可以在出票时向付款人提示承兑后使用,也可以在出票后先使用再向付款人提示承兑。

定日付款或者出票后定期付款的商业汇票,持票人应当在汇票到期日前向付款人提示承兑。见票后定期付款的汇票,持票人应当自出票日起 1 个月内向付款人提示承兑。汇票如未按照规定期限提示承兑的,持票人则丧失对其前手的追索权。

4. 商业汇票的承兑　　商业承兑汇票由银行以外的付款人承兑;银行承兑汇票由

银行承兑。商业汇票的付款人为承兑人。银行承兑汇票的出票人或持票人向银行提示承兑时,银行按照有关规定和审批程序,对出票人的资格、资信、购销合同和汇票记载的内容进行认真审查,必要时可由出票人提供担保。符合规定和承兑条件的,与出票人签订承兑协议。

付款人应当在自收到提示承兑的汇票之日起 3 日内承兑或者拒绝承兑。付款人承兑商业汇票时,应当在汇票正面记载"承兑"字样和承兑日期并签章。届时银行承兑汇票的承兑银行,应按票面金额向出票人收取 5‰的手续费。付款人若拒绝承兑的,必须出具拒绝承兑的证明。

5. 商业汇票的提示付款期限　　商业汇票的提示付款期限,自汇票到期日起 10 日。持票人应在提示付款期限内填写委托收款结算凭证,通过开户银行委托收款或直接向付款人提示付款。对异地委托收款的,持票人可匡算邮程,提前通过开户银行委托收款。持票人超过提示付款期限提示付款的,持票人开户银行不予受理。

6. 收款人、被背书人受理商业汇票时应审查的事项　　应审查商业汇票的收款人是否确为本单位或本人;必须记载的事项是否齐全;出票人、承兑人签章是否符合规定;大小写金额是否一致;出票日期是否使用中文大写;出票金额、出票日期、收款人名称是否更改,更改的其他事项是否由原记载人签章;汇票正面是否记载"不得转让"的字样等。

7. 商业汇票权利的转让　　持票人可以通过背书将商业汇票权利转让给他人,具体转让办法与支票相同,不再重述。

8. 商业汇票到期日的处理　　商业承兑汇票的付款人或银行承兑汇票的出票人应于汇票到期日前,将票款足额交存其开户银行,如付款人存在合法抗辩事由而拒绝付款,应在汇票到期日前将拒绝付款证明交给其开户银行。在商业承兑汇票到期日,付款人存款账户不足支付或汇票上签章与预留银行签章不符时,其开户银行应填制付款人未付款通知书,并连同商业承兑汇票提交持票人开户银行转交持票人。

银行承兑汇票的出票人在到期日未能足额交存票款时,承兑银行除凭票向持票人无条件付款外,并对出票人尚未支付的汇票金额按每天 5‰计收利息。

9. 商业汇票的追索权　　商业汇票到期被拒绝付款的,持票人可以对背书人、出票人以及商业汇票的其他债务人行使追索权。具体追索办法与银行本票基本相同,所不同的是持票人对定日付款和出票后定期付款的商业汇票的追索权的时效,是自票据到期日起 2 年。

10. 商业汇票遇到意外的处理　　商业汇票的持票人超过规定期限提示付款的,即丧失了对其前手的追索权,但持票人在作出说明后,仍可以向承兑人请求付款。已承兑的商业汇票丧失,失票人可以向出票人开户银行申请挂失,具体挂失办法与支票相同,这里不再重述。

(三) 商业汇票结算的核算

1. 不带息商业汇票的核算　　当企业购置设备或采购材料,以不带息商业汇票抵付其价款时,借记"固定资产"或"在途物资"账户,贷记"应付票据"账户。

【例】　新丰物流公司向上海石油公司购进柴油若干升,计价款30 000元,当即签发并承兑2个月期限的商业承兑汇票抵付,作分录如下:

　　　借:在途物资——柴油　　　　　　　　　　　　　　　　　30 000.00
　　　　贷:应付票据——面值——上海石油公司　　　　　　　　30 000.00

企业签发的不带息商业汇票到期兑付票款时,则借记"应付票据"账户,贷记"银行存款"账户。

当企业为客户提供物流服务,收到对方已承兑的不带息商业汇票时,借记"应收票据"账户,贷记"主营业务收入"账户。

【例】　华安物流公司为东兴公司承运货物一批,连同装卸费共计60 000元,当即收到对方签发并承兑的不带息商业汇票,期限为2个月,作分录如下:

　　　借:应收票据——面值——东兴公司　　　　　　　　　　　60 000.00
　　　　贷:主营业务收入　　　　　　　　　　　　　　　　　　60 000.00

商业汇票的持票人包括收款人或被背书人,等汇票到期日,填制委托收款结算凭证连同商业承兑汇票或银行承兑汇票及解讫通知一并送交开户银行办理收款。持票人凭取回的委托收款收账通知联,借记"银行存款"账户,贷记"应收票据"账户。

2. 带息商业汇票的核算　　企业签发的带息商业汇票,应于期末按照事先确定的利率计提利息,并将其列入"财务费用"账户。

【例】　5月31日,新丰物流公司将1个月前签发并承兑给广陵公司的3个月期限的带息商业汇票45 000元,按6‰的月利率计提本月份应负担的利息,作分录如下:

　　　借:财务费用——利息支出　　　　　　　　　　　　　　　　270.00
　　　　贷:应付票据——利息——广陵公司　　　　　　　　　　　270.00

带息商业汇票到期兑付本息时,根据票据面值和计提的利息,借记"应付票据"账户;根据本期应负担的利息,借记"财务费用"账户;根据支付的本息,贷记"银行存款"账户。

【例】　7月31日,新丰物流公司3个月前签发给广陵公司带息商业汇票已到期,金额为45 000元,月利率6‰,当即从存款户中兑付本息,作分录如下:

　　　借:应付票据——面值——广陵公司　　　　　　　　　　　45 000.00
　　　借:应付票据——利息——广陵公司　　　　　　　　　　　　　540.00
　　　借:财务费用——利息支出　　　　　　　　　　　　　　　　　270.00
　　　　贷:银行存款　　　　　　　　　　　　　　　　　　　　45 810.00

"应付票据"是负债类账户,用以核算企业购买设备、材料和接受劳务供应等所签发并承兑的商业汇票的面值和带息汇票计提的利息。企业以商业汇票抵付款项和带息汇票期末计提利息时,记入贷方;企业收到银行转来到期商业汇票的付款通知予以兑付时,记入借方;期末余额在贷方,表示企业尚未兑付商业汇票的本息。

应付票据到期,如企业无力支付票款,应按应付票据的账面价值,借记"应付票据"账户,贷记"应付账款"账户。倘若是带息的应付票据,转入"应付账款"账户以后,期末不再计提利息。

为了加强对应付票据的管理,企业除了按收款人设置明细分类账户进行核算外,还应设置"应付票据备查簿",详细记载每一应付票据的种类、号数、签发日期、到期日、票面金额、票面利率、合同交易号、收款单位名称以及付款日期和金额等详细资料。应付票据到期结清时,应在备查簿内逐笔注销。

企业收到的带息商业汇票,到期末时,应按商业汇票的面值和确定的利率计提利息,届时借记"应收票据"账户,贷记"财务费用"账户。

【例】 4月30日,捷达物流公司将1个月前收到的华光公司的期限为3个月的带息商业汇票60 000元,按6‰的月利率计提利息,作分录如下:

借:应收票据——利息——华光公司　　　　　　　　　　　　　360.00
　　贷:财务费用——利息支出　　　　　　　　　　　　　　　　360.00

带息商业汇票到期收到本息时,根据收到的本息借记"银行存款"账户;根据票据面值和计提的利息,贷记"应收票据"账户;将本期应收的利息冲减"财务费用"账户。

【例】 6月30日,捷达物流公司3个月前收到的华光公司的带息商业汇票一张,面值60 000元,月利率6‰,已经到期,收到本息,存入银行,作分录如下:

借:银行存款　　　　　　　　　　　　　　　　　　　　　　61 080.00
　　贷:应收票据——面值——华光公司　　　　　　　　　　60 000.00
　　贷:应收票据——利息——华光公司　　　　　　　　　　　　720.00
　　贷:财务费用——利息支出　　　　　　　　　　　　　　　　360.00

"应收票据"是资产类账户,用以核算企业因提供物流服务而收到的用以抵付款项的商业汇票的面值和带息汇票计提的利息。企业收到商业汇票和期末计提带息汇票利息时,记入借方;企业持有的商业汇票到期兑现或到期前背书转让以及向银行贴现时,记入贷方;期末余额在借方,表示企业尚未兑现的商业汇票的本息。

为了加强对应收票据的管理,以有利于及时向承兑人兑现,以及当汇票遭到拒绝承兑时及时行使追索权,企业除了按付款人设置明细分类账进行核算外,还应设置"应收票据备查簿",逐笔登记每一应收票据的种类、号数和出票日期、票面金额、票面利率、交易合同号以及付款人、承兑人、背书人的单位名称、到期日期、收回日期和金额,如贴现的应注明贴现日期、贴现率和贴现净额,并将结清的应收票据在备查簿内逐笔注销。

(四)商业汇票的贴现及核算

商业汇票的收款人在需要资金时,可持未到期的商业汇票向其开户银行申请贴现。贴现是指票据持票人在票据到期前为获得票款,向银行贴付一定的利息,而将商业汇票的债权转让给银行的一种票据转让行为。

商业汇票经过银行审查同意贴现后,即以汇票到期值扣除从贴现日起到汇票到期日止的利息后的票款,付给申请贴现人。汇票到期时,银行凭票向付款人按汇票到期值收取票款。

企业将商业汇票贴现后,实收贴现值的计算公式如下:

$$贴现利息 = 汇票到期值 \times 月贴现率 \times \frac{实际贴现天数}{30\ 天}$$

$$实收贴现值 = 汇票到期值 - 贴现利息$$

实际贴现天数是按贴现银行向申请贴现人支付贴现金额之日起,至汇票到期前1日止,30天折合为1个月。

无息商业汇票到期值即票面值,而带息商业汇票到期值是票面值加上到期的利息,利息的计算公式如下:

$$带息商业汇票到期利息 = 票面值 \times 月利率 \times \frac{汇票期限}{30\ 天}$$

【例】 9月30日,华安物流公司将9月20日收到的东方公司的带息商业汇票一张,向银行申请贴现,月贴现率为6.3‰,该汇票金额为25 000元,月利率为6‰,到期日为10月30日。

$$汇票到期值 = 25\ 000 + 25\ 000 \times 6‰ \times \frac{40}{30} = 25\ 200(元)$$

$$汇票贴现利息 = 25\ 200 \times 6.3‰ \times \frac{30}{30} = 158.76(元)$$

$$实收贴现值 = 25\ 200 - 158.76 = 25\ 041.24(元)$$

根据计算结果,作分录如下:

借:银行存款　　　　　　　　　　　　　　　　　　　　　　25 041.24
　　贷:应收票据——东方公司　　　　　　　　　　　　　　　25 000.00
　　贷:财务费用——利息支出　　　　　　　　　　　　　　　　　41.24

本例中,若到期利息小于贴现利息,其差额则应列入"财务费用"账户的借方。

企业已贴现的商业承兑汇票,在到期日承兑人的银行存款账户不足支付时,其开户银行应立即将汇票退给贴现银行。贴现银行则将从贴现申请人账户内收取汇票的到期金额,届时借记"应收账款"账户,贷记"银行存款"账户。

五、信用卡

(一)信用卡概述

信用卡是指商业银行向个人和单位发行的,凭以向特约单位购物、消费和向银行存取现金,且具有消费信用的特制载体卡片。

信用卡按是否需要交存备用金,可分为贷记卡和准贷记卡。贷记卡是指发卡银行给予持卡人一定的信用额度,持卡人可以在信用额内先消费后还款的信用卡。准贷记卡是指持卡人须先按发卡银行要求,交存一定金额的备用金,当备用金余额不足支付时,可在发卡银行规定的信用额度内透支的信用卡。

信用卡按使用的对象不同,可分为单位卡和个人卡。单位卡又称商务卡,是指发卡银行向单位发行的以商务为核心的信用卡。个人卡是指发卡银行向自然人发行的信用卡。

单位或个人申领信用卡应按规定填制申请表,连同有关资料一并交发卡银行。符合条件并按银行要求交存一定金额的备用金后,银行为申领人开立信用卡存款账户,并发给信用卡。发卡银行可根据申请人的资信程度,要求其提供担保。担保方式可采用保证、抵押或质押。

信用卡具有安全方便、可以先消费后付款的特点。它适用于单位和个人的商品交易和劳务供应的结算。

(二)信用卡结算的主要规定

1. 单位卡账户的资金和使用额度　　单位卡账户的资金一律从其基本存款账户转账存入,不得交存现金,也不得支取现金,不得将其他存款账户和物流服务收入的款项存入其账户。单位卡不得用于 10 万元以上的商品交易和劳务供应款项的结算。

2. 信用卡备用金存款的利息　　按照中国人民银行规定的活期存款利率及计息办法计算。

3. 信用卡的使用与销户　　信用卡仅限于合法持卡人本人使用,持卡人不得出租或转借信用卡。持卡人可持信用卡在特约单位购物、消费。届时需将信用卡和身份证一并交特约单位。智能卡(又称 IC 卡)、照片卡可免验身份证件。当持卡人不需要继续使用信用卡时,应持信用卡主动到发卡银行办理销户。

4. 特约单位受理信用卡应审查的事项　　应审查是否确为本单位可受理的信用卡;信用卡是否在有效期内;是否列入"止付名单";签名条上是否有"样卡"或"专用卡"等非正常签名的字样;信用卡是否有打孔、剪角、毁坏或涂改的痕迹;持卡人身份证件或卡片上的照片与持卡人是否相符;卡片正面的拼音姓名与卡片背面的签名和身份证件上的姓名是否一致等。

5. 特约单位受理信用卡后的处理　信用卡审查无误后,在签购单上压卡,填写实际结算金额、用途、持卡人身份证件号码、特约单位名称和编号,然后交持卡人在签购单上签名确认,并将信用卡、身份证件和签购单回单交还给持卡人。

在每日营业终了,将当日受理的信用卡签购单汇总,计算手续费和净计金额,并填写汇计单和进账单,连同签购单一并送交收单银行办理进账。

6. 持卡人退货的处理　持卡人要求退货时,特约单位应使用退货单办理压卡,并将退货单金额从当日签购单累计金额中抵减,退货单随签购单一并送交收单银行。

7. 信用卡透支及计息的规定　信用卡的透支额,由各商业银行自行确定。金卡的可透支额高,普通卡的可透支额低,但不得发生恶意透支。恶意透支是指持卡人经银行催收后连续2个月不能交足发卡银行规定的最低还款额,或在连续2个月交足银行规定的最低还款额的情况下,第3个月仍不能全额还清欠款的透支行为。

贷记卡存款不计利息,而持卡人享有免息还款期。免息还款期是指针对购物、消费,对按期全额还款的持卡人提供免息待遇的期限。该期限为银行记账日至还款日期间,最长50日,最短20日。准贷记卡存款按照中国人民银行规定的活期存款利率及计息办法计算利息,但不享有免息还款期。

信用卡透支的利息,自付息日起按日息5‰计算。信用卡恶意透支的利息在按日息5‰的基础上再增加50%计算。

8. 信用卡丧失的处理　信用卡丧失,持卡人应立即持本人身份证件或者其他有效证明,并按规定提供有关情况,向发卡银行或代办银行申请挂失。

(三) 信用卡结算的核算

企业在银行开户存入信用卡备用金时,借记"其他货币资金——信用卡存款"账户,贷记"银行存款"账户。在开户时支付的手续费,应列入"财务费用"账户。企业持信用卡购物或消费时,根据购进设备、材料或消费的凭证和签购单回单,借记"固定资产""在途物资"或"管理费用"账户,贷记"其他货币资金——信用卡存款"账户。

【例】 捷达物流公司在工商银行开立信用卡存款账户。

(1) 存入信用卡备用金　3月1日,存入信用卡备用金9 000元,发生开户手续费40元,一并签发转账支票付讫,根据转账支票存根联,作分录如下:

借:其他货币资金——信用卡存款　　　　　　　　　　　9 000.00
　　财务费用　　　　　　　　　　　　　　　　　　　　　　40.00
　贷:银行存款　　　　　　　　　　　　　　　　　　　　9 040.00

(2) 购进计算机　　3月5日,购进计算机一台,价款6 000元,以信用卡存款付讫,根据发票及签购单回单,作分录如下:

借:固定资产　　　　　　　　　　　　　　　　　　　　　　　6 000.00
　　贷:其他货币资金——信用卡存款　　　　　　　　　　　　　　6 000.00

特约单位为客户提供物流服务,受理信用卡结算时,应取得客户签字的签购单,当日营业终了,根据签购单存根联汇总后,编制计汇单,计算总计金额,根据发卡银行规定的手续费率,计算手续费,总计金额扣除手续费后为净计金额,并按净计金额填制进账单,然后一并送交开单银行办理进账,取回进账单回单入账。届时,根据进账单金额,借记"银行存款"账户;根据计汇单上列明的手续费,借记"财务费用"账户;根据发票与计汇单上的总计金额,贷记"主营业务收入"账户。

【例】　华安物流公司为中兴工厂承运货物一批,运费20 000元,采用信用卡结算,信用卡结算手续费率为5‰。根据发票、签购单存根联及计汇单回单和进账单回单,作分录如下:

借:银行存款　　　　　　　　　　　　　　　　　　　　　　　19 900.00
借:财务费用——手续费　　　　　　　　　　　　　　　　　　　　100.00
　　贷:主营业务收入　　　　　　　　　　　　　　　　　　　　20 000.00

六、汇兑

(一)汇兑概述

汇兑是指汇款人委托银行将其款项支付给收款人的结算方式。

汇兑按其凭证的传递方式不同,分为信汇和电汇两种,可以由汇款人选用。信汇是银行将信汇凭证通过邮电局寄给汇入银行。这种传递方式费用低,但收款较慢。电汇是银行将电汇凭证通过电报或其他电讯工具向汇入行发出付款通知。这种传递方式收款快,但费用较高。

汇兑结算具有适用范围大、服务面广、手续简便、划款迅速和灵活易行的特点。它适用于异地各单位和个人之间的商品交易、劳务供应、资金调拨和清理旧欠等各种款项的结算。

(二)汇兑结算的主要规定

1. 签发汇兑凭证必须记载的事项　　表明"信汇"或"电汇"的字样;无条件支付的委托;确定的金额;收款人名称;汇款人名称;汇入地点、汇入行名称;汇出地点、汇出行名称;委托日期和汇款人签章等。

2. 收款人为个人的处理方法　　汇兑凭证上记载收款人为个人的,收款人需要到汇入银行领取汇款,汇款人应在汇兑凭证上注明"留行待取"字样;留行待取的汇款,需要指定单位的收款人领取汇款的,应注明收款人的单位名称;信汇凭收款人签章支取的,应在信汇凭证上预留其签章。

3. 需要在汇入银行支取现金的处理方法　　汇款人和收款人均为个人,需要在汇入行支取现金的,应在汇兑凭证的"汇款金额"大写栏,先填写"现金"字样,后填写汇款金额。如未填明"现金"字样,需要支取现金的,由汇入银行按照国家现金管理规定审查支付。

4. 对收款人未在银行开立存款账户的处理方法　　收款人凭信汇、电汇取款通知向汇入银行支取款项,届时必须交验本人的身份证件,在信汇、电汇凭证上注明证件名称、号码及发证机关,并在收款人签章处签章;信汇凭签章支取的,收款人的签章必须与预留信汇凭证上的签章相符。银行审查无误后,以收款人的姓名开立临时存款账户,只付不收,付完清户,不计付利息。需要转汇的,应由原收款人向银行填制汇兑凭证,并由本人交验其身份证件。转汇的收款人必须是原收款人。原汇入银行必须在汇兑凭证上加盖"转汇"戳记。

5. 汇款的撤销　　汇款人对汇出银行尚未汇出的款项可以申请撤销,届时应出具正式函件及原信汇、电汇回单。

6. 汇款人的退汇　　对在汇入银行开立存款账户的收款人,由汇款人与收款人自行联系退汇;对未在汇入银行开立存款账户的收款人,汇款人应出具正式函件或本人身份证件以及原信汇、电汇回单,由汇出银行通知汇入银行,经汇入银行证实汇款确未支付,并将款项汇回汇出银行,方可办理退汇。

(三)汇兑结算的核算

汇款人委托银行办理汇款,应填制一式数联的信汇、电汇结算凭证,送交开户银行。银行审查无误,同意汇款时,在回单联上加盖印章后退回汇款人,作为其汇款的入账依据。开户银行留下一联,其余各联传递到收款方开户银行。收款方开户银行留下一联,将收款通知联转交收款人,作为其收款的入账依据或取款的凭证。

企业汇出款项用于购置设备或采购材料时,凭信汇、电汇凭证回单联,借记"应付账款"账户,贷记"银行存款"账户;收到购置设备或采购材料的发票及运杂费凭证时,借记"固定资产"或"在途物资"账户,贷记"应付账款"账户。

企业收到客户汇入偿还前欠物流服务款项的信汇、电汇收款通知联时,据以借记"应收账款"账户,贷记"银行存款"账户。

企业派采购员到异地进行临时或零星采购需要领取汇款时,应在信汇、电汇凭证上注明"留行待取"字样。采购员应在汇入银行以汇出单位名称或采购员的名义开立采购专户,采购专户只付不收,付完清户,不计利息。

企业在汇出采购资金开立采购专户时,根据信汇、电汇凭证回单联,借记"其他货币资金——外埠存款"账户,贷记"银行存款"账户;收到采购材料购进凭证和支付材料采购费用时,借记"在途物资"账户,贷记"其他货币资金——外埠存款"账户。

七、托收承付

(一)托收承付概述

托收承付是指根据购销合同由收款人发货后,委托银行向异地付款人收取款项,由付款人向银行承认付款的结算方式。

托收承付结算具有物资运动与资金运动紧密结合,由银行维护收付双方正当权益的特点。它适用于商品交易,以及因商品交易而产生的劳务供应。

(二)托收承付结算的主要规定

1. 办理托收承付结算的条件　　收付双方必须签有符合《合同法》的购销合同,并在合同上订明使用托收承付结算方式;收款人办理托收,必须具有商品确已发运的证件(包括铁路、航路和公路等运输部门签发的运单、运单副本和邮局包裹回执);每笔金额的起点为 10 000 元。

2. 签发托收承付凭证必须记载的事项　　必须记载的事项包括:表明"托收承付"的字样;确定的金额;付款人名称、账号及开户银行名称;收款人名称、账号及开户银行名称;托收附寄单证张数或册数;合同名称、号码;委托日期和收款人签章等。

3. 托收　　收款人按照签订的购销合同发货后,应将托收凭证并附发运证件和交易单证送交银行,委托银行办理托收。托收款收回的划转方式有邮划和电划两种,由托收方选用。

4. 承付　　付款人收到托收承付结算凭证后,应在承付期内审查、核对和安排资金。

承付货款的方式通常采用验单付款。验单付款是指付款方接到开户银行转来的承付通知联及有关单证等,与合同核对相符后就应承付货款,承付期为 3 天,从付款人开户银行发出承付通知联的次日算起(承付期内遇法定休假日顺延)。

5. 拒绝付款　　付款人若发现收款人的托收款不符合托收承付结算的有关规定,或者在验单过程中发现货物的品种、规格、数量、质量和价格与合同规定不符,应在承付期内填写"拒绝付款理由书"并签章,注明拒绝付款的理由,并连同有关证明,一并送交开户银行。开户银行审查后,同意部分或全部拒绝付款的,在拒绝付款理由书上签注意见后,将拒绝付款理由书连同拒付证明和拒付商品清单邮寄收款人开户银行转交收款人。付款人在承付期内,未向银行表示拒绝付款,银行即视作承付,并在承付期满的次日(法定休假日顺延)上午银行开始营业时,将款项主动从付款人账户划转给收款人。

(三)托收承付结算的核算

物流企业为付款人。在收到付款人开户银行转来的托收承付结算凭证付款通知联及有关单证,并验单付款后,以承付通知联作为付款的入账凭证。

付款人在购进原材料承付款项时,根据购进原材料凭证、运杂费凭证和托收承付凭证承付通知联,借记"在途物资"账户,贷记"银行存款"账户。

【例】 苏州物流公司收到银行转来上海炼油厂托收承付结算凭证承付通知联,金额为98 900元;并附来发票一张,开列汽油若干升,计价款98 000元;运杂费凭证一张,金额900元。审核无误后,当即承付,作分录如下:

　　借:在途物资——汽油　　　　　　　　　　　　　　　　　　98 900.00
　　　　贷:银行存款　　　　　　　　　　　　　　　　　　　　　　　98 900.00

八、委托收款

(一) 委托收款概述

委托收款是指收款人委托银行向付款人收取款项的结算方式。

委托收款结算具有恪守信用、履约付款、灵活性强和不受结算金额起点限制的特点。它适用于单位和个人凭已承兑的商业汇票、债券和存单等付款人债务证明办理款项的结算,同城异地均可以使用。

(二) 委托收款结算的主要规定

1. **签发委托收款凭证必须记载的事项**　　表明"委托收款"的字样;确定的金额;付款人名称、账号及开户银行名称;收款人名称、账号及开户银行名称;委托收款凭据名称及附寄单证张数;委托日期和收款人签章等。

2. **委托**　　收款人办理委托收款应向银行提交委托收款凭证和有关的债务证明。托收款收回的方式有邮划和电划两种,由委托方选用。

3. **付款**　　付款人开户银行接到寄来的委托收款凭证及债务证明经审核无误后,应及时通知付款人,并将有关债务证明交给付款人签收。付款人应在接到付款通知的当日书面通知银行付款。付款人在3天付款期内未向银行表示拒绝付款的,银行视作同意付款,就在付款期满的次日上午银行开始营业时,将款项划给收款人。

银行在办理划款时,付款人存款账户不足支付的,应通过被委托银行向收款人发出未付款项通知书。按照有关办法规定,应将其债务证明连同未付款项通知书通过付款人开户银行邮寄被委托银行转交收款人。

4. **拒绝付款**　　付款人审查有关债务证明后,对收款人委托收取的款项需要拒绝付款的,应在接到通知日的次日起3日内出具拒绝证明,持有债务证明的,应将其送交开户银行,由其将拒绝证明、债务证明和有关凭证,一并寄给被委托银行,转交收款人。

(三) 委托收款的核算

收款人在收到托收款项时,借记"银行存款"账户,贷记"应收票据"等有关账户。付款人收到委托收款凭证付款通知,支付款项时,借记"应付票据"等有关账户,贷记"银行存款"账户。

第五节 企业与银行对账的方法

一、企业与银行对账的目的和方法

企业对外结算主要是通过银行转账的,因此,银行存款的收支比较频繁。为了加强对银行存款收支的监督与控制,保证银行存款账目的正确无误,企业的银行存款日记账应经常与银行对账单进行核对,每月至少核对一次,以做到账实相符。为了完善企业的内部控制制度,出纳人员、银行存款日记账登记人员不宜参与核对,而应另行指定专人负责进行核对,以防发生弊端。

企业与银行对账时,应将企业的银行存款日记账与银行转来的"对账单"逐笔进行核对。在核对过程中,如发现本单位记账错误,应按照错账更正的方法予以更正;如发现银行转来的"对账单"错误,应通知银行予以更正。核对的结果往往会发现未达账项,因此应通过编制"银行存款余额调节表"进行调节,经调节后双方的余额应该相等。

二、未达账项及其四种情况

"未达账项"是指企业与银行之间,由于结算凭证在传递时间上有先后,而造成一方已登记入账,另一方因凭证未达而尚未登记入账的款项。未达账项通常有下列四种情况。

1. 银行已收款入账,企业尚未收款入账的款项 如托收承付结算、委托收款结算和汇兑结算,银行已收到收账通知,而当天未及通知收款单位。

2. 银行已付款入账,企业尚未付款入账的款项 如短期借款和长期借款利息等,银行已结算入账,而当天未及通知借款单位。

3. 企业已收款入账,而银行尚未收款入账的款项 如企业将收到的转账支票填制进账单送交银行办理收款,取得回单入账,而当天银行未及办妥转账手续。

4. 企业已付款入账,而银行尚未付款入账的款项 如企业签发转账支票付款后,凭支票存根入账,而收款单位尚未将支票解存银行,或虽已解存银行,但银行未及办妥转账手续。

三、银行存款余额调节表的编制方法

银行存款余额调节表的编制方法是:在银行存款日记账余额和银行对账单余额的基础上,加减双方各自的未达账项,使双方的余额达到平衡。其调节公式如下:

$$\frac{银行存款}{日记账余额} + \frac{银行已收账,而}{企业尚未收账数} - \frac{银行已付账,而}{企业尚未付账数} =$$

$$\frac{银行对账}{单余额} + \frac{企业已收账,而}{银行尚未收账数} - \frac{企业已付账,而}{银行尚未付账数}$$

【例】 腾飞物流公司1月29～31日银行存款日记账和银行对账单如图表2-2、图表2-3所示。

图表2-2

银行存款日记账

单位：元

2018年 月	日	凭证号数	摘要	借方	贷方	借或贷	余额
1	29		承上页			借	178 720
	29		支付轮胎款(转支#62311)		15 240	借	163 480
	30		收到商业汇票款(委托收款)	47 200		借	210 680
	30	(略)	运输收入款(转支#77268)	152 600		借	363 280
	31		兑付叉车款(商业汇票)		136 100	借	227 180
	31		装卸收入款(转支#28811)	21 548		借	248 728
	31		支付汽油款(转支#62312)		46 150	借	202 578
	31		提取现金(现支#62313)		1 055	借	201 523

图表2-3

银 行 对 账 单

单位：元

2018年 月	日	摘要	借方	贷方	借或贷	余额
1	29	承上页			贷	178 720
	29	委托收款(收到商业汇票款)		47 200	贷	225 920
	30	转支#62311(支付轮胎款)	15 240		贷	210 680
	30	商业汇票(兑付叉车款)	136 100		贷	74 580
	31	委托收款(收到商业汇票款)		40 980	贷	115 560
	31	转支#77268(运输收入款)		152 600	贷	268 160
	31	短期借款计息单	5 430		贷	262 730
	31	现支#62313(提取现金)	1 055		贷	261 675

通过核对后，有未达账项四笔，据以编制银行存款余额调节表如图表2-4所示。

图表 2-4

银行存款余额调节表

2018 年 1 月 31 日 　　　　　　　　　　　　　　　　　　　单位：元

项　　目	金额	项　　目	金额
银行存款日记账余额	201 523	银行对账单余额	261 675
加：银行已收账，而企业尚未收账数：		加：企业已收账，而银行尚未收账数：	
委托收款（收到商业汇票款）	40 980	转账支票#28811（装卸收入款）	21 548
减：银行已付账，而企业尚未付账数：		减：企业已付账，而银行尚未付账数：	
短期借款计息单	5 430	转账支票#62312（支付汽油款）	46 150
调节后余额	237 073	调节后余额	237 073

企业银行存款日记账的余额与银行对账单的余额通过调节后取得了平衡，表明账簿的记录基本正确无误。对于本企业的未达账项，应于下次银行对账单到达时继续进行核对，如未达账项超过了正常日期，应及时与银行联系，查明原因予以解决，以免造成不必要的损失。

思 考 题

1. 什么是货币资金？它分为哪几类？分述各类货币资金的定义。
2. 试述库存现金的管理。
3. 银行存款账户分为哪几种？试述各种银行存款账户的用途。
4. 试述转账结算的定义、特点和原则。
5. 企业使用票据和结算凭证必须符合哪些规定？
6. 什么是支票？它有哪些种类？支票结算有哪些主要规定？说明它的特点和适用性。
7. 什么是银行本票和银行汇票？分述其特点及采用时有哪些主要规定？
8. 什么是商业汇票？它有哪些种类？商业汇票结算有哪些主要规定？
9. 什么是贴现？贴现利息是怎样计算的？
10. 什么是信用卡？信用卡结算有哪些主要规定？
11. 什么是汇兑？这种结算有哪些主要规定？说明它的特点和适用性。
12. 什么是委托收款？这种结算有哪些主要规定？
13. 试述企业与银行对账的目的和方法。
14. 什么是未达账项？它有哪几种情况？

习 题 一

一、目的 练习备用金的核算。

二、资料 东方物流公司6月上旬发生下列有关的经济业务：

1. 2日，签发现金支票2 400元，分别拨付业务部门和总务部门备用金1 200元。

2. 6日，业务部门送来报账发票，其中：招待客户用餐费560元，市内交通费120元，快递费250元，长途电话费150元。审核无误后，当即以现金补足其定额备用金。

3. 9日，总务部门送来报账发票，其中：修理保险箱100元，账页220元，邮票80元，市内交通费90元，清扫费150元，印制单据480元。审核无误后，当即以现金补足其定额备用金。

三、要求 编制会计分录。

习 题 二

一、目的 练习票据和信用卡结算的核算。

二、资料 新华物流公司3月份发生下列经济业务：

1. 1日，向东昌公司购进润滑油一批，价款9 000元，当即签发转账支票付讫。

2. 3日，为大华公司承运货物一批，运费38 000元，收到转账支票，当即存入银行。

3. 5日，签发现金支票1 200元，提取现金。

4. 8日，填制银行汇票申请书一份，金额180 000元，银行受理后，收到同等数额的银行汇票。

5. 10日，为大连公司承运货物一批，运费124 500元，收到票面金额为125 000元的银行汇票一张，当即按实际销售金额结算，并存入银行。

6. 12日，向安徽叉车厂购进叉车2辆，计价款177 000元，款项一并以面额180 000元的银行汇票支付，余款尚未退回。

7. 14日，银行转来多余款收账通知，金额为3 000元，系本月8日签发的银行汇票使用后的余款。

8. 15日，为给沪光工厂承运货物一批，运费90 000元，收到2个月期限的带息银行承兑汇票，月利率为6‰。

9. 18日，存入信用卡备用金10 000元，发生开户费40元，一并签发转账支票付讫。

10. 20日，购进轮胎一批，计价款9 000元，以信用卡存款付讫。

11. 22日,向东昌公司购进汽油若干升,价款54 000元,当即签发2个月期限的、月利率为6‰的商业承兑汇票付讫。

12. 25日,为黄兴公司承运货物一批,运费66 000元,收到3个月期限的带息银行承兑汇票,月利率为6‰。

13. 27日,45天前签发给东风公司的带息银行承兑汇票一张,已经到期,金额为72 000元,月利率为6‰,当即从存款户中兑付本息。查该汇票上月底已计提过利息。

14. 28日,将上月28日收到的期限为3个月的不带息商业承兑汇票一张,金额为54 000元,向银行申请贴现,月贴现率为6.3‰,银行审查后同意贴现,并将贴现金额存入银行。

15. 29日,为新欣公司承运货物一批,运费18 000元,采用信用卡结算,信用卡结算手续费率为5‰,当即将签购单和计汇单存入银行。

16. 30日,将本月15日收到的带息银行承兑汇票一张,向银行申请贴现,月贴现率6.3‰。该汇票金额为90 000元,月利率为6‰。银行审查后同意贴现,并将贴现金额存入银行。

17. 31日,计提本月22日签发给东昌公司的带息商业承兑汇票的利息。

18. 31日,计提本月25日收到的黄兴公司付来的带息银行承兑汇票的利息。

三、要求　编制会计分录。

习 题 三

一、目的　练习转账结算的核算。

二、资料　上海大成物流公司2月份发生下列经济业务:

1. 2日,向武汉叉车厂函购叉车2辆,填制电汇结算凭证,汇出款项200 000元。

2. 5日,电汇广州工商银行55 000元,开立采购专户。

3. 8日,从广州轮胎公司购进各种轮胎一批,价款52 500元,材料的运杂费800元,一并以本月5日在广州开立的采购专户支付。

4. 12日,广州采购专户已结清,余款已退回存入银行。

5. 15日,武汉叉车厂发来函购的叉车2辆,并收到其附来的发票和运输费凭证,开列价款196 000元,运输费800元,余款3 200元也已汇回,存入银行。

6. 18日,为南昌化工厂承运货物一批,将应收运费收入56 000元入账。

7. 20日,银行转来电汇收账通知联一张,金额为56 000元,系南昌化工厂汇来前欠货物运费。

8. 25日,银行转来长春汽车厂托收承付结算凭证,金额为18 800元,并附来发票一张,开列轴承一批,计价款18 000元;运杂费凭证一张,金额为800元。经审核无误,当即承付。

9. 28日,银行转来自来水公司委托收款凭证付款通知联,金额为420元,系支付本月份自来水费。

三、要求 编制会计分录。

习 题 四

一、目的 练习银行存款余额调节表的编制。

二、资料 飞鸿物流公司6月28~30日银行存款日记账及银行对账单如图表2-5和图表2-6所示。

图表2-5

银行存款日记账

单位:元

2018年		凭证号数	摘　　要	借　方	贷　方	借或贷	余　额
月	日						
6	28		承上页			借	267 160
	28	(略)	支付装卸设备款(转支#33425)		121 200	借	145 960
	28		汇出邮购款(电汇)		29 600	借	116 360
	29		收到商业汇票款(委托收款)	108 120		借	224 480
	29	(略)	支付汽车备件款(转支#33426)		59 120	借	165 360
	30		提现(现支#33427)		1 500	借	163 860
	30		电费(委托收款)		2 920	借	160 940
	30		运输收入款(转支#76294)	248 400		借	409 340
	30		支付柴油款(转支#33428)		157 960	借	251 380

图表2-6

银 行 对 账 单

单位:元

2018年		摘　　要	借　方	贷　方	借或贷	余　额
月	日					
6	28	承上页			贷	267 160
	28	委托收款(收到商业汇票款)		108 120	贷	375 280
	28	电汇(邮购款)	29 600		贷	345 680

(续表)

2018年		摘　　要	借方	贷方	借或贷	余　额
月	日					
6	29	委托收款(电费)	2 920		贷	342 760
	29	转支#33425(支付装卸设备款)	121 200		贷	221 560
	30	电汇(收到前欠账款)		135 670	贷	357 230
	30	提现	1 500		贷	355 730
	30	短期借款计息单	4 110		贷	351 620
	30	特约委托收款(水费)	645		贷	350 975

三、要求

1. 将银行存款日记账与银行对账单逐笔核对,找出未达账项。
2. 编制银行存款余额调节表,验算企业与银行双方账目是否相符。

第三章 外币业务和国际结算

第一节 外汇与外汇管理

一、外汇概述

（一）外汇和外币

外汇是国际汇兑的简称，它是指以外国货币表示的可用以国际结算的支付手段和资产。

1. 外汇包括的内容 外汇包括以下四项内容。

（1）外国货币 它包括纸币和铸币。

（2）外币支付凭证 它包括票据、银行存款凭证和邮政储蓄凭证。

（3）外币有价证券 它包括政府债券、公司债券、股票和息票等。

（4）其他外汇资产。

2. 外汇必须具备的条件 外汇必须同时具备以下三个条件。① 以外币表示的国外资产。② 在国外能得到偿付的货币债权。③ 可以兑换成其他支付手段的外币资产。

外币是外国货币的简称，它是指本国货币以外的其他国家和地区的货币。外币仅仅是外汇的组成部分。

（二）外汇的分类

外汇可以按不同的标准分类，主要有以下两种。

1. 按外汇能否自由兑换分 按外汇能否自由兑换可分为自由外汇和记账外汇两种。

（1）自由外汇 它是指不需要经过外汇管理当局批准，在国际金融市场上可以随时自由兑换成其他国家的货币，或可以随时自由买卖并可以对任何国家自由支付的货币。目前全世界属于自由外汇的货币有 50 多种，使用最广泛的是美元、日元、欧元、英镑、瑞士法郎和港元等。

（2）记账外汇 它也称协定外汇或清算外汇，是指不经货币发行国批准，不能自由兑换成其他国家货币，或对第三国进行支付，只能在两国政府间签订的支付协定项目所使用的外汇。

2. 按外汇的来源分 按外汇来源可分为贸易外汇和非贸易外汇两种。

(1) 贸易外汇　　它是指来源于进口贸易的外汇,包括货款及其从属费用。

(2) 非贸易外汇　　它是指除贸易外汇以外通过其他方面所收付的外汇,如旅游外汇、劳务外汇、驻外机构经费,以及运输、邮电、银行和保险等部门业务的收支外汇。

(三) 外汇汇率

外汇汇率简称汇率,又称汇价,是指一种货币折算为另一种货币的比率,也就是用某一种货币表示的另一种货币的价格,或外汇市场买卖外汇的价格。外汇汇率为物流企业在国际贸易中的外汇结算提供了依据。

1. 外汇汇率的标价方法　　外汇汇率的确定,应先选用一种货币作为折合标准。根据选用本国货币还是外国货币作为标准来表示外汇汇率的方法不同,标价方法分为以下两种。

(1) 直接标价法　　它是指以一定单位的外国货币作为标准来折算本国货币的标价方法。采用这种标价方法,外国货币数量固定不变,直接反映本国货币价值的增减变化。目前世界上绝大多数国家都实行直接标价法。我国国家外汇管理局公布的外汇牌价也采用这种方法。例如,1 美元＝6.85 元人民币。

采用直接标价法,如折合成本国货币的数量增加,说明本国货币币值下降,外国货币币值相对上升,即外汇汇率上升或本币汇率下降;反之,如折合成本国货币的数量减少,说明本国货币币值上升,外国货币币值相对下降,即外汇汇率下降或本币汇率上升。外汇汇率的升降与本国货币数额增减变动的方向是一致的。

(2) 间接标价法　　它是指将本国货币单位固定不变,用若干单位的外国货币来标出本国货币的单位价格,间接地显示出外国货币价值的标价方法。美国和英国采用间接标价法。例如,美国采用的间接标价法 1 美元＝0.7643 英镑。

采用间接标价法,如折合成外国货币的数量增加,表示外国货币币值下降,本国货币的币值上升,即外汇汇率下降或本币汇率上升;反之,如折合成外国货币的数量减少,表示外国货币币值上升,本国货币的币值下降,即外汇汇率上升或本币汇率下降。外汇汇率的升降与本国货币增减变化的方向是相反的。

为了便于标价和记账,人民币和外汇业务所涉及的外币一般均以简写符号表示。人民币、美元、日元、欧元、英镑和港元的简写符号分别为￥、US＄、J￥、€、£、HK＄。

2. 外汇汇率的分类　　外汇汇率根据汇率的不同作用主要有以下四种分类。

(1) 按银行买卖外汇的汇率分　　按银行买卖外汇的汇率可分为买入汇率、卖出汇率和中间汇率。

买入汇率又称买入价,它是指银行向客户买入外汇时所使用的汇率。

卖出汇率又称卖出价,它是指银行向客户卖出外汇时所使用的汇率。

中间汇率又称中间价,它是指银行买入汇率与卖出汇率之间的平均汇率。

(2) 按外汇交易的时间分　　按外汇交易的时间可分为即期汇率和远期汇率

两种。

即期汇率又称现汇汇率,它是指外汇交易双方当即进行交割所使用的汇率。

远期汇率又称预期汇率,它是指外汇交易双方约定在以后的一定期限内交割时所使用的约定的汇率。

远期汇率与即期汇率之间往往存在着差额,该差额通常称为升水或贴水。升水是指远期汇率高于即期汇率的差额;贴水是指远期汇率低于即期汇率的差额。

(3) 按汇率发生的时间分　按汇率发生的时间可分为现行汇率和历史汇率。

现行汇率是指企业发生外币业务时的市场汇率。

历史汇率是指企业以前的外币业务发生时所使用的汇率。

(4) 按企业记账所依据的汇率分　按企业记账所依据的汇率可分为记账汇率和账面汇率。

记账汇率是指企业对发生的外币业务进行会计核算时所采用的汇率。这一汇率可以是现行汇率,也可以是历史汇率。

账面汇率是指企业以前发生的外币业务登记入账时所采用的汇率。账面汇率也就是历史汇率。

二、外汇管理

(一) 外汇管理的意义

外汇管理是指政府制定外汇管理法令及相应的制度,对境内外汇买卖、国际结算和外汇汇率所实施的管理。这种管理是由政府指定或授权某一机构履行实施的。我国的外汇管理机关是国务院外汇管理部门及其分支机构。

国家通过外汇管理来维持本国的国际收支平衡,稳定本国货币汇率,保护国内市场,促进本国和对外经济的发展。

(二) 外汇账户的开立

企业只要有业务上的需求,即可申请开立外汇账户。

企业开立外汇账户必须向外汇管理机关提交开立外汇账户申请报告,盖上企业公章,并根据外汇管理机关的要求,提供在工商行政管理部门登记的法人营业执照或民政机关登记的社团登记证、各行业主管部门的核准件、相应外汇收入证明、审计报告(如新成立的企业,则需提供合同、协议)和其他资料,据以向外汇管理机关领取"外汇账户使用证",并按规定填写用途、币种、收支范围、使用期限以及相应的结汇方式等。经外汇管理机关审查批准后,物流企业才能在指定的银行开设外汇账户。

境内企业开立外汇账户,必须由本企业人员办理,如需开户银行代办,必须出具企业授权书。

国家为了在外汇管理上给予企业一定的自主权,允许境内企业开立外汇账户,保留外汇收入,这样不但可以减少企业在结、售汇过程中发生的财务费用,而且企业可以自行决定收汇后保留外汇资金的数额与时机,防范外汇风险。

（三）购汇的管理

外汇银行对企业购汇实行售汇制。售汇制是指外汇银行受理企业提供国家认可的进口用汇有效凭证,用人民币办理购买及对外支付外汇的制度。

1. 购汇的条件　　物流企业需要购汇时,必须提供购货合同、正本提单、发票、费用收据、进口许可证、进口登记表或者物流服务发票等与支付方式相适应的有效商业单据和凭证。如果采取信用证结算方式,还需提供开证申请书；如果采取进口托收结算方式,还需提供有关付款通知单；如果采取进口汇款结算方式,还需提供汇款申请书。

2. 购汇的程序　　购汇程序有以下三方面。

（1）将购汇所需要的人民币资金足额地存放于物流企业在指定的外汇银行开设的账户中。

（2）填写一式数联的"购买外汇申请书",并将其连同购汇所必须提供的有效商业单据和凭证一并送交外汇指定银行。

（3）外汇指定银行对物流企业提供的资料审核无误后,即办理售汇,并将"购买外汇申请书"中的一联退还物流企业,以完成购汇。

3. 购汇应遵守和注意的事项　　应遵守和注意的有以下三项。

（1）企业购汇必须按规定的要求提供合法的商业单据和凭证,不得伪造、更不得非法套取外汇。

（2）企业购入尚未支付的外汇,期末应根据有关规定确认汇兑损益。

（3）企业使用远期支付合同或偿债协议的,可按有关规定向外汇指定银行办理人民币与外币的远期买卖及其他保值业务,以防范汇率风险。

第二节　外币业务

一、外币业务概述

外币业务是指企业以记账本位币以外的其他货币进行款项收付、往来结算和计价的经济业务。它主要包括企业购买或销售以外币计价的商品或劳务、企业借入或出借外币资金以及承担或清偿以外币计价的债务等。记账本位币是指在会计记账上所采用的、作为会计计量基本尺度的货币币种。

物流企业开展国际间的物流业务,往往会使用各种可自由兑换的货币,届时必然会发生款项收付、债权债务结算和计价等外币业务。外币业务的账务处理有外币统账制和外币分账制两种方法。

外币统账制是指企业在发生外币业务时,必须及时折算为记账本位币记账,并以此编制财务报表的制度。外币分账制是指企业对外币业务在日常核算时按照外币原币进行记账,分别不同的外币币种核算其所实现的损益,编制各种货币币种的财务报表,在资产负债表日一次性地将外币表示的财务报表折算为记账本位币表示的财务报表,并与记账本位币业务编制的财务报表汇总编制整个企业在一定会计期间的财务报表的制度。物流企业通常采用外币统账制。

二、外币业务的核算

物流企业发生的外币业务都应当采用复币记账,在按外币原币登记有关外币明细账户的同时,还应当采用外币交易日的即期汇率或者即期汇率的近似汇率,将外币金额折算为记账本位币(即人民币)金额记账。即期汇率的近似汇率是指按照系统合理的方法确定的,与交易发生日即期汇率近似的汇率,通常采用当期平均汇率或加权平均汇率等。

(一)外币收入的核算

物流企业取得的外币收入存入外汇账户后,可以根据企业具体的财务状况,作出结汇或不结汇的决定,并据以进行核算。

【例】 飞鸥物流公司发生国际货运的有关业务如下所述。

(1)5月5日,为美国纽约公司承运货物一批,计运费116 000美元,当日美元汇率中间价为6.85元。作分录如下:

  借:应收账款——美元户($116 000×6.85)   794 600.00
    贷:主营业务收入   794 600.00

(2)5月16日,银行收妥款项,送来现汇收账通知,当日美元汇率中间价为6.85元。作分录如下:

  借:银行存款——美元户($116 000×6.85)   794 600.00
    贷:应收账款——美元户($116 000×6.85)   794 600.00

(3)5月20日,今将50 000美元向银行办理结汇,当日美元汇率买入价为6.84元。作分录如下:

  借:银行存款——人民币存款($50 000×6.84)   342 000.00
  借:财务费用——汇兑损失   500.00
    贷:银行存款——美元户($50 000×6.85)   342 500.00

(二)外币付出的核算

物流企业进口设备、材料,或者远洋运输企业运输途中发生的燃料费、港口费等需要以外币支付款项时,可以凭有效商业单据和凭证直接从其外汇账户中支付,也可以提供有效商业单据和凭证,向银行购入外汇后再予以支付。

【例】 飞鸥物流公司收到纽约船务代理公司转来的发票等单据,开列港务费、船舶吨税、引水费和海关检验费等各种港口费计 6 600 美元,当即以美元户存款账户款项支付。美元户的记账汇率和当日外汇市场美元汇率中间价均为 6.85 元。作分录如下:

  借:主营业务成本   45 210.00
    贷:银行存款——美元户($6 600×6.85)   45 210.00

第三节 汇兑损益

一、汇兑损益的内容

汇兑损益是指企业在持有外币货币性资产和负债期间,由于外币汇率变动而引起的外币货币性资产或负债的价值发生变动而产生的损益。汇兑损益包括外币折算差额和外币兑换差额两个部分。

(一)外币折算差额

外币折算差额是指企业各外币账户的记账本位币由于折算的时间不同,采用的折算汇率不同而产生的差额。外币折算差额应当分别外币货币性项目、外币非货币性项目和外币投入资本项目进行会计处理。

1. 外币货币性项目　　货币性项目是指企业持有的货币资金和将以固定或可确定的金额收取的资产或者偿付的负债的项目。外币货币性项目是指以外币计量的货币性项目。货币性项目分为货币性资产项目和货币性负债项目。货币性资产项目包括库存现金、银行存款、应收账款、其他应收款和长期应收款等;货币性负债项目包括短期借款、应付账款、长期借款、应付债券和长期应付款等。

对于外币货币性项目,因结算或采用期末的即期汇率折算而产生的汇兑差额,计入当期损益,同时调增或调减外币货币性项目的记账本位币金额。

2. 外币非货币性项目　　非货币性项目是指货币性项目以外的项目,包括交易性金融资产、存货、长期股权投资、固定资产和无形资产等。外币非货币性项目是指以外币计量的非货币性项目。

(1) 以历史成本计量的外币非货币性项目　　这些项目由于已在交易发生日按当日即期汇率折算,期末不应改变其原记账本位币金额,故不产生汇兑差额,如存货。

(2) 以公允价值计量的外币非货币性项目　　这些项目采用公允价值确定日的即期汇率折算,折算后的记账本位币金额与原记账本位币金额的差额,作为公允价值变动(含汇率变动)处理,计入当期损益,如交易性金融资产等。

3. 外币投入资本　　企业收到投资者以外币投入的资本,应当采用交易发生日即期汇率折算,不得采用合同约定汇率和即期汇率的近似汇率折算,外币投入资本与相应的货币性项目的记账本位币金额之间不产生外币资本折算差额。

(二) 外币兑换差额

外币兑换差额是指外币与记账本位币之间的兑换和不同外币之间的兑换,由于实际兑换的汇率与记账汇率不同而产生的差额。

实际兑换汇率是指兑入外币金额时的银行卖出价和兑出外币金额时的银行买入价。记账汇率是指外币业务发生的当日的市场汇率的中间价。因此,实际兑换汇率与记账汇率之间必然存在差异,从而产生了外币兑换差额。

二、汇兑损益的归属

1. 因日常经营业务发生的汇兑损益　物流企业因日常购进设备和材料以及接受、提供物流服务而发生的汇兑损益,应归属于"财务费用——汇兑损失"账户。

2. 筹建期间发生的汇兑损益　物流企业在筹建期间发生的汇兑损益,应归属于"管理费用"账户。

3. 为购建固定资产而发生的汇兑损益　物流企业为购建固定资产而发生的汇兑损益,在固定资产达到预定可使用状态前发生的,应归属于固定资产的购建成本;在固定资产达到预定可使用状态后发生的,应归属于"财务费用——汇兑损失"账户。

4. 为购置无形资产而发生的汇兑损益　物流企业为购置无形资产而发生的汇兑损益,应归属于无形资产的购置成本。

5. 支付股利或利润发生的汇兑损益　物流企业支付境外投资者股利或利润发生的汇兑损益,应归属于"财务费用——汇兑损失"账户。

三、汇兑损益的核算

外币业务按汇兑损益计算和结转的时间不同可以分为逐笔结转法和集中结转法两种。

(一) 逐笔结转法

逐笔结转法是指企业每结汇一次,就计算并结转一次汇兑损益的方法。

采用逐笔结转法,平时发生的外币业务通常按当日的市场汇率的中间价或买入价、卖出价折算,如与原账面汇率不同时,就立即计算并结转该笔业务的汇兑损益。至期末,再将所有的外币账户的期末原记账本位币金额按当日公布的市场汇率的中间价折算的金额作为该外币账户的记账本位币余额。该余额与外币账户原记账本位币之间的差额作为汇兑损益予以转销。本章第二节外币收入的核算中举例阐述的就是逐笔结转法,在此不再重复。

逐笔结转法能够分别反映各笔结汇业务发生的汇兑损益和期末因汇率变动而发生的汇兑损益;但核算的工作量较大。这种方法适用于外币业务不多,但每笔业务交易金额较大的企业。

(二) 集中结转法

集中结转法是指企业平时结汇时,按当日的市场汇率核销相关的外币账户,将汇兑损益集中在期末结转的方法。

采用集中结转法，企业平时结汇时，根据具体情况，按当日市场汇率的中间价或买入价、卖出价核销相关的外币账户，不计算结转汇兑损益。至期末，再将所有的外币账户的期末原记账本位币金额按当日公布的市场汇率的中间价计算的金额作为该外币账户的记账本位币余额，该余额与外币账户原记账本位币之间的差额作为汇兑损益，予以集中一次转销。

【例】 东海远洋运输公司1月1日"银行存款日记账——美元户"账户余额为20 000元，汇率6.85元，折合人民币为137 000元。接着本月份发生下列有关的经济业务：

(1) 3日，为英国伦敦公司承运货物一批，运费110 500美元，尚未结算。当日美元汇率的中间价为6.84元，作分录如下：

  借：应收账款——美元户（$110 500×6.84）   755 820.00
    贷：主营业务收入   755 820.00

(2) 5日，从美元户存款中提取3 000美元，备发远航船员津贴。当日美元汇率的中间价为6.84元，作分录如下：

  借：库存现金——美元户（3 000×6.84）   20 520.00
    贷：银行存款——美元户（3 000×6.84）   20 520.00

(3) 16日，向国外进口材料一批，价款9 200美元，以美元存款付讫。当日美元汇率的中间价为6.85元，作分录如下：

  借：在途物资   63 020.00
    贷：银行存款——美元户（9 200×6.85）   63 020.00

(4) 25日，收到英国伦敦公司汇来前欠货物运费110 500美元。当日美元汇率的中间价为6.84元，作分录如下：

  借：银行存款——美元户（110 500×6.84）   755 820.00
    贷：应收账款——美元户（110 500×6.84）   755 820.00

(5) 28日，今将58 800美元向银行办理结汇，当日美元汇率的买入价为6.82元，作分录如下：

  借：银行存款——人民币户   401 016.00
    贷：银行存款——美元户（58 800×6.82）   401 016.00

(6) 31日，上列业务记入"银行存款日记账——美元户"后，美元余额为59 500元（见图表3-1），当日美元汇率的中间价为6.84元，调整人民币余额，作分录如下：

借：财务费用——汇兑损失　　　　　　　　　　　　　1 284.00
　　贷：银行存款——美元户　　　　　　　　　　　　　　　　1 284.00

根据上列业务，登记"银行存款日记账——美元户"如图表3-1所示。

图表3-1

银行存款日记账——美元户

单位：元

2018年		凭证号数	摘要	借方			贷方			余额		
月	日			外币	汇率	人民币	外币	汇率	人民币	外币	汇率	人民币
1	1	1	上年结转							20 000	6.85	137 000
	5	2	提现				3 000	6.84	20 520	17 000		116 480
	16	3	支付材料款				9 200	6.85	63 020	7 800		53 460
	25	4	收到前欠运费	110 500	6.84	755 820				118 300		809 280
	28	5	结汇				58 800	6.82	401 016	59 500		408 264
	31	6	月末汇率调整						1 284	59 500	6.84	406 980

第四节 国际结算

国际结算是指国际间由于经济活动所发生的国际货币收支和国际债权债务的结算。国际结算方式主要有汇付、托收和信用证三种。而物流企业主要采用汇付结算方式。

汇付是指汇款人主动将款项交给汇出行，由该汇出行委托收款人所在地的汇入行将款项转交收款人的结算方式。

一、汇付结算方式的当事人和种类

（一）汇付结算方式的当事人

1. 汇款人　　即付款方，也就是接受劳务或商品方。
2. 汇出行　　它是指受汇款人的委托将款项付给收款人的银行。
3. 汇入行　　它是指受汇出行的委托将款项付给收款人的银行。
4. 收款人　　即受益人，也就是提供劳务或商品方。

（二）汇付结算方式的种类

汇付结算方式按采用通知的方式不同可分为以下三类。

1. 电汇　　它是指汇出行应汇款人的要求以电讯方式委托汇入行向收款人付款

的结算方式。采用电汇方式,收款人能迅速收取款项,但付款人要承担较多的费用。

2. 信汇　　它是指汇出行应汇款人的要求以信函方式委托汇入行向收款人付款的结算方式。采用信汇方式,信汇的费用较小,但汇款的速度较慢。

3. 票汇　　它是指汇款人向汇出行购买银行汇票寄给收款人,由收款人据以向汇票上指定的银行收取款项的结算方式。票汇是以银行即期汇票作为结算工具的。

汇票有单张汇票和复张汇票两种。单张汇票为防止遗失,应双挂号,它通常用于数额较小的汇票;复张汇票有正副两张,如遇汇票迟到或遗失时,可凭副张兑换。因此正、副两张汇票应分别邮寄,它通常用于数额较大的汇票。

二、汇付结算方式的基本程序

（一）电汇、信汇结算方式的基本程序

电汇和信汇结算方式的基本程序有以下五个方面。

1. 汇款人交付款项委托汇款　　汇款人根据合同或经济事项将汇款交付汇出行,并填写电汇或信汇申请书,委托汇款行汇出款项。

2. 汇出行接受委托　　汇出行接受汇款委托,将电汇或信汇申请书回执退给汇款人。

3. 汇出行通知汇入行付款　　汇出行通过电讯工具或邮寄信汇委托书,委托汇入行解付汇款。

4. 汇入行通知收款人收取汇款　　汇入行收到电讯通知或信汇委托书,对其审核无误后,将汇款通知单交付收款人。

5. 收款人收取汇款　　收款人持盖章后的汇款通知单向汇入行收取汇款。

电汇、信汇结算方式的基本程序如图表 3-2 所示。

图表 3-2

电汇、信汇结算方式基本程序

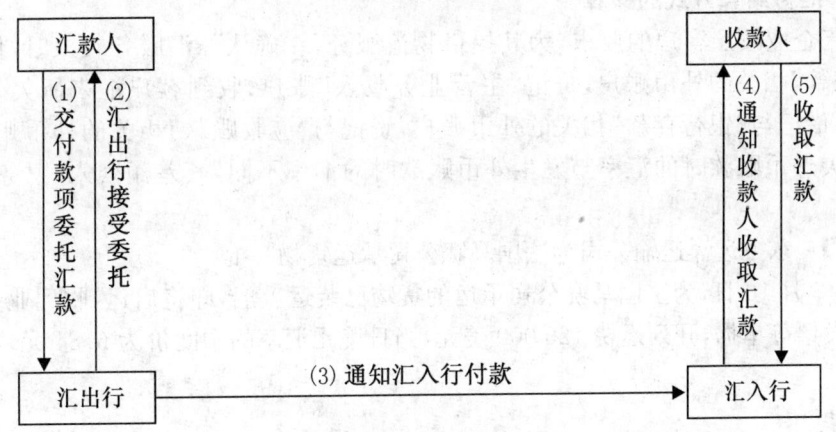

(二)票汇结算方式的基本程序

票汇结算方式的基本程序有以下六个方面。

1. 交付款项购买银行汇票　　汇款人根据合同或经济事项向汇出行交付款项,购买银行汇票。
2. 交付银行汇票　　经汇出行审核无误后,交付汇款人银行汇票。
3. 邮寄银行汇票　　汇款人将银行汇票邮寄给收款人。
4. 邮寄汇付通知书　　汇出行将汇付通知书邮寄给汇入行通知其付款。
5. 凭银行汇票取款　　收款人凭银行汇票向汇入行收取汇款。
6. 汇入行解付汇款　　经汇入行审核无误后,解付汇款。

票汇结算方式的基本程序如图表 3-3 所示。

图表 3-3

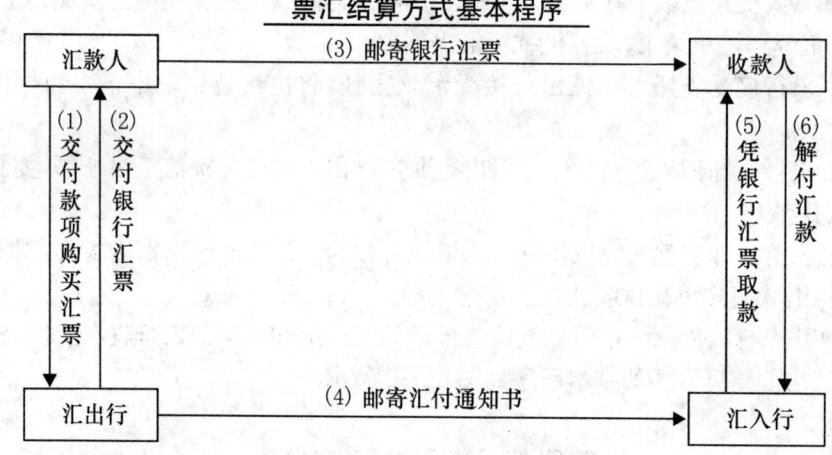

三、汇付结算方式的核算

物流企业按照客户的要求,为其提供物流服务,在确认外汇服务收入时,借记与"应收账款"相关的外币账户,贷记"主营业务收入"账户;收到客户汇来所欠外币账款时,再借记与"银行存款"相关的外币账户,贷记与"应收账款"相关的外币账户;若收到所欠外币账款时的汇率与发生外币账款时的汇率不同,其差额列入"财务费用"账户。

【例】　东方远洋运输公司为法国马赛公司承运货物一批。

(1) 5 月 10 日,为法国马赛公司承运的货物已装运上船,即将启运,收到业务部门转来的发票等单据,开列运费 120 000 美元,当日美元汇率的中间价为 6.84 元,作分录如下:

借：应收账款——美元户（$120 000×6.84）　　　　　　　　　　820 800.00
　　　　贷：主营业务收入　　　　　　　　　　　　　　　　　　　　820 800.00

（2）6月10日，收到法国马赛公司汇来的货物运费120 000美元，存入银行，当日美元汇率的中间价为6.85元，作分录如下：

　　借：银行存款——美元户（$120 000×6.85）　　　　　　　　　　822 000.00
　　　　贷：应收账款——美元户（$120 000×6.84）　　　　　　　　820 800.00
　　　　贷：财务费用　　　　　　　　　　　　　　　　　　　　　　1 200.00

物流企业从事远洋运输业务，在国外港口会发生补充燃料和各种港口费用等业务，物流企业在取得发生这些业务的发票时，借记"主营业务成本"账户，贷记与"应付账款"相关的外币明细账户；等到以外币支付账款时，再借记与"应付账款"相关的外币明细账户，贷记与"银行存款"相关的外币明细账户；若支付所欠外币账款时的汇率与发生外币账款时的汇率不同，其差额列入"财务费用"账户。

【例】 东方远洋运输公司在国外港口发生费用。
（1）6月5日，收到法国马赛船务代理公司转来的发票等单据，开列港务费、船舶吨税、引水费等各种港口费用计5 400美元，当日美元汇率的中间价为6.85元，作分录如下：

　　借：主营业务成本　　　　　　　　　　　　　　　　　　　　　　36 990.00
　　　　贷：应付账款——美元户（$5 400×6.85）　　　　　　　　　36 990.00

（2）6月8日，汇付法国马赛船务代理公司转来的各种港口费用4 800美元，当日美元汇率的中间价为6.84元，作分录如下：

　　借：应付账款——美元户（$5 400×6.85）　　　　　　　　　　　36 990.00
　　　　贷：银行存款——美元户（$5 400×6.84）　　　　　　　　　36 936.00
　　　　贷：财务费用　　　　　　　　　　　　　　　　　　　　　　54.00

思 考 题

1. 什么是外汇？它包括哪些内容？它必须具备哪些条件？
2. 试述外汇的分类。
3. 什么是外汇汇率？它有哪两种标价方法？分述两种标价方法的定义。
4. 试述外汇汇率的分类。
5. 什么是外汇管理？试述外汇账户的开立和购汇管理。
6. 什么是外币业务？分述外币统账制和外币分账制的定义。

7. 什么是汇兑损益？它包括哪两个部分？分述这两个部分的定义。
8. 什么是货币性项目和非货币性项目？它们各包括哪些内容？
9. 汇兑损益有哪两类结转的方法？分述这两种方法的定义、优缺点和适用性。
10. 什么是国际结算？物流企业主要采用哪种国际结算方式？
11. 什么是汇付？汇付结算方式有哪些种类？
12. 试述电汇、信汇和票汇结算方式的基本程序。

习 题 一

一、目的 练习外币业务的核算。

二、资料 中兴物流公司6月份发生下列有关的经济业务：

1. 1日，为日本横滨船务代理公司承运货物一批，计运费88 000美元，当日美元汇率的中间价为6.84元。

2. 5日，为美国旧金山公司承运货物一批，计运费125 000美元，当日美元汇率的中间价为6.84元。

3. 10日，收到横滨船务代理公司发票等单据，开列港务费、船舶吨税、引水费和海关检验费等各种港口费用计4 800美元，以外币存款账户款项支付，外币账户的记账汇率和当日汇率的中间价均为6.84元。

4. 18日，银行收妥日本横滨船务代理公司的运费88 000美元，送来现汇收账通知，当日美元汇率的中间价为6.84元。

5. 28日，收到美国旧金山船务代理公司发票等单据，开列港务费、船舶吨税、引水费和海关检验费等各种港口费用计5 500美元，以外币存款账户款项支付，外币账户的记账汇率和当日美元汇率的中间价均为6.84元。

6. 29日，银行收妥美国旧金山公司的运费125 000美元，送来收汇通知，当日美元汇率的中间价为6.85元。

7. 30日，今将90 000美元向银行办理结汇手续，当日美元汇率的买入价为6.83元。

三、要求 编制会计分录。

习 题 二

一、目的 练习汇兑损益的核算。

二、资料

1. 9月1日，华欣物流公司外币账户余额如下所列。

账 户 名 称	余额(美元)	账面汇率	人民币金额(元)
银行存款——美元户	$ 36 000	6.85	246 600.00
应收账款——美元户	$ 128 000	6.85	876 800.00
应付账款——美元户	$ 56 000	6.85	383 600.00

2. 9月份接着发生下列经济业务。

(1) 1日,向银行购汇 30 000 美元,以备支付前欠埃及公司柴油款,当日美元汇率的卖出价为 6.86 元,中间价为 6.85 元。

(2) 2日,支付前欠埃及公司柴油款 56 000 美元,当日美元汇率的中间价为 6.85 元。

(3) 4日,为澳大利亚悉尼公司承运货物一批,运费 136 000 美元,当日美元汇率的中间价为 6.85 元。

(4) 6日,为美国纽约公司承运货物一批,运费 140 000 美元,当日美元汇率的中间价为 6.84 元。

(5) 7日,从美元户存款中提取现金 7 000 美元,发放远航船员津贴,当日美元汇率的中间价为 6.85 元。

(6) 12日,银行收妥上月日本京都公司结欠货物运费 128 000 美元,送来收账通知,当日美元汇率的中间价为 6.85 元。

(7) 18日,银行收妥澳大利亚悉尼公司前欠运费 136 000 美元,送来收账通知,当日美元汇率的中间价为 6.85 元。

(8) 25日,今将 100 000 美元向银行办理结汇手续,当日美元汇率的买入价为 6.83 元,中间价为 6.84 元。

(9) 27日,向韩国汉城公司购进材料一批,价款 47 500 美元,当即以美元存款支付,当日美元汇率的中间价为 6.84 元。

(10) 30日,美元汇率的中间价为 6.84 元,调整各外币账户的期末余额。

三、要求

1. 根据"资料1""资料2",用逐笔结转法编制会计分录并设置登记各外币账户,外币账户按当日汇率折算。

2. 根据"资料1""资料2",用集中结转法编制会计分录并设置登记各外币账户,外币账户按当日汇率折算。

习 题 三

一、目的 练习汇付结算方式的核算。

二、资料 东海远洋运输公司9月份发生下列有关的经济业务。

1. 3日，为韩国釜山公司承运货物一批，已装运上船，即将启运，收到业务部门转来的发票等单据，开列运费132 000美元，当日美元汇率的中间价为6.84元。

2. 8日，为澳大利亚悉尼公司承运货物一批，已装运上船，即将启运，收到业务部门转来的发票等单据，开列运费142 000美元，当日美元汇率的中间价为6.84元。

3. 12日，收到韩国釜山船务代理公司转来的发票等单据，开列港务费、船舶吨税、引水费等各种港口费用计5 500美元，当日美元汇率的中间价为6.85元。

4. 14日，收到韩国釜山船务代理公司汇付的132 000美元的货物运费，当日美元汇率的中间价为6.85元。

5. 16日，汇付韩国釜山船务代理公司转来的港口费用5 500美元，当日美元汇率的中间价为6.84元。

6. 22日，收到澳大利亚悉尼船方代理公司转来的发票等单据，开列港务费、船舶吨税和引水费等各种港口费用计6 000美元，当日美元汇率的中间价为6.84元。

7. 25日，汇付澳大利亚悉尼船务代理公司转来的港口费用6 000美元，当日美元汇率的中间价为6.85元。

8. 30日，收到澳大利亚悉尼船务代理公司汇付的142 000美元的货物运费，当日美元汇率的中间价为6.85元。

三、要求　编制会计分录。

第四章　应收及预付款项

第一节　应收及预付款项概述

一、应收及预付款项的意义

应收及预付款项是指企业在日常物流经营过程中发生的各项债权。应收及预付款项是企业变现能力较强的一项资产，也是企业流动资产的重要组成部分。

物流企业为了有利于物流经营活动的开展，往往采用商业信用的方式赊账、提供物流服务或预付账款，以广泛地吸引客户或争取货源，因此而形成了对其他企业的债权关系。

在市场经济条件下，存在着激烈的竞争，商业信用的应用虽然给企业的物流经营提供了便利，同时也给企业带来了不确定的因素。应收及预付款项常常会有一部分不能及时收回，影响了企业的资金周转和偿债能力，造成坏账损失。因此，物流企业在提供物流服务活动中，必须注意调查客户和供货单位的信用状况，制定合理的信用标准，对已发生的应收及预付款项应及时进行清算或催收，以控制风险和损失，并应根据谨慎性会计信息质量要求计提坏账准备。

二、应收及预付款项的分类

应收及预付款项按其经济内容不同，可分为应收票据、应收账款、预付账款、应收股利、应收利息和其他应收款六种。

1. 应收票据　它是指企业因提供物流服务等而收到已承兑的商业汇票。应收票据在第二章中已作了阐述，在此不再重复。

2. 应收账款　它是指企业因提供物流服务而应向客户收取的款项。

3. 预付账款　它是指企业按照购货合同规定预付给供货单位的款项。

4. 应收股利　它是指企业应收取的现金股利和应收取其他单位分配的利润。应收股利的核算将在第七章中阐述。

5. 应收利息　它是指企业交易性金融资产、持有至到期投资和可供出售金融资产等应收取的利息。应收利息的核算将在第七章中阐述。

6. 其他应收款　它是指企业除应收票据、应收账款、预付账款、应收股利和应收利息等以外的其他各种应收、暂付款项。

第二节 应收账款

一、应收账款的确认和计价

物流企业的应收账款主要有提供运输、储存、装卸和配送等物流服务应收取的款项。应收账款是由赊账业务而产生的,因此确认应收账款的入账时间与赊账收入实现的时间是一致的。

应收账款通常按实际发生额计价入账,即按发票上列明的各项物流服务项目的金额入账。计价时还应考虑商业折扣和现金折扣等因素。

二、应收账款的核算

（一）商业折扣的核算

商业折扣是指企业根据市场供需情况,或针对不同的客户,在物流服务项目的标价上给予的扣除。商业折扣是企业采用的物流服务越多,价格越低的促销策略。商业折扣通常在交易发生时已经确定,它仅仅是确定物流服务项目的实际价格的手段,在发票上并不予以反映。因此,在存在商业折扣的情况下,应收账款的入账金额应按扣除商业折扣以后的实际金额确认,这样在会计核算上就不需要予以反映。

（二）现金折扣的核算

现金折扣是指债权人为鼓励债务人在规定的期限内付款,而向债务人提供的债务扣除。企业赊账后,为了鼓励客户提前偿还账款,通常与债务人达成协议,债务人在不同期限内付款,可享受不同比例的折扣。现金折扣一般用符号"折扣/期限"表示。例如,买方在10天内付款可按价款给予2%的折扣,用符号"2/10"表示;在20天内付款可按价款给予1%的折扣,用符号"1/20"表示;在30天内付款,则不给折扣,用符号"n/30"表示。由于现金折扣在提供物流服务以后才发生,因此应收账款应按提供物流服务时发生的收入入账。企业实际发生现金折扣时,作为理财费用转销。

【例】 东方物流公司对赊账服务给予现金折扣优惠,其条件为:"2/10、1/20、n/30"。

(1) 4月20日,为安泰公司承运货物一批,运费为35 000元,作分录如下:

借:应收账款——安泰公司　　　　　　　　　　　　　　35 000.00
　　贷:主营业务收入　　　　　　　　　　　　　　　　　　35 000.00

(2) 4月30日,安泰公司付来赊账的运费的转账支票一张,金额为34 300元,作分录如下:

借:银行存款	34 300.00
借:财务费用	700.00
贷:应收账款——安泰公司	35 000.00

"应收账款"是资产类账户,用以核算企业提供各种物流服务等应向接受物流服务单位收取的款项。企业发生应收账款时,记入借方;企业收回应收账款、发生现金折扣和坏账损失时,记入贷方;期末余额在借方,表示企业尚未收回应收账款的数额。

第三节 预付账款和其他应收款

一、预付账款的核算

物流企业为了向供货企业定购特殊规格的材料时,往往需要预先支付定金或部分账款。通常由业务部门根据购货合同的规定,填制"预付账款审批单",一式数联,经有关领导审批后,财会部门据以付款。届时,借记"预付账款"账户,贷记"银行存款"账户;等收到供货单位发票和材料时,借记"在途物资"账户,贷记"预付账款"账户和"银行存款"账户。

【例】 东方远洋运输公司向精艺机械厂定购轴承等修理用备件一批,价款 100 000 元,根据合同规定先预付账款 40%,30 天后交货时,再支付 60%。

(1) 4月5日,签发转账支票预付精艺机械厂价款 40 000 元,作分录如下:

借:预付账款——精艺机械厂	40 000
贷:银行存款	40 000

(2) 5月5日,收到精艺机械厂的轴承等修理备件和发票,开列价款 100 000 元,签发转账支票支付轴承等修理用备件其余 60%的价款,作分录如下:

借:在途物资——精艺机械厂	100 000
贷:预付账款——精艺机械厂	40 000
贷:银行存款	60 000

(3) 5月6日,轴承等修理用备件已全部验收入库,结转其采购成本,作分录如下:

借:原材料	100 000
贷:在途物资——精艺机械厂	100 000

"预付账款"是资产类账户,用以核算企业按照购货合同规定预付给供货单位的款项。预付款项时,记入借方;收到材料转销时,记入贷方;期末余额在借方,表示企业预付给供货单位尚未收到材料的款项。

二、其他应收款的核算

其他应收款主要包括企业应收的各种赔款、罚款、存出保证金、应向职工收取的各种垫付款项等。其中有些内容已在前面有关章节中作了阐述,本节仅阐述职工因工作需要临时借款和预付账款转入的核算内容。

当有关职能部门或工作人员因零星采购、出差等业务需要临时借支款项时,应先提出用款申请,并列明借款金额和归还的日期,经领导审批同意后,由财会部门拨付款项。使用后凭付款凭证向财会部门报账,财会部门审核无误后,采用多退少补的方式予以结清销账。

【例】广安物流公司业务部门采购员周强经批准预支差旅费1 200元。

(1) 7月15日,周强预支差旅费1 600元,以库存现金付讫,作分录如下:

借:其他应收款——周强　　　　　　　　　　　　　　　　1 600.00
　　贷:库存现金　　　　　　　　　　　　　　　　　　　　1 600.00

(2) 7月22日,周强出差回来报销差旅费1 520元,并退回多余现金80元,以结清预支款。作分录如下:

借:管理费用——差旅费　　　　　　　　　　　　　　　　1 520.00
借:库存现金　　　　　　　　　　　　　　　　　　　　　　 80.00
　　贷:其他应收款——周强　　　　　　　　　　　　　　　1 600.00

企业对职工因工作需要的临时借款应加强管理,对于超过报销期限的临时采购、出差的人员应督促其尽快报销清账。

"其他应收款"是资产类账户,用以核算企业除应收票据、应收账款、预付账款、应收股利和应收利息以外的其他各种应收、暂付款项。企业发生各种其他应收、暂付款项时,记入借方;企业收回各种其他应收、暂付款项和发生确认的坏账损失转销时,记入贷方;期末余额在借方,表示企业尚未收回的其他各种应收、暂付款项。

第四节　坏账损失

一、坏账损失的确认

坏账是指企业无法收回或收回的可能性极小的应收款项。由于坏账而给企业造成的损失称为坏账损失。

企业确认坏账损失的条件有以下两点:一是因债务人破产或者死亡,以其破产财产或者遗产清偿后,仍然无法收回的应收账款;二是因债务人较长时期内未履行偿债义务,并有足够的证据表明无法收回或收回的可能性极小的应收款项。

企业对于已确认为坏账的应收款项,并不意味着企业放弃了追索权,一旦重新收回,应及时予以入账。

二、坏账损失的核算

坏账损失的核算方法有直接转销法和备抵法两种。

(一)直接转销法的核算

直接转销法是指在实际发生坏账时确认坏账损失,计入当期损益,同时注销应收账款的核算方法。

【例】 沪光物流公司应收太仓公司账款 9 000 元,3 年来因该公司濒临破产,账款无法收回,转作坏账损失。作分录如下:

借:资产减值损失——坏账损失　　　　　　　　　　　　　　　　　　9 000.00
　　贷:应收账款——太仓公司　　　　　　　　　　　　　　　　　　　9 000.00

如果应收账款作坏账损失处理后,又收回全部或部分账款时,应按实际收回的金额先借记"应收账款"账户,贷记"资产减值损失"账户;冲转原分录后,再借记"银行存款"账户,贷记"应收账款"账户。

企业已预付的账款,如有确凿证据表明因供货单位破产、撤销等原因,已无望再收到订购的材料,也无法收回预付的账款时,也应作坏账损失处理,届时借记"资产减值损失"账户,贷记"预付账款"账户。

这种核算方法简便易行。但本期的坏账损失是由于前期的赊账而发生的,因此影响了收入和费用相配比的原则。故这种方法仅适用于应收账款较少,很少发生坏账损失的小型企业。

(二)备抵法的核算

备抵法是指按期估计坏账损失,形成坏账准备,当有应收款项被确认为坏账时,据以冲减坏账准备,同时转销相应的应收款项金额的方法。

企业应当定期或者至少于每年年末分析各项应收款项的可收回性,预计可能产生的坏账损失。对没有把握能够收回的应收款项,应计提坏账准备。计提坏账准备的方法由企业自行确定。企业应当制定计提坏账准备的政策,明确计提坏账准备的范围、提取方法、账龄的划分和提取比例,按照管理权限,报经批准后执行。坏账准备计提的方法一经确定,不得任意变更。

物流企业采用备抵法进行坏账准备核算时,先要按期估计坏账损失。估计坏账损失的方法有应收款项余额百分比法、账龄分析法和赊账百分比法三种。

1. 应收款项余额百分比法　　它是指根据会计期末应收款项的余额和估计的坏账率,估计坏账损失,计提坏账准备的方法。能在会计期末计提坏账准备的应收款项有应收账款、预付账款和其他应收款。

企业根据会计期末应收款项余额估计的坏账损失是"坏账准备"账户的期末余

额,在计提本期坏账准备时,还应考虑"坏账准备"账户原有的余额。其计算公式如下:

$$本期应计提坏账准备 = 估计的坏账损失 - 坏账准备账户贷方余额$$
$$估计的坏账损失 = 期末各应收款项的账户余额 \times 估计坏账率$$

【例】 环球物流公司采用应收款项余额百分比法计提坏账准备。该公司12月31日应收账款、预付账款和其他应收账户的余额分别为450 000元,3 200元和20 000元,估计坏账率为5‰。"坏账准备"账户所属"应收账款""预付账款"和"其他应收款"明细账的余额分别为贷方余额150元、0元和借方余额520元,计算本期应计提坏账准备如下:

计提本期应收账款坏账准备 = 450 000 × 5‰ - 150 = 2 100(元)
计提本期预付账款坏账准备 = 32 000 × 5‰ - 0 = 160(元)
计提本期其他应收款坏账准备 = 20 000 × 5‰ - (-520) = 620(元)

根据计算的结果,作分录如下:

借:资产减值损失——坏账损失　　　　　　　　　　2 880.00
　　贷:坏账准备——应收账款　　　　　　　　　　2 100.00
　　贷:坏账准备——预付账款　　　　　　　　　　　160.00
　　贷:坏账准备——其他应收款　　　　　　　　　　620.00

当企业发生坏账损失时,再借记"坏账准备"账户,贷记"应收账款"或"预付账款""其他应收款"等账户。

2. 账龄分析法　　它是指根据会计期末应收款项余额账龄的长短和不同账龄的估计坏账率,估计坏账损失,计提坏账准备的方法。账龄是指客户所欠账款的时间。这种方法考虑的是欠款单位拖欠账款的日期越长,收回账款的可能性就越小,那么坏账的可能性就越大,应提的坏账准备也就越多。

账龄分析法的具体计算方法,是通过将应收款项拖欠日期的长短划分为若干阶段,根据历史资料和经验为每一阶段确定一个坏账损失比例,以此估计坏账损失。这一方法同应收款项余额百分比方法一样,也应考虑坏账准备账户原有的余额。

【例】 武泰物流公司采用账龄分析法,2017年12月31日"应收账款"账户余额为295 000元,"坏账准备——应收账款"账户余额在贷方,为120元。根据账龄估计坏账损失的情况如图表4-1所示。

图表 4-1

估计坏账损失计算表

2017 年 12 月 31 日　　　　　　　　　　　　　　　　单位：元

账　　龄	应收账款金额	估计坏账率	估计坏账损失
未到期	120 000	1‰	120
过期 1～30 天	90 000	5‰	450
过期 31～60 天	42 000	1%	420
过期 61～90 天	25 000	2%	500
过期 91～180 天	12 000	3%	360
过期 180 天以上	6 000	5%	300
合　　计	295 000	—	2 150

计算本期应计提的坏账准备如下：

本期应提坏账准备＝2 150－120＝2 030(元)

根据计算的结果，作分录如下：

借：资产减值损失——坏账损失　　　　　　　　　　　2 030.00
　　贷：坏账准备——应收账款　　　　　　　　　　　　　　2 030.00

"坏账准备"是资产类账户，它是"应收账款""预付账款"和"其他应收款"账户的抵减账户，用以核算企业提取的坏账准备。企业按规定提取坏账准备时，记入贷方；企业发生坏账损失时，记入借方；期末余额通常在贷方，表示企业已经提取尚未转销的坏账准备；若期末余额在借方，则表示坏账损失超过坏账准备的数额。在"坏账准备"账户下，应分别设置"应收账款""预付账款"和"其他应收款"明细分类账。

3. 赊账百分比法　　它是指根据赊账金额和估计的坏账率，估计坏账损失，计提坏账准备的方法。这种方法是考虑到坏账仅与本期因赊账而发生的应收款项有关，而与前期的赊账无关。本期的赊账金额越大，发生的坏账损失也就越多。

思 考 题

1. 什么是应收预付款项？它是怎样产生的？
2. 应收预付款项分为哪几种？分述其各自的定义。
3. 试述物流企业应收账款的确认和计价。
4. 什么是商业折扣和现金折扣？它们在核算上有何不同？
5. 其他应收款包括哪些内容？
6. 什么是坏账？什么是坏账损失？确认坏账损失的条件有哪些？

7. 坏账损失有哪两种核算方法？分述各种方法的定义。

8. 估计坏账损失有哪些方法？分述各种方法的定义。

习 题 一

一、目的 练习应收账款的核算。

二、资料 武宁物流公司对赊账运费给予现金折扣优惠，其折扣条件为"2/10、1/20、n/30"。3月份发生下列有关的经济业务。

1. 3日，赊账为长宁公司承运货物一批，运费为45 000元。

2. 6日，赊账为华声公司承运货物一批，运费为36 000元。

3. 10日，赊账为浦江公司承运货物一批，运费为50 000元。

4. 16日，华声公司付来本月6日赊账运费的转账支票一张，已存入银行。

5. 25日，长宁公司付来本月3日赊账运费的转账支票一张，已存入银行。

6. 30日，浦江公司付来本月10日赊账运费的转账支票一张，已存入银行。

三、要求 编制会计分录。

习 题 二

一、目的 练习预付账款和其他应收款的核算。

二、资料 飞跃物流公司3月份发生下列有关的经济业务。

1. 1日，向兴华机械厂定购各种轴承一批，价款30 000元。根据合同规定，先预付价款30%，20天后交货时再支付70%。

2. 3日，向高桥炼油厂定购柴油若干升，价款98 000元，根据合同规定，先预付价款30%，20天后交货时再支付70%。

3. 21日，收到兴华机械厂的轴承和发票，开列每种轴承的价款共30 000元，当即签发转账支票支付轴承其余70%的价款，并将轴承验收入库，结转其采购成本。

4. 23日，收到高桥炼油厂的柴油和发票，开列柴油的价款98 000元，当即签发转账支票支付柴油其余70%的价款。

5. 24日，将23日收到的柴油全部验收入库，结转其采购成本。

6. 25日，业务部门采购员周明预支差旅费1 000元，以现金支付。

7. 29日，业务部门采购员周明出差回来报销差旅费1 080元，扣除其预支款后，当即补付其现金80元。

三、要求 编制会计分录。

习 题 三

一、目的 练习坏账损失的核算。

二、资料

1. 静安物流公司 11 月 1 日"坏账准备"账户所属的"应收账款""预付账款"和"其他应收款"明细账户的贷方余额分别为 1 750 元、25 元和 30 元。接着又发生下列有关的经济业务：

(1) 11 月 15 日，应收华庆公司前欠运费 6 000 元，因该公司已破产而无法收回，经批准转作坏账损失。

(2) 11 月 30 日，"应收账款""预付账款"和"其他应收款"账户余额分别为 422 000 元、5 000 元和 7 800 元，估计坏账率为 5‰，计提本月份坏账准备。

(3) 12 月 20 日，"其他应收款"账户中应收大安公司的赔偿金 3 000 元，因该公司已破产 2 年，无法收回，经批准作坏账损失处理。

(4) 12 月 30 日，2 年前向安庆公司定购材料一批，预付账款 5 000 元，因该公司早已宣告破产，无望收到材料，也无法收回预付的账款，经批准作坏账损失处理。

(5) 12 月 31 日，"应收账款""预付账款"和"其他应收款"账户余额分别为 456 000 元、0 元和 3 600 元，估计坏账率为 5‰，计提本月份坏账准备。

2. 曹阳物流公司 11 月 30 日"坏账准备——应收账款"账户为贷方余额 585 元，11 月份和 12 月份应收账款余额分析的结果和各种账龄的估计坏账率如图表 4-2 所示。

图表 4-2

应收账款账龄及估计坏账率表

单位：元

账 龄	估计坏账率	11月末应收账款余额	12月末应收账款余额
未到期	1‰	180 000	200 000
过期 1～30 天	5‰	92 000	88 000
过期 31～60 天	1%	48 000	50 000
过期 61～90 天	2%	22 000	25 000
过期 91～180 天	3%	12 000	9 000
过期 180 天以上	5%	8 000	6 000
合 计		362 000	378 000

三、要求

1. 根据"资料 1"，用应收款项余额百分比法编制会计分录。
2. 根据"资料 2"，用账龄分析法编制会计分录。

第五章 存　货

第一节　存货概述

一、存货的意义

存货是指企业在日常活动中持有以备出售的商品，或者是处在生产过程中的商品、在生产过程或提供劳务过程中耗用的材料和物料等。物流企业在经营活动过程中，存货处在不断地被耗用和重置之中，因此它属于流动资产的范畴，并且是流动资产的一个重要的组成部分。

企业确认存货，必须同时满足的两个条件为：一是与该存货有关的经济利益很可能流入企业；二是该存货的成本能够可靠地计量。

存货是企业重要的财产物资，它是为企业带来经济利益的重要的经济资源。存货在企业的流动资产中占有一定的比重，并且是流动资产中变现能力最弱的资产。存货的积压必然会引起企业资金周转的困难，进而影响经营活动的正常开展，而存货的不足又会直接影响企业的经营活动和营业收入，因此存货的储备必须适量。此外，存货还容易被偷盗、散失和毁损，因此必须加强对存货的管理和核算，正确确定各种存货的数量和金额，保护企业存货的安全与完整，为企业合理安排物流经营活动提供可靠的物质基础。

二、存货的范围

确定存货的范围是正确核算存货的基础。物流企业在确认存货时，除了应确定其在性质上是否属于存货外，还应确定其是否属于企业的存货。企业通常以是否拥有存货所有权作为判断标准。凡所有权已属于企业的存货，不论企业是否收到或持有，均应作为本企业的存货；反之，凡不具备所有权的存货，即使存放于企业，也不能作为企业的存货。存货的具体范围如下：

企业已经付款购入，验收合格并存放在本企业的原材料和低值易耗品。

企业已经付款购入，但尚未验收入库的在途材料和在途低值易耗品。

三、存货的分类

企业为了组织存货的管理与核算，必须对存货进行合理的分类。物流企业的存货按其用途不同，可分为以下两类。

1. 原材料　　它是指物流企业用于业务经营、设备维修、劳动保护和办公等方面的燃料、材料和用品。

2. 低值易耗品　　它是指物流企业拥有的使用期限较短的，或者单位价值较低的，能多次使用而不改变其原有实物形态的各种用具物品。

第二节　原　材　料

一、原材料的分类和计价

（一）原材料的分类

原材料的品种规格繁多，物流企业按原材料在经营过程中的作用不同，可以分为以下三类。

1. 燃料　　它是指物流企业的车辆、船舶在运输过程中用来燃烧形成动力的各种能源。它包括固体燃料、液体燃料和气体燃料，如煤、汽油、柴油、天然气和煤气等。

2. 轮胎　　它是指物流企业购入车辆和装卸设备使用的轮胎外胎。

3. 其他材料　　它是指物流企业除燃料和轮胎外的营运耗用和日常管理耗用的各种材料。它包括轴承、离合器片、离合器压板、轮胎内胎、垫带、油漆、机油和液压油等。

（二）原材料的计价

物流企业原材料的计价，应以在采购过程中实际发生的成本为依据，其实际成本应由买价和采购费用两个部分组成。

1. 买价　　原材料的买价是指企业购买原材料时在发票上列明的货款金额。

2. 采购费用　　它由运杂费、运输途中的合理损耗和税金组成。

（1）运杂费　　它是指为采购原材料而发生的运输费、装卸费、包装费和仓储费。

（2）运输途中的合理损耗　　它是指购入原材料在运输途中发生的定额范围内的损耗。

（3）税金　　它是指进口原材料时支付的进口关税和进口消费税。

二、原材料购进的核算

物流企业要加强原材料的核算，首先，要根据物流经营业务的情况，对各种原材料确定一个合理的储存量，做到既能使物流经营业务顺利地进行，又能使资金合理节约地运用；其次，要加强对原材料的管理，建立和健全原材料的验收、发料、退料和保管等各项工作的责任制，定期进行盘点，以防止原材料的短缺、毁损和失窃；再次，要加强原材料使用的管理,制定合理的消耗定额,在保证物流服务质量的前提下,节约使用原材料,降低物流成本。

(一) 原材料购进的业务程序及其核算

原材料购进的业务程序一般是:物流企业事先根据业务经营的需要,与供货单位订立采购合同,然后按照采购合同组织原材料的采购。由于原材料采购的地点不同,采用的结算方式各异,其业务程序也不相同。

例如,在同城采购,一般采用转账支票结算方式。通常由供应部门派采购员携带转账支票去供货单位采购材料和支付账款,倘若采取提货方式,应取回发票和提货单。凭发票填制收料单后,将收料单转交仓库,通知其准备验收原材料,将发票转交财会部门入账;将提货单转交提货人,由其提回原材料交付仓库,仓库凭供应部门转来的收料单将原材料验收入库。倘若采取送货方式,则将提货单交供货单位送货,取回发票,据以填制收料单,将收料单转交仓库。仓库等供货单位送来原材料验收入库后,再将收料单转交财会部门。

例如,去异地采购,由供货单位根据合同发货,结算方式一般采用托收承付结算方式。当财会部门收到银行转来供货单位的托收凭证及内附的发票和运杂费凭证后,先送交供应部门,经查对采购合同无误,据以填制收料单后,将托收凭证及其附件退还财会部门,由其承付账款。运输企业送来提货单时,供应部门将收料单转交仓库,通知其准备验收原材料,将提货单交付提货人提回原材料,交付仓库验收入库。

我国税法规定,对销售货物或者提供物流服务要征收增值税。增值税是价外税,不包括在商品货款或者物流服务收入之中。增值税的纳税人和负税人是分离的,纳税人是销售货物或者提供物流服务的单位和个人,负税人却是消费者,因此,企业在购进商品或者接受物流服务时,除了要支付货款或者物流服务费之外,还要为消费者垫支增值税。这部分垫支的增值税,在企业转售商品或者提供物流服务后,在按期交纳增值税时,予以抵扣。因此,企业在购进商品或者接受物流服务时,必须取得增值税专用发票(简称专用发票)。

企业取得供货单位的专用发票,与合同核对相符后,据以支付货款和增值税额,届时财会部门根据审核无误的专用发票(发票联)开列的货款和借记"在途物资"账户;根据增值税额借记"应交税费"账户;根据付款凭证贷记"银行存款"账户。若从异地进货,发生原材料的运输费,也应借记"在途物资"账户,将其作为原材料价格的组成部分。增值税专用发票的格式如图表5-1所示。

当原材料运到时,由仓库验收人员根据供应部门转来的"收料单",将原材料验收入库,并将实收数量填入收料单实收数量栏内,据以计算原材料的单价。收料单的格式如图表5-2所示。

图表 5-1

上海市增值税专用发票

编号：321566

发 票 联

开票日期：2018年6月5日　　　　　单位：元

购货单位	名　　　称：无锡物流公司 纳税人识别号：521187659601426 地　址，电话：（略） 开户行及账号：工行无锡支行112237854618	密码区		
货物或应税劳务名称	规格型号	单位	数量	单价	金　额	税率	税　额

货物或应税劳务名称	规格型号	单位	数量	单价	金额	税率	税额
柴油	0号	升	12 000	6.50	78 000.00	13%	10 140.00
合　计					78 000.00		10 140.00

价税合计（大写）人民币捌万捌仟壹佰肆拾元整　　（小写）¥88 140.00

销货单位	名　　　称：上海炼油厂 纳税人识别号：310568193650461 地　址，电话：（略） 开户行及账号：工行上海分行110765489225	备注

收款人：（签章）　　复核：（签章）　　开票人：（签章）　　销售单位：（盖章）

第三联：发票联　购货方记账凭证

图表 5-2

收　料　单

编　号：18266

供货单位：上海炼油厂　　　　　　　　　　　　　收料仓库：油库
发票编号：321566　　　　2018年6月6日　　　　单　位：元

材料类别	材料名称	规格	计量单位	数量		采购成本			单价
				应收	实收	价款	运杂费	合计	
燃料	柴油	0号	升	12 000	12 000	78 000	600	78 600	6.55

备注

仓库主管：（签章）　　　　记账员：（签章）　　　　收料员：（签章）

　　收料单一式数联，其中一联仓库留存，据以登记原材料明细账，另一联则送交财会部门入账。收料单经审核无误后，财会部门据以借记"原材料"账户，贷记"在途物资"账户。

【例】 无锡物流公司向上海炼油厂采购0号柴油12 000升。

(1) 6月5日,银行转来上海炼油厂托收凭证,金额为88 794元,内附专用发票一张,开列柴油12 000升,每升6.50元,计货款78 000元、增值税额10 140元;运杂费凭证一张,金额600元,增值税额54元①。审核无误后,予以承付。作分录如下:

  借:在途物资——柴油   78 600.00
  借:应交税费——应交增值税——进项税额   10 194.00
    贷:银行存款   88 794.00

(2) 6月6日,仓库转来收料单,上项柴油已验收入库,结转其采购成本,作分录如下:

  借:原材料——燃料类   78 600.00
    贷:在途物资——柴油   78 600.00

在异地采购的原材料已运到,而结算凭证和专用发票尚未到达时,经审核确属供应合同所订购的原材料,可以先将原材料验收入库。按照供应合同所订的价格和增值税额,借记"原材料"账户,贷记"应付账款"账户。俟结算凭证和内附的专用发票、运杂费凭证到达时,先用红字冲销上述会计分录,然后再按专用发票列明的货款、增值税额和运杂费凭证列明的运杂费,重新作材料购进的核算。

【例】 上海华安物流公司向无锡轴承厂订购前传动轴50根,合同规定价格为每根280元,增值税税率为13%。

(1) 6月8日,仓库转来收料单,无锡轴承厂发来本公司订购的前传动轴50根,已验收入库,由于银行的结算凭证和专用发票尚未收到,先按合同价加上增值税额入账,作分录如下:

  借:原材料——其他材料   14 000.00
    贷:应付账款——暂估应付账款   14 000.00

(2) 6月10日,银行转来无锡轴承厂托收凭证,内附专用发票,开列前传动轴50根,每根280元,计货款14 000元、增值税额1 820元;运杂费凭证1张,金额400元,增值税额36元。

注销材料入库时的账务处理,作分录如下:

  借:原材料——其他材料类   14 000.00
    贷:应付账款——暂估应付账款   14 000.00

---

① 运杂费的增值税税率为9%。

托收凭证经审核无误,支付款项时,作分录如下:

  借:在途物资——前传动轴   14 400.00
  借:应交税费——应交增值税——进项税额   1 856.00
    贷:银行存款   16 256.00

结转材料采购成本,作分录如下:

  借:原材料——其他材料类   14 400.00
    贷:在途物资——前传动轴   14 400.00

"在途物资"是资产类账户,用以核算企业采用实际成本进行材料、低值易耗品等物资的日常核算、货款已付尚未验收入库的在途物资的采购成本。企业购入原材料等各种物资发生采购成本时,记入借方;企业原材料等各种物资验收入库,结转采购成本时,记入贷方;期末余额在借方,表示企业尚未到达及虽已到达但尚未验收入库的在途材料等物资的采购成本。

"应付账款"是负债类账户,用以核算企业因购买原材料、低值易耗品和接受劳务供应等经营活动应支付给供应单位的款项。企业购入原材料、低值易耗品等已验收入库及已接受劳务供应,而款项尚未支付时,记入贷方;企业偿还应付账款时,记入借方;期末余额在贷方,表示企业尚欠供应单位的款项。

在实际工作中,对于验收入库的原材料,可以根据收料单定期编制收料汇总表,然后据以编制会计分录,以简化核算工作。

(二)购进原材料发生短缺和溢余的核算

企业购进原材料,应认真进行验收,如果在验收过程中发现原材料短缺或溢余的情况,除将实收数量填入收料单外,还应查明原因,予以处理。购进原材料发生短缺或溢余的主要原因有:在运输途中由于不可抗拒的自然条件和商品性质等因素,使原材料发生合理的损耗或升溢;供货单位工作上差错,少发或多发材料;运输单位的失职、丢失材料以及不法分子的贪污盗窃等。因此,对于原材料的短缺或溢余,应认真调查、具体分析、明确责任和及时处理,以保护企业财产的安全。

企业购进原材料发生短缺或溢余,如属于运输途中的正常损耗和升溢,应计入原材料的采购成本。届时相应调整原材料的单位成本。

【例】 南京物流公司日前已支付给上海炼油厂款项的 15 000 升汽油已运到。该汽油每升 6.60 元,计货款 99 000 元,增值税额 12 870 元,运杂费 900 元,增值税额 81 元。验收时实收 14 990 升,短缺 10 升,此系途中正常损耗。汽油已验收入库,结转其采购成本,作分录如下:

  借:原材料——燃料类   99 900.00
    贷:在途物资——汽油   99 900.00

$$15\ 000\ 升汽油的单价成本 = \frac{99\ 000 + 900}{15\ 000} = 6.66(元)$$

$$14\ 990\ 升汽油的单价成本 = \frac{99\ 000 + 900}{14\ 990} = 6.6644(元)$$

因此,购进原材料验收时发生途中正常损耗或升溢的核算方法,与验收时的数量与实际数量符合的核算方法是一致的。所不同的是,发生途中正常的损耗,将增加原材料的单位成本,而发生途中升溢则减少原材料的单位成本。

企业购进原材料如由于其他原因发生短缺或溢余,应先按实收数结转原材料采购成本,将短缺或溢余金额先记入"待处理财产损溢"账户。俟与对方联系解决后,如属于供货单位少发原材料,作退货处理时,应由对方开来红字专用发票,根据价税合计借记"应收账款"账户,贷记"待处理财产损溢"账户;如属于供货单位多发材料,补作进货时,应由对方补来专用发票,根据价税合计借记"待处理财产损溢"账户,贷记"应付账款"账户;如属于运输企业责任,由其负责赔偿时,则根据确定的赔偿款借记"其他应收款"账户,贷记"待处理财产损溢"账户。

【例】 南京物流公司向上海轮胎厂采购轮胎50只。

(1) 6月1日,银行转来上海轮胎厂托收凭证,金额为50 265元,内附专用发票一张,开列卡车轮胎50只,每只880元,计货款44 000元,增值税额5 720元;运杂费凭证一张,金额500元,增值税额45元。经审核无误,予以承付,作分录如下:

  借:在途物资——卡车轮胎   44 500.00
  借:应交税费——应交增值税——进项税额   5 765.00
   贷:银行存款   50 265.00

(2) 6月4日,仓库转来收料单,上项卡车轮胎实收45只,短缺5只系对方少发。由采购部门与对方联系解决,结转入库卡车轮胎的采购成本,作分录如下:

  借:原材料——轮胎类   40 100.00
  借:待处理财产损溢   4 400.00
   贷:在途物资——卡车轮胎   44 500.00

(3) 6月12日,上海轮胎厂开来红字专用发票,开列退货款4 400元,退增值税额572元,予以转账,作分录如下:

  借:应收账款——上海轮胎厂   4 972.00
  借:应交税费——应交增值税——进项税额   572.00
   贷:待处理财产损溢   4 400.00

"待处理财产损溢"是资产类账户,用以核算企业在清查财产过程中查明的各种财产物资的盘亏、盘盈和毁损,以及购入的原材料在运输途中发生的短缺和溢余等。企业发生盘亏、毁损、短缺以及转销盘盈、溢余时,记入借方;企业发生盘盈、溢余以及转销盘亏、毁损、短缺时,记入贷方。企业的财产损溢,应查明原因,在期末结账前处理完毕,处理后该账户应无余额。

(三)购货折扣的核算

企业在赊购原材料等存货时,赊销方为了促使赊购方尽快地清偿账款而给予一定的折扣优惠,从而产生了购货折扣。购货折扣是指赊购方在赊购原材料等存货后,因迅速清偿赊购账款而从赊销方取得的折扣优惠。需要说明的是享受购货折扣仅局限于原材料的货款,并不包括增值税额。

企业赊购原材料等存货时,当赊销方提出以付款为条件给予购货折扣时,应按总价法入账。

总价法是以原材料等存货的发票价格即含税价格作为其买价入账。当企业取得购货折扣时,再冲减当期的财务费用。

【例】华安物流公司7月份向上海汽车零件厂赊购离合器压板,上海汽车零件厂给予的付款条件为:10天内付清货款,购货折扣为2%;20天内付清货款,购货折扣为1%;超过20天则支付全价。

(1) 10日,赊购离合器压板50块,每块360元,货款18 000元,增值税额2 340元,离合器压板已验收入库。

根据专用发票,作分录如下:

借:在途物资——离合器压板　　　　　　　　　　　　　　　　18 000.00
借:应交税费——应交增值税——进项税额　　　　　　　　　　 2 340.00
　　贷:应付账款——上海汽车零件厂　　　　　　　　　　　　20 340.00

根据收料单结转材料采购成本,作分录如下:

借:原材料——其他材料　　　　　　　　　　　　　　　　　　18 000.00
　　贷:在途物资——离合器压板　　　　　　　　　　　　　　18 000.00

(2) 20日,签发转账支票一张,金额为19 980元,支付本月10日赊购离合器压板的货款及增值税额,作分录如下:

借:应付账款——上海汽车零件厂　　　　　　　　　　　　　　20 340.00
　　贷:银行存款　　　　　　　　　　　　　　　　　　　　　19 980.00
　　贷:财务费用　　　　　　　　　　　　　　　　　　　　　　　360.00

三、原材料发出的核算

原材料发出的业务程序一般是:当各部门需要领用原材料时,应由领料人根据物流经营业务或工作的需要填制领料单,填明领用原材料的名称、规格、数量及用途,由领料部门主管审核签章,领料人再凭此领料单向仓库领料,仓库在审核无误后据以发料。根据发料情况填列实发数量、单价和金额,并由领、发料双方签章。领料单一式数联,一联由领料部门带回留存,仓库自留一联登记原材料明细账,另一联转交财会部门入账。领料单的格式如图表 5-3 所示。

图表 5-3

领 料 单

编　号:2556
发料仓库:油库

领料部门:第一车队　　　　2018 年 6 月 15 日　　　　单　位:元

材料类别	材料名称	规格	计量单位	数量 请领	数量 实发	单价	金额
燃料	柴油	0 号	升	500	500	6.55	3 275.00
用途:运输货物							

仓库主管:(签章)　　记账员:(签章)　　发料员:(签章)　　领料部门主管:(签章)　　领料人:(签章)

由于企业领发料较为频繁,为了简化核算手续,平时可以根据领料单登记原材料明细分类账,然后根据原材料的分类和不同的用途定期编制发料汇总表,据以入账。物流作业部门领用的原材料借记"主营业务成本"账户,辅助物流营运部门领用的原材料借记"辅助营运费用"账户,物流管理部门领用的原材料借记"营运间接费用"账户,行政管理部门领用的原材料借记"管理费用"账户;贷记"原材料"账户。辅助物流营运部门是指为物流作业部门服务而提供劳务供应的部门,如修理车间。发料汇总表的格式如图表 5-4 所示。

【例】 华新物流公司 3 月上旬根据领料单编制发料汇总表如图表 5-4 所示。

图表 5-4

发 料 汇 总 表

2018 年 6 月 1~10 日　　　　　　　　　　　　　　　　单位:元

应借账户	应贷账户 领料部门	原材料 燃料类	原材料 轮胎类	原材料 其他材料类	合 计
主营业务成本	第一车队	28 670.00	1 800.00	450.00	30 920.00
主营业务成本	第二车队	27 320.00	900.00	620.00	28 840.00
营运间接费用	车队管理部门	1 040.00		170.00	1 210.00
辅助营运费用	修理车间	1 320.00		690.00	2 010.00
管理费用	行政管理部门	1 160.00	400.00	310.00	1 870.00
合 计		59 510.00	3 100.00	2 240.00	64 850.00

根据发料汇总表,作分录如下:

借:主营业务成本——第一车队　　　　　　　　　　　　　　30 920.00
借:主营业务成本——第二车队　　　　　　　　　　　　　　28 840.00
借:营运间接费用　　　　　　　　　　　　　　　　　　　　1 210.00
借:辅助营运费用　　　　　　　　　　　　　　　　　　　　2 010.00
借:管理费用　　　　　　　　　　　　　　　　　　　　　　1 870.00
　贷:原材料——燃料类　　　　　　　　　　　　　　　　　59 510.00
　贷:原材料——轮胎类　　　　　　　　　　　　　　　　　3 100.00
　贷:原材料——其他材料类　　　　　　　　　　　　　　　2 240.00

"原材料"是资产类账户,用以核算企业库存的各种原材料。企业购进、盘盈原材料时,记入借方;企业领用、盘亏原材料时,记入贷方;期末余额在借方,表示期末企业库存原材料的成本。

四、燃料和轮胎核算的特点

(一)燃料核算的特点

燃料在物流企业的运输营运过程中发挥着重要的作用,燃料的消耗在运输成本中占有较大的比重。当燃料被领用出库,装上车辆的油箱或船舶的油舱内,开始了运输营运活动,但当运输营运活动结束后,在车辆的油箱或船舶油舱内仍有一部分尚未消耗的燃料。因此,车辆、船舶运输营运业务领用的燃料并不等于消耗的燃料,存放在车辆油库和船舶油舱中的燃料仍应作为存货的组成部分,这样就需要将燃料明细账户分设"库存燃料""车(船)存燃料"两个明细账户进行核算。

届时在车辆或船舶领用燃料时,借记"原材料——车(船)存燃料"账户,贷记"原材料——库存燃料"账户;期末通过实地盘存制确定燃料的耗用数,其计算公式如下:

$$\text{本期耗用燃料} = \text{期初车(船)存燃料} + \text{本期领用燃料} + \text{期末车(船)存燃料}$$

根据计算出来的本期耗用燃料的金额,借记"主营业务成本——运输支出"账户,贷记"原材料——车(船)存材料"账户。

(二)轮胎核算的特点

轮胎由外胎、内胎和垫带三个部分组成,其中内胎和垫带的价值较低,平时在"原材料——其他材料"账户核算,领用时转入"主营业务成本——运输支出"账户。

轮胎外胎在物流企业的运输经营业务中发挥着重要的作用。由于它价值较大,数量较多,对运输成本的高低有着较大的影响。因此,物流企业应设置"原材料——轮胎"明细账户,以加强对轮胎外胎的核算。

物流企业的外胎被领用后,在使用过程中逐渐损耗,其价值也随着逐渐减少,这部分减少的价值,应通过摊提转入"主营业务成本"账户,其摊提的方法有一次摊销法和行驶千米摊提法的两种。

1. 一次摊销法　　它是指外胎在领用时一次全额摊销其价值的方法。届时借记"主营业务成本——运输支出"账户,贷记"原材料——轮胎"账户。物流企业如果一次领用的外胎数量多时,为了使成本负担合理,可以分期摊销,在领用时,借记"待摊费用"账户,贷记"原材料——轮胎"账户;分月摊销时,再借记"主营业务成本——运输支出"账户,贷记"待摊费用"账户。这种方法适用于汽车运输业务较少的物流企业。

2. 行驶千米摊提法　　它是指按外胎在预计行驶总千米内实际行驶千米的比例计算其摊提额的方法。其计算公式如下:

$$外胎行驶千米摊提率 = \frac{外胎成本 - 预计残值}{预计行驶总千米}$$

$$本月摊提外胎费用 = 本月外胎行驶千米 \times 外胎行驶千米摊提率$$

物流企业购进的货运汽车是带有外胎的,因此,当外胎采用按行驶千米摊提法计算出来当期应摊提的外胎费用时,应借记"主营业务成本——运输支出"账户,贷记"预提费用"账户;当外胎报废,领用新外胎更换时,再根据外胎的成本借记"预提费用"账户,贷记"原材料——轮胎账户";将报废的旧外胎验收入库时,再借记"原材料——其他材料",贷记"预提费用"账户。

【例】新华物流公司的轮胎外胎每只成本 900 元,残值 45 元,每只外胎预计可行驶 90 000 千米,计算其行驶千米摊提率如下:

$$外胎行驶千米摊提率 = \frac{900 - 45}{90\ 000} \times 100\% = 0.95\%$$

该公司 1 月份发生有关外胎的业务如下:

(1) 15 日,运输车队领用外胎 6 只,每只单价 900 元,予以转账。作分录如下:

　　借:预提费用——轮胎　　　　　　　　　　　　　　　　　　5 400
　　　　贷:原材料——轮胎　　　　　　　　　　　　　　　　　　　　5 400

(2) 16 日,报废的旧轮胎 6 只,已验收入库,每只残值 80 元。作分录如下:

　　借:原材料——其他材料　　　　　　　　　　　　　　　　　480
　　　　贷:预提费用——轮胎　　　　　　　　　　　　　　　　　　　480

(3) 31 日,本月份运输车队外胎共计行驶 720 000 千米,摊提本月份外胎费用。作分录如下:

本月摊提外胎费用＝720 000×0.95‰＝6 840(元)

  借：主营业务成本——运输支出   6 840
   贷：预提费用——轮胎   6 840

采用行驶千米摊提法，需要对每个外胎进行编号，并对外胎的行驶里程进行原始记录。对于超额行驶千米的外胎不再摊提外胎费用；而对于提前报废的外胎则应将轮胎费用摊提足额。这种方法适用于汽车运输业务较多的物流企业。

"预提费用"是负债类账户，用以核算企业已经发生但尚未实际支付的费用。企业预提各项费用时，记入贷方；企业支付或转销预提费用时，记入借方；期末余额通常在贷方，表示企业预提待付的费用。

五、发出原材料的计价

企业购进的原材料由于产地、价格和运杂费用的不同，因此各批购进原材料的单位成本往往各异，则对发出原材料的价值，就需要采用合理的计算方法来予以确定。根据财政部的规定，企业对原材料的计价可以选择使用个别计价法、先进先出法、移动平均法和加权平均法等。对不同的原材料可以采用不同的计价方法。原材料计价方法一经确定后，不得随意变更。

（一）个别计价法

个别计价法又称为分批实际计价法，是指认定每一件或每一批原材料的实际单价，计算发出该件或该批原材料成本的方法。其计算公式如下：

$$发出原材料成本＝发出原材料数量×该件(批)原材料单价$$

采用个别计价法，对每件或每批购进的原材料应分别存放，并分户登记原材料明细分类账。对每次领用的原材料，应在领料单上注明购进的件别或批次，便于按照该件或该批原材料的实际单价计算其耗用金额。

采用个别计价法能随时结转发出原材料的成本。这种方法计算的结果符合实际，但计算起来工作量最为繁重，适用于能分清件别和批次的原材料。

（二）先进先出法

先进先出法是指根据先入库先发出的原则，对于发出的原材料，以先入库原材料的单价进行计价，从而计算发出原材料成本的方法。

采用先进先出法计算发出原材料成本的具体做法是：先按第一批入库原材料的单价计算发出原材料的成本，领发完毕后，再按第二批入库原材料的单价计算，以此类推。若领发的原材料属于前后两批入库的，单价又不同时，就分别需要用两个单价计算。其具体计算方法如图表5-5和图表5-6所示。

采用先进先出法由于期末结存原材料金额是根据近期入库原材料成本计价的，其价值接近于市场价格,并能随时结转发出原材料的实际成本。但每次发料要根据先入库的单价计算,工作量较大,一般适用于收发料次数不多的原材料。

(三)移动加权平均法

移动加权平均法是指以各次收入的数量和金额与各次收入前结存的数量和金额为基础,计算出移动加权平均单价,再进而计算发出原材料成本的方法。其计算公式如下:

$$移动加权平均单价 = \frac{本次收入前原材料结存金额 + 本次原材料收入金额}{本次收入前原材料结存数量 + 本次原材料收入数量}$$

$$发出原材料成本 = 发出原材料数量 \times 移动加权平均单价$$

移动加权平均法的具体计算方法如图表5-5和图表5-7所示。

采用移动加权平均法计算发出原材料的成本最为均衡,能随时结出发出原材料的成本。但每次原材料入库后几乎都要重新计算平均单价,工作量很大,一般适用于前后单价相差幅度较大的原材料。

(四)加权平均法

加权平均法是指在一个计算期内综合计算原材料的加权平均单价,再将其乘以发出原材料数量,从而计算发出原材料成本的方法。其计算公式如下:

$$\frac{加权平}{均单价} = \frac{期初结存原材料金额 + 本期收入原材料金额 - 本期盘亏原材料金额}{期初结存原材料数量 + 本期收入原材料数量 - 本期盘亏原材料数量}$$

$$发出原材料成本 = 发出原材料数量 \times 加权平均单价$$

在日常工作中,由于加权平均单价往往不能整除,计算的结果必然会产生尾差,为了保证期末原材料成本的准确性,可以先计算期末结存原材料金额,然后倒挤耗用原材料成本,其计算公式如下:

$$期末结存原材料金额 = 期末结存原材料数量 \times 加权平均单价$$

$$\frac{发出原}{材料成本} = \frac{期初结存}{原材料金额} + \frac{本期收入}{原材料金额} - \frac{本期盘亏}{原材料金额} - \frac{期末结存}{原材料金额}$$

加权平均法的具体计算方法如图表5-5和图表5-8所示。

采用加权平均法计算发出原材料的成本较为均衡,计算的工作量较小,但计算成本工作必须在月末进行,工作量较为集中,一般适用于前后单价相差幅度较大,且在月末结转其发出成本的原材料。

现举例说明上述四种发出材料成本的计算方法。

【例】康定物流公司7月份有关"原材料——库存燃料——0号柴油"的资料如图表5-5所示。

图表 5-5

本月柴油期初结存和收发记录

计量单位：升
金额单位：元

2018年		业务号数	期初			购进			发出数量	盘亏数量
月	日		数量	单价	金额	数量	单价	金额		
7	1	（略）	9 000	6.45	58 050.00					
	10								7 000	
	15					6 000	6.49	38 940.00		
	20								6 500	
	25					7 500	6.66	49 950.00		
	30								6 600	
	31					5 100	6.58	33 558.00		
	31									20

图表 5-6

原材料明细分类账

计量单位：升
金额单位：元

原材料名称：柴油　　　　　　规格：0号

2018年		凭证号数	摘要	收入			发出			结存		
月	日			数量	单价	金额	数量	单价	金额	数量	单价	金额
7	1	（略）	上年结转							9 000	6.45	58 050.00
	10		领用				7 000	6.45	45 150.00	2 000	6.45	12 900.00
	15		购进	6 000	6.49	38 940.00				8 000	2 000×6.45 6 000×6.49	51 840.00
	20		领用				2 000 4 500	6.45 6.49	12 900.00 29 205.00	1 500	6.49	9 735.00
	25		购进	7 500	6.66	49 950.00				9 000	1 500×6.49 7 500×6.66	59 685.00
	30		领用				1 500 5 100	6.49 6.66	9 735.00 33 966.00	2 400	6.66	15 984.00
	31		购进	5 100	6.58	33 558.00				7 500	2 400×6.66 5 100×6.58	49 542.00
	31		盘亏				20	6.49	129.80	7 480	2 380×6.66 5 100×6.58	49 412.20
7	31		本月合计	18 600		122 448.00	20 120		131 085.80	7 480	2 380×6.66 5 100×6.58	49 412.20

图表 5-7

原材料明细分类账

原材料名称:柴油　　　　　规格:0号　　　　　　　　　　计量单位:升
　　　　　　　　　　　　　　　　　　　　　　　　　　　　金额单位:元

2018年		凭证号数	摘要	收入			发出			结存		
月	日			数量	单价	金额	数量	单价	金额	数量	单价	金额
7	1		上年结转							9 000	6.45	58 050.00
	10		领用				7 000	6.45	45 150.00	2 000	6.45	12 900.00
	15		购进	6 000	6.49	38 940.00				8 000	6.48	51 840.00
	20	(略)	领用				6 500	6.48	42 120.00	1 500	6.48	9 720.00
	25		购进	7 500	6.66	49 950.00				9 000	6.63	59 670.00
	30		领用				6 600	6.63	43 758.00	2 400	6.63	15 912.00
	31		购进	5 100	6.58	33 558.00				7 500	6.596	49 470.00
	31		盘亏				20	6.596	131.92	7 480	6.596	49 338.08
7	31		本月合计	18 600		122 448.00	20 120		131 159.92	7 480	6.596	49 338.08

1月15日平均单价 = $\dfrac{12\,900 + 38\,940}{2\,000 + 6\,000}$ = 6.48(元)

1月25日平均单价 = $\dfrac{9\,720 + 49\,950}{1\,500 + 7\,500}$ = 6.63(元)

1月31日平均单价 = $\dfrac{15\,912 + 33\,558}{2\,400 + 5\,100}$ = 6.596(元)

图表 5-8

原材料明细分类账

原材料名称:柴油　　　　　规格:0号　　　　　　　　　　计量单位:升
　　　　　　　　　　　　　　　　　　　　　　　　　　　　金额单位:元

2018年		凭证号数	摘要	收入			发出			结存		
月	日			数量	单价	金额	数量	单价	金额	数量	单价	金额
7	1		上年结转							9 000	6.45	58 050.00
	10		领用				7 000			2 000		
	15		购进	6 000	6.49	38 940.00				8 000		
	20	(略)	领用				6 500			1 500		
	25		购进	7 500	6.66	49 950.00				9 000		
	30		领用				6 600			2 400		
	31		购进	5 100	6.58	33 558.00				7 500		
	31		盘亏				20	6.45	129.00	7 480		
	31		结转发出原材料成本						131 451.30	7 480	6.5398	48 917.70
7	31		本月合计	18 600		122 448.00	20 120		131 580.30	7 480	6.539 8	48 917.70

加权平均单价 = $\dfrac{58\,050 + 122\,448 - 129}{9\,000 + 18\,600 - 20}$ = $\dfrac{180\,369}{27\,580}$ = 6.5398(元)

期末结存原材料金额 = 7 480 × 6.5398 = 48 917.70(元)

发现原材料成本 = 58 050 + 122 448 - 129 - 48 917.70 = 131 451.30(元)

六、原材料非正常损失的核算

企业的原材料有时会发生火灾、水灾等非正常损失,那么原材料购进时所发生的进项税额将不能从销项税额中抵扣,因此要按照规定从进项税额中予以转出。届时,按非正常损失原材料的成本及其进项税额,借记"待处理财产损溢"账户;按非正常损失原材料的成本,贷记"原材料"账户;按非正常损失原材料的进项税额,贷记"应交税费——应交增值税——进项税额转出"账户。然后与保险公司联系,按保险公司承诺理赔的金额,借记"其他应收款"账户;按作为企业损失的金额,借记"营业外支出"账户;按损失的总金额,贷记"待处理财产损溢"账户。

【例】 浦光物流公司仓库因火灾损失轮胎一批。

(1) 6月15日,火灾损失轮胎的成本为9 000元,进项税额为1 170元,予以转账,作分录如下:

    借:待处理财产损溢   10 170.00
      贷:原材料——轮胎   9 000.00
      贷:应交税费——应交增值税——进项税额转出   1 170.00

(2) 6月28日,与保险公司联系后,保险公司同意赔偿6 000元,其余部分作为企业损失,作分录如下:

    借:其他应收款——保险公司   6 000.00
    借:营业外支出   4 440.00
      贷:待处理财产损溢   10 440.00

七、原材料按计划成本法核算

前述原材料核算的方法是按原材料的实际成本法进行计价和核算的。然而不少物流企业原材料的品种和规格较多,核算的工作量较大,为了简化核算手续,并加强对原材料采购部门经营业绩的考核,对原材料采用计划成本法核算,通过实际成本与计划成本对比,以促使原材料采购部门节省采购支出,降低采购成本。

计划成本法是指企业原材料的收入、发出和结存均按事先制定的计划成本计价,将实际成本与计划成本的差额通过"材料成本差异"账户反映,到期末将发出原材料的计划成本调整为实际成本的方法。

采用计划成本法必须事先制定每一品种规格原材料的计划成本。原材料的计划成本构成内容与实际成本相同,不再重述。原材料计划成本通常由企业采购部门会同财会部门共同制定,制定的计划成本应力求接近实际,除单位成本发生很大变动等特殊情况外,在年度内一般不作调整,以保持计划成本的相对稳定。

(一) 原材料购进的核算

企业的原材料采用计划成本法进行计价和核算时,应设置"材料采购"账户,当发生采购原材料的实际成本时,记入"材料采购"账户的借方;原材料验收入库时,按入库原材料的计划成本,借记"原材料"账户,贷记"材料采购"账户。这样,"材料采购"账户的借方登记采购原材料的实际成本,贷方登记采购原材料的计划成本,两者之间的差额转入"材料成本差异"账户。

【例】 南昌物流公司向上海轮胎厂采购外胎100只。

(1) 5月5日,银行转来上海轮胎厂的托收凭证,金额为99 747元。内附专用发票一张,开列外胎100只,每只875元,计货款87 500元、增值税额11 375元;运杂费凭证一张,金额800元,增值税额72元。审核无误后,予以承付,作分录如下:

  借:材料采购——外胎   88 300.00
  借:应交税费——应交增值税——进项税额   11 447.00
   贷:银行存款   99 747.00

(2) 5月10日,仓库转来收料单,100只外胎已验收入库,其计划单价为900元,予以转账,作分录如下:

  借:原材料——轮胎类   90 000.00
   贷:材料采购——外胎   90 000.00

同时,结转采购外胎成本差异,作分录如下:

  借:材料采购——外胎   1 700.00
   贷:材料成本差异   1 700.00

在实际工作中,为了简化核算手续,采购原材料实际成本与计划成本的差异不必逐笔结转,可以在月末通过对比后,一次转入"材料成本差异"账户。

"材料采购"是资产类账户,用于采用计划成本进行原材料日常核算的企业购入原材料发生的采购成本的核算。企业购入原材料发生的采购成本和结转原材料实际成本小于计划成本的差异时,记入借方;企业原材料验收入库按计划成本入账和结转原材料实际成本大于计划成本的差异时,记入贷方;期末余额在借方,表示企业尚未到达及虽已到达,但尚未验收入库的在途材料。

(二)原材料发出的核算

企业发出原材料时,一律采用计划成本计价,届时根据不同的用途,借记"主营业务成本""辅助营运费用""营运间接费用"和"管理费用"等账户,贷记"原材料"账户。期末再将发出原材料的计划成本调整成为实际成本。调整的方法是将期末的材料成本差异在已经发出原材料和期末结存原材料之间进行分摊,其计算公式如下:

$$材料成本差异率 = \frac{期初结存材料成本差异 + 本期收入材料成本差异}{期初结存原材料计划成本 + 本期收入原材料计划成本} \times 100\%$$

本期发出原材料应分摊的材料成本差异＝发出原材料的计划成本×材料成本差异率

计算的结果倘若是正数，表示实际成本大于计划成本，是超支；倘若是负数，表示实际成本小于计划成本，是节约。如发生超支，应借记"主营业务成本""辅助营运费用""营运间接费用"和"管理费用"等账户，贷记"材料成本差异"账户。如发生节约则应借记"材料成本差异"账户，贷记"主营业务成本""辅助营运费用""营运间接费用"和"管理费用"等账户。

【例】 东昌物流公司原材料采用计划成本计价，原材料账户期初余额为188 000元，材料成本差异账户期初为借方余额2 256元，本月原材料账户借方发生额为84 000元，材料成本差异借贷方相抵后，借方净发生额为1 144元，本月份物流作业部门领用的原材料为66 000元，修理车间领用的原材料为6 000元，物流管理部门领用的原材料为4 000元，行政管理部门领用的原材料为2 000元，分摊本月份发出原材料的成本差异，计算结果如下：

$$材料成本差异率 = \frac{2\ 256 + 1\ 144}{188\ 000 + 84\ 000} \times 100\% = 1.25\%$$

直接物流业务应分摊的材料成本差异＝66 000×1.25％＝825(元)
修理车间应分摊的材料成本差异＝6 000×1.25％＝75(元)
物流管理部门应分摊的材料成本差异＝4 000×1.25％＝50(元)
行政管理部门应分摊的材料成本差异＝2 000×1.25％＝25(元)

根据计算的结果，作分录如下：

借：主营业务成本　　　　　　　　　　　　　　　　825.00
借：辅助营运费用　　　　　　　　　　　　　　　　 75.00
借：营运间接费用　　　　　　　　　　　　　　　　 50.00
借：管理费用　　　　　　　　　　　　　　　　　　 25.00
　　贷：材料成本差异　　　　　　　　　　　　　　975.00

"材料成本差异"是资产类账户，它是"原材料"账户的调整账户，用以反映企业原材料的实际成本与计划成本的差异。企业购进原材料验收入库时，实际成本大于计划成本的差额，以及分摊发出原材料实际成本小于计划成本差异时，记入借方；企业购进原材料验收入库时，实际成本小于计划成本的差额，以及分摊发出原材料实际成本大于计划成本差异时，记入贷方；期末余额若在借方，表示企业库存原材料的实际成本大于计划成本的差额；期末余额若在贷方，则表示企业库存原材料的实际成本小于计划成本的差额。

第三节 低值易耗品

一、低值易耗品概述

低值易耗品是指使用期限较短的,或者单位价值较低的,能多次使用而不改变其原有实物形态的各种用具和物品。

低值易耗品具有品种多、数量大、价值低、易损耗、购置和领发频繁、保管分散、容易丢失的特点。因此要加强对低值易耗品的管理,应根据其使用时间的长短和流动性大小等情况,建立和健全必要的收发手续和保管制度。

由于低值易耗品的种类繁多,为了有利于低值易耗品的核算和管理,根据其用途不同,可以分为一般工具、专用工具、替换设备、管理用具、劳动保护用品和其他六类。

二、低值易耗品购进的核算

企业购进低值易耗品的计价与原材料相同,即包括买价和采购费用两个部分。在核算时可以采用实际成本法或计划成本法。下文仅阐述实际成本法。

企业购进低值易耗品,收到专用发票支付账款时,根据开列的货款,借记"在途物资"账户;根据开列的增值税额,借记"应交税费"账户;根据价税合计和付款结算凭证的金额,贷记"银行存款"账户。发生采购费用时,也列入"在途物资"账户。当低值易耗品采购完毕验收入库,结转其采购成本时,借记"低值易耗品——在库低值易耗品"账户,贷记"在途物资"账户。

三、低值易耗品领用和摊销的核算

低值易耗品被领用后,在使用过程中逐渐损耗,其价值也随之逐渐减少,这部分减少的价值,应根据其不同的用途通过摊销记入"主营业务成本""辅助营运费用""营运间接费用"和"管理费用"等账户。

低值易耗品摊销的方法有"一次摊销法"和"五五摊销法"两种。

(一)一次摊销法

一次摊销法是指低值易耗品在领用时一次全额摊销其价值的方法。物流作业部门领用的低值易耗品应借记"主营业务成本"账户;辅助物流部门领用的低值易耗品应借记"辅助营运费用"账户;物流管理部门领用的低值易耗品应借记"营运间接费用"账户;行政管理部门为组织及管理经营活动而领用的低值易耗品则借记"管理费用"账户。与这些账户相对应的贷方账户为"低值易耗品——在库低值易耗品"账户。采用这种方法简便易行,但成本、费用的负担不均衡,且由于摊销后就注销其账面价值,成为账外资产,不利于实物的管理与控制,容易散失,因此仅适用于价值低廉的低值易耗品。

（二）五五摊销法

五五摊销法是指低值易耗品领用时摊销 50%，报废时再摊销其余 50% 的摊销方法。

【例】 东方物流公司仓库领用专用托盘 50 只，每只 60 元，计 3 000 元，用五五摊销法摊销，作分录如下：

借：低值易耗品——在用低值易耗品　　　　　　　　　　　　3 000.00
　　贷：低值易耗品——在库低值易耗品　　　　　　　　　　3 000.00

同时摊销其价值的 50%，作分录如下：

借：主营业务成本——堆存支出　　　　　　　　　　　　　　1 500.00
　　贷：低值易耗品——低值易耗品摊销　　　　　　　　　　1 500.00

采用这种摊销方法，低值易耗品报废前在账面仍有记录，这有利于对低值易耗品的管理和控制，但核算较为复杂。这种方法适用于价值较高、使用期限较长的低值易耗品。

四、低值易耗品报废的核算

（一）低值易耗品修理的核算

企业为了充分发挥低值易耗品的使用效能，需要对低值易耗品进行必要的维修。当发生维修费用时，应根据低值易耗品使用的部门入账。维修物流作业部门使用的低值易耗品发生的耗费应列入"主营业务成本"账户；维修辅助物流部门使用的低值易耗品发生的耗费应列入"辅助营运费用"账户；维修物流管理部门使用的低值易耗品发生的耗费应列入"营运间接费用"账户；而维修行政管理部门使用的低值易耗品发生的耗费应列入"管理费用"账户。

（二）低值易耗品报废的核算

低值易耗品在丧失使用效能，经批准报废时，应将其残料估价验收入库或出售。

采用一次摊销法，低值易耗品在领用时，已全额转销了其账面价值，因此，在残料估价验收入库时，应借记"原材料"账户，若物流作业部门报废低值易耗品，其残值应贷记"主营业务成本"账户；若辅助物流营运部门报废低值易耗品，其残值应贷记"辅助营运费用"账户；若物流管理部门报废低值易耗品，其残值应贷记"营运间接费用"账户；若行政管理部门报废低值易耗品，其残值则应贷记"管理费用"账户。

采用五五摊销法的低值易耗品在报废将残料估价验收入库时，借记"原材料"账户，贷记"低值易耗品——在用低值易耗品"账户；然后摊销其账面净值，根据低值易耗品报废的部门不同，将其账面净值（即领用时摊销后的 50% 价值减去残值后的差额）借记"主营业务成本"或"辅助营运费用""营运间接费用""管理费用"等账户，贷记"低值易耗品——低值易耗品摊销"账户；最后借记"低值易耗品——低值易耗品摊销"账户，贷记

"低值易耗品——在用低值易耗品"账户,以注销其账面价值。

【例】 东方物流公司装卸队报废手推车一辆,账面原值1 200元,已摊销了50%。

(1) 残料估计80元,已验收入库,作分录如下:

借:原材料   80.00
　　贷:低值易耗品——低值易耗品摊销   80.00

(2) 将装卸队报废的一辆手推车予以摊销,作分录如下:

借:主营业务成本——装卸支出   520.00
　　贷:低值易耗品——低值易耗品摊销   520.00

(3) 注销报废手推车的账面价值,作分录如下:

借:低值易耗品——低值易耗品摊销   1 200.00
　　贷:低值易耗品——在用低值易耗品   1 200.00

"低值易耗品"是资产类账户,用以核算企业拥有的各种低值易耗品的成本。企业购进和盘盈低值易耗品时,记入借方;企业领用、摊销、报废和盘亏低值易耗品时,记入贷方;期末余额在借方,表示企业拥有低值易耗品的净值。

第四节 存货的清查盘点

一、存货的明细分类核算与清查盘点

企业对原材料和低值易耗品,除了进行总分类核算外,应根据存货管理上的需要进行二级分类核算,并且还应根据各种存货的品名、规格进行三级明细分类核算。核算中最普遍采用的账户格式是数量金额三栏式,其格式见本章前述的图表5-6。

企业中存货的品种、规格繁多,在收发过程中由于人为的原因,难免会发生计量或计算上的差错,有的可能被贪污盗窃或毁损;有的原材料会由于自然条件的影响而发生长余或损耗。因此必须建立和健全各种规章制度,对存货采取清查盘点的方法,以确保其安全,并做到账实相符。

存货清查盘点是企业的一项重要的财会基础工作。根据财务制度规定,企业的存货应当定期或不定期地进行清查盘点,每年至少在年终前进行一次全面的清查盘点。此外,还可根据管理上的需要随时进行局部盘点清查。对于盘亏、盘盈、毁损以及报废的存货,应及时查明原因,区别情况予以处理。

存货清查盘点是一项细致而复杂的工作,必须有领导、有组织和有计划地进行。在清查盘点前,应根据盘点的范围,确定参加盘点的人员,并组织分工。记账人员应将存货的收发凭证全部记入存货明细分类账,并结出余额,以便与盘点出来的实存数

量相核对。清查盘点时,要根据存货的特点,采用不同的盘点方法和操作规程,避免发生重复盘、遗漏盘和错盘的现象。清查盘点后,由实物保管部门负责填制存货盘亏盘盈报告单。其格式如图表 5-9 所示。

图表 5-9

存货盘亏盘盈报告单

填报部门：油仓库　　　　　2018 年 7 月 25 日　　　　　金额单位：元

品名	规格	计量单位	单价	账存数量	实存数量	盘亏		盘盈		原因
						数量	金额	数量	金额	
汽油	93 号	升	6.60	5 250	5 260			10	66.00	待查
柴油	0 号	升	6.54	6 660	6 635	25	163.50			
合计		—	—	—	—	—	163.50	—	66.00	

存货盘亏盘盈报告单一式数联,实物保管部门留存一联,一联上报领导审核,另一联转交财会部门入账。

二、存货盘亏盘盈的核算

财会部门收到仓库转来存货盘亏盘盈报告单,经审核后,若为盘亏,应借记"待处理财产损溢"账户,贷记"原材料"或"低值易耗品"账户;若为盘盈,则应借记"原材料"或"低值易耗品"账户,贷记"待处理财产损溢"账户,以达到账实相符。等查明原因后,若属于自然条件的损耗或长余,收发料工作中的差错,经领导批准核销转账时,再转入"营业外支出"或"营业外收入"账户。盘亏的存货若责成保管人员赔偿时,则转入"其他应收款"账户。

【例】　东方物流公司存货仓库转来存货盘亏盘盈报告单,盘盈托盘 5 只,每只 55 元;盘亏前传动轴 4 根,每根 300 元。

(1) 根据存货仓库托盘盘盈报告单,作分录如下：

借：低值易耗品　　　　　　　　　　　　　　　　　275.00
　　贷：待处理财产损溢　　　　　　　　　　　　　　275.00

(2) 根据存货仓库前传动轴盘亏报告单,作分录如下：

借：待处理财产损溢　　　　　　　　　　　　　　1 200.00
　　贷：原材料——其他材料类　　　　　　　　　　1 200.00

(3) 今查明盘盈的托盘系收发工作中的差错,经批准予以核销转账,作分录如下：

借：待处理财产损溢　　　　　　　　　　　　　　　275.00
　　贷：营业外收入——盘盈利得　　　　　　　　　　275.00

(4) 今查明盘亏前传动轴系收发工作中的重大差错,经批准其中60%予以核销入账,其余40%责成保管员赔偿,作分录如下:

　　借:营业外支出——盘亏损失　　　　　　　　　　　　　　　　720.00
　　借:其他应收款——保管员　　　　　　　　　　　　　　　　　480.00
　　　贷:待处理财产损溢——待处理流动资产损溢　　　　　　　1 200.00

第五节　存货的期末计价

一、期末存货成本与可变现净值孰低法

在市场经济条件下,会计期末,为了客观、真实和准确地反映期末存货的实际价值,要采用成本与可变现净值孰低法来确定期末存货的价值。

成本与可变现净值孰低法是指对期末存货按照成本与可变现净值两者之中的低者计价的方法。即当期末存货成本低于可变现净值时,按存货的成本计价;当期末存货可变现净值低于成本时,则按存货可变现净值计价。可变现净值是指企业在日常活动中,以存货估计的售价减去成本、估计的销售费用以及相关税费后的金额。

存货通常是按照历史成本计价的。然而当存货可变现净值低于成本时,已经给企业带来了损失,按照谨慎性会计信息质量要求,这种损失可采用存货成本与可变现净值孰低法予以确认,将其可变现净值低于成本的差额计入当期损益。

企业在确定存货可变现净值时,应当以取得的确凿证据为基础,并且考虑持有存货的目的、资产负债表日后事项的影响等因素。

二、存货可变现净值低于成本的核算

企业在期末或年度终了时,应对存货进行全面的清查,如果由于存货市价的下跌、存货陈旧、过时或毁损等原因,使存货可变现净值低于成本,那么对于存货可变现净值低于成本的部分,应提取存货跌价准备。存货跌价准备应按单个存货项目可变现净值低于成本的差额提取。对于数量繁多、单价较低的存货,也可以按存货类别计量可变现净值低于成本的差额提取。

在期末,企业计算出存货可变现净值低于成本的差额时,借记"资产减值损失——存货跌价损失"账户,贷记"存货跌价准备"账户。

企业每期都应当重新确定存货的可变现净值。如果以前减记存货价值的影响因素已经消失,则减记的金额应予以恢复,并在原已计提的存货跌价准备的金额内转回,转回的金额应冲减计提的存货跌价准备。

期末企业发生存货可变现净值低于成本时,应填制存货可变现净值低于成本报告单,其格式如图表5-10所示。

图表5-10

存货可变现净值低于成本报告单

填报部门：其他材料　　　　2018年7月30日　　　　　　　金额单位：元

品　名	计量单位	成本单价	可变现单价	单位减值额	结存数量	减值金额	减值原因
前刹车片	付	80	72	8	60	480	供应商降价
离合器片	片	95	85	10	80	800	
合　计		—	—	—		1 280	

【例】 东方物流公司对存货在期末采用存货成本与可变现净值孰低法计价。

(1) 2018年1月30日，其他材料仓库报来存货可变现净值低于成本报告单，列明前刹车片60付，成本单价80元，可变现单价72元，计减值金额480元；离合器片80片，成本单价95元，可变现单价85元，计减值金额800元，予以转账。作分录如下：

　　借：资产减值损失——存货跌价损失　　　　　　　　　　　　1 280.00
　　　　贷：存货跌价准备　　　　　　　　　　　　　　　　　　　　1 280.00

(2) 2018年2月2日，运输队领用前刹车片10付，每付80元；离合器片12片，每片95元，均系维修载重汽车用，予以转账，作分录如下：

　　借：主营业务成本——运输支出　　　　　　　　　　　　　　1 940.00
　　　　贷：原材料——其他材料　　　　　　　　　　　　　　　　　1 940.00

(3) 2018年2月2日，转销领用前刹车片和离合器片已计提的存货跌价准备，作分录如下：

　　借：存货跌价准备　　　　　　　　　　　　　　　　　　　　　200.00
　　　　贷：主营业务成本　　　　　　　　　　　　　　　　　　　　　200.00

"存货跌价准备"是资产类账户，它是"原材料"和"低值易耗品"账户的抵减账户，用以核算企业提取的存货跌价准备。企业期末发生存货可变现净值低于成本时，记入贷方；企业已计提存货跌价准备的存货价值恢复或发出存货转销其跌价准备时，记入借方；期末余额在贷方，表示企业已经计提但尚未转销的存货跌价准备。

思　考　题

1. 什么是存货？试述存货确定的条件和范围。
2. 存货按其来源和用途的不同，可分为哪两类？并分述各类存货的定义。
3. 原材料按其在生产经营过程中的作用不同，可以分为哪几类？分述各类原材料的定义。

4. 试述原材料的计价方法。

5. 异地采购的原材料已验收入库,而结算凭证和发票尚未到达时应如何核算?

6. 企业购进原材料途中发生正常的损耗和升溢应怎样核算?发生其他原因的短缺或溢余又应怎样核算?

7. 什么是购货折扣?它在核算上有何特点?

8. 试述燃料核算的特点。

9. 试述轮胎核算的特点。

10. 发出原材料可以选择哪几种计价方法?试分别说明各种方法的定义、优缺点和适用性。

11. 什么是计划成本法?它与实际成本法相比较有何优点?

12. 低值易耗品有哪些摊销方法?分述各种方法的定义。

13. 企业为什么要对存货进行清查盘点?怎样做好清查盘点工作?

14. 什么是存货成本与可变现净值孰低法?当存货可变现净值低于成本时应怎样进行核算?

习 题 一

一、目的 练习原材料购进的核算。

二、资料 绍兴物流公司3月份发生下列经济业务:

1. 5日,银行转来上海炼油厂托收凭证,金额为111 156元,内附专用发票一张,开列柴油15 000升,每升6.50元,计货款97 500元、增值税额12 675元;运杂费凭证一张,金额900元,增值税额81元,经审核无误,当即承付。

2. 10日,仓库转来收料单,本月5日从上海炼油厂购入的柴油15 000升,已全部验收入库,结转其采购成本。

3. 16日,银行转来武汉汽车零件厂托收凭证,金额为18 972元,内附专用发票一张,开列离合器压板50块,每块330元,计货款16 500元、增值税额2 145元;运杂费凭证1张,金额300元,增值税额27元,经审核无误,当即承付。

4. 20日,仓库转来收料单,本月16日从武汉汽车零件厂购入的50块离合器压板已验收入库,结转其采购成本。

5. 25日,仓库转来收料单,杭州电器厂发来本公司订购的中央线路板40块,已验收入库,由于银行结算凭证和发票尚未收到,该材料合同价为每块220元,增值税税率为13%,予以入账。

6. 30日,银行转来杭州电器厂托收凭证,金额为10 162元,内附专用发票一张,开列中央线路板40块,每块220元,计货款8 800元、增值税额1 144元;运杂费凭证一张,金额200元,增值税额18元,经审核无误,当即承付,并结转其采购成本。

三、要求 编制会计分录。

习 题 二

一、目的 练习购进材料发生短缺和溢余的核算。

二、资料 宁波物流公司1月份发生下列经济业务:

1. 3日,银行转来上海炼油厂托收凭证,金额为111 834元,内附专用发票一张,开列汽油15 000升,每升6.54元,计货款98 100元,增值税额12 753元;运杂费凭证一张,金额900元,增值税额81元,经审核无误,当即承付。

2. 8日,仓库转来收料单,本月3日向上海炼油厂购入的15 000升汽油已运到,验收时实收14 980升,短缺20升,系途中正常损耗,汽油已验收入库,结转其采购成本,并计算汽油的单位成本。

3. 11日,银行转来东安公司托收凭证,金额为20 558元,内附专用发票一张,开列前刹车片300付,每付60元,计货款18 000元,增值税额2 340元;运杂费凭证一张,金额200元,增值税额18元,经审核无误,当即承付。

4. 16日,仓库转来收料单,本月11日向东安公司购入的前刹车片已运到,验收时实收320付,溢余20付,系对方多发材料,由采购部门与对方联系解决,结转入库的320付前刹车片的采购成本。

5. 18日,银行转来嘉定机械厂托收凭证,金额为17 277元,内附专用发票一张,开列前轴承200只,每只75元,计货款15 000元,增值税额1 950元;运杂费凭证一张,金额300元,增值税额27元,经审核无误,当即承付。

6. 20日,仓库转来收料单,本月18日向嘉定机械厂购入的前轴承已运到,验收时实收160只,短缺40只,系对方少发材料,由采购部门与对方联系解决,结转入库的160只前轴承的采购成本。

7. 22日,银行转来浦东机械厂托收凭证,金额为13 821.60元,内附专用发票一张,开列前传动轴50根,每根240元,计货款12 000元,增值税额1 560元;运杂费凭证一张,金额240元,增值税额21.60元,经审核无误,当即承付。

8. 24日,东安公司补来多发20付前刹车片的专用发票一张,开列货款1 200元,增值税额156元。经审核无误,当即将款项全部汇付对方。

9. 27日,仓库转来收料单,本月22日向浦东机械厂购入的前传动轴已运到,验收时实收45根,短缺5根,原因待查。结转已入库前传动轴的采购成本。

10. 29日,嘉定机械厂开来红字专用发票,开列40只前轴承退货款3 000元,退增值税额390元,退款尚未收到,予以转账。

11. 30日,短缺5根前传动轴,每根245元,今查明系运输单位责任,经联系后已同意赔偿,赔偿款尚未收到。

三、要求　编制会计分录。

习 题 三

一、目的　练习购货折扣的核算。

二、资料　静安物流公司4月份发生下列有关的经济业务:

1. 1日,向宝昌公司赊购汽车刹车片一批,计货款20 000元,增值税额2 600元。宝昌公司给予的付款条件为10天内付清货款,购货折扣为2%,超过10天付款为全价。汽车刹车片已验收入库,结转其采购成本。

2. 4日,向光明机械厂赊购汽车轴承一批,计货款30 000元,增值税额3 900元。光明机械厂给予的付款条件为10天内付清货款,购货折扣为2%;20天内付清货款,购货折扣为1%;超过20天付款为全价。汽车轴承已验收入库,结转其采购成本。

3. 8日,向中新公司赊购液压油一批,计货款10 000元,增值税额1 300元,中新公司给予的付款条件为10天内付清货款,购货折扣为2%;20天内付清货款,购货折扣为1%;超过20天付款为全价。液压油已验收入库,结转其采购成本。

4. 11日,签发转账支票一张,金额为22 200元,系支付赊购宝昌公司汽车刹车片货款19 600元,增值税额2 600元。

5. 14日,签发转账支票一张,金额为33 300元,系支付赊购光明机械厂汽车轴承货款29 400元,增值税额3 900元。

6. 30日,签发转账支票一张,金额为11 300元,系支付赊购中新公司液压油的货款及增值税额。

三、要求　编制会计分录。

习 题 四

一、目的　练习原材料发出的核算。

二、资料

1. 四方物流公司车队卡车的外胎采用行驶千米摊提法,外胎每只成本960元,残值48元,每只外胎预计可行驶100 000千米,其他外胎采用一次摊销法。

2. 该公司1月初各部门车辆的油箱内结存的汽油为:第一车队680升,第二车队760升,车队管理部门140升,修理车间120升,行政管理部门100升,每升为6.50元。

接着发生下列经济业务：

(1) 10日，运输车队领用外胎10只，每只960元；行政管理部门领用外胎1只，每只500元。予以转账。

(2) 20日，运输车队报废外胎10只，已验收入库，每只残值50元。

(3) 31日，根据本月份领料单（轮胎类除外），编制发料汇总表如图表5-11所示，予以转账。

图表5-11

发 料 汇 总 表

2018年1月1～31日　　　　　　　　　　　　　　　　　　单位：元

领料部门 \ 材料类别	燃 料 类	其他材料类	合　　计
第一车队	67 800.00	1 060.00	68 860.00
第二车队	76 600.00	980.00	77 580.00
车队管理部门	3 120.00	620.00	3 740.00
修理车间	4 290.00	2 120.00	6 410.00
行政管理部门	3 310.00	780.00	4 090.00
合计	155 120.00	5 560.00	160 680.00

(4) 31日，通过实物盘点，各部门车辆的油箱内结存的汽油为：第一车队720升，第二车队810升，车队管理部门100升，修理车间150升，行政管理部门120升，每升为6.45元。

(5) 31日，本月份第一车队外胎共行驶376 000千米，第二车队外胎共行驶468 000千米，摊提本月份外胎费用。

三、要求

1. 根据"资料1"，计算外胎行驶千米摊提率。
2. 根据"资料2"，编制会计分录。

习 题 五

一、目的　练习发出原材料的计价。

二、资料　宝山物流公司7月份有关"原材料——库存燃料——0号柴油"账户的资料如图表5-12所示。

图表 5-12

本月柴油期初结存和收发记录

计量单位：升
金额单位：元

2018年		业务号数	期 初			购 进			发出数量	盘亏数量
月	日		数量	单价	金额	数量	单价	金额		
1	1	（略）	8 000	6.48	51 840.00					
	8								6 500	
	12					7 500	6.54	49 050.00		
	15								5 000	
	20					11 000	6.50	71 500.00		
	23								6 900	
	30								5 600	
	31					7 500	6.58	49 350.00		
	31									30

三、要求 分别用先进先出法、移动加权平均法和加权平均法计算发出材料成本（计算过程中柴油单价保留四位小数）。

习 题 六

一、目的 练习原材料非正常损失的核算。

二、资料 昆仑物流公司3月份发生下列有关的经济业务：

1. 3日，仓库因火灾损失轮胎一批，计成本8 600元，进项税额为1 118元，予以转账。

2. 18日，火灾事项与保险公司联系后，对方同意赔偿5 600元，其余部分作为企业损失处理。

3. 28日，收到保险公司付来火灾赔偿款，存入银行。

三、要求 编制会计分录。

习 题 七

一、目的 练习原材料按计划成本核算。

二、资料

1. 杭州物流公司1月1日有关账户的期初余额如下。

（1）原材料账户：　　　　　　　　　　　　　　　　　　　　96 680.00元

所属明细账户：
柴油 6 800 升　　　　　计划单价 6.50 元　　　　　金额 44 200.00 元
汽油 8 000 升　　　　　计划单价 6.56 元　　　　　金额 52 480.00 元
(2) 材料成本差异账户(借方余额)：　　　　　　　　　　　　966.80 元

2. 1月份发生下列有关的经济业务。

(1) 3日，银行转来上海炼油厂托收凭证，金额为60 318元，内附专用发票1张，开列汽油8 000升，每升6.60元，计货款52 800元、增值税额6 864元；运杂费凭证1张，金额600元，增值税额54元。经审核无误，当即承付。

(2) 8日，仓库转来收料单，上海炼油厂发来的8 000升汽油已验收入库，予以转账。

(3) 13日，向杭州石油公司购进柴油10 000升，每升6.58元，计货款65 800元，增值税额8 554元，当即签发转账支票付讫。

(4) 15日，仓库转来收料单，杭州石油公司发来10 000升的柴油已验收入库，予以转账。

(5) 21日，银行转来上海炼油厂托收凭证，金额为74 887元，内附专用发票1张，开列汽油10 000升，每升6.55元，计货款65 500元，增值税额8 515元；运杂费凭证1张，金额800元，增值总额72元。经审核无误，当即承付。

(6) 26日，仓库转来收料单，上海炼油厂发来的10 000升汽油已验收入库，予以转账。

(7) 31日，本月份运输车队领用汽油15 500升，柴油9 800升，车队管理部门领用汽油500升，行政管理部门领用汽油600升，予以转账。

(8) 31日，分摊本月份发出材料成本差异。

三、要求

1. 开设"原材料"总分类账户及其所属明细分类账户和"材料成本差异"总分类账户。

2. 编制会计分录。

3. 根据会计分录登记"原材料"总分类账户及其所属明细分类账户和"材料成本差异"总分类账户。

习 题 八

一、目的　练习低值易耗品的核算。

二、资料　华昌物流公司4月份发生下列经济业务。

1. 1日，购入托盘50只，每只40元，计货款2 000元、增值税额260元。款项签发转账支票付讫,托盘已验收入库,结转其采购成本。

2. 5日,购入手推车3辆,每辆1 500元,计货款4 500元,增值税额585元;运杂费100元,增值税额9元,款项一并签发转账支票付讫。手推车已验收入库,结转其采购成本。

3. 8日,仓库领用本月1日购入的托盘25只,该托盘采用一次摊销法,予以转账。

4. 12日,仓库领用本月5日购入的手推车3辆,该手推车采用五五摊销法摊销。

5. 15日,购入双节铁皮橱一只,货款1 800元,增值税额234元,当即以转账支票付讫,另以现金支付其运杂费90元和增值税额8.10元,双节铁皮橱已验收入库,结转其采购成本。

6. 18日,物流管理部门领用本月15日购入双节铁皮橱,用五五摊销法摊销。

7. 20日,仓库报废托盘10只,采用一次摊销法,残值估价40元,已验收入库。

8. 25日,行政管理部门报废文件橱一只,账面原值1 200元,已摊销了50%,残料估价50元,已验收入库。

三、要求　编制会计分录。

习 题 九

一、目的　练习存货清查盘点和期末存货计量的核算。

二、资料　浦江物流公司1月份发生下列有关的经济业务。

1. 25日,仓库送来存货盘亏盘盈报告单如图表5-13所示。

图表5-13

存货盘亏盘盈报告单

填报部门:仓库　　　　　　　2018年1月25日　　　　　　　金额单位:元

品名	计量单位	单价	账存数量	实存数量	盘亏		盘盈		原因
					数量	金额	数量	金额	
托 盘	只	50.00	620	615	5	250.00			
汽 油	升	6.60	5 200	5 185	10	66.00			
前轴承	根	92.00	50	48	2	184.00			
机 油	听	68.00	250	252			2	136.00	
合　计	—	—	—	—		500.00	—	136.00	

2. 26日,今查明本月25日盘亏的汽油系自然损耗,经批准予以核销转账。

3. 27日,今查明本月25日盘亏的托盘与盘盈的机油系收发工作中的差错,经批准

4. 27 日，本月 25 日仓库盘亏的前轴承系保管员失职所造成，经批准其中 60% 予以核销转账，其余 40% 责成保管员赔偿。

5. 28 日，仓库送来存货可变现净值低于成本报告单如图表 5-14 所示。

图表 5-14

存货可变现净值低于成本报告单

填报部门：仓库　　　　　　2018 年 1 月 28 日　　　　　　金额单位：元

品　名	计量单位	成本单价	可变现单价	单位减值额	结存数量	减值金额	减值原因
前传动轴	根	350	300	50	30	1 500	市场价格下跌
分离轴承	根	65	55	10	60	600	

6. 31 日，运输车队领用前传动轴 5 根，单价 350 元，领用分离轴承 10 根，单价 65 元，均系维修载重汽车用，予以转账，并转销已计提的跌价准备。

三、要求　编制会计分录。

第六章 固定资产、无形资产和长期待摊费用

第一节 固定资产

一、固定资产概述

(一) 固定资产的确认、特点和作用

固定资产是指为生产商品、提供劳务、出租或经营管理而持有的、使用寿命超过一个会计年度、单位价值较高的有形资产。使用寿命是指企业使用固定资产的预计期间,或者该固定资产所能生产产品或提供劳务的数量。

固定资产包括房屋、建筑物、机器、机械、运输工具、器具和工具等。为了便于教学,现将固定资产单位价值定为2 000元以上(包括2 000元)。在实际工作中,企业应根据不同固定资产的性质和消耗方式,结合本企业的经营管理特点,具体确定固定资产的价值判断标准。

企业确认固定资产必须同时满足以下两个条件:一是与该固定资产有关的经济利益很可能流入企业;二是该固定资产的成本能够可靠地计量。

固定资产具有使用寿命长,单位价值高,并在使用过程中长期保持原有实物形态的特点。它在业务经营过程中,由于不断地使用而逐渐发生损耗,其损耗的价值逐步转入成本、费用中去,并从营业收入中得到补偿。这样,固定资产损耗的价值,随着时间的推移,一部分、一部分不断地从实物形态转变为货币形态,直至固定资产报废清理时才全部完成这一转变过程。因此,占用在固定资产上的资金需要较长的时间才能完成一次周转。这与流动资产的不断循环周转,不断地从实物形态转变为货币形态,又从货币形态转变为实物形态的情况有很大的区别。

固定资产是物流企业重要的劳动手段,代表着物流企业的生产经营能力。它在提高劳动效率、改善工作环境、减轻劳动强度、提高库存品的质量、降低库存品的损耗、改善经营管理和提高经济效益等方面发挥着重要的作用。

(二) 固定资产的分类

固定资产有多种不同的分类,物流企业采用的是固定资产按经济用途和使用情况综合分类,可以分为以下七类。

1. 生产经营用固定资产　　它是指直接服务于企业生产经营过程的固定资产,如

生产经营用房屋、仓库、经营设备、运输工具和办公设备等。

2. 非生产经营用固定资产　　它是指不直接服务于生产经营过程的固定资产,如用于职工物质文化生活上需要的食堂、医务室、托儿所、职工宿舍、文化娱乐设施等。

3. 租出固定资产　　它是指企业出租给外单位的固定资产。

4. 未使用固定资产　　它是指已完工或已购建的尚未交付使用的固定资产以及因进行改建和扩建等原因停止使用的固定资产。它不包括由于季节性或进行大修理等原因而暂时停止使用的固定资产。

5. 不需用固定资产　　它是指本企业多余或不适用需要调配处理的固定资产。

6. 土地　　它是指企业已经估价单独入账的土地。

7. 融资租入固定资产　　它是指企业采取融资租赁方式租入的固定资产。

(三) 固定资产的计量

企业由于核算和管理的需要,对固定资产的计量有原始价值、净值和净额三种计量标准。

1. 原始价值　　它简称原值,是指企业取得某项固定资产时的成本。由于固定资产的来源不同,其原始价值的构成也各异,现分别予以阐述。

(1) 外购的固定资产　　按照购买价款、相关税费、使固定资产达到预定可使用状态前所发生的可归属于该项资产的运输费、装卸费、安装费和专业人员服务费等计量。相关税费是指外购固定资产发生的增值税和进口固定资产发生的进口关税等。

(2) 自行建造的固定资产　　按照建造该项资产达到预定可使用状态前所发生的必要支出计量。

(3) 投资者投入的固定资产　　按照投资合同或协议约定的价值计量。

(4) 融资租入的固定资产　　按租赁开始日租赁资产的公允价值与最低租赁付款额的现值两者中较低者计量。

(5) 接受捐赠的固定资产　　如捐赠方提供有关凭证的,按照凭证上标明的金额,加上支付的相关税费入账;如捐赠方未提供有关凭证的,按照同类或类似资产的市场价格,加上支付的相关税费计量。

(6) 盘盈的固定资产　　按照同类或类似固定资产的市场价格减去按该项资产新旧程度估计的价值损耗后的余额计量。

(7) 在原有固定资产基础上进行改建、扩建的固定资产　　按照原有固定资产账面原值,减去改建、扩建过程中发生的变价收入,加上由于改建、扩建使该项资产达到预定可使用状态前发生的支出计量。

2. 净值　　它是指固定资产原始价值减去累计折旧后的价值。

固定资产按原始价值计量,可以反映投资者对企业固定资产的原始投资额及企业的生产经营能力,并作为计提折旧的依据。净值可以反映企业固定资产的现有价值,将其同原始价值对比,可以看出固定资产的新旧程度。

3. 净额 它是指固定资产净值减去已计提的减值准备后的价值。它可以反映企业固定资产的实有价值。

二、固定资产取得的核算

(一)购置固定资产的核算

企业购置的固定资产,有的不需要安装,如房屋、建筑物和运输工具等;有的需要安装,如机器设备、轨道设备和空调设备等,它们的计价范围和核算方法也各有所不同。

企业购置不需要安装的固定资产时,其入账的原始价值包括买价、相关税费、运输费、装卸费和专业人员服务费等。

【例】 上海快捷物流公司向天津叉车厂购进液压叉车一辆,增值税专用发票列明买价 80 000 元,增值税额 10 400 元,运输及装卸费 600 元,增值税额 54 元,全部款项一并从银行汇付对方。该叉车也已达到预定可使用状态,并验收使用,作分录如下:

借:固定资产——生产经营用固定资产　　　　　　　　　　80 600.00
借:应交税费——应交增值税——进项税额　　　　　　　　10 454.00
　　贷:银行存款　　　　　　　　　　　　　　　　　　　　91 054.00

企业购置需要安装的固定资产,其入账价值除了包括买价、运输费、装卸费和专业人员服务费外,还要加上安装费,届时应通过"在建工程"账户核算。

【例】 上海快捷物流公司向大连机器厂购进行车一台,增值税专用发票列明买价 150 000 元,增值税额 19 500 元,发生运输及装卸费 1 100 元,增值税额 99 元。

(1)签发转账支票支付购进行车的全部款项,行车交所属的安装队进行安装,作分录如下:

借:在建工程——安装工程——安装行车　　　　　　　　151 100.00
借:应交税费——应交增值税——进项税额　　　　　　　　19 599.00
　　贷:银行存款　　　　　　　　　　　　　　　　　　　170 699.00

(2)安装行车应分配安装人员的薪酬为1 000元,计提其他人工费用① 455 元,作分录如下:

借:在建工程——安装工程——安装行车　　　　　　　　　1 455.00
　　贷:应付职工薪酬　　　　　　　　　　　　　　　　　　1 455.00

(3)行车安装调试完毕,达到预定可使用状态,并验收使用,作分录如下:

---

① 其他人工费用是指按职工工资总额计提的职工福利费、工会经费、职工教育经费、社会保险费和住房公积金等,占工资总额的 45.5%。

借：固定资产——生产经营用固定资产	152 555.00
贷：在建工程——安装工程——安装行车	152 555.00

"固定资产"是资产类账户，用以核算企业所有的固定资产的原始价值。企业取得固定资产时，记入借方；企业处置固定资产时，记入贷方；期末余额在借方，表示企业现有固定资产的原始价值。

（二）自行建造固定资产的核算

企业自行建造固定资产入账的原始价值为该项资产达到预定可使用状态前所发生的必要支出。届时应通过"工程物资"和"在建工程"账户进行核算。

【例】 浦江物流公司自行建造仓库一座，并决定将工程发包给开端建筑公司。

（1）购入钢筋、水泥和木材等各种建筑材料一批，发票列明买价300 000元，增值税额39 000元，款项以转账支票支付，建筑材料已验收入库。作分录如下：

借：工程物资	300 000.00
借：应交税费——应交增值税——进项税额	39 000.00
贷：银行存款	339 000.00

（2）开端建筑公司领用仓库的建筑材料300 000元。作分录如下：

借：在建工程——建筑工程——建造仓库	300 000.00
贷：工程物资	300 000.00

（3）签发转账支票支付开端建筑公司建筑仓库工程款81 000元，增值税额7 290元。作分录如下：

借：在建工程——建筑工程——建造仓库	81 000.00
借：应交税费——应交增值税——进项税额	7 290.00
贷：银行存款	88 290.00

（4）建造的仓库已竣工，达到预定可使用状态，并验收使用。作分录如下：

借：固定资产——生产经营用固定资产	381 000.00
贷：在建工程——建筑工程——建造仓库	381 000.00

"在建工程"是资产类账户，用以核算企业进行基建、更新改造工程等在建工程所发生的支出。企业发生各项工程支出时，记入借方；当工程竣工，达到预定可使用状态，结转实际工程成本时，记入贷方；期末余额在借方，表示企业尚未达到预定可使用状态的在建工程的成本。本账户应按各工程项目进行明细分类核算。

"工程物资"是资产类账户，用以核算企业为在建工程准备的各种物资的成本。企业购入各种工程物资及各种工程退还领用多余工程物资时，记入借方；企业领用工程物资时，记入贷方；期末余额在借方，表示企业为在建工程准备的各种物资的成本。

(三)投资者投入固定资产的核算

投资者投入的固定资产入账的原始价值是投资合同或协议约定的价值。届时应借记"固定资产"账户,贷记"实收资本"账户。

【例】 东安物流公司收到华兴公司投入厢式货车 2 辆,已达到预定可使用状态,并验收使用。2 辆厢式货车按投资合同约定的价值 175 000 元入账,作分录如下:

借:固定资产——生产经营用固定资产　　　　　　　　　175 000.00
　　贷:实收资本　　　　　　　　　　　　　　　　　　　175 000.00

(四)接受捐赠固定资产的核算

企业接受捐赠的固定资产,按捐赠者提供的发票和报关单等有关凭证入账。如接受时没有明确的价目账单,应按照同类资产当前的市场价格(不含增值税额)入账。接受固定资产时发生的各项费用应计入固定资产原值。收到捐赠固定资产时,按确定的入账价值,借记"固定资产"账户,贷记"营业外收入"账户。

【例】 振华物流公司收到东方集团捐赠的移动式升降机 1 台,捐赠方提供的专用发票列明买价 31 000 元,增值税额 4 030 元。增值税额当即签发转账支票支付对方。另以现金支付升降机的运杂费及装卸费 300 元,增值税额 27 元。移动式升降机已达到预定可使用状态,并验收使用。作分录如下:

借:固定资产——生产经营用固定资产　　　　　　　　　31 300.00
借:应交税费——应交增值税——进项税额　　　　　　　 4 057.00
　　贷:银行存款　　　　　　　　　　　　　　　　　　　 4 030.00
　　贷:库存现金　　　　　　　　　　　　　　　　　　　　 327.00
　　贷:营业外收入　　　　　　　　　　　　　　　　　　31 000.00

三、固定资产折旧的核算

(一)固定资产折旧概述

固定资产折旧是指在固定资产的使用寿命内,按照确定的方法对应计折旧额进行的系统分摊。使用寿命是指固定资产预期使用的期限。

应计折旧额是指应当计提折旧的固定资产的原价扣除其预计净残值后的金额。已计提减值准备的固定资产,还应当扣除已计提的固定资产减值准备累计金额。预计净残值是指假定固定资产预计使用寿命已满,并处于使用寿命终了时的预期状态,企业目前从该项资产中获得的扣除预计处置费用后的金额。

企业应当根据固定资产的性质和使用情况,合理确定固定资产的使用寿命和预计净残值。固定资产的使用寿命、预计净残值一经确定,不得随意变更。

企业在确定固定资产的使用寿命时,应考虑的因素有:该资产的预计生产能力或实物产量;该资产的有形损耗,如设备使用中发生磨损、房屋建筑物受到自然侵蚀等;该资产的无形损耗,如因新技术的出现而使现有的资产技术水平相对陈旧,市场要求变化使产品过时等;法律或者类似规定对资产使用的限制。

(二)固定资产折旧的计提范围

企业的固定资产应按月计提折旧。除了已提足折旧仍继续使用的固定资产和按规定单独估价作为固定资产入账的土地外,所有的固定资产都应计提折旧。

企业在实际计提固定资产折旧时,当月增加的固定资产,当月不提折旧,从下月起计提折旧;当月减少的固定资产,当月仍提折旧,从下月起停止计提折旧。

(三)固定资产折旧的计算方法

企业应当根据与固定资产有关的经济利益的预期实现方式合理选择固定资产折旧的计算方法,可选用的折旧方法有常规折旧法和加速折旧法两类。固定资产折旧的计算方法一经确定,不得随意变更。

1. 常规折旧法　常规折旧法又称一般折旧法,是指根据固定资产的损耗程度均衡地提取折旧的方法。根据具体计算方法不同,常规折旧法又可分为年限平均法和工作量法。

(1)年限平均法　年限平均法又称直线法,是指根据固定资产的使用寿命平均计算折旧的方法。其计算公式如下:

$$年折旧率 = \frac{1-预计净残值率}{使用寿命}$$

$$月折旧率 = \frac{年折旧率}{12}$$

$$月折旧额 = 固定资产原始价值 \times 月折旧率$$

预计净残值率是指预计净残值与固定资产原始价值的比率。

【例】　广陵物流公司有仓库一座,原始价值720 000元,预计可使用40年,预计净残值率为4%。计算该仓库年折旧额和月折旧额如下:

$$年折旧率 = \frac{1-4\%}{40} = 2.4\%$$

$$月折旧率 = \frac{2.4\%}{12} = 2‰$$

$$月折旧额 = 720\,000 \times 2‰ = 1\,440(元)$$

以上计算的折旧率是按个别固定资产计算的,称为个别折旧率。个别折旧率是指某项固定资产在一定期限内的折旧额与该项固定资产原始价值的比率。

在实际工作中,由于企业拥有一定数量的固定资产,为了简化计算,也可以采用分类折旧率计算法。分类折旧率计算法是指固定资产分类折旧额与该类固定资产原始价值的比率。采用这种方法应将性质、结构和使用寿命接近的固定资产归并为一类,计算出一个平均的折旧率,用该类折旧率计算出该类固定资产折旧额。其计算公式如下：

$$年分类折旧率 = \frac{全年应提该类固定资产折旧总额}{该类固定资产原始价值总额} \times 100\%$$

$$月分类折旧率 = \frac{年分类折旧率}{12}$$

月分类折旧率确定后，只要将各类固定资产月初余额乘以该类固定资产月折旧率就可取得月折旧额。其计算公式如下：

$$分类固定资产月折旧额 = 该类固定资产原始价值总额 \times 月分类折旧率$$

【例】 广陵物流公司叉车类固定资产原始价值总额为 320 000 元，叉车类月折旧率为 0.99%，其月固定资产折旧额计算如下：

$$叉车类月折旧额 = 320\,000 \times 0.99\% = 3\,168(元)$$

（2）工作量法　　工作量法是指根据固定资产的实际工作量计提折旧额的方法。用这种方法可以正确地为各月使用程度相差较大的固定资产计提折旧，如汽车等运输设备可按其行驶千米（吨/千米）计算折旧。其计算公式如下：

$$每单位工作量折旧额 = \frac{固定资产原始价值 \times (1 - 预计净残值率)}{预计使用寿命内总的工作量}$$

$$固定资产月折旧额 = 每单位工作量折旧额 \times 该固定资产当月实际的工作量$$

2. 加速折旧法　　加速折旧法是指在固定资产预计使用寿命内，前期多提折旧，后期少提折旧的方法。采用加速折旧法计提折旧可以在较短时期内收回固定资产的大部分投资，加速固定资产的更新改造，减少因科技进步带来的固定资产无形损耗的投资风险。加速折旧法有双倍余额递减法和年数总和法两种。

（1）双倍余额递减法　　它是指在不考虑固定资产净残值的情况下，根据每期期初固定资产账面余额乘以两倍的直线法折旧率计算折旧的方法。其计算公式如下：

$$双倍直线折旧率 = \frac{2}{预计使用寿命} \times 100\%$$

$$年折旧额 = 固定资产净值 \times 双倍直线折旧率$$

企业采用双倍余额递减法计提折旧，在固定资产使用的后期应注意，当发现某一年双倍余额递减法计算的折旧额少于平均年限法计算的折旧额时，可以改用年限平均法计提折旧，通常采用下列公式进行判断：

$$当年按双倍余额递减法计算的折旧额 < \frac{账面净值 - 预计净残值}{剩余使用寿命}$$

【例】 叉车一辆，原值 96 000 元，预计使用 8 年，预计残值 4 800 元，用双倍余额递减法计算叉车各年的折旧额如下：

$$双倍直线年折旧率 = \frac{2}{8} \times 100\% = 25\%$$

叉车按双倍余额递减法计算各年应提折旧额如图表 6-1 所示。

图表 6-1

双倍余额递减法折旧计算表

金额单位：元

年次	年初固定资产净值	双倍直线折旧率(%)	折旧额	累计折旧额	年末固定资产净值
1	96 000.00	25	24 000.00	24 000.00	72 000.00
2	72 000.00	25	18 000.00	42 000.00	54 000.00
3	54 000.00	25	13 500.00	55 500.00	40 500.00
4	40 500.00	25	10 125.00	65 625.00	30 375.00
5	30 375.00	25	7 593.75	73 218.75	22 781.25
6	22 781.25	—	5 993.75	79 212.50	16 787.50
7	16 787.50	—	5 993.75	85 206.25	10 793.75
8	10 793.75	—	5 993.75	91 200.00	4 800.00

第 6、第 7、第 8 年的折旧额 $= \frac{22\,781.25 - 4\,800}{3} = 5\,993.75(元)$

（2）年数总和法　　年数总和法又称合计年数法，是指将固定资产的原值减去预计净残值后的净额，乘以逐年递减的分数（年折旧率）计算折旧的方法。这个分数的分子表示固定资产继续可使用的年数，分母表示各年可使用年数的总和。其计算公式如下：

$$年折旧率 = \frac{尚可使用年数}{年数总和}$$

年折旧额 =（固定资产原始价值 - 预计净残值）× 年折旧率

【例】　无线电基站 1 台，原始价值 72 000 元，预计使用寿命为 5 年，预计净残值 3 600 元，用年数总和法计算该基站各年的折旧额如下：

年数总和 = 5+4+3+2+1 = 15（年）

无线电基站各年应提折旧额如图表 6-2 所示。

图表 6-2

年数总和法折旧计算表

金额单位：元

年次	原始价值减预计净残值	尚可使用年数（年）	折旧率	折旧额	累计折旧
1	68 400.00	5	5/15	22 800.00	22 800.00
2	68 400.00	4	4/15	18 240.00	41 040.00
3	68 400.00	3	3/15	13 680.00	54 720.00
4	68 400.00	2	2/15	9 120.00	63 840.00
5	68 400.00	1	1/15	4 560.00	68 400.00

上面两例按加速折旧法计算的都是年折旧额，在实际工作中必须将年折旧额再除以 12，以求得月折旧额。

（四）固定资产折旧的核算

正确核算固定资产折旧，是正确核算物流成本和期间费用的前提，它为企业更新固定资产提供了资金。由于固定资产折旧是固定资产在物流经营过程中损耗的价值，因此要根据固定资产所在部门发挥的作用不同，分别借记"主营业务成本""辅助营运费用""营运间接费用"和"管理费用"账户，贷记"累计折旧"账户。

【例】 八达物流公司采用分类折旧率计算折旧。该企业 1 月份应计提折旧总额为 22 100 元，其中堆存设施及设备为 7 200 元，运输工具为 6 100 元，装卸设备为 3 300 元，修理车间用设备为 2 200 元，物流管理部门用设备为 1 500 元，企业行政管理部门用设备为 1 800 元，作分录如下：

  借：主营业务成本——堆存支出   7 200.00
  借：主营业务成本——运输支出   6 100.00
  借：主营业务成本——装卸支出   3 300.00
  借：辅助营运费用   2 200.00
  借：营运间接费用   1 500.00
  借：管理费用   1 800.00
    贷：累计折旧   22 100.00

"累计折旧"是资产类账户，它是固定资产的抵减账户，用以核算企业固定资产的累计折旧额。企业提取固定资产折旧时，记入贷方；企业处置和盘亏固定资产时，记入借方；期末余额在贷方，表示固定资产累计折旧额。"固定资产"账户余额减去"累计折旧"账户余额,就是固定资产净值。

四、固定资产后续支出的核算

(一) 固定资产的后续支出概述

企业的固定资产投入使用后,为了维护或提高固定资产的使用效能,或者为了适应新技术发展的需要,往往需要对现有的固定资产进行维护、改建、扩建或者改良。如果这项支出增强了固定资产获取未来经济利益的能力,提高了固定资产的性能,如延长了固定资产的使用寿命,改善了企业的服务环境,提高了企业的服务质量,从而形成了可能流入企业的经济利益超过了原先的估计,则应将该后续支出予以资本化,计入固定资产的账面价值;否则,应将这些后续支出予以费用化,计入当期损益。

(二) 资本化后续支出的核算

物流企业通过对仓库、停车场、办公楼等建筑物进行改建、扩建,使其更加坚固耐用和美观,延长了其使用寿命,扩大了其使用面积,改善了服务环境;企业通过对装卸设备或运输工具的改建,提高它们的装卸能力或运输能力,也提高了企业在市场上的竞争力。上述这些都表明后续支出提高了固定资产原定的创利能力。因此应将后续支出予以资本化。

物流企业在将后续支出予以资本化时,后续支出的计入,不应导致计入后的固定资产账面价值超过其可收回的金额。

物流企业在对固定资产进行改建、扩建或者改良时,应将固定资产的账面价值转入"在建工程"账户,届时根据固定资产净额,借记"在建工程"账户;根据已提累计折旧额,借记"累计折旧"账户;如已提了减值准备,还应根据已计提的减值准备,借记"固定资产减值准备"账户;根据固定资产原值,贷记"固定资产"账户。在固定资产改建、扩建或者改良时所发生的耗费,都应列入"在建工程"账户。在改建、扩建或者改良工程竣工,达到预定可使用状态时,如果"在建工程"账户归集的金额小于其可收回金额,应将其全部金额转入"固定资产"账户;如果"在建工程"账户归集的金额大于其可收回金额,则应按其可收回金额借记"固定资产"账户;按"在建工程"账户归集的数额与可收回金额的差额借记"营业外支出"账户;按"在建工程"账户归集的数额贷记"在建工程"账户。

【例】 东方物流公司有仓库一座,原值 480 000 元,已提折旧 100 000 元,已提减值准备 5 000 元,委托中海建筑公司进行扩建。

(1) 结转扩建仓库账面价值,作分录如下:

借:在建工程——扩建仓库	375 000.00
借:累计折旧	100 000.00
借:固定资产减值准备	5 000.00
贷:固定资产	480 000.00

(2) 签发转账支票支付中海建筑公司扩建仓库费用 250 000 元,增值税额 22 500 元,

作分录如下:

  借:在建工程——扩建仓库   250 000.00
  借:应交税费——应交增值税——进项税额   22 500.00
   贷:银行存款   272 500.00

(3) 该仓库已扩建完毕,达到预定可使用状态,验收使用。该仓库预计可收回金额为 640 000 元,予以转账,作分录如下:

  借:固定资产——生产经营用固定资产   625 000.00
   贷:在建工程——扩建仓库   625 000.00

(三) 费用化后续支出的核算

固定资产在使用过程中会不断地发生有形损耗,为维持其预定效能,使它处于良好的工作状态,就必须对固定资产进行必要的维修。

固定资产的维修按其规模不同分为大修理和小修理两类。固定资产大修理是指为恢复固定资产的性能,对其进行大部分或全部的修理。一般是对固定资产的主要组成部分或大多数零部件进行修复和更换,具有修理范围大、支出费用多、修理间隔时间长、发生次数少的特点。固定资产小修理是指为保证固定资产的正常使用所进行的小部分修缮和维护。小修理是仅对固定资产的个别磨损部分所进行的工作量较小的修理,具有修理范围小、支出费用少、修理间隔时间短和发生次数多的特点。

由于固定资产修理而发生的后续支出并未提高固定资产原定的创利能力,因此应予以费用化。届时应根据被修理固定资产的不同用途,分别列入"主营业务成本""辅助营运费用""营运间接费用"和"管理费用"等账户。

【例】 签发转账支票支付运货汽车大修理费用 17 500 元,增值税额 2 275 元,作分录如下:

  借:主营业务成本——运输支出   17 500.00
  借:应交税费——应交增值税——进项税额   2 275.00
   贷:银行存款   19 775.00

五、固定资产处置的核算

物流企业固定资产处置的去向主要有出售和投资转出等。为加强固定资产管理,充分合理地提高固定资产的利用效率,企业在处置固定资产时应严格按规定的程序进行审批,并填制相应的凭证,财会部门根据原始凭证,经审核无误后及时进行账务处理。

(一) 出售固定资产的核算

企业为合理使用资金,充分发挥资金的效能,可以将闲置的不需用的固定资产出售。出售固定资产应办理严格的审批手续,在报经批准出售时,按固定资产净额,借记"固定资产清理"账户;按已提累计折旧额,借记"累计折旧"账户;按已提的减值准备,借记"固定资产减值准备"账户;按固定资产原值,贷记"固定资产"账户。当企业出售固定资产时,应填具专用发票,根据列明的价税合计金额,借记"银行存款"或"应收账款"账户,根据列明的出售金额贷记"固定资产清理"账户,根据列明的增值税额贷记"应交税费"账户;发生出售固定资产支出时,记入"固定资产清理"账户的借方,通过"固定资产清理"账户来核算固定资产出售的净收益或净损失。若为出售固定资产的净损失,借记"资产处置损益"账户,贷记"固定资产清理"账户;若为出售固定资产的净收益,按净收益额,借记"固定资产清理"账户,贷记"资产处置损益"账户。

【例】 东方物流公司有陈旧的运货汽车1辆,原始价值96 000元,已提折旧45 000元,已提减值准备8 000元。

(1) 经领导批准决定出售运货汽车,予以转账,作分录如下:

借:固定资产清理——出售运货汽车	43 000.00
借:累计折旧	45 000.00
借:固定资产减值准备	8 000.00
贷:固定资产	96 000.00

(2) 出售运货汽车开具专用发票,列明出售金额43 800元,增值税额5 694元,当即收到全部款项存入银行,作分录如下:

借:银行存款	49 494.00
贷:固定资产清理——出售运货汽车	43 800.00
贷:应交税费——应交增值税——销项税额	5 694.00

(3) 将出售运货汽车的净收益转账,作分录如下:

借:固定资产清理——出售运货汽车	800.00
贷:资产处置损益	800.00

"资产处置损益"是损益类账户,用以核算企业处置固定资产、在建工程和无形资产时确认的利得和损失。企业发生处置资产利得或将资产处置损失结转"本年利润"账户时,记入贷方;企业发生处置资产损失或将资产处置利得结转"本年利润"账户时,记入借方。

(二) 投资转出固定资产的核算

企业为扩大投资范围,减少经营风险,向其他企业投资时,可以将自有的固定资产进行对外投资。企业在决定将固定资产对外投资时,应先将固定资产净额转入"固定资产清理"账户。在投出固定资产时,再按投资合同或协议约定的价值,借记"长期股权投资"账户;按固定资产净额,贷记"固定资产清理"账户;两者之间的差额列入"资产处置损益"账户。

【例】 华光物流公司与五原公司合资经营,拨出仓库一座,仓库原始价值为 750 000元,已提折旧额为 100 000 元,该仓库已提减值准备8 000元。

(1) 准备将仓库对外投资,予以转账,作分录如下:

  借:固定资产清理——仓库对外投资   642 000.00
  借:累计折旧   100 000.00
  借:固定资产减值准备   8 000.00
   贷:固定资产   750 000.00

(2) 将仓库拨付对方,按投资合同约定的价值 645 000 元计量,作分录如下:

  借:长期股权投资   645 000.00
   贷:固定资产清理——仓库对外投资   642 000.00
   贷:资产处置损益   3 000.00

"固定资产清理"是资产类账户,用以核算企业因出售、报废和毁损等原因转入清理的固定资产账面价值,及其在清理过程中所发生的清理费用和清理收入。企业转入出售、报废和毁损固定资产账面价值,支付清理费用以及将清理净收益转账时,记入借方;企业取得清理收入以及将清理净损失转账时,记入贷方;若余额在借方,表示企业期末未清理完毕的固定资产损失;若余额在贷方,则表示企业期末未清理完毕的固定资产收益。

六、固定资产报废、毁损的核算

固定资产由于长期使用而发生耗损,使固定资产丧失原有的功能,不能继续使用,或者由于社会科技进步,必须以先进的设备替代落后的设备,就需要将它们报废,有的固定资产由于遭到意外事故或灾害以致毁损。固定资产发生报废、毁损都要经有关部门批准后才能进行清理。如果报废、毁损的固定资产没有提足折旧,也不需要补提折旧。

报废、毁损的固定资产进行清理时,按固定资产净额,借记"固定资产清理"账户;按已提折旧额,借记"累计折旧"账户;按已提的减值准备,借记"固定资产减值准备"账户;按固定资产账面原值,贷记"固定资产"账户。其发生的固定资产清理净损益应列入"营业外支出"或"营业外收入"账户。

【例】 开捷物流公司报废仓库一座,该仓库原始价值为 480 000 元,已提折旧为 454 000 元,已计提减值准备 6 000 元。

(1) 经领导批准将仓库报废清理时,作分录如下:

  借:固定资产清理——清理仓库   20 000.00
  借:累计折旧   454 000.00
  借:固定资产减值准备   6 000.00
   贷:固定资产   480 000.00

(2) 收到光新建筑公司开来专用发票,开列仓库清理费用 5 000 元,增值税额 450

元,当即签发转账支票支付,作分录如下:

借:固定资产清理——清理仓库　　　　　　　　　　　　　　5 000.00
借:应交税费——应交增值税——进项税额　　　　　　　　　　450.00
　　贷:银行存款　　　　　　　　　　　　　　　　　　　　　　5 450.00

(3)出售清理仓库残料,开具专用发票,列明出售金额18 000元,增值税额2 340元,当即收到全部款项存入银行。作分录如下:

借:银行存款　　　　　　　　　　　　　　　　　　　　　　20 340.00
　　贷:固定资产清理——清理仓库　　　　　　　　　　　　　18 000.00
　　贷:应交税费——应交增值税——销项税额　　　　　　　　2 340.00

(4)仓库清理完毕,将清理净损失转账,作分录如下:

借:营业外支出——非流动资产处置损失　　　　　　　　　　7 000.00
　　贷:固定资产清理——清理仓库　　　　　　　　　　　　　7 000.00

七、固定资产清查的核算

固定资产清查是保证固定资产核算的真实性、保护企业财产安全完整,以及发掘企业现有固定资产潜力的一个重要手段。企业应定期或者至少每年年末必须对固定资产进行全面的盘点清查。

在清查过程中应对发现的问题随时登记并进行处理,发现盘亏盘盈情况要及时查明原因,并编制"固定资产盘亏盘盈报告单",其格式如图表6-3所示。

图表6-3

固定资产盘亏盘盈报告单

编制单位:东风物流公司　　　　2018年12月25日　　　　　金额单位:元

盘亏					毁损				盘盈		
名称	数量(辆)	原值	已提折旧	已提减值准备	名称	数量(辆)	已提折旧	已提减值准备	名称	数量(辆)	目前市场价格
叉车	1	75 000	65 000	2 000							

企业对于盘亏的固定资产,应按其账面净额,借记"待处理财产损溢"账户;按其已提折旧额,借记"累计折旧"账户;按已提减值准备,借记"固定资产减值准备"账户;按其账面原值,贷记"固定资产"账户。企业对于盘盈的固定资产,应按照前期差错予以更正,这部分内容将在第十四章第七节中阐述。

固定资产发生盘亏,应及时查明原因,报经上级批准后再转入"营业外支出"账户。

【例】东风物流公司盘亏不需用叉车1辆,叉车原值75 000元,已提折旧65 000元,已提减值准备 2 000 元。

(1) 根据盘亏叉车账面价值转账,作分录如下:

借:待处理财产损溢	8 000.00
借:累计折旧	65 000.00
借:固定资产减值准备	2 000.00
贷:固定资产——不需用固定资产	75 000.00

(2) 盘亏叉车报经领导批准后,予以核销转账,作分录如下:

借:营业外支出	8 000.00
贷:待处理财产损溢	8 000.00

八、固定资产的减值

(一)固定资产减值概述

企业经营环境的变化和科学技术的进步,或者企业经营管理不善等原因,往往会导致固定资产创造未来经济利益的能力大大下降,使得固定资产可收回金额低于其账面价值,而发生固定资产减值。

可收回金额应当根据资产的公允价值减去处置费用后的净额与资产预计未来现金流量的现值两者之间较高者确定。处置费用包括与资产处置有关的法律费用、相关税费和搬运费以及为使固定资产达到可销售状态所发生的直接费用等。

企业应当在期末判断固定资产是否存在可能发生减值的迹象。存在下列迹象的,表明固定资产可能发生了减值。① 固定资产市价大幅度下跌,其跌价幅度明显高于因时间推移或正常使用而预计的下跌。② 企业所处的经济、技术或者法律等环境,以及资产所处的市场在当期发生或者将在近期发生重大变化,从而对企业产生不利影响。③ 市场利率或者其他市场投资报酬率在当期已经提高,从而影响企业计算固定资产预计未来现金流量现值的折现率,并导致固定资产可收回金额大幅度降低。④ 有证据表明固定资产已经陈旧过时或者其实体已经损坏。⑤ 固定资产已经或者将被闲置、终止使用或者计划提前处置。⑥ 其他有可能表明资产已发生减值的迹象。

(二)固定资产减值的核算

企业判断固定资产发生减值后,应计算确定固定资产可收回金额,按可收回金额低于账面价值的差额计提固定资产减值准备,并计入当期损益。届时,借记"资产减值损失"账户,贷记"固定资产减值准备"账户。

【例】 东方物流公司有电脑 6 台,每台原始价值 8 000 元,已提折旧 2 000 元,现由于市价大幅度下跌,其可收回金额为 4 500 元,计提其减值准备,作分录如下:

借:资产减值损失——固定资产减值损失	9 000.00
贷:固定资产减值准备	9 000.00

固定资产减值损失确认后,减值资产的折旧应当在未来期间作相应调整,以使该资产在剩余使用寿命内,系统地分摊调整后的资产账面价值。资产减值损失一经确认,在以后会计期间不得转回。

"固定资产减值准备"是资产类账户,它是"固定资产"账户的抵减账户,用以核算企业提取的固定资产减值准备。企业期末发生固定资产减值,予以计提时,记入贷方;企业已计提减值准备的固定资产处置时,记入借方;期末余额在贷方,表示企业已提取的固定资产减值准备。

第二节 无形资产

一、无形资产的概述

(一) 无形资产的定义和确认的条件

无形资产是指企业拥有或者控制的没有实物形态的可辨认非货币性长期资产。

资产满足下列条件之一的,符合无形资产定义中的可辨认性标准。① 能够从企业中分离或者划分出来,并能单独或者与相关合同、资产或负债一起,用于出售、转移、授予许可、租赁或者交换。② 源自合同性权利或其他法定权利,无论这些权利是否可以从企业或其他权利和义务中转移或者分离。

企业确认无形资产必须同时满足以下两个条件:一是与该无形资产有关的经济利益很可能流入企业;二是该无形资产的成本能够可靠地计量。

企业在判断无形资产产生的经济利益是否很可能流入时,应当对无形资产在预计使用寿命内可能存在的各种经济因素作出合理估计,并且应当有明确证据支持。

(二) 无形资产的特征

无形资产不同于流动资产和具有实物形态的固定资产,有其自身的特征,主要表现在以下六个部分。

1. 没有实物形态　　无形资产所体现的是一种权力或获得超额利润的能力,它没有实物形态,但却具有价值,或者具有能够使企业获得高于同行业平均盈利的能力。它虽然可以买卖,但它看不见摸不着,它以某种特有技术知识和权利形式存在,如专利权和商标权。

2. 能在较长的时期内使企业获得经济效益　　无形资产能供企业长期使用,从而使企业长期受益,企业为取得无形资产所发生的支出,属于资本性支出。

3. 持有无形资产的目的是使用　　企业持有无形资产的目的是用于生产产品或提供劳务、出租给他人或是为了行政管理,而不是为了对外销售。无形资产一旦脱离了生产经营活动,就失去了其经济价值。

4. 无形资产所提供的经济利益具有不确定性　　无形资产的经济价值在很大程度

上受企业外部因素的影响,其预期获利能力难以准确地予以确定。例如,某项专利权,企业在自行创制时估计有10年寿命,但在第6年,技术市场上有更先进的专利替代,那么该项专利权的经济价值也就此终结,由该项专利权可望带来的经济效益也随之告终。

5. 无形资产的经济价值与其成本之间无直接因果关系　　在企业中,往往有些无形资产取得的成本较低,却能给企业带来较高的经济效益;而有些无形资产取得的成本较高,仅能给企业带来较低的经济效益。

6. 无形资产是有偿取得的　　只有企业发生成本而取得的无形资产才能计价入账,否则,即使具有无形资产的性质,但也不能作为无形资产计价入账。

(三) 无形资产的分类

无形资产可以分为专利权、非专利技术、商标权、著作权、土地使用权和特许权。

1. 专利权　　它是指发明人对其发明的成果提出申请,经国家专利机关审查批准,在一定期限以内依法享有的专有权。发明人申请获得专利,需公开其全部秘密。为保护发明人的权益,国家对专利给予法律保护。专利权按专利对象分为发明专利权、实用新型专利权和外观设计专利权。专利权是一种有期限的财产权,保护期满,专利权自动终止。

2. 非专利技术　　它又称专有技术或诀密技术。是指运用先进的、未公开的、未申请专利的,可以带来经济效益的技术及诀窍。非专利技术不受法律保护,所有人依靠自我保密的方式来维持其独占权。非专利技术主要包括以下三个方面的内容。

(1) 工业专有技术　　它是指生产上已经采用,仅限于少数人知道,不享有专利权或发明权的生产、装配、修理、工艺或加工方法的技术知识。

(2) 商业(贸易)专有技术　　它是指具有保密性质的市场情报、原材料价格情报以及用户、竞争对象的情况的有关知识。

(3) 管理专有技术　　它是指生产组织的经营方式、管理方法和培训职工方法等保密知识。

3. 商标权　　它是指商标使用人在向国家商标权局申请商标注册,经核准后而获得的一定期限内的专用权。商标是指用来辨认特定的商品或劳务的标记。商标权受到法律保护。商标权的有效期为10年,可以续展,一次续展10年,可无限止续展。

4. 著作权　　它又称版权,是指公民、法人按照法律规定对文学、艺术和科学作品享有的专有权。这种专有权除法律另有规定者外,未经著作人许可或转让,他人不得占有和行使。

5. 土地使用权　　它是指土地使用者对其所使用的土地,按照法律规定在一定期限内享有利用和取得收益的权利。

6. 特许权　　它又称专营权,是指获准在一定区域和期限内,以一定的形式生产经营某种特定商品或劳务的专有权利。特许权有两种形式:一种是由政府机关授予的,如电力、电话、煤气、烟草和酒等的特许经营权。另一种是由一个企业授予另一个企业商号生产经营以该企业商号、商标、专利和非专利技术等制造的商品或提供劳务的权利,如肯德基快餐、麦当劳快餐等连锁商店。

(四)无形资产的计量

企业取得的无形资产应当按照成本进行计量,由于无形资产的来源不同,其成本的构成也各异,现分别阐述。

1. 外购的无形资产　按照购买价款和直接归属于使该项资产达到预定用途所发生的其他支出计量。

2. 自行开发的无形资产　按照无形资产从开发阶段开始至该项无形资产达到预定用途前所发生的支出总额计量。

3. 投资者投入的无形资产　按照投资合同或协议约定的价值计量。

二、无形资产取得的核算

企业取得的无形资产主要有外购、自行开发和投资者投入等。

(一)外购无形资产的核算

外购的无形资产,应按照专用发票上列明的买价和使其达到预定用途发生的专业服务费、测试无形资产是否能正常发挥作用的费用之和,借记"无形资产"账户;按照列明的增值税额,借记"应交税费"账户;按照列明的价税合计金额,贷记"银行存款"账户。

【例】 东方物流公司向华安地产公司购买 A 地块土地使用权 30 年,专用发票列明买价 600 000 元,增值税额 54 000 元,在洽购时,发生咨询费 15 000 元,增值税额 900 元,款项一并以转账支票付讫,作分录如下:

借:无形资产——土地使用权　　　　　　　　　　　　　　615 000.00
借:应交税费——应交增值税——进项税额　　　　　　　　 54 900.00
　贷:银行存款　　　　　　　　　　　　　　　　　　　　669 900.00

"无形资产"是资产类账户,用以核算企业持有的无形资产的原值。企业取得各种无形资产时,记入借方;企业处置各种无形资产时,记入贷方,期末余额在借方,表示企业现有无形资产的原值。

(二)自行开发无形资产的核算

企业自行开发无形资产,对于开发项目的支出,应区分研究阶段支出与开发阶段支出。研究是指为获取并理解新的科学或技术知识而进行的独创性的有计划调查。开发是指在进行商业性生产或使用前,将研究成果或其他知识应用于某项计划或设计,以生产出新的或具有实质性改进的材料、装置和商品等。

企业自行开发无形资产,研究阶段的支出,应当于发生时计入当期损益;开发阶段的支出才能确认为无形资产。

企业确认自行开发的无形资产,必须同时满足以下五个条件。① 完成该无形资产以使其能够使用或出售,在技术上具有可行性。② 具有完成该无形资产并使用或出售的意图。③ 无形资产产生经济利益的方式,包括能够证明适用该无形资产生产的商品存在市场或无形资产自身存在市场,无形资产将在内部使用的,应当证明其有用性。④ 有足够的技术、财务资源和其他资源的支持,以完成该无形资产的开发,并有能力使用或者出售该无形资产。⑤ 归属于该无形资产开发阶段的支出能够可靠地计量。

【例】华声物流公司自行研究开发一项专利,发生下列有关的经济业务:

(1) 3月31日,分配专利开发人员在专利研究阶段的薪酬5 000元,并计提其他人工费用2 275元,作分录如下:

  借:研发支出——费用化支出   7 275.00
   贷:应付职工薪酬   7 275.00

(2) 3月31日,结转费用化支出,作分录如下:

  借:管理费用   7 275.00
   贷:研发支出——费用化支出   7 275.00

(3) 4月5日,专利项目进入开发阶段,领用原材料32 000元,作分录如下:

  借:研发支出——资本化支出   32 000.00
   贷:原材料   32 000.00

(4) 4月15日,收到上海科学院专用发票,开列开发专列项目咨询费16 500元,增值税额990元,当即签发转账支票支付,作分录如下:

  借:研发支出——资本化支出   16 500.00
  借:应交税费——应交增值税——进项税额   990.00
   贷:银行存款   17 490.00

(5) 4月30日,分配专利项目开发人员在开发阶段的薪酬9 600元,并计提其他人工费用4 368元,作分录如下:

  借:研发支出——资本化支出   13 968.00
   贷:应付职工薪酬   13 968.00

(6) 5月5日,专利项目开发成功,签发转账支票支付专利权的注册登记费9 600元,律师费7 500元及增值税额450元,作分录如下:

  借:研发支出——资本化支出   17 100.00
  借:应交税费——应交增值税——进项税额   450.00
   贷:银行存款   17 550.00

(7) 5月6日,结转开发专利项目的成本,作分录如下:

  借:无形资产——专利权   79 568.00
   贷:研发支出——资本化支出   79 568.00

"研发支出"是成本类账户,用以核算企业进行研究与开发无形资产过程中所发生的各项支出。企业发生无形资产研究和开发支出时记入借方;企业结转无形资产研究和开发成本时记入贷方;期末余额在借方,表示企业正在开发的无形资产的成本。

（三）投资者投入无形资产的核算

企业取得投资者投入无形资产时,应按照投资合同或协议约定的价值入账,届时借记"无形资产"账户,贷记"实收资本"账户。

【例】 光明物流公司接受中艺物流公司一项管理专有技术的投资,按投资合同或协议约定的价值120 000元入账,作分录如下:

借:无形资产——专利权　　　　　　　　　　　　　　　　　120 000.00
　　贷:实收资本　　　　　　　　　　　　　　　　　　　　　　　120 000.00

三、无形资产摊销的核算

无形资产是企业的一项长期资产,在其使用寿命内持续为企业带来经济利益,它的价值会随着使用而不断地减少,直到消失。因此应当于取得无形资产时分析判断其使用寿命。

无形资产的使用寿命为有限的,应当估计该使用寿命的年限或者构成使用寿命的产量等类似计量单位数量;无法预见无形资产为企业带来经济利益期限的,应当视为使用寿命不确定的无形资产。

使用寿命有限的无形资产,其应摊销金额应当在使用寿命内系统合理地摊销。企业摊销无形资产,应当自无形资产可供使用时起,至不再作为无形资产确认时止。

企业选择的无形资产摊销方法,应当反映与该项无形资产有关的经济利益的预期实现方式。无法可靠确定预期实现方式的,应当采用直线法摊销。

企业摊销无形资产时,借记"管理费用"账户,贷记"无形资产"账户。

【例】 光明物流公司的一项管理专有技术的成本为120 000元,有效使用期限为10年,按月摊销时,作分录如下:

借:管理费用——无形资产摊销　　　　　　　　　　　　　　1 000.00
　　贷:累计摊销　　　　　　　　　　　　　　　　　　　　　　　1 000.00

"累计摊销"是资产类账户,它是"无形资产"账户的抵减账户。用以核算企业对使用寿命有限的无形资产计提的累计摊销额。企业计提无形资产摊销时,记入贷方;企业处置无形资产时,记入借方;期末余额在贷方,表示企业无形资产累计摊销额。"无形资产"账户余额,减去"累计摊销"账户余额就是无形资产的净值。

使用寿命不确定的无形资产不应摊销。企业应当在每个会计期间对使用寿命不确定的无形资产的使用寿命进行复核,如有证据表明无形资产的使用寿命是有限的,应当估计其使用寿命,并按规定进行摊销。

四、无形资产处置的核算

企业无形资产处置的去向主要有出售、出租和对外投资等。

(一)无形资产出售的核算

出售无形资产是指企业转让无形资产所有权,出售无形资产的企业对售出的无形资产不再拥有占有、使用以及处置的权利。企业将无形资产出售时,按专用发票上列明的价税合计金额,借记"银行存款"或"应收账款"账户;按已计提的累计摊销额,借记"累计摊销"账户;按已计提的减值准备,借记"无形资产减值准备"账户;按专用发票上列明的增值税额,贷记"应交税费"账户;按出售无形资产的账面原值,贷记"无形资产"账户;将这些账户相抵后的差额列入"资产处置损益"账户。

【例】 康定物流公司将土地使用权出售给黄海电器公司,开具专用发票,列明出售金额320 000元,增值税额28 800元,当即收到全部款项,存入银行,该项土地使用权账面原值500 000元,已计提摊销额200 000元。作分录如下:

借:银行存款　　　　　　　　　　　　　　　　　　　　348 800.00
借:累计摊销　　　　　　　　　　　　　　　　　　　　200 000.00
　贷:应交税费——应交增值税——销项税额　　　　　　28 800.00
　贷:无形资产——土地使用权　　　　　　　　　　　　500 000.00
　贷:资产处置损益　　　　　　　　　　　　　　　　　 20 000.00

(二)无形资产出租的核算

出租无形资产是指企业仅将该项无形资产部分使用权让渡给其他企业,其仍保留出租无形资产的所有权,并拥有占有、使用以及处置的权利。企业在取得出租无形资产收入时,作为"其他业务收入"入账,但仍应保留无形资产的账面价值;在出租过程中发生的相关费用,应作为出租成本列入"其他业务成本"账户。

【例】 长江化工国际贸易公司将一项管理专有技术出租给大林物流公司。

(1)填具专用发票,列明管理专有技术租赁金额80 000元,增值税额4 800元,当即收到全部款项,存入银行,作分录如下:

借:银行存款　　　　　　　　　　　　　　　　　　　　84 800.00
　贷:其他业务收入　　　　　　　　　　　　　　　　　80 000.00
　贷:应交税费——应交增值税——销项税额　　　　　　 4 800.00

(2)分配为大林物流公司提供出租专利权服务人员的薪酬5 000元,并计提其他人工费用2 275元,作分录如下:

借:其他业务成本　　　　　　　　　　　　　　　　　　 7 275.00
　贷:应付职工薪酬　　　　　　　　　　　　　　　　　 7 275.00

(三) 无形资产对外投资的核算

企业出于自身发展以及减少投资风险,扩大影响的目的,可以将自己的无形资产向外投资以获取投资收益。届时应按投资合同或协议约定的价值,借记"长期股权投资"账户;按该项无形资产已计提的摊销额,借记"累计摊销"账户;按该项无形资产已计提的减值准备,借记"无形资产减值准备"账户;按无形资产的账面原值,贷记"无形资产"账户;借贷方账户相抵后如有差额应列入"资产处置损益"账户。

【例】 顺昌物流公司以土地使用权对广陵公司进行投资,土地使用权的账面余额为 450 000 元,该土地使用权已计提摊销额 120 000 元,按投资合同约定的价值 336 000 元入账时,作分录如下:

  借:长期股权投资——其他股权投资   336 000.00
  借:累计摊销   120 000.00
   贷:无形资产   450 000.00
   贷:资产处置损益   6 000.00

五、无形资产减值的核算

企业应当在期末判断各项无形资产是否存在可能发生减值的迹象,无形资产可能存在的六种减值迹象与固定资产相同,不再重述。

企业对于可收回金额低于账面价值的无形资产应当计提减值准备,届时借记"资产减值损失"账户,贷记"无形资产减值准备"账户。

【例】 广兴物流公司的一项非专利技术账面原值为 78 000 元,已计提摊销了 20 000 元。因有其新技术出现,使该项专利权的盈利能力大幅度下降,预计其未来现金流量的现值为 52 000 元,计提其减值准备,作分录如下:

  借:资产减值准备——无形资产减值损失   6 000.00
   贷:无形资产减值准备   6 000.00

无形资产减值损失确认后,减值资产应当在未来期间作相应调整,以使该资产在剩余使用寿命内,系统地分摊调整后的资产账面价值。资产减值一经确认,在以后会计期间不得转回。

"无形资产减值准备"是资产类账户,它是"无形资产"账户的抵减账户,用以核算企业提取的无形资产减值准备。企业期末发生无形资产减值时,记入贷方;企业已计提减值准备的无形资产处置时,记入借方;期末余额在贷方,表示企业已提取的无形资产减值准备。

第三节 长期待摊费用

一、长期待摊费用概述

长期待摊费用是指企业已经发生,但应由本期和以后各期负担的分摊期限在 1 年以上的各项费用。它主要有下列两项内容。

1. 租入固定资产改良支出　　它是指企业为增加以经营租赁方式租入固定资产的效用,进行改装、翻修或改建的支出。由于所租的固定资产的所有权是出租单位的,因此对租入固定资产发生的改良支出,不能追加计入固定资产的原始价值,而作为企业的长期待摊费用。

2. 其他长期待摊费用　　它是指摊销期在1年以上的除租入固定资产改良支出以外的待摊费用,有股票发行费用等。股票发行费用是指按面值发行新股而发生的股票承销费、注册会计师费、评估费、公关及广告费、印刷费及其他直接费用。

二、长期待摊费用的核算

当企业发生租入固定资产改良支出和其他长期待摊费用时,借记"长期待摊费用"账户,贷记"银行存款""原材料"和"应付职工薪酬"等账户,发生的增值税额列入"应交税费"账户。

发生的长期待摊费用应采用直线法分期平均摊销,摊销时借记"主营业务成本""管理费用"等账户,贷记"长期待摊费用"账户。

对于不同的长期待摊费用,其摊销期限的计算方法有所不同,租入固定资产的改良支出应在租赁期限与租赁资产尚可使用寿命两者孰短的期限内平均摊销;股票发行费用在不超过2年的期限内摊销。

【例】　嘉定物流公司将租入房屋改建为办公用房,该房租赁期为9年,尚可使用10年。

(1) 收到美好装潢公司专用发票,开列房屋改建金额129 600元,增值税额11 664元,当即签发转账支票支付,作分录如下:

　　借:长期待摊费用——租入固定资产改良支出　　　　　　　　129 600.00
　　借:应交税费——应交增值税——进项税额　　　　　　　　　 11 664.00
　　　　贷:银行存款　　　　　　　　　　　　　　　　　　　　141 264.00

(2) 按月摊销租入房屋改建支出时,作分录如下:

　　借:管理费用　　　　　　　　　　　　　　　　　　　　　　 1 200.00
　　　　贷:长期待摊费用——租入固定资产改良支出　　　　　　　 1 200.00

"长期待摊费用"是资产类账户,用以核算企业已经支出,但摊销期限在1年以上的各项费用,企业发生长期待摊费用时,记入借方;企业摊销长期待摊费用时,记入贷方;期末余额在借方,表示企业尚待摊销的长期待摊费用。

思 考 题

1. 什么是固定资产?它有哪些特点和作用?

2. 试述固定资产可分为哪几类？分述各类固定资产的定义。
3. 试述固定资产的计量。
4. 分述不同来源的固定资产原始价值的构成。
5. 什么是固定资产折旧？什么是使用寿命、应计折旧额和预计净残值？
6. 什么是常规折旧法？它分为哪两种方法？说明各种方法的定义。
7. 什么是加速折旧法？它有哪两种方法？说明各种方法的定义。
8. 固定资产有哪些后续支出？它们在核算上有何不同？
9. 固定资产可收回金额应怎样确定？
10. 什么是无形资产？它有哪些特征？
11. 确认无形资产应满足哪些条件？并谈谈它是怎样计量的？
12. 试述无形资产研究与开发的定义，它们在核算上有何不同？
13. 企业确认自行开发的无形资产必须同时满足哪些条件？
14. 什么无形资产要摊销？什么无形资产不予摊销？应如何确定？
15. 什么是长期待摊费用？它包括哪些内容？

习 题 一

一、目的 练习固定资产取得的核算。

二、资料

1. 上海光明物流公司1月份发生下列有关经济业务。

（1）2日，向武汉汽车厂购进运货汽车一辆，发票上列明买价100 000元，增值税额13 000元，并发生运输及装卸费600元，增值税额54元，款项一并从银行汇付对方。运货汽车已达到预定可使用状态，并验收使用。

（2）20日，向青岛机器厂购进行车一台，发票上列明买价160 000元，增值税额20 800元，并发生运输及装卸费1 200元，增值税额108元。款项已承付，行车已交付本公司安装队安装。

（3）30日，分配安装行车工人薪酬1 600元，并计提其他人工费用728元。

（4）30日，行车安装调试完毕，已达到预定可使用状态，并验收使用。

2. 昌化物流公司发生下列有关的经济业务。

（1）1月2日，购入建造办公楼用钢筋、水泥、木材等各种建筑材料一批，专用发票上列明买价250 000元，增值税额32 500元，款项以转账支票支付，建筑材料已验收入库。

（2）1月4日，华盛建筑公司领用建造办公楼的建筑材料292 500元。

（3）1月10日，签发转账支票支付华盛建筑公司建造办公楼第一期工程款

50 000 元,增值税额 4 500 元。

(4) 7月10日,签发转账支票支付华盛建筑公司建造办公楼第二期工程款 40 000 元,增值税额 3 600 元。

(5) 7月12日,建造的办公楼已竣工,达到预定可使用状态,并验收使用。

(6) 7月25日,收到安泰公司投入仓库一座,该仓库按投资合同约定的 240 000 元计价入账。

(7) 7月30日,收到安达公司捐赠的叉车1辆,捐赠方提供的专用发票列明买价为 80 000 元,增值税额 10 400 元,增值税额当即签发转账支票支付对方,另以现金支付叉车的运输及装卸费 500 元,增值税额 45 元,叉车已验收使用。

三、要求 编制会计分录。

习 题 二

一、目的 练习固定资产折旧和后续支出的核算。

二、资料

1. 虹桥物流公司1月1日固定资产明细账户的资料如图表6-3所示。

图表 6-3

固定资产明细资料　　　　　　　　　　金额单位:元

固定资产名称	计量单位	数量	原始价值	预计使用寿命(年)	预计净残值率	月折旧额	用途
仓库	座	1	480 000	40	4%		堆存物品
叉车	辆	2	288 000	8	5%		堆放物品
运货汽车	辆	5	600 000	8	5%		运输物品
机器	台	1	90 000	10	5%		修理车间
办公楼	幢	1	540 000	30	4%		办公
电脑	台	5	30 000	5	5%		办公
复印机	台	1	15 000	4	5%		办公

办公楼和复印机物流管理部门使用30%,行政管理部门使用70%,电脑物流管理部门使用3台,行政管理部门使用2台。

2. 接着发生下列有关的经济业务。

(1) 1月20日,购入厢式货车一辆,发票上列明买价 92 000 元,增值税额 11 960 元,并发生运输费 900 元,增值税额 81 元,款项一并汇付对方,厢式货车预计使用8年,预计净残值率为5%,厢式货车已达到预定可使用状态,并验收使用。

(2) 1月31日,计提本月份固定资产折旧额。

(3) 2月28日,计提本月份固定资产折旧额。

3. 该公司3～5月发生下列有关经济业务。

(1) 3月1日,有仓库一座,原值300 000元,已提折旧75 000元,已提减值准备8 000元,委托沪光建筑公司进行扩建,予以转账。

(2) 3月3日,签发转账支票支付沪光建筑公司扩建仓库款费用250 000元,增值税额22 500元。

(3) 5月30日,仓库已扩建完毕,达到预定可使用状态,验收使用,该仓库预计可收回金额为500 000元,予以转账。

(4) 5月31日,签发转账支票支付运货汽车大修理费用12 000元,增值税额1 560元,支付行政管理部门用电脑修理费用150元,增值税额19.50元。

三、要求

1. 根据"资料1",用年限平均法计算各项固定资产的折旧额。

2. 根据"资料1""资料2""资料3",编制会计分录。

3. 根据"资料1""资料2"的有关资料,分别用双倍余额递减法和年数总和法计算厢式货车和复印机的年折旧额。

习 题 三

一、目的 练习固定资产处置、清查和减值的核算。

二、资料 武昌物流公司3月份发生下列有关的经济业务:

1. 1日,有叉车一辆,原始价值为72 000元,已提折旧30 000元,已提减值准备3 000元,经领导批准准备出售。予以转账。

2. 3日,出售上项叉车一辆,开具专用发票,列明出售金额38 000元,增值税额4 940元,当即收到全部款项,存入银行。

3. 5日,将出售叉车的净损失转账。

4. 6日,办公楼一幢,经批准报废清理。该办公楼原始价值300 000元,预计净残值率为4%,已提折旧额288 000元,予以转账。

5. 8日,收到天门建筑公司开来专用发票,开列办公楼清理费用4 500元,增值税额405元,当即签发转账支票支付。

6. 10日,厢式货车一辆,经批准进行报废清理。厢式货车的原始价值为90 000元,已提折旧额84 000元,已提减值准备1 500元,予以转账。

7. 12日,出售清理办公楼的残料,开具专用发票,列明出售金额16 000元,增值税额 2 080 元,当即收到全部款项,存入银行。

8. 16 日,出售报废清理厢式货车,开具专用发票,列明出售金额 6 000 元,增值税额 780 元,当即收到全部款项,存入银行。

9. 18 日,清理办公楼和厢式货车均已完毕,予以转账。

10. 20 日,准备投资拨付天虹公司仓库一座,该仓库原始价值 480 000 元,已提折旧额 80 000 元,已提减值准备 7 500 元,予以转账。

11. 22 日,将仓库拨付给天虹公司,按投资合同约定的价值 394 000 元入账。

12. 25 日,盘亏叉车一辆,其原始价值为 86 000 元,已提折旧 78 500 元,已提减值准备 2 000 元,予以转账。

13. 30 日,盘亏的叉车报经领导批准,予以核销转账。

14. 31 日,电脑 3 台,原始价值 30 000 元,已提折旧 9 000 元,现由于市价持续下跌,仅为 18 000 元,现计提其减值准备。

15. 31 日,仓库一座,原始价值 240 000 元,已提折旧 120 000 元,1 年前因市价持续下跌,已计提减值准备 10 000 元,现市价已回升为 122 000 元,调整其账面价值。

三、要求 编制会计分录。

习 题 四

一、目的 练习无形资产和长期待摊费用的核算。

二、资料 开利物流公司发生下列有关的经济业务:

1. 2 月 8 日,向华欣物流公司购入管理专有技术一项,专用发票列明买价 160 000 元,增值税额 9 600 元。在洽购时,发生咨询费 8 000 元,增值税额 480 元,款项一并签发转账支票支付,该项管理专有技术分 10 年摊销。

2. 2 月 16 日,接受广盛公司土地使用权的投资,土地使用权按投资合同约定的价值 480 000 元入账。该项土地使用权分 30 年摊销。

3. 2 月 28 日,分配专利开发人员在专利研究阶段的薪酬 5 600 元,并计提其他人工费用 2 548 元。

4. 2 月 28 日,结转本月份发生的费用化支出。

5. 2 月 28 日,摊销应由本月份负担的管理专有技术费用和土地使用权费用。

6. 3 月 2 日,专利进入开发阶段,领用原材料 34 600 元。

7. 3 月 15 日,签发转账支票支付东方研究所咨询费 17 600 元,增值税额 1 056 元。

8. 3 月 25 日,将上月 16 日入账的土地使用权出售给飞鹰物流公司,开具专用发票,列明出售金额 500 000 元,增值税额 45 000 元,当即收到全部款项存入银行,并结转土地使用权成本。

9. 3月31日,分配专利项目开发人员在开发阶段的薪酬10 000元,计提其他人工费用4 550元。

10. 4月1日,自行开发的专利获得成功,申请专利权,签发转账支票支付专利注册登记费9 800元,律师费7 100元及增值税426元,并结转其开发成本。

11. 4月2日,将本企业的管理专有技术出租给泰安物流公司,填具专用发票,列明租赁金额81 000元,增值税额4 860元,当即收到全部款项,存入银行。

12. 4月30日,分配去为泰安物流公司提供管理专有技术人员的薪酬3 600元,并计提其他人工费用1 638元。

13. 4月30日,本企业的一项专营权,其账面原值为120 000元,已计提了摊销额40 000元。因其盈利能力已下降,预计其未来现金流量的现值为72 000元,计提其减值准备。

14. 5月5日,将租入房屋改建为办公楼,收到沪南建筑公司专用发票,开列改建金额120 000元,增值税额10 800元,当即支付全部账款。

15. 6月30日,租入房屋改建的办公楼租赁期为10年,办公楼尚可使用12年,摊销本月份应负担的办公楼改建支出。

三、要求　编制会计分录。

第七章 对外投资

第一节 对外投资概述

对外投资是指企业为通过分配来增加财富,或为谋求其他利益,而将资产让渡给其他单位所获得的另一项资产。

一、对外投资的分类

按照对外投资流动性的强弱不同,可分为短期投资和长期投资两种。

(一)短期投资

短期投资是指能够随时变现并且持有时间不准备超过1年的投资。属于短期投资的只有交易性金融资产。

交易性金融资产是指企业持有的以公允价值计量且其变动计入当期损益的金融资产。它包括为交易目的所持有的债券投资、股票投资、权证投资等和直接指定以公允价值计量且其变动计入当期损益的金融资产。

金融资产是指企业的现金;持有的其他单位的权益工具;从其他单位收取现金或其他金融资产的合同权利;在潜在有利的条件下,与其他单位交换金融资产或金融负债的合同权利,和将来须用或可用企业自身权益工具进行结算的衍生工具和非衍生工具的合同权利等资产。

权益工具是指能证明拥有某个企业在扣除所有负债的资产中的剩余权益的合同。

衍生工具是指具有下列特征的金融工具或其他合同:① 其价值随特定利率、金融工具价格、商品价格、汇率、价值指数、费率指数、信用等级、信用指数或其他类似变量的变动而变动,变量为非金融变量的,该变量与合同的任一方不存在特定关系。② 不要求初始净投资,或与对市场情况变化有类似反应的其他类型合同相比,要求很少的初始净投资。③ 在未来某一日期结算。

衍生工具包括远期合同、期货合同、互换和期权,以及具有远期合同、期货合同、互换和期权中一种或一种以上特征的工具。

金融工具是指形成一个企业的金融资产,并形成其他单位的金融负债或权益工具的合同。

(二)长期投资

长期投资是指短期投资以外的投资。长期投资按照投资的目的不同,主要可分为持有至到期投资、可供出售金融资产和长期股权投资。

1. 持有至到期投资　　它是指到期日固定、回收金额固定或可确定,且企业有明确意图和能力持有至到期的非衍生金融资产。

2. 可供出售金融资产　　它是指初始确认时即被指定为可供出售的非衍生金融资产,以及除下列各类资产以外的金融资产:① 贷款和应收款项。② 持有至到期投资。③ 以公允价值计量且变动计入当期损益的金融资产。

3. 长期股权投资　　它是指投资企业对被投资单位实施控制,或与其他方共同控制或具有重大影响的权益性投资。

二、对外投资的目的和特点

(一) 短期投资的目的和特点

企业在生产经营过程中,经常会出现暂时闲置的现金,为了充分发挥现金的利用效果,可以在金融市场上购买其他企业发行的股票、债券和基金等进行短期投资,以谋求更高的股利收入或利息收入。由于股票、债券和基金等的流动性强,一旦企业需要使用现金时,可以随时将这些股票、债券和基金等在金融市场上出售,收回现金。

因此,短期投资具有投资收回快、风险小、变现能力强以及机动而灵活的特点。

(二) 长期投资的目的和特点

长期投资除了要获得投资收益外,更重要的目的有两个:其一是为了与被投资单位建立与保持一定的业务关系,影响和控制其经营业务,以有利于自身业务的经营。例如,为了保持企业正常的原材料供应的来源,或扩大企业产品的销售渠道,可以购进有关企业一定份额的股票或者向有关企业进行直接投资,以取得一定的经营决策权。其二是企业为大规模更新生产经营设施或为将来扩展生产经营规模而筹集资金,企业可以有计划地将平时固定资产损耗的价值和企业短期内不准备使用的盈余公积等款项,用以购进股票和长期债券,以便将来大规模更新生产经营设施或扩展生产经营规模时,既增了值,又可以变现使用。为了这些目的而进行的投资,一般不会在短期内出售,从而形成了长期投资。

因此,长期投资具有投资额大,投资回收期长,投资收益大以及风险也大的特点。

第二节　交易性金融资产

一、交易性金融资产取得的核算

企业取得交易性金融资产时,应当按照公允价值计量入账。相关的交易费用应当直接计入当期损益。

交易费用是指可直接归属于购买、发行或处置金融工具新增的外部费用。它包括支付的手续费和佣金及其他必要支出。

企业取得交易性金融资产时,按交易性金融资产的公允价值借记"交易性金融资产"账户;按发生的交易费用借记"投资收益"账户,按实际支付的金额贷记"银行存款"账户。

【例】 东方物流公司1月6日购进长江公司股票10 000股,每股7.80元,另以交易金额的3‰支付佣金,款项一并签发转账支票付讫,该股票为交易目的而持有。作分录如下:

  借:交易性金融资产——成本——长江公司股票   78 000.00
  借:投资收益   234.00
   贷:银行存款   78 234.00

企业取得的交易性金融资产中,若包含已宣告发放的现金股利或已到付息期但尚未领取的债券利息,应从成本中予以扣除,将其作为应收股利或应收利息处理。在这种情况下,购入的交易性金融资产的成本,应以公允价值减去应收股利或应收利息入账。

【例】 四通物流公司2月8日购进昌化公司股票20 000股,每股4.80元,另以交易金额的3‰支付佣金,款项一并签发转账支票付讫。该股票为交易目的而持有。昌化公司已于2月5日宣告将于2月20日分派现金股利,每股0.15元。

(1) 2月8日,购进股票时,作分录如下:

  借:交易性金融资产——成本——昌化公司股票   93 000.00
  借:应收股利——昌化公司   3 000.00
  借:投资收益   288.00
   贷:银行存款   96 288.00

(2) 2月20日,收到昌化公司派发的现金股利3 000元,存入银行时,作分录如下:

  借:银行存款   3 000.00
   贷:应收股利——昌化公司   3 000.00

"应收股利"是资产类账户,用以核算企业应收取的现金股利和应收其他单位分配的利润。企业发生应收取的现金股利或利润时,记入借方;企业实际收到现金股利或利润时,记入贷方;期末余额在借方,表示企业尚未收回的现金股利或利润。

二、交易性金融资产持有期间股利和利息的核算

交易性金融资产在持有期间,被投资单位宣告发放的现金股利或在期末按分期付息、一次还本债券投资的票面利率计提利息时,借记"应收股利"或"应收利息"账户,贷记"投资收益"账户。

【例】 3月31日,四通物流公司为交易目的而持有的卢湾公司上月28日发行的债券100张,计面值120 000元,该债券系分期付息,到期一次还本,年利率8%,计提该债券本月份应收利息,作分录如下:

借：应收利息——卢湾公司　　　　　　　　　　　　　　　800.00
　　　　贷：投资收益　　　　　　　　　　　　　　　　　　　　　800.00
　　等收到应收股利或应收利息时,再借记"银行存款"账户,贷记"应收股利"或"应收利息"账户。
　　"应收利息"是资产类账户,用以核算企业交易性金融资产、持有至到期投资、可供出售金融资产等应收取的利息。企业发生应收取的利息时,记入借方;企业收到利息时,记入贷方;期末余额在借方,表示企业尚未收回的利息。

三、交易性金融资产的期末计量

　　交易性金融资产的期末计量是指期末交易性金融资产在资产负债表上反映的价值。

　　交易性金融资产在取得时按公允价值计量,然而在交易市场上的价格会不断地发生变化。期末,当交易性金融资产的公允价值高于其账面余额时,将两者之间的差额借记"交易性金融资产——公允价值变动"账户,贷记"公允价值变动损益"账户;期末,当公允价值低于其账面余额时,将两者之间的差额借记"公允价值变动损益"账户,贷记"交易性金融资产——公允价值变动"账户。

　　【例】　东方物流公司持有长江公司股票 10 000 股,该股票账面余额为 78 000 元。1 月 31 日,该股票每股公允价值为 7.95 元,予以转账,作分录如下:

　　借：交易性金融资产——公允价值变动——长江公司股票　　1 500.00
　　　　贷：公允价值变动损益——交易性金融资产　　　　　　　　1 500.00

　　"交易性金融资产"是资产类账户,用以核算企业为交易目的所持有的股票投资、债券投资和基金投资等交易性金融资产以及直接指定为以公允价值计量且其变动计入当期损益的金融资产的公允价值。企业在取得交易性金融资产和期末交易性金融资产增值时,记入借方;交易性金融资产出售和期末减值时,记入贷方;期末余额在借方,反映企业交易性金融资产的公允价值。该账户应当按交易性金融资产的类别和品种,分别以"成本""公允价值变动"明细账户进行明细核算。

　　"公允价值变动损益"是损益类账户,用以核算企业交易性金融资产、交易性金融负债,以及采用公允价值模式计量的投资性房地产、衍生工具和套期保值业务等公允价值变动形成的应计入当期损益的利得或损失。企业取得公允价值变动收益或将公允价值变动损失结转"本年利润"账户时,记入贷方;企业发生公允价值变动损失或将公允价值变动收益结转"本年利润"账户时,记入借方。

四、交易性金融资产出售的核算

　　企业出售交易性金融资产时,也会发生交易费用,届时应按出售交易性金融资产实际收到的金额(即出售价格减去其交易费用后的出售净收入),借记"银行存款"账户;按其账面余额,贷记"交易性金融资产——成本"账户,借记或贷记"交易性金融资产——公允价值变动"账户;实际收到的金额与账面余额的差额,列入"投资收益"账户的贷方或借方。需要注意的是出售股票投资的金融资产所交纳1‰的印花税系交易费用。

【例】 2月26日,东方物流公司出售其持有的长江公司股票10 000股。出售价格每股8.20元,按交易价的3‰支付佣金,1‰交纳印花税,收到出售净收入,存入银行。查该股票明细账户余额"成本"为78 000元,"公允价值变动"为借方余额1 500元,作分录如下:

  借:银行存款   81 672.00
   贷:交易性金融资产——成本——新亚公司股票   78 000.00
   贷:交易性金融资产——公允价值变动——新亚公司股票 1 500.00
   贷:投资收益   2 172.00

"投资收益"是损益类账户,用以核算企业确认的投资收益或投资损失。企业确认投资收益或将投资损失结转"本年利润"账户时,记入贷方;企业确认投资损失或将投资净收益结转"本年利润"账户时,记入借方。

第三节 持有至到期投资

一、持有至到期投资取得的核算

持有至到期投资主要是购买到期日在1年以上的长期债券进行投资。企业购买新发行的长期债券进行持有至到期投资时,支付的债券价格,有时与债券的面值相等,有时却与面值不一致。当购进债券的价格与面值相等时,称为按面值购进;如果购进债券的价格高于面值,称为溢价购进;如果购进债券的价格低于面值,则称为折价购进。

持有至到期投资应按取得时的公允价值与交易费用之和作为初始确认金额,如支付的价款中包含已到付息期但尚未领取的债券利息,应当单独确认为应收利息入账。

(一)按面值购进债券的核算

企业按面值购进债券时,按债券的面值和交易费用之和借记"持有至到期投资——成本"账户,贷记"银行存款"账户。

持有至到期投资应当按期计提利息,计提的利息按债券面值乘以票面利率计算。对于分期付息,到期还本的持有至到期投资,在计提利息时,借记"应收利息"账户,贷记"投资收益"账户。对于到期一次还本付息的持有至到期投资,则借记"持有至到期投资——应计利息"账户,贷记"投资收益"账户。

(二)溢价购进债券的核算

企业溢价购进债券,是因为债券的票面利率高于市场利率,那么投资企业按票面利率收到的利息将要高于按市场利率所能得到的利息。因此,溢价是为以后各期多得利息而预先付出的款项,也就是说,在投资企业以后各期收到的利息中,还包括溢价购进时预先付出的款项,这部分多付的款项在发生时应列入"持有至到期投资——利息调整"账户的借方,在确定各期利息收入时,再进行摊销,以冲抵投资收益。利息调整额摊销的方法有直线法和实际利率法两种。直线法是指将债券的利息调整额按债券的期限平均摊销的方法。

【例】 四方物流公司1月31日购进新发行的东林公司3年期债券180张,每张面值1 000元,购进价格为1 026.71元。债券的票面年利率为7%,每年1月31日支付利息。该债券准备持有至到期。

(1) 1月31日,签发转账支票184 992.61元,支付180张债券的价款184 807.80元,并按交易金额的1‰支付佣金,作分录如下:

  借:持有至到期投资——成本——东林公司   180 184.81
  借:持有至到期投资——利息调整——东林公司债券   4 807.80
    贷:银行存款   184 992.61

(2) 2月28日,预计本月份该债券应收利息入账,并用直线法摊销利息调整额,作分录如下:

  借:应收利息——东林公司   1 050.00
    贷:持有至到期投资——利息调整——东林公司债券   133.55
    贷:投资收益   916.45

(3) 次年1月31日,收到东林公司1年期债券利息入账,作分录如下:

  借:银行存款   12 600.00
    贷:应收利息——东林公司   11 550.00
    贷:持有至到期投资——利息调整——东林公司债券   133.55
    贷:投资收益   916.45

采用直线法摊销利息调整额简便易行,但随着各期借方利息调整额的摊销,企业的投资额有了减少,而各期的投资收益却始终保持不变,因此反映的投资收益不够准确。为了准确反映各期的投资收益,可以采用实际利率法。实际利率法是指根据债券期初账面价值(不含交易费用)乘以实际利率确定各期的利息收入,然后将其与按票面利率计算的应计利息收入相比较,将其差额作为各期的利息调整额的方法。

采用实际利率计算法摊销借方利息调整额,溢价购进债券的实际利息收入会随着债券账面价值的逐期减少而减少,从而却使其利息调整额随之逐期增加。其计算方法如图表7-1所示。

【例】 金融市场实际利率为6%,根据前例购进东林公司溢价发行的债券,用实际利率法计算债券各期摊销的利息调整额,如图表7-1所示。

图表 7-1

实际利率法利息调整额计算表(借方余额)

单位：元

付息期数	应计利息收入	实际利息收入	本期利息调整额	利息调整借方余额	债券账面价值（不含交易费用）
(1)	(2)=面值×票面利率	(3)=上期(6)×实际利率	(4)=(2)－(3)	(5)=上期利息调整余额－(4)	(6)=面值＋(5)
购进时				4 807.80	184 807.80
1	12 600.00	11 088.47	1 511.53	3 296.27	183 296.27
2	12 600.00	10 997.78	1 602.22	1 694.05	181 694.05
3	12 600.00	10 905.95①	1 694.05	0	180 000.00

以上计算的是各年的应计利息收入、实际利息收入和利息调整额。2月28日，预计本月份应收利息和利息调整额时，可以将第一期计算的数据除以12取得，并据以入账，作分录如下：

　　借：应收利息——东林公司　　　　　　　　　　　　　　　1 050.00
　　　　贷：持有至到期投资——利息调整——溢价　　　　　　　 125.96
　　　　贷：投资收益　　　　　　　　　　　　　　　　　　　　 924.04

（三）折价购进债券的核算

企业折价购进债券，是因为债券的票面利率低于市场利率，那么，投资企业按票面利率收到的利息将低于市场实际利率所能得到的利息，因此，折价是为了补偿投资企业以后各期少收利息而预先少付的款项。这部分少付的款项应在发生时列入"持有至到期投资——利息调整"账户的贷方，在确定各期利息收入时，再进行摊销，以作为投资收益的一部分。

【例】　容声物流公司6月30日购进新发行的晨光公司3年期的债券180张，每张面值1 000元，购进价格为973.25元，债券的票面利率为5％，每年6月30日支付利息，该债券准备持有至到期。

（1）6月30日，签发转账支票175 360.19元，支付180张债券的价款175 185元，并按价款的1‰支付佣金，作分录如下：

　　借：持有至到期投资——成本——晨光公司债券　　　　　　180 175.19
　　　　贷：持有至到期投资——利息调整——晨光公司债券　　　4 815.00
　　　　贷：银行存款　　　　　　　　　　　　　　　　　　　175 360.19

---

①　由于在计算上存在尾差，因此10 905.95元是近似值。

(2) 7月31日,预计该债券本月份的应收利息入账,并用直线法摊销利息调整额,作分录如下:

  借:应收利息——晨光公司   750.00
  借:持有至到期投资——利息调整——晨光公司债券   133.75
    贷:投资收益   883.75

(3) 次年6月30日,收到晨光公司1年期债券利息,作分录如下:

  借:银行存款   9 000.00
  借:持有至到期投资——利息调整——晨光公司债券   133.75
    贷:应收利息——晨光公司   8 250.00
    贷:投资收益   883.75

以上是采用直线法摊销贷方利息调整额,若采用实际利率法摊销利息调整额,折价购进债券的实际利息收入会随着债券账面价值逐期增加而增加,从而使利息调整额也随之逐期增加。其计算方法如图表7-2所示。

【例】 金融市场实际利率为6%,根据前例购进晨光公司折价发行的债券,用实际利率法计算债券各期摊销的利息调整额如图表7-2所示。

图表7-2

实际利率法利息调整额计算表(贷方余额)

单位:元

付息期数 (1)	应计利息 收入 (2)=面值× 票面利率	实际利息 收入 (3)=上期(6) ×实际利率	本期利息 调整额 (4)=(3) -(2)	利息调整 贷方余额 (5)=上期利息 调整余额-(4)	债券账面价值 (不含交易费用) (6)=面值-(5)
购进时				4 815.00	175 185.00
1	9 000.00	10 511.10	1 511.10	3 303.90	176 696.10
2	9 000.00	10 601.77	1 601.77	1 702.13	178 297.87
3	9 000.00	10 702.13①	1 702.13	0	180 000.00

"持有至到期投资"是资产类账户,用以核算企业持有至到期投资的价值。企业取得各种持有至到期投资、计提到期一次还本付息债券利息和摊销利息调整额贷方余额时,记入借方;企业出售、收回持有至到期投资、将持有至到期投资重分类和摊销利息调整额借方余额时,记入贷方;期末余额在借方,表示持有至到期投资的摊余成本。

---

① 由于计算上存在尾差,因此10 702.13元是近似值。

二、持有至到期投资减值的核算

企业在期末应当对持有至到期投资的账面价值进行检查;如有发行方发生严重财务困难等客观证据表明该持有至到期投资发生减值的,应当计提减值准备。届时将持有至到期投资的账面价值与预计未来现金流量现值之间的差额确认减值损失,借记"资产减值损失"账户,贷记"持有至到期投资减值准备"账户。

【例】 11月30日,沪光物流公司持有华阳公司上一年8月31日按面值发行的3年期债券100张,每张面值1 000元,年利率为6%,每年8月31日支付利息,其账面价值为100 100元,应收利息为1 500元。因华阳公司发生严重的财务困难,现1 000元面值的债券市价仅999元,其交易费用为1‰,计提其减值准备,作分录如下:

持有至到期投资可收回金额＝999×100×(1－1‰)＝99 800.10(元)

借:资产减值损失——持有至到期投资减值损失	1 799.90
贷:持有至到期投资减值准备——华阳公司债券	1 799.90

已计提减值准备的持有至到期投资的价值以后又得以恢复时,应在原已计提的减值准备金额内,按恢复增加的金额借记"持有至到期投资减值准备"账户,贷记"资产减值损失"账户。

"持有至到期投资减值准备"账户是资产类账户,也是"持有至到期投资"账户的抵减账户,用以核算企业持有至到期投资发生减值时计提的减值准备。企业计提持有至到期投资减值准备时,记入贷方;企业减值的持有至到期投资出售、重分类和减值的金额恢复时,记入借方;期末余额在贷方,表示企业已计提但尚未转销的持有至到期投资减值准备。

三、持有至到期投资出售和重分类的核算

持有至到期投资出售时,应按实际收到的金额借记"银行存款"账户;按已计提的减值准备借记"持有至到期投资减值准备"账户;按其账面余额贷记"持有至到期投资"账户;将其差额列入"投资收益"账户。

【例】 续前例,12月8日,沪光物流公司出售华阳公司发行的3年期债券100张,每张面值1 000元,现按998.80元出售,按交易金额的1‰支付佣金,收到出售净收入,存入银行。作分录如下:

借:银行存款	99 780.12
借:持有至到期投资减值准备——华阳公司债券	1 799.90
借:投资收益	19.98
贷:持有至到期投资——成本——华阳公司债券	100 100.00
贷:应收利息——华阳公司债券	1 500.00

企业因持有意图或能力发生改变,使某项投资不再适合划分为持有至到期投资的,应当将其重分类为可供出售金融资产,并以公允价值扣除交易费用之后的金额进行后续计量。重分类日,该投资的账面价值与公允价值(扣除交易费用)之间的差额列入"其他综合收益"账户。

【例】 9月30日,快捷运输公司持有开元公司按面值发行的3年期债券120 000元,年利率为6‰,到期一次还本付息,已按持有至到期投资入账。现决定将其重分类为可供出售金融资产,该债券的账面价值为120 120元,应计利息为10 800元,现公允价值为132 000元,予以转账。

$$可供出售金融资产的入账价值=132\,000×(1-1‰)=131\,868(元)$$

作分录如下:

借:可供出售金融资产——成本——开元公司债券	131 868.00
贷:持有至到期投资——成本——开元公司债券	120 120.00
贷:持有至到期投资——应计利息——开元公司债券	10 800.00
贷:其他综合收益	948.00

"其他综合收益"是所有者权益账户,用以核算根据按其他会计准则规定未在当期损益中确认的各项利得和损失。企业发生未在当期损益中确认的各项利得,以及确认未在前期确认的各项损失时,记入贷方;企业发生未在当期损益中确认的各项损失,以及确认未在前期确认的各项利得时,记入借方;期末余额通常在贷方,表示企业尚未确认的各项利得,若期末余额在借方,则表示企业尚未确认的各项损失。

第四节 可供出售金融资产

一、可供出售金融资产取得的核算

可供出售金融资产包括可供出售的股票投资、债券投资等金融资产。

企业取得可供出售金融资产时,应按可供出售金融资产的公允价值与交易费用之和,借记"可供出售金融资产"账户,贷记"银行存款"账户。

【例】 1月5日,八达物流公司购进华夏公司股票20 000股,每股7.50元,另以交易金额3‰支付佣金,款项一并签发转账支票付讫,该股票准备日后出售。作分录如下:

借:可供出售金融资产——成本——华夏公司股票	150 450.00
贷:银行存款	150 450.00

如取得可供出售金融资产支付价款中包含已到付息期但尚未领取的债券利息或已

宣告但尚未发放的现金股利时,将其列入"应收利息"或"应收股利"账户的借方。

二、可供出售金融资产持有期间现金股利和利息的核算

可供出售金融资产中的股票投资在持有期间被投资单位宣告分派现金股利时,应借记"应收股利"账户,贷记"投资收益"账户。

可供出售金融资产中的债券投资为分期付息一次还本或者到期一次还本付息的债券投资,在期末应按票面利率计算确定应收的利息,据以借记"应收利息"或者"可供出售金融资产——应计利息"账户,贷记"投资收益"账户。

【例】 续上例(1月5日之例),八达物流公司持有华夏公司股票20 000股,1月10日,华夏公司宣告将于1月20日发放现金股利,每股0.15元。作分录如下:

借:应收股利　　　　　　　　　　　　　　　　　　　　　　3 000.00
　　贷:投资收益　　　　　　　　　　　　　　　　　　　　　　3 000.00

等收到现金股利时,再借记"银行存款"账户;贷记"应收股利"账户。

三、可供出售金融资产期末计量的核算

企业在期末对可供出售金融资产应按公允价值(扣除交易费用)进行调整,如公允价值(扣除交易费用)高于账面余额的,按其差额借记"可供出售金融资产——公允价值变动"账户,贷记"其他综合收益"账户;如公允价值(扣除交易费用)低于账面余额的,按其差额借记"其他综合收益"账户,贷记"可供出售金融资产——公允价值变动"账户。

【例】 续上例(1月5日之例),1月31日,八达物流公司持有华夏公司20 000股股票,今日公允价值每股为7.80元,调整其账面价值。

$$公允价值变动额 = 7.80 \times 20\,000 \times (1 - 4‰) - 150\,450 = 4\,926(元)$$

作分录如下:

借:可供出售金融资产——公允价值变动——华夏公司股票　　　4 926.00
　　贷:其他综合收益　　　　　　　　　　　　　　　　　　　　4 926.00

企业在期末如发现可供出售金融资产的公允价值发生较大幅度的下降,或在综合考虑各种相关因素后,预期这种下降趋势属于非暂时性的,可以认定该可供出售金融资产发生减值的,应当将其可收回金额低于账面价值的差额确认为减值损失。届时按减值的金额,借记"资产减值损失"账户;按应从所有者权益中转出原计入"其他综合收益"账户的累计损失金额,贷记"其他综合收益"账户;将两者之间的差额列入"可供出售金融资产——公允价值变动"账户的贷方。

【例】 5月31日,长江物流公司持有列入可供出售金融资产的天平公司股票10 000股,因该股票公允价值发生较大幅度下降,每股市价下跌为6元,该股票交易费

用为 4‰，查该股票成本为 65 195 元，公允价值变动为贷方余额 860 元，因公允价值（扣除交易费用）低于账面余额，列入"其他综合收益"账户借方金额为 860 元，计提其减值损失。

$$可供出售金融资产可收回金额 = 6 \times 10\,000 \times (1 - 4‰) = 59\,760（元）$$

作分录如下：

借：资产减值损失——投资减值损失		5 435.00
贷：其他综合收益		860.00
贷：可供出售金融资产——公允价值变动——天平公司股票		4 575.00

已确认减值损失的可供出售金融资产，在随后的会计期间公允价值上升的，应在原已计提的减值准备金额内，按恢复增加的金额，借记"可供出售金融资产——公允价值变动"账户，贷记"资产减值损失"账户；但可供出售金融资产为股票等权益工具投资的，则借记"可供出售金融资产——公允价值变动"账户，贷记"其他综合收益"账户。

四、可供出售金融资产出售的核算

可供出售金融资产出售时，应按实际收到的金额，借记"银行存款"账户；按可供出售金融资产的账面余额，贷记"可供出售金融资产"账户；将其差额列入"投资收益"账户；并将应从所有者权益中转出的公允价值累计变动额（即原记入"其他综合收益"账户的金额）予以转销。

【例】 4 月 10 日，达安物流公司出售以可供出售金融资产入账的太行公司股票 15 000 股，每股 8 元，另按交易金额的 3‰ 支付佣金，1‰ 交纳印花税，收到出售净收入，存入银行。查该股票"成本"为 114 342 元，"公允价值变动"为借方余额 1 320 元，因公允价值高于账面余额已列入"其他综合收益"账户的贷方余额为 1 320 元。

（1）将出售净收入存入银行，作分录如下：

借：银行存款	119 520.00
贷：可供出售金融资产——成本——太行公司股票	114 342.00
贷：可供出售金融资产——公允价值变动——太行公司股票	1 320.00
贷：投资收益	3 858.00

（2）转销该资产列入"其他综合收益"账户的金额，作分录如下：

借：其他综合收益	1 320.00
贷：投资收益	1 320.00

"可供出售金融资产"是资产类账户，用以核算企业持有的可供出售金融资产的公允价值。企业取得可供出售金融资产、期末可供出售金融资产的公允价值高于账面余额的差额，以及持有至到期投资转入时，记入借方；企业在持有期间收到债券利息或现

金股利,期末可供出售金融资产的公允价值低于账面价值的差额,计提可供出售金融资产减值损失和可供出售金融资产出售时,记入贷方;期末余额在借方,表示企业可供出售金融资产的公允价值。

第五节 长期股权投资

一、长期股权投资初始成本的确定和核算

(一)长期股权投资初始成本的确定

长期股权投资有企业合并形成和以支付现金、非现金资产等其他方式取得两种情况。企业合并又分为同一控制下的企业合并和非同一控制下的企业合并两种方式。

同一控制下的企业合并是指参与合并的企业在合并前后均受同一方或相同的多方最终控制且该控制并非暂时的。非同一控制下的企业合并是指参与合并的企业各方在合并前后不受同一方或相同的多方最终控制的。

同一方是指对参与合并的企业在合并前后均实施最终控制的投资者;相同的多方是指根据投资者之间的协议约定,在对被投资单位的生产经营决策行使表决权时发表一致意见的两个或两个以上的投资者。控制并非暂时性是指参与合并的各方在合并前后较长的时间内受同一方或相同的多方最终控制。较长的时间通常是指1年以上(含1年)。

1. 同一控制下企业合并形成的长期股权投资　同一控制下的企业合并具有两个特点:一是不属于交易事项,而是资产和负债的重新组合;二是合并作价往往不公允,因此合并方应当在合并日按取得被合并方所有者权益(净资产)账面价值的份额作为初始投资成本。合并日是指合并方实际取得对被合并方控制权的日期。

2. 非同一控制下企业合并形成的长期股权投资　非同一控制下企业合并具有两个特点:一是它们是非关联企业的合并;二是合并以市价为基础,交易作价相对公平合理。因此合并方应当在购买日按企业合并成本作为初始投资成本。购买日是指购买方实际取得对被购买方控制的日期。企业合并成本包括购买方付出的资产、发生或承担的负债和发行权益性证券的公允价值之和。

3. 以支付现金取得的长期股权投资　其应当按照实际支付购买价款作为初始投资成本,它包括与取得长期股权投资直接相关的费用、税金及其他必要支出。

4. 以发行权益性证券取得的长期股权投资　其应当按照发行权益性证券的公允价值作为初始投资成本。

5. 投资者投入的长期股权投资　其应当按照投资合同或协议约定的价值作为初始投资成本。

(二) 长期股权投资初始成本的核算

1. 同一控制下企业合并形成的长期股权投资的核算 同一控制下企业合并形成的长期股权投资,应在合并日按取得的被合并方所有者权益账面价值的份额,借记"长期股权投资"账户;按享有被投资单位已宣告但尚未发放的现金股利或利润,借记"应收股利"账户;按支付的合并对价的账面价值,贷记有关资产或借记有关负债账户;按其差额,贷记"资本公积——资本溢价"账户;若为借方差额的,借记"资本公积——资本溢价"账户,若资本公积中的资本溢价不足冲减的,则应依次借记"盈余公积""利润分配——未分配利润"账户。

【例】 长江物流集团内的飞龙物流公司"资本公积——资本溢价"账户余额为80 000元,"盈余公积"账户余额为 150 000 元。现飞龙物流公司合并本集团内的飞马物流公司,取得该公司60%的股权。飞马物流公司所有者权益账面价值为 5 000 000 元,飞龙物流公司支付合并对价资产的账面价值为 3 100 000 元,其中固定资产为 2 500 000 元,已提折旧 250 000 元,其余 850 000 元签发转账支票付讫。

(1) 转销参与合并的固定资产账面价值,作分录如下:

借:固定资产清理	2 250 000.00
借:累计折旧	250 000.00
贷:固定资产	2 500 000.00

(2) 确认长期股权投资初始成本,作分录如下:

借:长期股权投资——成本	3 000 000.00
借:资本公积——资本溢价	80 000.00
借:盈余公积	20 000.00
贷:固定资产清理	2 250 000.00
贷:银行存款	850 000.00

2. 非同一控制下企业合并形成的长期股权投资的核算 非同一控制下企业合并形成的长期股权投资,购买方在购买日应当按照企业合并成本(不含应自被投资单位收取的现金股利或利润),借记"长期股权投资"账户;按享有被投资单位已宣告但尚未发放的现金股利或利润,借记"应收股利"账户;按支付合并对价的账面价值,贷记有关资产账户或借记有关负债账户;将借贷方账户相抵后的差额计入当期损益。对购买方因合并发生的审计、法律服务和评估咨询等直接相关费用,应列入"管理费用"账户。

非同一控制下的企业合并,购买方作为合并对价付出的资产,应当按照公允价值处置,其中付出资产为固定资产、无形资产的,其公允价值与账面价值的差额,应列入"资产处置损益"账户。付出资产为库存商品的,应按库存商品的公允价值作商品销售处理,并同时结转其销售成本,发生的增值税销项税额也作为企业合并成本的组成部分。

【例】 1月5日,复兴物流公司以2 355 000元合并成本从安阳物流公司的股东中购入该公司40%的股权,对价付出资产的账面价值为2 335 000元,其中:固定资产1 800 000元,已提折旧220 000元,其公允价值为1 600 000元,其余755 000元签发转账支票付讫。

(1) 转销参与合并的固定资产账面价值,作分录如下:

借:固定资产清理　　　　　　　　　　　　　　　　　1 580 000.00
借:累计折旧　　　　　　　　　　　　　　　　　　　　220 000.00
　贷:固定资产　　　　　　　　　　　　　　　　　　　1 800 000.00

(2) 确认长期股权投资初始成本,作分录如下:

借:长期股权投资——成本　　　　　　　　　　　　　2 355 000.00
　贷:固定资产清理　　　　　　　　　　　　　　　　1 580 000.00
　贷:银行存款　　　　　　　　　　　　　　　　　　755 000.00
　贷:资产处置损益(1 600 000－1 580 000)　　　　　　20 000.00

"长期股权投资"是资产类账户,用以核算企业持有的采用成本法和权益法核算的长期股权投资。企业取得长期股权投资,以及长期股权投资增值时,记入借方;企业处置长期股权投资时,记入贷方;期末余额在借方,表示企业持有的长期股权投资的价值。

3. 以支付现金取得的长期股权投资的核算　　企业以支付现金取得的长期股权投资,应在购买日按实际支付的价款及相关税费,扣除已宣告但尚未发放的现金股利,借记"长期股权投资"账户;按已宣告但尚未发放的现金股利,借记"应收股利"账户;按实际支付的价款及相关税费,贷记"银行存款"账户。

【例】 2月5日,东方物流公司从证券市场购买安泰公司股票500 000股,准备长期持有,该股票每股5元,占该公司股份的10%,另按交易金额的3‰支付佣金,款项签发转账支票付讫。该公司已宣告将于2月10日发放现金股利,每股0.10元,作分录如下:

借:长期股权投资——成本　　　　　　　　　　　　　2 457 500.00
借:应收股利　　　　　　　　　　　　　　　　　　　　50 000.00
　贷:银行存款　　　　　　　　　　　　　　　　　　2 507 500.00

4. 以发行权益性证券取得的长期股权投资的核算　　企业以发行权益性证券取得的长期股权投资,应在证券发行日,按证券的公允价值(包括相关税费),借记"长期股权投资"账户;按发行证券的面值,借记"股本"账户;按公允价值与面值的差额,贷记"资本公积"账户；按支付的相关税费，贷记"银行存款"账户。

【例】 静安物流股份有限公司以发行股票 1 500 000 股的方式取得海天公司 15％的股权，股票每股面值 1 元，发行价为 4 元，另需支付相关税费 30 000 元。当即签发转账支票付讫。作分录如下：

借：长期股权投资——成本　　　　　　　　　　　　　　　6 030 000.00
　　贷：股本　　　　　　　　　　　　　　　　　　　　　1 500 000.00
　　贷：资本公积——资本溢价　　　　　　　　　　　　　4 500 000.00
　　贷：银行存款　　　　　　　　　　　　　　　　　　　　　30 000.00

二、长期股权投资后续计量的核算方法

企业取得长期股权投资后的核算方法，按投资企业对被投资单位的控制和影响的程度不同，有成本法和权益法两种。若投资企业能够对被投资单位实施控制的长期股权投资，应采用成本法核算；若投资企业对被投资单位具有共同控制或者重大影响的长期股权投资，应采用权益法核算。

控制是指投资企业拥有被投资单位的权力，通过参与被投资方的相关活动而享有可变回报，并且有能力运用对被投资单位的权力影响其回报金额。企业能够对被投资单位实施控制的，被投资单位为其子公司。

共同控制是指按照相关约定对某项安排所共有的控制，并且该安排的相关活动必须经过分享控制权的参与方一致同意后才能决策。企业与参与方对被投资单位实施共同控制的，被投资单位为其合营公司。

重大影响是指对一个企业的财务和经营政策有参与决策的权力，但并不能够控制或者与其他方一起共同控制这些政策的制定。通常投资方直接或者通过子公司间接持有被投资单位 20％以上但低于 50％的表决权股份时，就认为对被投资单位具有重大影响，届时被投资单位为其联营公司。

（一）成本法的核算

成本法是指长期股权投资按投资成本计价的方法。采用成本法进行核算时，长期股权投资应当按照初始投资成本计价，其后，除了投资企业追加投资或收回投资等情形外，长期股权投资的账面价值保持不变。

长期股权投资采用成本法核算的一般程序如下。

1. 初始投资或追加投资　　投资企业应当按照初始投资成本或追加投资的投资成本增加长期股权投资的账面价值。

2. 被投资单位宣告分派的现金股利或利润　　投资企业应当按其应享有被投资单位的现金股利或利润，将其确认为当期的投资收益。

【例】 长宁物流公司于 6 月 30 日购进申江公司发行的股票 5 100 000 股，每股

6.60元,占该公司全部股份的51%,取得了控制权。

(1) 6月30日,签发转账支票33 760 980元,支付5 100 000股股票价款,并按股票交易金额的3‰支付佣金。作分录如下:

借:长期股权投资——投资成本　　　　　　　　　　33 760 980.00
　　贷:银行存款　　　　　　　　　　　　　　　　　　33 760 980.00

(2) 次年3月18日,申江公司宣告将于3月28日发放现金股利,每股0.20元,作分录如下:

借:应收股利——申江公司　　　　　　　　　　　　1 020 000.00
　　贷:投资收益　　　　　　　　　　　　　　　　　　1 020 000.00

"长期股权投资"是资产类账户,用以核算企业持有的采用成本法和权益法核算的长期股权投资。企业取得长期股权投资,以及长期股权投资增值时,记入借方;企业处置长期股权投资时,记入贷方;期末余额在借方,表示企业持有的长期股权投资的价值。

(二) 权益法的核算

权益法是指长期股权投资最初以投资成本入账,在投资持有期间根据投资企业享有被投资单位所有者权益份额的变动对投资的账面价值进行调整的方法。采用权益法进行核算时,长期股权投资的账面价值要随着被投资单位所有者权益的增减变动而相应地进行调整。

长期股权投资采用权益法核算的一般程序如下。

1. 初始投资或追加投资　投资企业应当按照初始投资成本或追加投资的投资成本增加长期股权投资的账面价值。

2. 比较初始投资成本与投资时应享有被投资单位可辨认净资产公允价值的份额

如果初始投资成本大于取得投资时应享有的被投资单位可辨认净资产公允价值的份额的,其差额从本质上讲是投资企业在取得投资过程中,通过购买作价体现出的与所取得股权份额相对应的商誉及被投资单位不符合确认条件的资产价值,因此,不调整长期股权投资的初始投资成本;如果初始投资成本小于取得投资时应享有的被投资单位可辨认净资产公允价值份额的,其差额体现为双方交易过程中转让方的让步,该差额应列入"营业外收入"账户,同时调整"长期股权投资"账户。

3. 持有期间被投资单位实现的净利润或发生的净亏损　投资企业应按照享有或应分担的被投资单位实现的净损益的份额,确认投资损益,并调整长期股权投资的账面价值。

4. 被投资单位宣告分派现金股利或利润　投资企业应按其应分得的现金股利或利润,相应减少长期股权投资的账面价值。

5. 被投资单位其他综合收益变动的处理　　被投资单位其他综合收益发生变动的,投资企业应当按照归属本企业的部分,相应调整长期股权投资的账面价值,同时增加或减少其他综合收益。

6. 被投资单位除净损益、其他综合收益以及利润分配以外所有者权益的其他变动

在持股比例不变的情况下,被投资单位发生除净损益、其他综合收益以及利润分配以外所有者权益的其他变动,投资企业应按持股比例计算应享有或应分担的份额,相应调整长期股权投资的账面价值,同时增加或减少资本公积。其他变动有被投资单位接受其他股东的资本性投入、以权益结算的股份支付等。

【例】　开达物流公司从南洋公司的股东中购入该公司40%的股权,取得了对南洋公司的共同控制权。对价付出资产的账面价值为3 600 000元,其中:固定资产2 000 000元,已提折旧400 000元,其余2 000 000元签发转账支票付讫。

(1) 1月2日,购买日,转销参与投资的固定资产账面价值,作分录如下:

　　借:固定资产清理　　　　　　　　　　　　　　　　　　1 600 000.00
　　借:累计折旧　　　　　　　　　　　　　　　　　　　　　400 000.00
　　　　贷:固定资产　　　　　　　　　　　　　　　　　　　　2 000 000.00

(2) 确认长期股权投资成本,作分录如下:

　　借:长期股权投资——投资成本　　　　　　　　　　　　3 600 000.00
　　　　贷:固定资产清理　　　　　　　　　　　　　　　　　　1 600 000.00
　　　　贷:银行存款　　　　　　　　　　　　　　　　　　　　2 000 000.00

(3) 1月3日,南洋公司接受本公司投资后,可辨认净资产的公允价值为9 050 000元,按本公司享有40%的份额,调整"长期股权投资"账户,作分录如下:

　　借:长期股权投资——投资成本　　　　　　　　　　　　　20 000.00
　　　　贷:营业外收入　　　　　　　　　　　　　　　　　　　　20 000.00

(4) 12月31日,南洋公司利润表上的净利润为825 000元,按照应享有的40%的份额调整"长期股权投资"账户,作分录如下:

　　借:长期股权投资——损益调整　　　　　　　　　　　　　330 000.00
　　　　贷:投资收益　　　　　　　　　　　　　　　　　　　　　330 000.00

(5) 12月31日,南洋公司因持有可供出售金融资产的公允价值(扣除交易费用)大于账面价值60 000元,计入了其他综合收益,按照应享有的份额转账,作分录如下:

　　借:长期股权投资——其他综合收益　　　　　　　　　　　24 000.00
　　　　贷:其他综合收益　　　　　　　　　　　　　　　　　　　24 000.00

(6) 12月31日,南洋公司资产负债表内资本公积增加的金额中有100 000元系接

受其他股东资本性投入而产生的,按照应享有的份额转账,作分录如下:

  借:长期股权投资——其他权益变动   40 000.00
    贷:资本公积   40 000.00

(7) 次年3月8日,南洋公司宣告将于3月20日按净利润的60%分配利润,作分录如下:

  借:应收股利   198 000.00
    贷:长期股权投资——损益调整   198 000.00

三、长期股权投资减值的核算

  企业在期末应当对长期股权投资的账面价值进行检查,如被投资单位出现巨额亏损,或者财务状况和现金流量发生严重恶化等情况,则表明长期股权投资的可收回金额低于账面价值,由此而发生减值的,应当计提减值准备。

  企业在计提减值准备时,借记"资产减值损失"账户,贷记"长期股权投资减值准备"账户。

  【例】 3月31日,卢湾物流公司长期持有的安西公司股票120 000股,占该公司股份的2%。因该公司财务状况严重恶化,每股市价下跌至5元,交易费用为4‰。查该股票账面价值:成本为674 200元,损益调整为借方余额12 000元,计提其减值准备,作分录如下:

    长期股权投资可收回金额=5×120 000×(1−4‰)=597 600(元)

  借:资产减值损失——投资减值损失   88 600.00
    贷:长期股权投资减值准备   88 600.00

  长期股权投资减值损失一经确认,在以后会计期间不得转回。

  "长期股权投资减值准备"是资产类账户,它是"长期股权投资"账户的抵减账户,用以核算企业长期股权投资发生减值时计提的减值准备。企业计提长期股权投资减值准备时,记入贷方;企业出售已计提减值准备的长期股权投资时,记入借方;期末余额在贷方,表示企业已计提但尚未转销的长期股权投资减值准备。

四、长期股权投资出售的核算

  企业出售长期股权投资时,应按实际收到的金额,借记"银行存款"账户,原已计提减值准备的,借记"长期股权投资减值准备"账户;按其账面余额,贷记"长期股权投资"账户;按尚未领取的现金股利或利润,贷记"应收股利"账户;将这些账户之间的差额列入"投资收益"账户。

  【例】 续上例(3月31日之例),4月5日,出售安西公司股票120 000股,每股4.98元,另按交易金额的3‰支付佣金,1‰交纳印花税,收到出售净收入,存入银行。作分录如下:

借：银行存款	595 209.60
借：长期股权投资减值损失	88 600.00
借：投资收益	2 390.40
贷：长期股权投资——投资成本	674 200.00
贷：长期股权投资——损益调整	12 000.00

如果权益法核算的长期股权投资在出售时，有除净损益以外的所有者权益的其他变动，还应将原已记入"资本公积——其他资本公积"账户的金额转入"投资收益"账户。

【例】 静安物流公司长期持有广陵公司股票 1 000 000 股，并对该公司有重大影响。3 月 30 日，静安物流公司出售广陵公司股票 1 000 000 股，每股 5.50 元；另按交易金额 3‰ 支付佣金，1‰ 交纳印花税。出售股票的净收入已收到转账支票，并存入银行。查"长期股权投资"明细账户的余额，其中：成本为 4 882 000 元，损益调整为 450 000 元，其他权益变动为 30 000 元，因其他权益变动形成的"资本公积——其他资本公积"账户余额为 30 000 元。

(1) 将出售股票收入入账，作分录如下：

借：银行存款	5 478 000.00
贷：长期股权投资——成本	4 882 000.00
贷：长期股权投资——损益调整	450 000.00
贷：长期股权投资——其他权益变动	30 000.00
贷：投资收益	116 000.00

(2) 结转因其他权益变动形成的资本公积，作分录如下：

借：资本公积——其他资本公积	30 000.00
贷：投资收益	30 000.00

思 考 题

1. 什么是短期投资？什么是交易性金融资产？它包括哪些内容？
2. 什么是金融资产？什么是权益工具和金融工具？
3. 什么是长期投资？它按照投资的目的不同可分为哪四种？并分述其定义。
4. 试述短期投资的目的和特点。
5. 试述长期投资的目的和特点。
6. 试述交易性金融资产取得时的计量和期末的计量。
7. 持有至到期投资的初始投资成本是如何确定的？
8. 什么是债券的溢价购进和折价购进？为什么会出现溢价购进和折价购进？

9. 利息调整额有哪两种摊销的方法？分述它们的优缺点。
10. 可供出售金融资产期末计量与持有至到期投资相比较有何不同？
11. 各种长期股权投资的初始投资成本是怎样确定的？
12. 长期股权投资后续计量有哪两种核算方法？它们各在什么情况下被采用？
13. 什么是成本法？试述其一般核算程序。
14. 什么是权益法？试述其一般核算程序。

习 题 一

一、目的 练习交易性金融资产的核算。

二、资料 申华物流公司发生下列有关经济业务。

1. 1月31日，按面值购进新发行的电力公司债券120张，每张面值1 000元，另以交易金额的1‰支付佣金，款项一并签发转账支票支付。债券年利率为6%，每年1月31日支付利息。该债券为交易目的而持有。

2. 2月5日，购进浦江公司股票10 000股，每股6元，另以交易金额的3‰支付佣金，款项一并签发转账支票支付。该股票为交易目的而持有。

3. 2月10日，购进徐汇公司股票12 000股，每股5.50元，另以交易金额的3‰支付佣金，款项一并签发转账支票支付。徐汇公司已于2月2日宣告将于2月15日分派现金股利，每股0.15元。该股票为交易目的而持有。

4. 2月15日，收到本公司持有2月10日购进的徐汇公司12 000股股票的现金股利1 800元，存入银行。

5. 2月18日，浦江公司宣告将于2月28日分派现金股利，每股0.16元。

6. 2月28日，收到浦江公司付来现金股利1 600元，存入银行。

7. 2月28日，计提电力公司债券本月份的应收利息。

8. 2月28日，浦江公司股票每股公允价值为5.95元，徐汇公司股票每股公允价值为5.60元，电力公司1 000元面值债券的公允价值为1 005元，予以转账。

9. 2月28日，将公允价值变动损益结转"本年利润"账户。

10. 3月15日，出售持有的浦江公司股票10 000股，每股6.20元，另按交易金额3‰支付佣金，1‰交纳印花税，收到出售净收入，存入银行。

11. 3月20日，出售持有的电力公司债券100张，每张面值1 000元，现按1 008元成交，另按交易金额1‰支付佣金。收到出售净收入，存入银行。

三、要求 编制会计分录。

习 题 二

一、目的 练习持有至到期投资的核算。

二、资料

1. 华声物流公司发生下列有关经济业务。

（1）3月31日，购进新发行的春江公司2年期债券100张，每张面值1 000元，按面值购进，并按交易金额的1‰支付佣金。当即签发转账支票支付全部款项。债券的票面年利率为6%，到期一次还本付息。该债券准备持有至到期。

（2）3月31日，购进新发行的黄河公司4年期债券120张，每张面值1 000元，购进价格为1 034.66元，并按交易金额1‰支付佣金，当即签发转账支票支付全部款项。债券的票面年利率为7%，而实际年利率为6%，每年3月31日支付利息。该债券准备持有至到期。

（3）3月31日，购进新发行的天元公司3年期债券90张，每张面值1 000元，购进价格为973.25元，并按交易金额的1‰支付佣金，债券的票面年利率为5%，而实际年利率为6%，每年3月31日支付利息。该债券准备持有至到期。

（4）4月30日，分别预计购进的三种债券本月份的应收利息入账。

（5）5月25日，今决定将持有的春江公司债券重分类为可供出售金融资产，该1 000元面值债券的公允价值为1 011元，予以转账。

2. 次年接着又发生下列有关经济业务。

（1）3月31日，收到黄河公司付来上一年发行的债券利息，存入银行。

（2）3月31日，收到天元公司付来上一年发行的债券利息，存入银行。

（3）4月25日，出售天元公司发行的3年期债券90张，每张面值1 000元，现按986元出售，另按交易金额的1‰支付佣金，收到出售净收入，存入银行。

（4）4月30日，黄河公司因发生严重的财务困难，现1 000元面值的债券仅1 020元，计提其减值准备。

（5）5月15日，出售黄河公司发行的4年期债券120张，每张面值1 000元，出售价格为1 019.80元，另按交易金额的1‰支付佣金，收到出售净收入，存入银行。

三、要求

1. 编制会计分录（用直线法摊销利息调整额）。

2. 用实际利率法计算利息，调整各年的摊销额。

习 题 三

一、目的 练习可供出售金融资产的核算。

二、资料 武宁物流公司发生下列有关的经济业务。

1. 3月31日，按面值购进新发行的安信公司3年期债券150张，每张面值1 000元，并按交易金额的1‰支付佣金，款项当即签发转账支票付讫。债券的票面利率为6%，到期一次还本付息。该债券准备日后出售。

2. 3月31日，按面值购进新发行的天长公司2年期债券120张，每张面值1 000元，并按交易金额的1‰支付佣金，款项当即签发转账支票付讫。债券的票面利率为6%，每年付息一次，到期一次还本，该债券准备日后出售。

3. 4月5日，购进长城公司股票25 000股，每股6元，另以交易金额的3‰支付佣金，款项一并签发转账支票付讫，该股票准备日后出售。

4. 4月10日，购进珠江公司股票20 000股，每股8元，另以交易金额的3‰支付佣金，款项一并签发转账支票付讫。天平公司已于4月5日宣告将于4月20日分派现金股利，每股0.26元。该股票准备日后出售。

5. 4月20日，收到珠江公司分派的现金股利，每股0.26元，计5 200元，存入银行。

6. 4月30日，分别计提购进的两种债券的应收利息入账。

7. 4月30日，长城公司股票每股公允价值为6.20元，调整其账面价值。珠江公司因经营失误发生严重财务困难，其股票的公允价值大幅度下降，每股为7.25元，计提其减值损失。

8. 5月25日，出售长城公司股票25 000股，每股6.50元，另按交易金额的3‰支付佣金，1‰交纳印花税，收到出售股票的净收入，存入银行。

三、要求 编制会计分录。

习 题 四

一、目的 练习长期股权投资初始成本的核算。

二、资料 奔腾物流集团内的东升物流公司的"资本公积——资本溢价"账户余额为60 000元，"盈余公积"账户余额为150 000元。现发生下列有关的经济业务。

1. 1月2日，现合并本集团内的安顺物流公司，取得该公司60%的股权。安顺物流公司所有者权益账面价值为3 500 000元，支付合并对价资产的账面价值为2 240 000元，其中：固定资产1 200 000元，已提折旧200 000元，其余1 240 000元签发转账支票付讫。

2. 3月25日,今以1 668 000元合并成本从安达物流公司的股东中购入该公司45%的股权。对价付出资产的账面价值为1 500 000元,其中:固定资产1 000 000元,已提折旧120 000元。其公允价值为885 000元,其余783 000元签发转账支票付讫。

3. 4月18日,从证券市场购买津海公司股票360 000股,准备长期持有。该股票每股5元,占该公司股份的5%,另按交易金额的3‰支付佣金,款项一并签发转账支票支付。该公司已宣告将于4月26日分派现金股利,每股0.11元。

4. 5月25日,以发行股票1 200 000股的方式取得天源公司10%的股权,股票每股面值1元,发行价为5.50元,另需支付相关税费26 400元,款项一并签发转账支票支付。

三、要求　编制会计分录。

习 题 五

一、目的　练习长期股权投资后续计量的核算。

二、资料

1. 静安物流公司发生下列有关的经济业务。

(1) 1月31日,购进江宁公司的股票6 000 000股,占该公司有表决权股份的60%,并准备长期持有。该股票每股5元,另按交易金额的3‰支付佣金。款项一并签发转账支票支付。

(2) 次年3月12日,江宁公司宣告将于3月27日分派上年度的现金股利,每股0.16元。该公司上年实现净利润3 800 000元。

(3) 次年3月27日,收到江宁公司分派的现金股利960 000元,存入银行。

(4) 次年6月30日,江宁公司发生严重财务困难,每股市价下跌至4.50元,计提其减值准备。

(5) 次年7月10日,出售江宁公司股票20 000股,每股4.45元,另按交易金额的3‰支付佣金,1‰交纳印花税。收到出售股票的净收入,存入银行。

2. 泰康物流公司发生下列有关的经济业务。

(1) 1月2日,从江宁物流公司股东中购入该公司45%的股权,取得了对江宁物流公司的共同控制权。而对价付出资产的账面价值为3 550 000元,其中:固定资产1 500 000元,已提折旧100 000元,其余2 150 000元签发转账支票付讫。

(2) 1月3日,江宁物流公司接受本公司投资后,可辨认净资产公允价值为8 000 000元,按本公司享有45%的份额,调整长期股权投资。

(3) 12月31日,江宁物流公司的利润表上的净利润为720 000元。

(4) 12月31日,江宁物流公司因持有可供出售金融资产的公允价值(已扣除交易费用)大于账面价值50 000元,按照应享有的份额入账。

(5) 12月31日,江宁物流公司的资产负债表上因接受其他股东的资本性投入因素资本公积增加了120 000元,按持股比例,确认应享有的份额入账。

(6) 次年3月20日,江宁物流公司宣告将于3月30日按净利润的60%分配利润。

(7) 次年3月30日,收到江宁物流公司分配来的利润,存入银行。

(8) 次年9月30日,以480 000元出售本公司持有江宁物流公司5%的股权,扣除交易费用2 500元后,收到出售股权净收入477 500元,存入银行。

三、要求　编制会计分录。

第八章 负　债

第一节　负债概述

一、负债的特征

负债是指企业过去的交易或事项形成的，预期会导致经济利益流出企业的现时义务。它通常具有以下四个特征。

（一）负债是基于过去的交易或事项而产生的

负债是基于过去的交易或事项而产生的。只有源于已经发生的交易或事项，会计上才可能确认为负债，如企业赊购原材料或使用劳务，就产生了应付账款这种负债。对于正在筹划的未来交易或事项，不能确认其为负债，如企业与供货方签订的采购合同，在未履行前，不会产生负债。

（二）负债是企业承担的现时义务

负债是企业承担的现时义务。由于具有约束力的合同或法定要求，义务在法律上可能是强制执行的，如企业向银行借入资金，就负有按期归还本金并支付利息的义务。义务还可能产生于正常的业务活动、习惯以及为了保持良好的业务关系或公平处事的愿望，如企业确定对售出的商品在1年内予以免费修理，那么企业已经售出的商品预期将会发生的修理费用就是该企业的负债。

（三）现时义务的履行通常关系到企业放弃含有经济利益的资产

企业履行现时义务时，通常要放弃含有经济利益的资产，以满足对方的要求。现行义务的履行，可采取若干种方式，如支付现金、转让非现金资产、提供劳务、以其他义务替换该项义务以及将该项义务转换为所有者权益等。

（四）负债通常都有明确的债权人和偿付债务的日期

企业发生负债，通常有明确的债权人和偿付债务的日期，有时即使没有确切的债权人和偿付债务的日期，但能作出合理的估计。例如，企业赊购付款期限为1个月的原材料，在确立这笔负债时，债权人为供货单位，偿付债务的日期为1个月，非常明确。

总之，企业通过承担现时义务以取得其所需要的各种资产和劳务，从而形成了企业的负债。同时企业又以付出将来的经济利益作为代价，届时将以债权人所能接受的资产或劳务来清偿所形成的负债。因此，正确合理地计量和反映负债，是正确反映企业财务状况和正确预测企业未来现金流量以及偿债能力的基础。

二、负债的分类

物流企业的负债有多种多样,其形成原因、偿还方式和偿还期限各不相同,都有自身的特点。根据管理和核算的需要,负债可以按不同的标准进行分类。

(一) 按照负债形成的原因分类

按照负债形成的原因不同,可分为经营性负债、融资性负债和其他负债。经营性负债是指企业因经营活动而发生的负债,如应付票据、应付账款、预收账款和应付职工薪酬等。融资性负债是指企业因融通资金而发生的负债,如短期借款、长期借款、应付债券和长期应付款等。其他负债是指由不属于以上两种的其他原因而发生的负债,如其他应付款、预提费用和预计负债等。

(二) 按照负债偿还的方式分类

按照负债偿还的方式不同,可分为货币性负债和非货币性负债。货币性负债是指企业将来必须以货币资金偿还的债务,如短期借款、应付票据、应付账款、长期借款和应付债券等。非货币性负债是指企业将来以劳务、实物以及其他非货币性资产偿还的债务,如预收账款等。

(三) 按照负债的流动性分类

按照负债的流动性不同,可分为流动负债和非流动负债。流动负债是指企业预计在一个正常营业周期中清偿,或者主要为交易目的而持有的,或者自资产负债表日起1年内到期应予以清偿的,或者企业无权自主地将清偿推迟至资产负债表日后1年以上的负债。非流动负债是指流动负债以外的负债。

第二节 流 动 负 债

流动负债偿还的期限短,它包括短期借款、应付票据、应付账款、预收账款、应付职工薪酬、应交税费、应付股利、其他应付款和预提费用等。

流动负债的特点是偿还期限短,它必须在1年内偿还。流动负债包括的内容非常广泛,有关物流业务方面的流动负债在各有关章节作了阐述。本节主要阐述短期借款和应付职工薪酬,其他流动负债的内容将在其他有关章节中阐述。

一、短期借款

短期借款是指企业向银行或其他金融机构借入的,期限在1年以下(含1年)的借款。当企业发生生产经营周转资金不足,或者由于季节性储备的需要,可以通过向银行或其他金融机构借入短期借款,以确保生产经营活动的开展。

企业取得短期借款时,借记"银行存款"账户,贷记"短期借款"账户;归还短期借款时,借记"短期借款"账户,贷记"银行存款"账户。

"短期借款"是负债类账户,用以核算企业向银行等金融机构借入的期限在1年以下的各种借款。企业取得短期借款时,记入贷方;企业归还短期借款时,记入借方;期末余额在贷方,表示企业尚未归还的短期借款数额。该账户一般按借款种类或债权人进行明细分类核算。

二、应付职工薪酬

职工薪酬是指企业为获得职工提供服务而给予各种形式的报酬以及其他相关支出。

职工薪酬包括的内容。① 职工工资、奖金、津贴和补贴。② 职工福利费。③ 医疗保险费、养老保险费、失业保险费等社会保险费。④ 住房公积金。⑤ 工会经费和职工教育费。⑥ 非货币性福利。⑦ 因解除与职工劳动关系给予的补偿。⑧ 其他与获得职工提供服务相关的支出。

(一) 职工工资、奖金、津贴和补贴的核算

职工工资是指按照职工工作能力、劳动熟练程度、技术复杂程度和劳动繁简轻重程度,以及所负责任大小等所规定的工资标准支付给职工的劳动报酬。按照其计算的方法不同分为计时工资和计件工资。计时工资是指按计时工资标准和工作时间支付给个人的劳动报酬,计件工资是指根据已完成的销售量或工作量计算支付给个人的劳动报酬。

奖金是指支付给职工的超额劳动报酬和增收节支的劳动报酬。主要有生产奖和节约奖等,但不包括发明创造和技术改造奖。

津贴和补贴是指为了补偿职工特殊或额外的劳动消耗和因其他特殊原因支付给职工的津贴,以及为了职工工资水平不受物价影响支付给职工的物价补贴。主要有中、夜班津贴、岗位津贴、特殊工种津贴和副食品补贴等。

我国主要采用计时工资。企业一般按月计算并发放工资,在计算职工应发工资时,应根据劳动工资部门转来的考勤记录及其他有关资料,按职工出、缺勤情况,计算职工应发工资。其计算公式如下:

$$应发工资 = 工资 - 缺勤应扣工资$$

缺勤应扣工资是指病假、事假应扣工资。在计算病、事假应扣工资时,先要将职工的月工资标准计算成日工资标准。日工资标准有两种计算方法。

一种是按法定工作日计算,其计算依据是:全年共 365 天,每周法定休息 2 天,全年休息日 104 天,法定假日 11 天,除去休假日 115 天,年法定工作日为 250 天,则月法定工作日为 20.83 天,其计算公式如下:

$$日工资标准 = \frac{月工资标准}{20.83\ 天}$$

另一种是按日历日数计算,每月按 30 天计算,其计算公式如下:

$$日工资标准 = \frac{月工资标准}{30\ 天}$$

$$事假应扣工资 = 日工资标准 \times 事假天数$$

$$病假应扣工资 = 日工资标准 \times 病假天数 \times 病假扣款率$$

现将劳动保险条例规定的病假扣款率列示如图表 8-1 所示。

图表 8-1

劳动保险条例病假扣款率表

工 龄	2年以下	已满2年 不满4年	已满4年 不满6年	已满6年 不满8年	8年以上
病假扣款率(%)	40	30	20	10	0

长期病假人员是指连续病假在 6 个月以上的人员,工龄 1 年以下的扣款率为 60%;已满 1 年,不满 3 年的扣款率为 50%;3 年以上的扣款率为 40%。

【例】 职工王飞月工资标准为 3 750 元,1 月份病假 2 天,工龄 1 年,计算其病假应扣工资如下:

$$王飞日工资标准 = \frac{3\,750}{30} = 125(元)$$

$$王飞病假应扣工资 = 125 \times 2 \times 40\% = 100(元)$$

$$王飞应发工资 = 3\,750 - 100 = 3\,650(元)$$

若采用计件工资,在计算职工应发工资时,应根据各个部门交来的工作量记录和有关部门提供的工作量单价,计算职工应发的工资,其计算公式如下:

$$应发工资 = 实际完成工作量 \times 工作量单价$$

【例】 青浦物流公司对货运汽车司机采用计件工资。职工周晓 4 月份运送货物,行驶 9 500 千米。行驶每千米单价为 0.45 元,计算其应发计件工资如下:

$$周晓应发计件工资 = 9\,500 \times 0.45 = 4\,275(元)$$

应发工资计算完毕后,再根据考勤记录及有关部门转来的奖金、津贴和补贴及代扣款项等有关资料,计算职工薪酬的实发金额。其计算公式如下:

$$实发金额 = 应发工资 + 奖金 + 津贴和补贴 - 代扣款项$$

在实际工作中,企业是通过编制工资结算单来结算职工薪酬的。工资结算单一式数联,其中一联经职工领款签收后,作为工资结算和发放的原始凭证;一联转交劳动工资部门;一联由财会部门留存。工资结算单的格式(仅列示第 2 页)如图表 8-2 所示。

财会部门为了便于核算,可以根据工资结算单按部门和人员编制工资结算汇总表,其格式如图表 8-3 所示。

财会部门根据工资结算汇总表中的实发金额签发现金支票提取现金,届时借记"库存现金"账户,贷记"银行存款"账户。

企业发放工资、奖金、津贴和补贴时,借记"应付职工薪酬"账户,贷记"库存现金""其他应付款"和"应交税费"账户。期末将"应付职工薪酬"账户归集的各类人员的工资费用进行分配,属于物流作业人员的工资费用,列入"主营业务成本"账户;属于辅助营运部门人员的工资费用,列入"辅助营运费用"账户;属于物流管理人员的工资费用,列入"营运间接费用"账户;属于其他业务人员的工资费用,列入"其他业务成本"账户;属于企业行政管理人员的工资费用,列入"管理费用"账户;属于在建工程人员的工资费用,列入"在建工程"账户;属于6个月以上长期病假人员的工资费用,则应列入"管理费用"账户。

【例】 华声物流公司编制的1月份工资汇总表如图表8-3所示。

(1) 15日,根据工资结算汇总表中的实发金额签发现金支票,提取现金 182 148元,作分录如下:

借:库存现金	182 148.00
贷:银行存款	182 148.00

(2) 15日,发放职工薪酬后,根据工资结算汇总表及所附的工资结算单,作分录如下:

借:应付职工薪酬——工资费用	220 800.00
贷:库存现金	182 148.00
贷:其他应付款——住房公积金	15 456.00
贷:其他应付款——养老保险费	17 664.00
贷:其他应付款——医疗保险费	4 416.00
贷:其他应付款——失业保险费	1 104.00
贷:应交税费——应交个人所得税	12.00

(3) 31日,分配本月份发放的工资费用,作分录如下:

借:主营业务成本——堆存支出	88 400.00
借:主营业务成本——装卸支出	58 500.00
借:辅助营运费用	24 500.00
借:营运间接费用	15 000.00
借:管理费用	24 600.00
借:在建工程	9 800.00
贷:应付职工薪酬——工资费用	220 800.00

(二) 职工福利费、工会经费和职工教育经费的核算

职工福利费是指用于职工医疗卫生、生活困难补助、集体福利设施等支出。根据规定职工福利费按工资总额的一定比例提取。工资总额是指各企业在一定时期内直接支付给本企业全部职工的劳动报酬总额。它包括职工工资、奖金、津贴和补贴。

图表 8-2

工 资 结

部门：仓储组　　　　　　　　　　　　　　　　　　　　　　　　　　　　2018 年

姓 名	工资	缺勤应扣工资		应发工资	奖 金	津贴和补贴		应发薪酬合计
		病假工资	事假工资			副食品补贴	中夜班津贴	
王 飞	3 750.00	100.00		3 650.00	300.00	50.00		4 000.00
胡大海	4 050.00			4 050.00	400.00	50.00	50.00	4 550.00
华 波	4 800.00		160.00	4 640.00	360.00	50.00	50.00	5 100.00
周 强	5 500.00			5 500.00	450.00	50.00		6 000.00
小 计	18 100.00	100.00	160.00	17 840.00	1 510.00	200.00	100.00	19 650.00
合 计	81 700.00	520.00	680.00	80 500.00	6 800.00	900.00	200.00	88 400.00

图表 8-3

工 资 汇

2018 年

部门及人员	工资	缺勤应扣工资		应发工资	奖 金	津贴和补贴		应发薪酬合计
		病假工资	事假工资			副食品补贴	中夜班津贴	
仓储人员工资	81 700.00	520.00	680.00	80 500.00	6 800.00	900.00	200.00	88 400.00
装卸人员工资	53 740.00	390.00		53 350.00	4 450.00	600.00	100.00	58 500.00
修理车间人员工资	22 780.00		410.00	22 370.00	1 880.00	250.00		24 500.00
物流管理人员工资	13 400.00			13 400.00	1 450.00	150.00		15 000.00
行政管理人员工资	22 820.00	340.00		22 480.00	1 920.00	200.00		24 600.00
在建工程人员工资	8 960.00			8 960.00	740.00	100.00		9 800.00
工资合计	203 400.00	1 250.00	1 090.00	201 060.00	17 240.00	2 200.00	300.00	220 800.00

算　单

1月15日

第2页
单位：元

代　扣　款　项						实发金额	签章
住房公积金	养老保险费	医疗保险费	失业保险费	个人所得税	合　计		
280.00	320.00	80.00	20.00		700.00	3 300.00	
318.50	364.00	91.00	22.75		796.25	3 753.75	
357.00	408.00	102.00	25.50		892.50	4 207.50	
420.00	480.00	120.00	30.00		1 050.00	4 950.00	
1 375.50	1 572.00	393.00	98.25		3 438.75	16 211.25	
6 188.00	7 072.00	1 768.00	442.00		15 470.00	72 930.00	

总　表

1月15日

单位：元

代　扣　款　项						实发金额
住房公积金	养老保险费	医疗保险费	失业保险费	个人所得税	合　计	
6 188.00	7 072.00	1 768.00	442.00		15 470.00	72 930.00
4 095.00	4 680.00	1 170.00	292.50		10 237.50	48 262.50
1 715.00	1 960.00	490.00	122.50		4 287.50	20 212.50
1 050.00	1 200.00	300.00	75.00		2 625.00	12 375.00
1 722.00	1 968.00	492.00	123.00	12.00	4 317.00	20 283.00
686.00	784.00	196.00	49.00		1 715.00	8 085.00
15 456.00	17 664.00	4 416.00	1 104.00	12.00	38 652.00	182 148.00

工会经费是指工会组织的活动经费。根据规定,工会经费按工资总额的2%提取。

职工教育经费是指企业用于职工学习先进技术和科学文化的经费。根据规定,职工教育经费通常按工资总额的1.5%提取。从业人员技术要求高、培训任务重、经济效益较好的企业,可按2.5%提取。

企业在提取职工福利费、工会经费和职工教育经费时,按各种业务作业人员工资总额提取的,应列入各种相关业务的成本;按辅助营运部门人员工资总额提取的,应列入"辅助营运费用"账户;按物流管理部门人员工资总额提取的,应列入"营运间接费用"账户;按其他业务人员工资总额提取的,应列入"其他业务成本"账户;按行政管理人员和6个月以上长期病假人员工资总额提取的,应列入"管理费用"账户;按在建工程人员提取的,应列入"在建工程"账户。

【例】 华声物流公司1月份发放的工资总额为220 800元,其中仓储作业人员88 400元,装卸作业人员58 500元,修理车间人员24 500元,物流管理部门人员15 000元,行政管理人员24 600元,在建工程人员9 800元,按工资总额的14%、2%和1.5%,分别提取本月份职工福利费、工会经费和职工教育经费。作分录如下:

借:主营业务成本——堆存支出(88 400×17.5%)	15 470.00
借:主营业务成本——装卸支出(58 500×17.5%)	10 237.50
借:辅助营运费用(24 500×17.5%)	4 287.50
借:营运间接费用(15 000×17.5%)	2 625.00
借:管理费用(24 600×17.5%)	4 305.00
借:在建工程(9 800×17.5%)	1 715.00
贷:应付职工薪酬——职工福利(220 800×14%)	30 912.00
贷:应付职工薪酬——工会经费(220 800×2%)	4 416.00
贷:应付职工薪酬——职工教育经费(220 800×1.5%)	3 312.50

职工福利费主要用途有:职工的医药费,企业内医务人员的工资、医务经费及职工因公负伤就医路费;职工生活困难补助费;企业福利机构如浴室、托儿所等工作人员工资,以及这些项目支出与收入相抵后的差额;集体福利设施和文化体育设施及其他福利支出。

企业在支用职工福利费、职工教育经费和拨交工会组织工会经费时,再借记"应付职工薪酬"账户,贷记"银行存款"或"库存现金"账户。

(三)医疗保险费、养老保险费、失业保险费等社会保险费和住房公积金的核算

医疗保险费是指由企业负担的用于职工医疗保险的费用。企业按工资总额的12%交纳,职工按工资总额的2%交纳。

养老保险费是指由企业负担的用于职工退休后支付职工退休金的费用。企业按工资总额的 20% 交纳,职工按工资总额的 8% 交纳。

失业保险费是指由企业负担的用于职工失业的保险费用。企业按工资总额的 1% 交纳,职工按工资总额的 5‰ 交纳。

住房公积金是指企业为其在职职工交存的长期住房储金。企业按工资总额的 7% 交纳,职工也按工资总额的 7% 交纳。

企业负担的医疗保险费已包含在职工福利费内,因此在计提时只需在"应付职工薪酬"账户的二级明细账户内进行划转。

企业负担的养老保险费、失业保险费等社会保险费和住房公积金在按月计提时,借记"主营业务成本""辅助营运费用""营运间接费用""其他业务成本""管理费用"和"在建工程"等账户,贷记"应付职工薪酬"账户。

职工负担的医疗保险费、养老保险费、失业保险费和住房公积金在发放职工薪酬予以代扣时,已经列入"其他应付款"账户。

企业按规定将医疗保险费、养老保险费和失业保险费等社会保险费交纳给社会保险事业基金结算管理中心;将住房公积金交纳给公积金管理中心时,应借记"应付职工薪酬""其他应付款"账户,贷记"银行存款"账户。

【例】 根据前例的资料对社会保险费和住房公积金进行计提和交纳的核算。

(1) 按工资总额的 12% 计提医疗保险费,作分录如下:

借:应付职工薪酬——职工福利	26 496.00
贷:应付职工薪酬——社会保险费(220 800×12%)	26 496.00

(2) 按工资总额的 3%、2% 和 7% 分别计提养老保险费、失业保险费和住房公积金,作分录如下:

借:主营业务成本——堆存支出(88 400×28%)	24 752.00
借:主营业务成本——装卸支出(58 500×28%)	16 380.00
借:辅助营运费用(24 500×28%)	6 860.00
借:营运间接费用(15 000×28%)	4 200.00
借:管理费用(24 600×28%)	6 888.00
借:在建工程(9 800×28%)	2 744.00
贷:应付职工薪酬——社会保险费(220 800×21%)	46 368.00
贷:应付职工薪酬——住房公积金(220 800×7%)	15 456.00

(3) 将本月应交的医疗保险费、养老保险费、失业保险费和住房公积金(含为职工代扣的部分)分别交纳给社会保险事业基金结算管理中心和公积金管理中心时,作分录如下:

```
    借：应付职工薪酬——社会保险费              72 864.00
    借：应付职工薪酬——住房公积金              15 456.00
    借：其他应付款——住房公积金               15 456.00
    借：其他应付款——养老保险费               17 664.00
    借：其他应付款——医疗保险费                4 416.00
    借：其他应付款——失业保险费                1 104.00
        贷：银行存款                        126 960.00
```

"应付职工薪酬"是负债类账户，用以核算企业根据规定应付给职工的各种薪酬。企业发生职工各种薪酬时，记入贷方；企业支付职工各种薪酬时，记入借方；期末余额在贷方，表示企业尚未支付的职工薪酬。

"其他应付款"账户是负债类账户，用以核算企业除应付票据、应付账款、预收账款、应付职工薪酬、应付利息、应付股利和应交税费等以外的其他各项应付、暂收的款项。企业发生各种其他应付、暂收款项时，记入贷方；企业支付或归还其他应付、暂收款项时，记入借方；期末余额在贷方，表示企业尚未支付的其他应付款项。

第三节　非流动负债

一、非流动负债概述

（一）非流动负债的意义

非流动负债的偿还期限长，它包括长期借款、应付债券、长期应付款、专项应付款和预计负债等。

企业在开业阶段，通过非流动负债可以弥补投资者投入资金的不足，以保证生产经营业务的顺利进行。企业在生产经营过程中，当需要扩展生产经营规模，开拓新的市场，需要大量固定资产投资时，如果等待企业内部形成足够的留存收益后，再进行投资，将会丧失有利的时机，因此通过非流动负债来筹集资金是一种有效的方法。

非流动负债的特点是负债数额大，偿还期限长。

（二）借款费用

非流动负债通常是企业向外部借入的款项，向外部借款必然会发生借款费用。

借款费用是指企业因借款而发生的利息及其他相关成本。它包括借款利息、利息调整额的摊销、辅助费用以及因外币借款而发生的汇兑差额等。辅助费用是指向银行借款的手续费、发行债券的发行费用等。

借款分为专门借款和一般借款两类。专门借款是指为购建或者生产符合资本化条件的资产而专门借入的款项。一般借款是指除专门借款以外的其他借款。

企业发生的借款费用,可直接归属于符合资本化条件的资产的购建或者生产的,应当予以资本化,计入相关资产成本;其他借款费用,应当在发生时根据其发生额确认为费用,计入当期损益。

符合资本化条件的资产是指需要经过相当长时间的购建或者生产活动才能达到预定可使用或者可销售状态的固定资产、投资性房地产和存货等资产。

(三)借款费用予以资本化的条件

借款费用同时满足下列条件的,才能开始予以资本化。① 资产支出已经发生。资产支出包括为购建或者生产符合资本化条件的资产而以支付现金、转移非现金资产或者承担带息债务形式发生的支出。② 借款费用已经发生。③ 为使资产达到预定可使用或者可销售状态所必要的购建或者生产活动已经开始。

(四)借款利息资本化金额的确定

在资本化期间内,每一会计期间的利息(包括利息调整额的摊销)资本化的金额,应当按照下列规定确定:

为购建或者生产符合资本化条件的资产而借入专门借款的,应当以专门借款当期实际发生的利息费用,减去将尚未动用的借款资金存入银行取得的利息收入或进行暂时性投资取得的投资收益后的金额确定。

为购建或者生产符合资本化条件的资产而占用了一般借款的,企业应当根据累计资产支出超过专门借款部分的资产支出的加权平均数乘以所占用一般借款的资本化率,计算确定一般借款应予以资本化的利息金额。资本化率应当根据一般借款加权平均利率计算确定。

资本化期间是指从借款开始资本化时点到停止资本化时点的期间,借款费用暂停资本化的期间不包括在内。

(五)辅助费用的处理

专门借款发生的辅助费用,在所购建或者生产的符合资本化条件的资产达到预定可使用或者可销售状态之前发生的,应当在发生时根据其发生额予以资本化,计入符合资本化条件的资产的成本;在所购建或者生产的符合资本化条件的资产达到预定可使用或者可销售状态之后发生的,应当在发生时根据其发生额确认为费用,计入当期损益。

一般借款发生的辅助费用,应当在发生时根据其发生额确认为费用,计入当期损益。

二、长期借款

长期借款主要是企业向银行或其他金融机构借入的期限在1年以上(不含1年)的各种借款。它包括专门借款和一般借款。

企业向银行申请长期借款时,必须与银行签订借款合同,并要提供不同形式的担保,然后在合同规定的期限内还本付息。

企业按照借款合同取得购建固定资产的长期借款时,借记"银行存款"账户,贷记"长期借款——专门借款"账户。专门借款的利息不论是分期支付,还是一次性支付,均应按照权责发生制的要求分期列支。专门借款当期实际发生的利息费用,减去将尚未动用的借款资金存入银行取得的利息收入或者进行暂时投资取得的投资收益后的金额,确定为专门借款利息费用的资本化金额,并应当在资本化期间内(即从借入购建固定资产专门借款起至固定资产达到预定可使用状态止),将其计入固定资产的购建成本,作为固定资产原始价值的组成部分;在固定资产购建完成达到预定可使用状态后发生的利息费用,则应直接计入当期损益,列入"财务费用"账户。

在借款费用资本化期间内,为购建或者生产符合资本化条件的资产占用了一般借款的,这部分借款利息也应予以资本化。一般借款应予以资本化的利息的计算公式如下:

$$\frac{\text{一般借款利息}}{\text{费用资本化金额}} = \frac{\text{累计资产支出超过专门借款}}{\text{部分的资产支出加权平均数}} \times \text{所占用一般借款的资本化率}$$

所占用一般借款的资本化率就是所占用一般借款加权平均利率,其计算公式如下:

$$\frac{\text{所占用一般借}}{\text{款的资本化率}} = \frac{\text{所占用一般借款当期实际发生的利息之和}}{\text{所占用一般借款本金加权平均数}} \times 100\%$$

$$\frac{\text{所占用一般借款}}{\text{本金加权平均数}} = \Sigma \left(\frac{\text{所占用每笔}}{\text{一般借款本金}} \times \frac{\text{每一笔借款在当期所占用的天数}}{\text{当期天数}} \right)$$

【例】 中远物流公司为建造仓库向建设银行借入专门借款 750 000 元,合同规定 2 年到期,年利率为 6%,单利计息,到期一次还本付息。

(1) 2017 年 1 月 31 日,企业取得专门借款时,作分录如下:

借:银行存款　　　　　　　　　　　　　　　　　　750 000.00
　　贷:长期借款——专门借款——本金　　　　　　　　750 000.00

(2) 2017 年 1 月 31 日,以银行存款支付第一期工程款 500 000 元,增值税额 45 000 元,作分录如下:

借:在建工程——建筑工程——建造仓库　　　　　　500 000.00
　　贷:应交税费——应交增值税——进项税额　　　　　45 000.00
　　贷:银行存款　　　　　　　　　　　　　　　　　545 000.00

(3) 2017 年 2 月 28 日,计提本月份专门借款利息 3 750 元,作分录如下:

借:在建工程——建筑工程——建造仓库 3 750.00
　　贷:长期借款——专门借款——利息 3 750.00

(4) 2017 年 12 月 31 日,收到尚未动用的专门借款 205 000 元存入银行的利息收入 1 275 元,作分录如下:

借:银行存款 1 275.00
　　贷:在建工程——建筑工程——建造仓库 1 275.00

(5) 2017 年 12 月 31 日,签发转账支票支付第二期工程款 220 000 元,增值税额 19 800 元,作分录如下:

借:在建工程——建筑工程——建造仓库 220 000.00
借:应交税费——应交增值税——进项税额 19 800.00
　　贷:银行存款 239 800.00

(6) 2018 年 1 月 31 日,仓库竣工,签发转账支票支付剩余工程款 20 000 元,增值税额 1 800 元,作分录如下:

借:在建工程——建筑工程——建造仓库 20 000.00
借:应交税费——应交增值税——进项税额 1 800.00
　　贷:银行存款 21 800.00

(7) 2018 年 1 月 31 日,计提本月份专门借款利息费用和建造仓库占用 34 800 元一般借款的利息费用,一般借款的资本化率为 6.3%,作分录如下:

借:在建工程——建筑工程——建造仓库 3 932.70
　　贷:长期借款——专门借款——利息 3 750.00
　　贷:长期借款——一般借款——利息(34 800×6.3%÷12) 182.70

(8) 2018 年 1 月 31 日,建造的仓库达到预定可使用状态,验收使用。全部工程款 740 000 元,加上 12 个月计提专门借款利息 45 000 元和占用一般借款的费用资本化金额 182.70 元,减去尚未动用资金存入银行取得的利息收入 1 275 元,工程总决算为 783 907.70 元,予以转账,作分录如下:

借:固定资产 783 907.70
　　贷:在建工程——建筑工程——建造仓库 783 907.70

"长期借款"是负债类账户,用以核算企业向银行等金融机构借入的期限在 1 年以上的各种借款及应计利息。企业发生长期借款和应计利息时,记入贷方;企业归还长期借款和支付利息时,记入借方;期末余额在贷方,表示企业尚未偿还的长期借款本金和利息。

因引进国外设备等原因,需要向银行等金融机构借入外币长期借款时,应按当日的该种外币的人民币中间汇率,折合成人民币入账。归还时,按账面人民币汇率折合为人民币销账,支付利息和归还本金时人民币汇率与账面汇率不同而产生的差额,在固定资产达到预定可使用状态前发生的,计入在建工程的成本;在固定资产达到预定可使用状态后发生的,应列入"财务费用"账户。

【例】 华生物流公司为进口一台设备向中国银行借入专门借款 30 000 美元。合同规定 2 年到期,年利率 6%,按季计付利息,到期一次还本。

(1) 2015 年 12 月 31 日,取得美元专门借款存入银行,当日美元的人民币中间汇率为 6.88 元,作分录如下:

  借:银行存款——美元户(30 000×6.88)   206 400.00
   贷:长期借款——专门借款——本金   206 400.000

(2) 2015 年 12 月 31 日,进口设备一台,验收入库,该设备的买价、运输费和关税等计 30 000 美元,款项一并予以支付,当日美元的人民币中间汇率为 6.88 元,作分录如下:

  借:工程物资   206 400.00
   贷:银行存款——美元户(30 000×6.18)   206 400.00

(3) 2016 年 1 月 2 日,将进口设备交付安装公司安装,并以支票支付工程安装款 13 200 元及增值税额 1 188 元,作分录如下:

  借:在建工程——安装工程——安装设备   219 600.00
  借:应交税费——应交增值税——进项税额   1 188.00
   贷:工程物资   206 400.00
   贷:银行存款   14 388.00

(4) 2016 年 1 月 31 日,计提本月份美元借款利息,当日美元的人民币中间汇率为 6.88 元,作分录如下:

  借:在建工程——安装工程——安装设备   1 032.00
   贷:长期借款——专门借款——利息(150×6.88)   1 032.00

(5) 2016 年 3 月 31 日,支付第一季度美元借款利息,当日美元的人民币中间汇率为 6.90 元,查 2 月份美元借款的利息与 1 月份相同,作分录如下:

  借:长期借款——利息   2 064.00
  借:在建工程——安装工程——安装设备   1 035.00
   贷:银行存款——美元户(450×6.20)   3 099.00

(6) 2016年3月31日,设备安装完毕,已达到预定可使用状态,并验收使用,予以转账,作分录如下:

  借:固定资产   222 699.00
    贷:在建工程——安装工程——安装设备   222 699.00

(7) 2017年12月31日,归还30 000美元长期借款本金,当日美元的人民币中间汇率为6.89元,作分录如下:

  借:长期借款——本金(30 000×6.88)   206 400.00
  借:财务费用——汇兑损失   300.00
    贷:银行存款——美元户(30 000×6.89)   206 700.00

三、应付债券

(一) 债券概述

债券是指企业向社会上公开筹借资金而发行的,约定在一定期限内还本付息的有价证券,它是企业负债的另一种形式。由于企业将所需借入的资金划分为许多较小的计价单位,如500元、1 000元和5 000元等不同面值的债券,这样就为社会上不同阶层就其愿意投入的投资额进行投资提供了方便。因此,债券是企业筹集资金的重要方式,与长期借款相比较,它具有可以向企业、单位、社会团体和个人发行,并且可以在金融市场上流通转让的特点。

企业因资金不足而发行债券,必须经中国人民银行批准,企业也可以委托银行或其他金融机构代理发行债券。企业发行的债券,主要用于投资建设项目。企业发行债券必须具备的内容有以下几点。

1. 债券的面值 债券的面值又称本金,是指举债企业在债券到期日应偿还给持票人的金额。

2. 票面利率和付息日期 前者是指债券的票面上标明的利率,后者是指支付债券利息的时间,票面利率为年利率。

3. 日期和编号 债券的发行应有发行日期、编号和还本日期。

4. 资信等级 债券发行的应有发行企业的资信等级。

除以上内容外,债券上还应标明发行机构名称及盖有公章。

根据我国现行制度规定,企业发行债券的总面值,不得大于该企业自有资产净值,债券的票面利率不得高于银行相同期限居民定期储蓄利率的40%。

债券按照其偿还期限的不同,可分为短期债券和长期债券两种。短期债券是指偿还期限不超过1年的债券。它属于流动负债,通过"交易性金融负债"账户核算。长期债券是指偿还期限超过1年的债券。它属于非流动负债,通过"应付债券"账户核算。

以下阐述的是长期债券。

（二）债券发行价格的确定

企业是根据市场利率确定债券发行价格的，因此从理论上讲债券应该按面值发行。但实际上，由于发行债券需要先经过设计、印制等一系列筹备工作，到实际发行要相隔一段时间，届时债券的票面利率与市场利率可能会不一致。公司为了维护自身的利益和投资者的利益，就需要确定债券的发行价格。所以，在发行债券时，当票面利率高于市场利率时，债券要溢价发行，当票面利率低于市场利率时，债券要折价发行。

债券的发行价格从资金时间价值的观念来理解，应由两部分构成：一部分是债券面值偿还时按市场利率折算的现值；另一部分是债券各期所支付的利息按市场利率折算的现值，其计算公式如下：

债券发行价格＝债券面值偿还时的现值＋各期债券利息之和的现值

债券面值偿还时的现值＝债券面值×复利现值系数

各期债券利息之和的现值＝支付一期的利息额×年金现值系数

现值是指未来某一时点上的一定量的现金折合为现在的价值。年金是指一定时期内每次等额收付的系列款项。

公式中的复利现值系数可以通过查阅复利现值系数表取得，年金现值系数可以通过查阅年金现值系数表取得。复利现值系数表和年金现值系数表分别见本书附录一和附录二。

【例】 泰兴物流公司发行面值为 1 000 元的债券，票面利率为 7％，期限为 3 年，每满 1 年付息一次，而市场利率为 6％，计算其债券发行价格如下：

按 6％利率查得 3 年期的复利现值系数为 0.8396；年金现值系数为 2.6730 元。

债券发行价格＝1 000×0.8396＋1 000×7％×2.6730＝1 026.71(元)

计算结果表明，债券的发行价格为 1 026.71 元，溢价 26.71 元。

（三）按面值发行债券的核算

当企业按面值发行债券，收到发行债券款时，借记"银行存款"账户，贷记"应付债券——债券面值"账户。

企业举债是为了购建固定资产的，发生的利息、利息调整摊销额和辅助费用，在固定资产达到预定可使用状态前，应予以资本化；在固定资产达到预定可使用状态后，应予以费用化。企业举债的目的是用于流动资产的，上列的借款费用也应予以费用化。

债券的利息一般是 1 年支付一次，或到期一次支付。为了使企业利息负担均衡合理，应按月计提债券的利息费用。届时借记"在建工程"或"财务费用"账户,对于1年支付一次利息的,贷记"应付利息"账户;对于到期一次支付利息的,则贷记"应付债券"账户。

企业按期支付债券利息时,借记"应付利息"或"应付债券"账户,贷记"银行存款"账户。

【例】 新亚物流公司为建造冷库,于2017年1月31日按面值750 000元发行债券,债券票面利率为6%,期限为3年,于2020年1月31日还本付息。

(1) 2017年1月28日,以银行存款8 750元支付债券发行费用,作分录如下:

  借:在建工程——建筑工程——建造冷库   8 750.00
    贷:银行存款   8 750.00

(2) 2017年1月31日,收到发行债券款项750 000元,存入银行,作分录如下:

  借:银行存款   750 000.00
    贷:应付债券——债券面值   750 000.00

(3) 2017年1月31日,支付建造冷库第一期工程款450 000元,增值税额40 500元,作分录如下:

  借:在建工程——建筑工程——建造冷库   450 000.00
  借:应交税费——应交增值税——进项税额   40 500.00
    贷:银行存款   490 500.00

(4) 2017年2月28日,按6%年利率计提本月份债券利息,作分录如下:

  借:在建工程——建筑工程——建造冷库   3 750.00
    贷:应付债券——应计利息   3 750.00

(5) 2018年1月31日,收到发行债券尚未动用的259 500元资金存入银行的利息收入900元,作分录如下:

  借:银行存款   900.00
    贷:在建工程——建筑工程——建造冷库   900.00

(6) 2018年1月31日,冷库已竣工,支付建造冷库剩余工程款250 000元,增值税额22 500元,作分录如下:

  借:在建工程——建筑工程——建造冷库   250 000.00
  借:应交税费——应交增值税——进项税额   22 500.00
    贷:银行存款   272 500.00

(7) 2018年1月31日,冷库已达到预定可使用状态,验收使用。全部工程款700 000元,加上债券发行费用8 750元和工程应负担债券利息45 000元,扣除尚未动用发行债券资金存入银行取得的利息收入 900 元，工程总决算为 752 850 元，予以转账。作分录如下：

  借：固定资产   752 850.00
   贷：在建工程——建筑工程——建造冷库   752 850.00

（四）溢价和折价发行债券的核算

1. 溢价发行债券的核算 溢价发行债券是指企业发行债券的价格高于债券面值，其高于面值的差额称为债券溢价。当企业发行债券的票面利率高于市场实际利率时，意味着企业将要以高于市场实际利率支付利息，届时需要溢价发行。因此债券溢价实质上是企业在发行债券时，预收投资者一笔款项，以补偿以后多付给投资者的利息。

企业溢价发行债券后，按实际取得的款项借记"银行存款"账户；按债券面值贷记"应付债券——债券面值"账户；实际发行额与面值的差额，贷记"应付债券——利息调整"账户。

【例】 泰兴物流公司为建造办公楼于 2017 年 1 月 31 日，发行面值为 540 000 元的债券，债券票面利率为 7%，期限为 3 年，每年 1 月 31 日付息，于 2020 年 1 月 31 日归还本金，而市场实际利率为 6%。

（1）2017 年 1 月 28 日，以银行存款 6 750 元支付债券发行费用，作分录如下：

  借：在建工程——建筑工程——建造办公楼   6 750.00
   贷：银行存款   6 750.00

（2）2017 年 1 月 31 日，每 1 000 元面值的债券按 1 026.71 元发行。今收到溢价发行款 554 423.40 元，存入银行，作分录如下：

  借：银行存款   554 423.40
   贷：应付债券——债券面值   540 000.00
   贷：应付债券——利息调整   14 423.40

2. 折价发行债券的核算 折价发行债券是指企业发行债券的价格低于债券面值。其低于面值的差额称为债券折价。当企业发行债券的票面利率低于市场实际利率时，意味着企业将要以低于市场实际利率支付利息。企业为吸引投资者，给投资者合理的收益，就需要折价发行。因此债券折价实质上是企业在发行债券时，预先少收投资者一笔款项，以补偿投资者以后少得利息的损失。

企业折价发行债券后，按实际发行债券取得的款项，借记"银行存款"账户；按债券面值，贷记"应付债券——债券面值"账户；债券面值与实际发行额的差额，记入"应付债券——利息调整"账户的借方。

【例】 武康物流公司为补充流动资金的需要,发行面值360 000元的债券,债券票面利率为5%,期限为3年,于每年1月31日付息,而市场实际利率为6%。

(1) 2017年1月28日,以银行存款4 500元支付债券发行费用,作分录如下:

借:财务费用 4 500.00
 贷:银行存款 4 500.00

(2) 2017年1月31日,将每1 000元面值的债券按973.25元发行。今收到折价发行款350 370元,存入银行,作分录如下:

借:银行存款 350 370.00
借:应付债券——利息调整 9 630.00
 贷:应付债券——债券面值 360 000.00

(五) 利息调整额摊销的核算

企业溢价发行债券,意味着要按高于市场实际利率的票面利率支付利息;企业折价发行债券,意味着要按低于市场实际利率的票面利率支付利息,从而产生了利息调整额。因此,在按月预提债券利息时,还要摊销利息调整额,通过摊销后,使企业实际负担的利息费用与按市场实际利率计算的结果相一致。利息调整额摊销的方法有直线法和实际利率法两种。

1. 直线法摊销利息调整额的核算 直线法是指将利息调整额在债券到期前分期平均摊销的方法。

在摊销利息调整贷方余额时,借记"应付债券——利息调整"账户,贷记"在建工程"或"财务费用"账户。

【例】 前例泰兴物流公司为建造办公楼溢价14 423.40元,发行3年期的债券540 000元。

(1) 2017年1月31日,以银行存款支付建造办公楼第一期工程款375 000元,增值税额33 750元,作分录如下:

借:在建工程——建筑工程——建造办公楼 375 000.00
借:应交税费——应交增值税——进项税额 33 750.00
 贷:银行存款 408 750.00

(2) 2017年2月28日,按7%票面利率计提本月份债券利息,作分录如下:

借:在建工程——建筑工程——建造办公楼 3 150.00
 贷:应付利息 3 150.00

同时摊销本月份的利息调整额,作分录如下:

  借:应付债券——利息调整(14 423.40÷36)   400.65
   贷:在建工程——建筑工程——建造办公楼   400.65

(3) 2018年1月31日,将本月份债券利息入账,并支付投资者1年期债券利息37 800元,作分录如下:

  借:应付利息   34 650.00
  借:在建工程——建筑工程——建造办公楼   3 150.00
   贷:银行存款   37 800.00

同时摊销本月份的利息调整额,作分录如下:

  借:应付债券——利息调整(14 423.40÷36)   400.65
   贷:在建工程——建筑工程——建造办公楼   400.65

(4) 2018年1月31日,收到发行债券尚未动用的145 673元存入银行的利息收入646元,作分录如下:

  借:银行存款   646.00
   贷:在建工程——建筑工程——建造办公楼   646.00

(5) 2018年1月31日,建造办公楼竣工,签发转账支票支付建造办公楼剩余工程款145 000元,增值税额13 050元,作分录如下:

  借:在建工程——建筑工程——建造办公楼   145 000.00
  借:应交税费——应交增值税——进项税额   13 050.00
   贷:银行存款   158 050.00

(6) 2018年1月31日,建造办公楼竣工,达到预定可使用状态,验收使用。全部工程款520 000元,加上债券发行费用6 750元和应计利息37 800元,扣除利息调整额摊销4 807.80元和尚未动用发行债券资金存入银行取得的利息收入646元,工程总决算为559 096.20元,予以转账。作分录如下:

  借:固定资产   559 096.20
   贷:在建工程——建筑工程——建造办公楼   559 096.20

经过3年的摊销,利息调整额全部摊销完毕。债券到期时,还本付息的核算方法与按面值发行债券的方法相同。

在利息调整借方余额摊销时,借记"在建工程"或"财务费用"账户,贷记"应付债券——利息调整"账户。

【例】 前例武康物流公司为补充流动资金折价 9 630 元,发行 3 年期的债券 360 000 元。

(1) 2017 年 2 月 28 日,按 5% 票面利率计提本月份债券利息,作分录如下:

借:财务费用——利息支出　　　　　　　　　　　　　　　　　　1 500.00
　　贷:应付利息　　　　　　　　　　　　　　　　　　　　　　　　1 500.00

同时摊销本月份利息调整额,作分录如下:

借:财务费用——利息支出(9 630÷36)　　　　　　　　　　　　267.50
　　贷:应付债券——利息调整　　　　　　　　　　　　　　　　　　267.50

每月月末均作同样分录。

(2) 2018 年 1 月 31 日,签发转账支票支付投资者 1 年期债券利息 18 000 元,作分录如下:

借:应付利息　　　　　　　　　　　　　　　　　　　　　　　　　16 500.00
借:财务费用——利息支出　　　　　　　　　　　　　　　　　　　1 500.00
　　贷:银行存款　　　　　　　　　　　　　　　　　　　　　　　　18 000.00

同时摊销本月份的利息调整额,作分录如下:

借:财务费用——利息支出(9 630÷36)　　　　　　　　　　　　267.50
　　贷:应付债券——利息调整　　　　　　　　　　　　　　　　　　267.50

2. 实际利率法摊销利息调整额的核算　　实际利率法是指将按债券面值和票面利率计算的票面利息,与按每一付息期期初债券现值和实际利率计算的实际利息之间的差额,作为每一付息期利息调整额摊销数的方法。

采用实际利率法摊销利息调整贷方余额,实际利息将会随着表示负债数额的应付债券现值的逐期减少而减少,而利息调整摊销额却随之逐期增加,其计算方法如图表 8-4 所示。

【例】 根据前例泰兴物流公司溢价 14 423.40 元发行的 540 000 元债券等资料,债券票面利率为 7%,实际利率为 6%。用实际利率法计算债券各期利息调整摊销额如图表 8-4 所示。

图表 8-4

利息调整摊销额计算表(贷方余额)

单位:元

付息期数	票面利息	实际利息	利息调整摊销额	利息调整贷方余额	应付债券现值
(1)	(2)=面值×票面利率	(3)=上期(6)×实际利率	(4)=(2)-(3)	(5)=上期利息调整额-(4)	(6)=面值+(5)
发行时				14 423.40	554 423.40
1	37 800.00	33 265.40	4 534.60	9 888.80	549 888.80
2	37 800.00	32 993.33	4 806.67	5 082.13	545 082.13
3	37 800.00	32 717.87①	5 082.13	0	540 000.00

以上计算的是各年的票面利息、实际利息和利息调整摊销额,各月的票面利息、实际利息和利息调整摊销额还要分别除以 12 取得。

第 1 年各月应负担的票面利息=37 800÷12=3 150(元)

第 1 年各月应负担的实际利息=33 265.40÷12=2 772.12(元)

第 1 年各月的利息调整摊销额=4 534.60÷12=377.88(元)

2017 年 2 月 28 日,根据计算的结果,计提本月份债券利息,作分录如下:

借:在建工程——建筑工程——建造办公楼　　2 772.12
借:应付债券——利息调整　　377.88
　贷:应付利息　　3 150.00

采用实际利率法摊销利息调整借方余额,实际利息将会随着表示负债数额的应付债券现值的逐期增加而增加,而利息调整摊销额也随之逐期增加,其计算方法如图表 8-5 所示。

【例】 根据前例武康物流公司折价 9 630 元发行的 360 000 元债券等资料,债券票面利率为 5%,实际利率为 6%。用实际利率法计算各期利息调整摊销额如图表 8-5 所示。

---

① 由于计算上存在尾差,因此 32 717.87 元是近似数。

图表 8-5

利息调整摊销额计算表(借方余额)

单位：元

付息期数	票面利息	实际利息	利息调整摊销额	利息调整借方余额	应付债券现值
(1)	(2)=面值×票面利率	(3)=上期(6)×实际利率	(4)=(3)−(2)	(5)=上期利息调整额−(4)	(6)=面值−(5)
发行时				9 630.00	350 370.00
1	18 000.00	21 022.20	3 022.20	6 607.80	353 392.20
2	18 000.00	21 203.53	3 203.53	3 404.27	356 595.73
3	18 000.00	21 404.27①	3 404.27	0	360 000.00

采用实际利率法摊销利息调整借方余额的核算方法与直线法相同，不再重述。

从上列两种摊销的方法来看，按直线法摊销利息调整额简便易行。然而，随着各期利息调整额的摊销，企业的负债有了变动，而企业各期负担的债券利息却始终保持不变，因此，采用这种方法，各期负担的利息费用不够合理。而按实际利率法摊销利息调整额，企业各期负担的利息费用会随着各期负债的增减变动而相应地变动，从而使各期的利息费用负担合理。但采用这种方法，计算工作较为复杂。

"应付债券"是负债类账户，用以核算企业应支付的债券本息。企业发行债券的面值、因溢价而发生的利息调整额、债券的应计利息以及摊销债券因折价而发生的利息调整额时记入贷方；企业发行债券因折价而发生的利息调整额、支付债券的应计利息、摊销债券因溢价而发生的利息调整额和偿还投资者的本金时，记入借方；期末余额在贷方，表示企业尚未偿还投资者的债券本金和利息。

"应付利息"是负债类账户，用以核算企业按照合同约定应支付的短期借款、分期付息到期还本的长期借款、长期债券等应支付的利息。企业发生应付利息时，记入贷方；企业支付利息时，记入借方；期末余额在贷方，表示企业尚未支付的利息。

(六) 可转换公司债券的核算

可转换公司债券是指股份有限公司根据法定程序发行的、在一定期间内根据约定的条件可以转换成股票的公司债券。

债券持有者在转换期间内行使转换权利，将债券转换为股票，则债券持有者就成为公司的股东，享受股东的权利；债券持有者在转换期间内未行使转换权利，则债券持有者仍为债权人，有权要求公司还本付息。所以，可转换公司债券具有两重性，既具有债

---

① 由于计算上存在尾差，因此 21 404.27 元是近似数。

券的性质,又具有股票的性质。

可转换公司债券的发行和平时计提利息,摊销利息调整额的核算方法与普通的债券相同,不再重述。

可转换公司债券转换为股票时,应按债券面值,借记"应付债券——可转换公司债券——面值"账户;按尚未摊销利息调整额借记(或贷记)"应付债券——可转换公司债券——利息调整"账户;按转换股票的股数计算的股票面值,贷记"股本"账户,借贷方相抵后的差额,贷记"资本公积"账户。

【例】 华光物流股份有限公司2017年1月31日发行3年期可转换公司债券5 000 000元,债券票面利率为3%,按面值发行。债券发行1年后可转换为股票,每5元债券可转换为普通股股票1股,每股面值1元。2018年1月31日,有1 500 000元可转换公司债券转换为普通股股票300 000股,作分录如下:

  借:应付债券——可转换公司债券——债券面值 1 500 000.00
    贷:股本——普通股 300 000.00
    贷:资本公积——股本溢价 1 200 000.00

可转换公司债券转换为股票时,如债券面值不足转换1股股票时,股份有限公司应以现金予以清偿。

四、长期应付款

长期应付款是指除长期借款和应付债券以外的其他各种长期应付款。物流企业的长期应付款主要有应付融资租入固定资产的租赁费。

融资租赁是指实质上转移了与资产所有权有关的全部风险和报酬的租赁。所有权最终可能转移,也可能不转移。

符合以下一项或数项标准的,应当认定为融资租赁:① 在租赁期届满时,租赁资产的所有权转移给承租人。② 承租人有购买租赁资产的选择权,所定的购买价款预计将远低于行使选择权时租赁资产的公允价值,因而在租赁开始日就可以合理确定承租人将会行使这种选择权。③ 即使资产的所有权不转移,但租赁期占租赁资产使用寿命的大部分。④ 承租人在租赁开始日的最低租赁付款额现值,几乎相当于租赁开始日租赁资产公允价值。⑤ 租赁资产性质特殊,如果不作较大改造,只有承租人才能使用。

租赁期是指租赁合同规定的不可撤销的租赁期间。

最低租赁付款额是指在租赁期内,承租人应支付或可能被要求支付的款项(不包括或有租金和履约成本),加上由承租人或与其有关的第三方担保的资产余值。资产余值是指在租赁开始日估计的租赁期届满时租赁资产的公允价值。承租人有购买租赁资产的选择权,所定的购买价款预计将远低于行使选择权时租赁资产的公允价值,因而在租赁开始日就可以合理确定承租人将会行使这种选择权的,则购买价款也应当计入最低租赁付款额。或有租金是指金额不固定、以时间长短以外的其他因素(如销售量、使用量和物价指数等)为依据计算的租金。履约成本是指在租赁期内为租赁资产支付的各种使用费用,如技术咨询的服务费、人员培训费、维修费以及保险费等。

承租人在计算最低租赁付款额的现值时,可以采用租赁合同规定的利率作为折现率,当采取每期期末支付租金时,最低租赁付款额的现值计算公式如下:

最低租赁付款额的现值＝每期租金×年金现值系数＋所定的购买价×现值系数

承租人应当将租赁开始日租赁资产公允价值与最低租赁付款额现值两者中较低者作为租入资产的入账价值。当确定的最低租赁付款额的现值作为入账价值时,借记"固定资产"账户;按最低租赁付款额,贷记"长期应付款"账户;两者之间的差额,记入"未确认融资费用"账户的借方。未确认融资费用在租赁期内各个期间可以采用直线法、实际利率法等方法进行摊销,届时借记"财务费用"账户,贷记"未确认融资费用"账户。

在租赁谈判和签订租赁合同过程中承租人发生的可直接归属于租赁项目的初始直接费用,如印花税、佣金、律师费和差旅费等,应当计入租入资产价值。

【例】 东安物流公司年初以融资租赁方式租入6吨电动吊车1辆,租赁期为5年,租金为125 000元,其公允价值为108 000元。租赁合同规定年利率为6%,租金于每年年末支付25 000元,租赁期届满时再支付购买价2 000元,即取得6吨电动吊车的所有权。届时该吊车的公允价值为16 000元,计算其最低租赁付款额的现值如下:

6吨电动吊车最低租赁付款额现值＝25 000×4.2124＋2 000×0.7473＝106 804.60(元)

(1) 签发转账支票支付租赁6吨电动吊车发生的佣金和律师费等初始直接费用1 500元,增值税额90元,作分录如下:

借:固定资产——融资租入固定资产　　　　　　　　　　　　1 500.00
借:应交税费——应交增值税——进项税额　　　　　　　　　　90.00
　贷:银行存款　　　　　　　　　　　　　　　　　　　　　1 590.00

(2) 企业取得租入电动吊车已达到预定可使用状态,验收使用时,因电动吊车的最低租赁付款额现值小于原账面价值,作分录如下:

借:固定资产——融资租入固定资产　　　　　　　　　　　　106 804.60
借:未确认融资费用　　　　　　　　　　　　　　　　　　　　20 195.40
　贷:长期应付款——应付融资租赁款　　　　　　　　　　　127 000.00

(3) 按月用直线法摊销未确认的融资费用时,作分录如下:

借:财务费用——利息支出(20 195.40÷60)　　　　　　　　336.59
　贷:未确认融资费用　　　　　　　　　　　　　　　　　　　336.59

(4) 年末,收到租赁公司专用发票,开列电动吊车租金25 000元,增值税额3 250元,当即签发转账支票支付,作分录如下:

借：长期应付款——应付融资租赁款　　　　　　　　　　　　25 000.00
　　借：应交税费——应交增值税——进项税额　　　　　　　　　 3 250.00
　　　　贷：银行存款　　　　　　　　　　　　　　　　　　　　28 250.00

（5）5年租赁期满，收到租赁公司专用发票，开列电动吊车买价2 000元，增值税额260元，当即签发转账支票支付，作分录如下：

　　借：长期应付款——应付融资租赁费　　　　　　　　　　　　 2 000.00
　　借：应交税费——应交增值税——进项税额　　　　　　　　　　 260.00
　　　　贷：银行存款　　　　　　　　　　　　　　　　　　　　 2 260.00

同时，企业取得了电动吊车的所有权，作分录如下：

　　借：固定资产——生产经营用固定资产　　　　　　　　　　　108 394.60
　　　　贷：固定资产——融资租入固定资产　　　　　　　　　　108 394.60

"长期应付款"是负债类账户，用以核算企业除长期借款和应付债券的各种其他长期应付款。企业发生长期应付款时，记入贷方；企业偿还长期应付款时，记入借方；期末余额在贷方，表示企业尚未偿还的长期应付款。

"未确认融资费用"是负债类账户，它是"长期应付款"的抵减账户，用以核算企业应当分期计入利息支出的未确认的融资费用。企业融资租入固定资产发生未确认的融资费用时，记入借方；企业摊销融资费用时，记入贷方；期末余额在借方，表示企业未确认融资费用的摊余数额。

五、或有事项和预计负债

（一）或有事项的定义和特征

或有事项是指过去的交易或事项形成的，其结果须由某些未来事项的发生或不发生才能决定的不确定事项。或有事项有未决诉讼、未决仲裁、债务担保和重组义务等。或有事项具有以下三个特征。

1. 或有事项是由过去的交易或事项形成的　　这是指或有事项的现存状况是企业过去的交易或事项引起的客观存在。例如，未决诉讼虽然是正在进行中的诉讼，但它是企业因过去的经济行为导致起诉其他单位或被其他单位起诉。这是现存的一种状况，而不是未来将要发生的事项。因此，未来可能发生的自然灾害、交通事故和经营亏损等事项都不属于或有事项。

2. 或有事项的结果具有不确定性　　这是指或有事项的结果是否发生具有不确定性，或者或有事项的结果预计将会发生，但发生的具体时间或金额具有不确定性。例如，为其他企业提供债务担保事项，担保方到期是否承担和履行连带责任，需要根据债务到期时被担保方能否按时还款加以确定。这一事项的结果在担保协议达成时具有不确定性。又如，某企业因侵权而被起诉，如无特殊情况，该企业很可能败诉，但是，在诉讼成立时,该企业因败诉将支出多少金额,或支出发生在何时,是难以确知的。或有事项的这种不确定性是其区别其他不确定性会计事项的重要特征。

3. 或有事项的结果须由未来事项决定　　这是指或有事项的结果只能由未来不确定事项的发生或不发生才能决定。例如,未决诉讼,其最终结果只能随案情的发展,由判决结果决定。因此,或有事项具有时效性,其随着影响或有事项结果的因素发生变化,或有事项最终会转化为确定事项。

（二）或有事项相关义务确认为预计负债的条件

企业只有在与或有事项相关的义务同时符合下列三个条件时,才能将其确认为预计负债。

1. 该义务是企业承担的现时义务　　这是指与或有事项有关的义务是在企业当前条件下已承担的义务,而非潜在义务。例如,快捷物流公司的司机因违犯交通规则造成严重的交通事故,该公司将要承担赔偿义务。因此,违规事项发生后,该公司随即承担的是一项现时义务。

2. 履行该义务很可能导致经济利益流出企业　　这是指履行与或有事项产生的现时义务时,导致经济利益流出企业的可能性超过50%,但尚未达到基本确定的程度。"基本确定"是指这种可能性大于95%,但小于100%。例如,2017年1月15日,东方物流公司与新昌公司签订协议,承诺为新昌公司2年期长期借款提供全额担保。从而,东方物流公司因担保事项而承担了一项现时义务。倘若2017年年末,新昌公司财务状况良好,通常认定其不会违约,则东方物流公司履行承担的现时义务不是很可能会导致经济利益的流出;倘若2017年年末新昌公司的财务状况恶化,且并没有迹象表明其财务状况可能会发生好转,也就是说该公司可能违约,那么东方物流公司履行承担的现时义务将很可能导致经济利益流出企业。

3. 该义务的金额能够可靠地计量　　这是指与或有事项相关的现时义务的金额能够合理地估计。由于或有事项具有不确定性,因此,因或有事项产生的现时义务也具有不确定性,需要预计。要将或有事项确认为一项负债,其相关现时义务的金额应能够可靠地预计。例如,安凯物流公司因涉及一项诉讼案而成为被告,根据以往的审判案例推断,安凯物流公司很可能要败诉,相关的赔偿金额也可以估算出一个范围,因此可以认为安凯物流公司未决诉讼承担的现时义务的金额能够可靠地估计,如果同时满足其他两个条件,就可以将所形成的义务确认为一项负债。

（三）预计负债的计量

由于预计负债应承担的现时义务的金额往往具有不确定性,因此现时需要对预计负债进行计量。企业预计负债的金额应当按照履行相关义务所需支出的最佳估计数进行初始计量。

物流企业的预计负债通常存在一个所需支出的金额范围,则最佳估计数应按该范围的上、下限金额的平均数确定。

【例】 2017年12月1日,光华物流公司因合同违约而涉及一项诉讼案,根据公司的法律顾问判断,最终的判决很可能对该公司不利。至年末,该公司尚未接到法院的判决,因此诉讼须承担的赔偿金额也无法准确地确定。不过,据专业人士估计,赔偿金额可能在70 000~90 000元之间,则确认光华物流公司预计负债的金额如下:

$$光华物流公司预计负债的金额 = \frac{70\,000 + 90\,000}{2} = 80\,000(元)$$

(四)预计负债预期可获得的补偿的处理

当企业因清偿预计负债所需支出的全部或部分金额,预期由第三方补偿的,则补偿金额只有在基本确定能收到时,才能作为资产单独确认,且确认的补偿金额不应当超过预计负债的账面价值。补偿金额"基本确定能收到",是指预期从保险公司、索赔人、被担保企业等获得补偿的可能性大于95%但小于100%的情形。

可能获得补偿的情况通常在有发生交通事故等情况时,企业通常可以从保险公司获得合理的赔偿;在某些索赔诉讼中,企业可以通过反诉的方式对索赔人或第三方另行提出赔偿要求,以及在债务担保业务中,企业在履行担保义务的同时通常可以向被担保企业提出额外追偿要求。

(五)预计负债的核算

企业在确认预计负债的同时,应确认一项支出或费用入账。倘若企业基本确定能获得补偿,那么应将这些补偿先抵减已入账的支出或费用。

企业由对外担保、未决诉讼或未决仲裁、重组义务产生的预计负债,应当按照确定的金额,借记"营业外支出"账户,贷记"预计负债"账户。

【例】 2017年12月1日,光华物流公司因合同违约而涉及一项诉讼案。根据公司法律顾问判断,最终的判决很可能对该公司不利。至该年年末,尚未接到法院的判决。据专业人士估计,赔偿金额可能在70 000~90 000元之间,作分录如下:

借:营业外支出——赔偿支出　　　　　　　　　　　　　　80 000.00
　　贷:预计负债——未决诉讼　　　　　　　　　　　　　　　　80 000.00

俟未决诉讼或未决仲裁在判决或裁定后,再借记"预计负债"等有关账户,贷记"其他应付款"或"银行存款"等有关账户。

【例】 2018年7月31日,光华物流公司合同违约诉讼案经法院判决,应赔偿原告82 000元,款项于判决生效后10日内支付,并承担诉讼费14 000元。

(1)签发转账支票14 000元支付诉讼费,作分录如下:

借:管理费用——诉讼费　　　　　　　　　　　　　　　　14 000.00
　　贷:银行存款　　　　　　　　　　　　　　　　　　　　　　14 000.00

(2)将应付赔偿款入账,作分录如下:

借:营业外支出——赔偿支出		2 000.00
借:预计负债——未决诉讼		80 000.00
贷:其他应付款		82 000.00

企业应当在期末对预计负债的账面价值进行复核。有确凿证据表明该账面价值不能真实反映当前最佳估计数的,应当按照当前最佳估计数对该账面价值进行调整。

"预计负债"是负债类账户,用以核算企业确认的预计负债。企业发生或调整增加预计负债时,记入贷方;企业实际清偿或调整减少预计负债时,记入借方;期末余额在贷方,表示企业已确认而尚未支付的预计负债。

思 考 题

1. 什么是负债?它有哪些特征?
2. 负债按不同的标准可分为哪几类?
3. 什么是流动负债?它包括哪些内容?
4. 什么是职工薪酬?它包括哪些内容?
5. 什么是职工福利费?试述其提取的依据和主要的用途。
6. 什么是工资总额?它由哪些内容组成?
7. 什么是非流动负债?它有哪些作用和特点?
8. 什么是借款费用?试述借款费用应予以资本化的条件和借款利息资本化金额的确定。
9. 什么是长期借款?什么是债券?它们之间有何不同?
10. 债券必须具备哪些内容?债券的发行价是怎样确定的?
11. 什么是债券溢价和债券折价?它们的实质是什么?
12. 利息调整额的摊销有哪两种方法?它们各有何优缺点?
13. 什么是可转换公司债券?什么是长期应付款?
14. 什么是融资租赁?什么是最低租赁付款额、资产余值和履约成本?
15. 试述或有事项的定义和特征。
16. 试述或有事项相关义务确认为预计负债的条件。
17. 试述预计负债的计量。

习 题 一

一、目的　练习流动负债的核算。

二、资料　天成物流公司1月份发生下列有关的经济业务。

1. 2日,因流动资金不足,经银行批准借入6个月期限的借款200 000元,转入银行存款户。

2. 10日,3个月前向银行借入的150 000元已到期,以银行存款归还。

3. 15日,根据工资结算汇总表(见图表8-6)提取现金,备发职工薪酬。

4. 15日,根据工资结算汇总表发放本月份职工薪酬。

5. 25日,分配本月份各类人员职工薪酬。

6. 26日,按本月份工资总额的14%、2%和1.5%分别计提职工福利费、工会经费和职工教育经费。

7. 27日,按本月份工资总额的12%计提医疗保险费。

8. 27日,按本月份工资总额的20%、1%和7%分别计提养老保险费、失业保险费和住房公积金。

9. 28日,将本月份应交的医疗保险费、养老保险费、失业保险费和住房公积金(含为职工代扣的部分)交纳给社会保险事业基金结算中心和公积金管理中心,并向税务部门交纳代扣的个人所得税。

图表8-6

工 资 结 算

2018年

部门及人员	工资	缺勤应扣工资		应发工资	奖金	津贴和补贴	
		病假工资	事假工资			副食品补贴	中夜班津贴
仓储人员工资	69 800.00	375.00	550.00	68 875.00	7 275.00	800.00	250.00
运输人员工资	62 500.00	200.00		62 300.00	6 600.00	700.00	200.00
装卸人员工资	34 900.00		420.00	34 480.00	3 800.00	400.00	120.00
修理车间人员工资	18 070.00		280.00	17 790.00	2 030.00	200.00	50.00
物流管理人员工资	18 110.00	90.00		18 020.00	1 790.00	200.00	
行政管理人员工资	26 570.00		300.00	26 270.00	2 250.00	250.00	
在建工程人员工资	8 600.00			8 600.00	800.00	100.00	
合计	238 550.00	665.00	1 550.00	236 335.00	25 745.00	2 650.00	620.00

10. 30日，职工报销学习科学文化学费1 000元，职工生活困难补助费1 250元，一并以现金支付。

三、要求 编制会计分录。

习 题 二

一、目的 练习长期借款的核算。

二、资料

1. 黄浦物流公司发生下列有关经济业务。

(1) 2017年1月31日，为建造办公楼向银行借入专门借款600 000元，转入银行存款户。借款合同规定借款期限为2年，年利率6%，单利计息，到期一次还本付息。

(2) 2017年2月1日，办公楼由上海建筑公司承建，以银行存款支付第一期工程款400 000元，增值税额36 000元。

汇 总 表

1月15日   单位：元

应发薪酬合计	代 扣 款 项						实发金额
	住房公积金	养老保险费	医疗保险费	失业保险费	个人所得税	合 计	
77 200.00	5 404.00	6 176.00	1 544.00	386.00		13 510.00	63 690.00
69 800.00	4 886.00	5 584.00	1 396.00	349.00		12 215.00	57 585.00
38 800.00	2 716.00	3 104.00	776.00	194.00		6 790.00	32 010.00
20 000.00	1 400.00	1 600.00	400.00	100.00		3 500.00	16 500.00
20 200.00	1 414.00	1 616.00	404.00	101.00		3 535.00	16 665.00
29 400.00	2 058.00	2 352.00	588.00	147.00	15.00	5 160.00	24 240.00
9 600.00	672.00	768.00	192.00	48.00		1 680.00	7 920.00
265 000.00	18 550.00	21 200.00	5 300.00	1 325.00	15.00	46 390.00	218 610.00

(3) 2017年2月28日,计提本月份专门借款利息。

(4) 2017年11月30日,收到尚未动用专门借款164 000元存入银行的利息收入600元。

(5) 2017年11月30日,签发转账支票支付第二期工程款200 000元,增值税额18 000元。

(6) 2017年12月31日,计提本月份专门借款利息费用和在建工程占用54 000元一般借款的利息费用,一般借款的资本化率为6.6%。

(7) 2018年1月31日,建造的办公楼工程竣工,签发转账支票支付上海建筑公司建造办公楼剩余工程款20 000元,增值税额1 800元。

(8) 2018年1月31日,建造的办公楼已达到预定可使用状态,验收使用。工程决算包括全部工程款、工程应负担的借款利息(2018年1月份一般借款的资本化率也为6.6%),将其扣除尚未动用专门借款资金存入银行取得的利息收入,予以转账。

(9) 2018年2月28日,计提本月份专门借款利息。

2. 徐汇物流公司发生下列有关的经济业务:

(1) 2017年9月30日,为进口一套设备,向中国银行借入36 000美元,存入银行。当日美元的人民币中间汇率为6.88元,合同规定15个月到期,年利率为6%,单利计息,按季计付利息,到期一次还本。

(2) 2017年9月30日,进口一套设备,验收入库,该设备的买价、运输费、关税等计36 000美元,款项一并予以支付,当日美元的人民币中间汇率为6.88元。

(3) 2017年10月5日,将进口设备交付浦江安装公司安装。

(4) 2017年10月30日,签发转账支票,支付安装费用15 000元,增值税额1 350元。

(5) 2017年10月31日,计提本月份美元借款利息,当日美元的人民币中间汇率为6.88元。

(6) 2017年12月31日,支付本季度进口设备借款利息,当日美元的人民币中间汇率为6.89元,查11月份的借款利息与10月份相同。

(7) 2017年12月31日,进口设备安装完毕,已达到预定可使用状态,验收使用,根据工程决算转账。

(8) 2018年1月31日,计提本月份美元借款利息,当日美元的人民币中间汇率为6.89元。

(9) 2018年12月31日,归还36 000美元的进口设备借款本金,当日美元的人民币中间汇率为6.90元。

三、要求 编制会计分录。

习 题 三

一、目的 练习应付债券的核算。

二、资料

1. 静安物流公司为购置大型装卸设备,决定按面值 300 000 元发行债券,债券票面利率为 6%,期限 2 年,到期一次还本付息。现发生下列有关的经济业务。

(1) 2016 年 1 月 28 日,以银行存款支付债券发行费用 3 750 元。

(2) 2016 年 1 月 31 日,按面值发行的 300 000 元的债券发行完毕,收到债券发行款存入银行。

(3) 2016 年 1 月 31 日,购入大型装卸设备一套,买价 256 000 元,增值税额 33 280 元,运输及装卸费 600 元,增值税额 54 元,款项一并以银行存款支付,大型装卸设备已交付大场安装公司进行安装。

(4) 2016 年 2 月 28 日,按 6% 年利率计提本月份债券利息。

(5) 2016 年 3 月 31 日,大型装卸设备已安装完毕,以银行存款支付设备安装费 10 000 元,增值税额 900 元。

(6) 2016 年 3 月 31 日,大型装卸设备已达到预定可使用状态,并验收使用,根据工程的总决算转账。

(7) 2016 年 4 月 30 日,按 6% 年利率计提本月份债券利息。

(8) 2018 年 1 月 31 日,债券到期,签发转账支票,偿还本金并支付利息。

2. 长宁物流公司为建造仓库,发行面值 600 000 元债券,债券票面利率为 7%,期限为 4 年,每年付息一次,而市场实际利率为 6%,现发生下列有关的经济业务:

(1) 2017 年 1 月 28 日,以银行存款支付债券发行费用 7 500 元。

(2) 2017 年 1 月 31 日,面值 600 000 元债券发行完毕,收到溢价发行债券的全部款项,存入银行。

(3) 2017 年 1 月 31 日,以银行存款支付建造仓库第一期工程款 360 000 元,增值税额 32 400 元。

(4) 2017 年 2 月 28 日,按 6% 年利率计提本月份债券利息,并摊销本月份利息调整额。

(5) 2018 年 1 月 31 日,签发转账支票支付投资者 1 年期债券利息。

(6) 2018 年 1 月 31 日,收到发行债券尚未动用款项存入银行的利息收入 921 元。

(7) 2018 年 1 月 31 日,建造仓库已竣工,以银行存款支付建造仓库剩余工程款

200 000 元,增值税额 18 000 元。

(8) 2018 年 1 月 31 日,建造仓库已达到预定可使用状态,并验收使用,根据工程总决算转账。

3. 南市物流公司为补充流动资金,发行面值 240 000 元的债券。债券票面利率为 5%,期限为 2 年,每年付息一次,而市场实际利率为 6%,现发生下列有关经济业务:

(1) 2016 年 1 月 28 日,以银行存款支付债券发行费用 3 000 元。

(2) 2016 年 1 月 31 日,面值 240 000 元的债券发行完毕,收到折价发行债券的全部款项,存入银行。

(3) 2016 年 2 月 28 日,按 5% 年利率计提本月份债券利息,并摊销本月份利息调整额。

(4) 2017 年 1 月 31 日,支付投资者 1 年期债券利息。

(5) 2018 年 1 月 31 日,签发转账支票偿还债券全部本金及支付最后 1 年期的债券利息。

三、要求

1. 分别根据"资料 2""资料 3",计算债券的发行价格。
2. 编制会计分录(利息调整额用直线法摊销)。
3. 用实际利率法计算利息调整额各年的摊销额。

习 题 四

一、目的
练习长期应付款和预计负债的核算。

二、资料

1. 亚光物流公司发生下列有关的经济业务。

(1) 1 月 2 日,签发转账支票支付融资租赁运货汽车 2 辆,发生佣金和律师费等初始直接费用 2 500 元,增值税额 150 元。

(2) 1 月 2 日,以融资方式租入运货汽车 2 辆,租赁期为 4 年,租金为 200 000 元,其公允价值为 145 000 元,租赁合同规定年利率为 6%,租金于每年年末支付 50 000 元,租赁期届满时,再支付购买价 3 000 元,即取得运货汽车的所有权,届时运货汽车的公允价值为 20 000 元,运货汽车已达到预定可使用状态,并验收使用。

(3) 1 月 31 日,用直线法摊销本月份未确认的融资费用。

(4) 12 月 31 日,收到租赁公司专用发票,开列本年度运货汽车租金 50 000 元,增值税额 6 500 元,当即签发转账支票支付。

(5) 4 年后,租赁期届满,收到租赁公司专用发票,开列运货汽车买价 3 000 元,增值税额390元,当即签发转账支票支付。同时取得了运货汽车的所有权,予以转账。

2. 虹口物流公司发生下列有关的经济业务。

(1) 2017年12月3日,本公司因合同违约而涉及一项诉讼案,根据法律顾问判断,最终的判决很可能对本公司不利。至今尚未收到法院的判决,据专业人士估计,赔偿金额可能在70 000元至80 000元之间,予以转账。

(2) 2018年3月31日,本公司因合同违约诉讼案经法院判决应赔偿原告78 000元,赔偿款于判决生效后10日内支付,并承担诉讼费10 800元,诉讼费当即签发转账支票付讫。

(3) 2018年4月10日,签发转账支票78 000元,支付合同违约诉讼案的赔偿款。

三、要求 编制会计分录。

第九章 所有者权益

第一节 所有者权益概述

一、所有者权益的性质

所有者权益是指企业资产扣除负债后,由所有者享有的剩余权益。在股份有限公司中,所有者权益又称为股东权益。

物流企业必须拥有一定数量的资产,才能开展生产经营活动。而其取得资产的途径只有两条:一是由投资者投资;二是由债权人提供。这两者都向物流企业投入了资产,因此,对于物流企业的资产以及运用资产所取得的经济利益就享有一种要求权,这种要求权被称为权益。属于投资者部分的权益,称为所有者权益;属于债权人部分的权益,称为债权人权益。

虽然所有者权益和债权人权益均对物流企业的资产享有要求权,然而两者在性质上有着根本的区别,主要表现在以下四个方面。

1. 投资的期限不同　　所有者权益是投资者对企业的一项无期限的投资,这种投资在企业的整个续存期间除了可以依法转让外,不得任意抽回;而债权人权益仅是债权人对企业的一项有期限的投资,表现为企业的负债,企业必须按照约定的期限和条件向债权人归还本金,并支付利息。

2. 投资者对企业享有的权利不同　　所有者权益是投资者的所有权,它赋予投资者直接经营管理企业或委托他人经营管理企业的权利;而债权人权益仅对企业所欠的债务有索偿权,债权人与企业只有债权债务关系,而没有参与企业经营管理的权利。

3. 投资者的收益与企业的经营业绩联系程度不同　　投资者拥有的所有者权益与企业的经营业绩息息相关,在企业经营良好时,可以从其盈利中获取丰厚的投资收益,而在企业经营失利发生亏损时,则要承担投资损失;而债权人拥有的权益与企业的经营业绩无关,除企业破产清算外,债权人有权按事先约定的日期和利率收取利息。

4. 投资者对企业资产的要求权在顺序上不同　　所有者权益对企业资产的要求权在顺序上滞后于债权人权益对企业资产的要求权。当企业终止或破产清算时,企业的资产在支付了清算费用后,必须先偿付企业所欠债权人的债务,在付清全部债务后,如有剩余资产才能还给投资者。

二、所有者权益的分类

所有者权益按其形成的来源不同,可分为投入资本、直接计入所有者权益的利得和损失以及留存收益三类。

(一) 投入资本

投入资本是指投资者投入企业的资本和投入企业资本本身的增值。它是所有者权益的主体。投入资本按其形成的渠道不同,又可以分为实收资本和资本溢价。

(二) 直接计入所有者权益的利得和损失

直接计入所有者权益的利得和损失是指不应计入当期损益、会导致所有者权益发生增减变动的、与所有者投入资本或者向所有者分配利润无关的利得或者损失。直接计入所有者权益的利得和损失按其形成的渠道不同,又可分为其他资本公积和其他综合收益。

(三) 留存收益

留存收益是指企业从历年实现的净利润中提取或形成的留存于企业的内部积累。企业留有一定的内部积累。这样,既能满足企业维持或扩大再生产经营活动的资金需要,保持或提高企业的盈利能力,又能保证企业有足够的资金弥补以后年度可能出现的亏损,还能保证企业有足够的资金用于偿还债务,保护债权人的权益。留存收益按其用途不同,又可分为盈余公积和未分配利润。

第二节 实收资本和股本

一、实收资本与注册资本

实收资本是指投资者按照企业章程或合同、协议的约定,实际投入企业的资本。

注册资本是指在公司登记机关登记的全体股东认缴的出资额或者认购的股本总额。根据《中华人民共和国公司法》的规定,企业申请开业,必须具备符合国家规定并具有与其生产经营和服务规模相适应的资金。有限责任公司注册资本最低限额为人民币3万元;股份有限公司注册资本最低限额为500万元。法律、行政法规对公司最低限额有较高规定的,从其规定。

注册资本可以一次或分次交纳。有限责任公司和股份有限公司全体股东的首次出资额不得低于注册资本的20%,也不得低于法定注册资本的最低限额,其余部分由股东自公司成立之日起2年内交足。

股东交足了资本时,其实收资本的金额将等于注册资本的金额。公司成立后,股东不得抽逃出资和擅自改变注册资本。

二、企业的组织形式

我国企业的组织形式主要有有限责任公司和股份有限公司两类。

(一) 有限责任公司

有限责任公司是指由 50 个以下股东出资设立的、每个股东以其认缴的出资额为限对公司承担责任的企业法人。在我国,可以设立国有独资公司,它是指国家单独出资、由国务院或者地方人民政府授权本级人民政府国有资产监督管理机构履行出资人职责的有限责任公司。

(二) 股份有限公司

股份有限公司是指由 2 人以上 200 人以下发起人设立的、每个股东以其认购的股份为限对公司承担责任的企业法人。

股份是指股份有限公司投资者的投资份额,是股东权利和义务的计量单位。股份是股票的实质内容,股票是股份的证券形式。

三、有限责任公司实收资本的核算

投资者对公司的投资方式主要有现金投资和非现金资产投资两种。

(一) 现金投资的核算

有限责任公司开展经营活动,需一定数额的资金。公司在新设立时收到投资者投入的现金存入银行时,借记"银行存款"账户,贷记"实收资本"账户。

公司在设立时,如收到国外投资者投入的外币,应当采用交易发生日即期汇率折算成人民币记账。

【例】 新设立的宏光物流公司收到国外投资者亨利公司投资的 260 000 美元,存入银行,当日美元汇率的中间价为 6.80 元,作分录如下:

借:银行存款——美元户(260 000×6.80)　　　　　　1 768 000.00
　　贷:实收资本　　　　　　　　　　　　　　　　　　1 768 000.00

有限责任公司在设立以后,接受新投资者投资时,由于新投资者将与原投资者享有同等的经济利益,这就要求新投资者付出大于原投资者的出资额。届时,根据新投资者投入的现金,借记"银行存款"账户;根据新投资者投入的资金在企业注册资本中所占的份额,贷记"实收资本"账户,根据出资额与注册资本中所占份额的差额,贷记"资本公积"账户。

"实收资本"是所有者权益账户,用以核算企业投资者按照企业章程的规定投入企业的资本。企业收到投资者投入企业的资本时,记入贷方;企业按法定程序报经批准退出资本时,记入借方;期末余额在贷方,表示企业实有资本的数额。实收资本应按投资者进行明细分类核算。

(二) 非现金资产投资的核算

物流企业接受投资者以房屋及建筑物、装卸设备、交通运输工具和管理设备等固定资产的投资时,可按投资合同约定的价值,借记"固定资产"账户;按投资的固定资产在注册资本中所占的份额部分,贷记"实收资本"账户,两者之间的差额贷记"资本公积"账户。

【例】 东方物流公司收到新投资者威海公司投入办公楼一幢,按投资合同约定的价值 396 000 元计量,投入的资金占企业注册资本 7 200 000 元的 5%,办公楼已达到预定可使用状态,验收使用。作分录如下:

借:固定资产   396 000.00
　　贷:实收资本   360 000.00
　　贷:资本公积——资本溢价   36 000.00

物流企业接受投资者投入材料、燃料、轮胎和低值易耗品等实物时,应根据投资合同约定的价值借记"原材料""低值易耗品"等账户;根据应交纳的增值税额,借记"应交税费"账户;根据投入的资金占企业注册资本的份额部分,贷记"实收资本"账户;借贷方相抵后的差额,贷记"资本公积"账户。

【例】 东方物流公司收到新投资者长桥炼油厂投入柴油若干升,投资合同约定价款为 180 000 元,应交增值税额为 23 400 元,投入资金占本公司注册资本 7 200 000 元的 2.65%,作分录如下:

借:原材料——燃料   180 000.00
借:应交税费——应交增值税——进项税额   23 400.00
　　贷:实收资本   190 800.00
　　贷:资本公积   12 600.00

物流企业接受投资者以特许权、非专利技术、商标权和土地使用权等无形资产投资时,其核算方法同实物资产相同,不再重述。

四、股份有限公司实收资本的核算

(一)股份的分类

股份按股东享有的权利不同,可分为普通股和优先股两种。

1. 普通股　　普通股是指公司资本构成中最普通、最基本的、没有特别权利的股份。普通股的股东权利具体表现在三个方面:第一,具有对公司的经营参与权。公司组织以股东会为最高权力机构,股东会由普通股股东或股东代表组成,股东有权出席股东会,可按其持股比例行使表决权,并有被选举权;股东有权查阅公司章程、股东会会议记录和财务报表;股东有权对公司的经营活动进行监督、提出建议或质询。第二,具有分享股利权,当董事会宣布发放股利时,股东有权按其所持股份领取股利的权利。第三,具有剩余财产分配权。当公司终止营业,清算解散时,在以资产清偿了全部债务后,股东有权按其所持股份比例分得剩余财产的权利。

普通股的股利收入是不稳定的,会随着公司的经营业绩的优劣而变动。公司的经营业绩优,股利就丰厚;公司经营业绩差,则股利就微薄,甚至没有。因此,持普通股的股东要承担较大的投资风险。

2. 优先股　　优先股是指比普通股具有一定优先权的股份。优先股的优先权主要表现在三个方面:第一,持优先股的股东具有优先分配股利权。公司在发放给普通股股东股利之前,持优先股的股东有按约定的股利率或金额优先分得股利的权利。第二,持优先股的股东具有优先分得公司剩余财产权。公司终止营业,清算解散时,在以资产清偿了全部债务后,持优先股股东具有比普通股优先求偿的权利。第三,持优先股的股东在特殊情况下可行使表决权。通常,持优先股的股东没有表决权,也无权过问公司的管理事务,但公司连续3年未支付优先股股东股利时,优先股股东即可出席股东会,并行使表决权。

优先股的股利是按约定的股利率支取的,收入稳定,因此,持优先股的股东投资风险小。但持优先股的股东不享有公司盈余公积权益,通常也不享有对公司的经营参与权。

（二）股票发行的核算

股票是指股份有限公司签发的证明股东按其所持股份享有权利和承担义务的书面凭证。根据我国《公司法》的规定,发行股票应载明如下主要事项：① 公司名称。② 公司成立的日期。③ 股票种类、票面金额及代表的股份。④ 股票的编号等。

股份有限公司的股本即有限责任公司的实收资本,是在核定的注册资本总额范围内发行股票所取得的,届时可设置"股本"账户进行核算。

股票的发行价格取决于公司的经营状况和预期盈利水平。经营状况一般,预期盈利水平低的,一般按面值发行;经营状况好,预期盈利水平高的,可以溢价发行。在我国,为了维护投资者的利益,不允许经营状况差的公司发行股票,因此不存在折价发行股票。

股份有限公司发行股票时,会发生发行费用。股票发行费用是指与股票发行直接相关的费用。它通常包括股票承销费用、注册会计师费用、评估费用、律师费用、公关及广告费用和印刷费用等。

股份有限公司通常是委托证券公司发行股票的,证券公司发行股票完毕后,将发行金额扣除发行费用后的数额交付股份有限公司。

股票按面值发行的,其发行费用可以作为当期的"管理费用"入账。倘若数额较大时,应列入"长期待摊费用"账户,俟发行工作完毕的次月起分期摊销,摊销期限不得超过2年,摊销时再转入"管理费用"账户。

股份有限公司按面值发行股票时,根据证券公司付来的扣除发行费用后的发行款,借记"银行存款"账户;根据发行费用,借记"管理费用"账户或"长期待摊费用"账户,根据股票面值,贷记"股本"账户。

股份有限公司溢价发行股票时,其发行费用应从本次股票发行的溢价中扣除。届时,根据证券公司付来的扣除发行费用后的发行款,借记"银行存款"账户;按股票面值,贷记"股本"账户;两者之间的差额应列入"资本公积"账户。

【例】 2018年1月5日,长城物流股份有限公司增发普通股900 000股,每股面值1元,委托证券公司溢价发行,每股5元,发行费用45 000元。发行完毕证券公司扣除发行费用后,付来发行款4 455 000元,存入银行,作分录如下:

借:银行存款 4 455 000.00
　　贷:股本——普通股 900 000.00
　　贷:资本公积——股本溢价 3 555 000.00

"股本"账户应按"普通股"和"优先股"设置明细分类账。

五、库存股的核算

库存股是指股份有限公司收回本公司已发行的股份。库存股主要用于以股份支付方式奖励职工和减少注册资本等。

(一)库存股以股份支付方式奖励职工的核算

股份支付是指企业为获得职工和其他方提供服务而授予权益工具或者承担以权益工具为基础确定的负债的交易。

股份有限公司可以在证券市场上收购本公司的普通股,以股份支付方式奖励给本公司的职工,以调动他们工作的积极性。

股份支付分为以权益结算的股份支付和以现金结算的股份支付两种方式,以权益结算的股份支付是指企业为获取服务以股份或其他权益工具作为对价进行结算的交易;以现金结算的股份支付是指企业为获取服务承担以股份或其他权益工具为基础计算确定支付现金或其他资产义务的交易。

股份支付的确认和计量,应当以真实、完整和有效的股份支付协议为基础。股份支付在授予日,企业都不作会计处理。"授予日"是指股份支付协议获得批准的日期。"获得批准"是指企业与职工或其他方就股份支付的协议和条件已达成一致,该协议获得股东大会或类似机构的批准。

股份支付在授予日后,通常需要职工或其他方履行一定期限的服务或在企业达到一定业绩条件以后,才可以行权。

业绩条件分为市场条件和非市场条件。市场条件是指行权价格、可行权条件以及行权可能性与权益工具的市场价格相关的业绩条件,如股份支付协议中关于股价至少上升至何种水平可行权的规定。非市场条件是指除市场条件之外的其他业绩条件,如股份支付协议中关于达到最低盈利目标或销售目标才可以行权的规定。

等待期是指可行权条件得到满足的期间。公司在等待期内每个会计期末应将取得职工提供的服务计入费用,计入费用的金额应当按照权益工具的公允价值计量。对于权益工具结算的涉及职工的股份支付,应当按照授予日权益工具的公允价值计量。届时借记"主营业务成本""辅助营运费用""营运间接费用"和"管理费用"等账户,贷记"资本公积——其他资本公积"账户。

公司按照奖励的目标购进本公司已发行的股份时,按实际支付的金额借记"库存股"账户,贷记"银行存款"账户。

可行权日是指可行权条件得到满足,职工和其他方具有从公司获取权益工具或现金的权利的日期。公司在可行权日根据实际行权权益工具数量,计算确定其金额,据以借记"资本公积——其他资本公积"账户,贷记"库存股"账户,将其差额转入"资本公积——股本溢价"账户;如股本溢价不足冲减的,应借记"盈余公积""利润分配——未分配利润"等账户。

【例】 2017年年初,华声物流股份有限公司根据股份支付协议收购本公司40 000股普通股奖励职工,年末使净利润比上年增长15%以上的,行政管理人员奖励10 200股,年末使作业量比上年增长15%以上的,仓储作业人员奖励13 800股,装卸作业人员奖励9 000股,修理车间人员奖励4 000股,物流管理部门人员奖励3 000股,授予日本公司普通股公允价值为每股6元。

(1) 1月31日,根据本月经营情况,预计能够达到增收、增作业量奖励的目标,将本月份职工提供服务应奖励的金额计入成本、费用,作分录如下:

借:主营业务成本——堆存支出　　　　　　　　　　　　6 900.00
借:主营业务成本——装卸支出　　　　　　　　　　　　4 500.00
借:辅助营运费用　　　　　　　　　　　　　　　　　　2 000.00
借:营运间接费用　　　　　　　　　　　　　　　　　　1 500.00
借:管理费用　　　　　　　　　　　　　　　　　　　　5 100.00
　贷:资本公积——其他资本公积　　　　　　　　　　　20 000.00

在预计能够达到增收、增作业量奖励目标的前提下,从2~12月每个月月末都作以上相同的会计分录。

(2) 3月25日,购进本公司普通股40 000股,每股5.90元,另以交易金额的3‰支付佣金,款项一并签发转账支票支付,作分录如下:

借:库存股　　　　　　　　　　　　　　　　　　　　236 708.00
　贷:银行存款　　　　　　　　　　　　　　　　　　236 708.00

(3) 2018年1月28日,上年本公司达到增收的奖励目标,予以行权,将库存股40 000股,奖励给职工,按其授予日普通股公允价值确认的金额240 000元转账。作分录如下:

借:资本公积——其他资本公积	240 000.00
贷:库存股	236 708.00
贷:资本公积——股本溢价	3 292.00

(二)以注销库存股减少注册资本的核算

股份有限公司可以通过收购本公司普通股,予以注销,来减少注册资本。公司收购本公司普通股时,借记"库存股"账户,贷记"银行存款"账户。在确定减少注册资本时,应注销库存股,按注销库存股的面值,借记"股本"账户;按库存股的账面价值,贷记"库存股"账户;两者之间的差额,列入"资本公积——股本溢价"账户的借方,如股本溢价不足冲减的,应借记"盈余公积""利润分配——未分配利润"等账户。

【例】 东方物流股份有限公司,已陆续收购本公司普通股 150 000 股,全部收购成本为 752 250 元。该股每股面值为 1 元,现决定全部予以注销,以减少注册资本。该公司"资本公积——股本溢价"账户余额 556 000 元,"盈余公积"账户余额为 278 500 元,予以转账,作分录如下:

借:股本	150 000.00
借:资本公积——股本溢价	556 000.00
借:盈余公积	46 250.00
贷:库存股	752 250.00

"库存股"是所有者权益账户,也是"股本"和"资本公积——资本溢价"的抵减账户,用以核算企业收购、转让或注销的本公司股份的金额。企业收购本公司股份时,记入借方;企业将股份奖励职工或予以注销减少注册资本时,记入贷方;期末余额在借方,表示企业持有尚未转让或注销的本公司股份的金额。

第三节 资本公积和其他综合收益

一、资本公积

资本公积是指企业收到投资者出资额超过其在注册资本或股本中所占的份额的部分。它由资本溢价和其他资本公积两个部分组成。

(一)资本溢价的核算

资本溢价是指企业收到投资者出资额超出其在注册资本中所占份额部分的那部分金额。

有限责任公司企业的资本溢价主要发生在合资、联营企业。因为企业在初创阶段,收益较低,经过一个阶段的生产经营后,会产生一定数额的留存收益,且随着生产经营的日趋成熟,其盈利能力也会逐渐提高。当投资者中的一方要增加投资,或者新的投资者要参与投资,由于新投入的资本要分享企业开创至今所取得的成果,因此新追加的投资或新的投资者要付出大于原有投资者的出资额,才能取得与原有投资者相同的投资比例。所以,大于原有投资者出资额的部分即为资本溢价额。股份有限公司的资本溢价是发行股票的溢价净收入,这两类企业发生的资本溢价均列入"资本公积"账户。其具体核算方法在上一节中已作了阐述,不再重复。

企业的资本溢价是一种资本储备形式,它实际上参与了企业的资金周转,支持着企业生产经营活动的正常运转。当企业积累的资本溢价较多时,可以根据需要按法定程序转增资本,届时借记"资本公积"账户,贷记"实收资本"账户。

【例】 静安物流公司经批准将 200 000 元资本公积中的资本溢价转增资本,作分录如下:

借:资本公积——资本溢价　　　　　　　　　　　　　　　200 000.00
　　贷:实收资本　　　　　　　　　　　　　　　　　　　　200 000.00

(二) 其他资本公积的核算

其他资本公积是指除资本溢价或股本溢价项目以外形成的资本公积,它主要在下列情况中产生的。

1. 采用权益法结算的长期股权投资　　企业的长期股权投资采用权益法核算的,在持股比例不变的情况下,被投资单位除净损益、其他综合收益以及利润分配以外所有者权益的其他变动,企业应按持股比例计算应享有的份额,借记或贷记"长期股权投资——其他权益变动"账户,贷记或借记"资本公积——其他资本公积"账户,俟处置该项长期股权投资时,应将原记入"资本公积——其他资本公积"账户的相关金额结转"投资收益"账户。

2. 以权益结算的股份支付　　企业采取以权益结算的股份支付,在等待期内的每个会计期末,应当以对可行权权益工具的最佳估计数为基础,按照权益工具授予日的公允价值,将当期取得职工提供的服务计入相关的成本、费用账户,届时借记"主营业务成本""辅助营运成本""营运间接费用"和"管理费用"等账户;贷记"资本公积"账户。企业在可行权日,应当按照行权的权益工具数量计算确定的金额,据以借记"资本公积——其他资本公积"账户;按计入实收资本的金额,贷记"实收资本"或"股本"账户;将两者之间的差额,列入"资本公积——资本(股本)溢价"账户。

【例】 新欣物流股份有限公司与公司管理骨干签订了 2 年期的股份支付协议,协议规定公司第 1 年净利润增长 8% 以上,奖励管理骨干 30 000 股股票;第 2 年净利润增长 10% 以上的,奖励管理骨干 50 000 股股票,2015 年 12 月 31 日授予日,该股票每股的公允价值为 5 元。接着发生下列有关的经济业务:

(1) 2016年12月31日,该公司的净利润增长率为8.2%,按照权益工具的公允价值转账,作分录如下:

借:管理费用   150 000.00
　　贷:资本公积——其他资本公积   150 000.00

(2) 2017年12月31日,该公司的净利润增长率10.5%,按照权益工具的公允价值转账,作分录如下:

借:管理费用   250 000.00
　　贷:资本公积——其他资本公积   250 000.00

(3) 2018年1月5日,可行权日予以行权,该公司每股股票的面值为1元,将行权的80 000股股票入账,作分录如下:

借:资本公积——其他资本公积   400 000.00
　　贷:股本   800 000.00
　　贷:资本公积——股本溢价   320 000.00

"资本公积"是所有者权益类账户,用以核算企业收到投资者出资额超出其在注册资本或股本中所占份额的部分以及直接计入所有者权益的利得和损失。当企业发生资本溢价和直接计入所有者权益利得及转销直接计入所有者权益损失时,记入贷方;当企业将资本公积转增资本和发生直接计入所有者权益损失以及转销直接计入所有者权益利得时,记入借方;期末余额在贷方,表示企业资本公积的结存数额。

二、其他综合收益

(一)其他综合收益概述

其他综合收益是指企业根据企业会计准则的规定,未在当期损益中确认的各项利得和损失。作为其他综合收益的利得或损失,虽然尚未实现,不能计入当期损益,但是导致了所有者权益发生了增减变动,形成了与所有者投入资本或向所有者分配利润无关的经济利益的流入和流出。

其他综合收益按其能否重新分类,可分为两类:一类是以后会计期间不能重分类进损益的其他综合收益,它主要包括重新计量设定受益计划净负债或净资产导致的权益变动、按照权益法核算因被投资单位重新计量设定受益计划净负债或净资产变动导致的权益变动等内容;另一类是以后会计期间在满足规定条件时,将重分类进损益的其他综合收益,它主要包括权益法下可转损益的其他综合收益、持有至到期投资重分类为可供出售金融资产损益、可供出售金融资产公允价值变动损益等内容。

(二)其他综合收益的核算

企业长期股权投资采取权益法核算时,在持股比例不变的情况下,被投资单位发生其他综合收益的增减变动,投资企业应按其持股比例,计算出其应享有或分担的份额,相应地调整长期股权投资的账面价值。届时借记或贷记"长期股权投资"账户,贷记或借记"其他综合收益"账户;等处置该项股权投资时,再将原列入"其他综合收益"账户的金额转入"投资收益"账户。

【例】 2017年1月5日,开达物流公司以5 500 000元取得华新物流公司25%股份,采取权益法核算。

(1) 2017年12月31日,华新物流公司当年实现了净利润1 080 000元,其他综合收益增加了100 000元,按照应享有的份额转账,作分录如下:

```
借:长期股权投资——损益调整                  270 000.00
   借:长期股权投资——其他综合收益             25 000.00
     贷:投资收益                              270 000.00
     贷:其他综合收益                           25 000.00
```

(2) 2018年3月15日,出售华新物流公司4%的股份,扣除交易费用后净收入935 600元,当即收到全部款项。并存入银行。作分录如下:

```
借:银行存款                                  935 600.00
     贷:长期股权投资——投资成本                880 000.00
     贷:长期股权投资——损益调整                 43 200.00
     贷:长期股权投资——其他综合收益              4 000.00
     贷:投资收益                                8 400.00
```

同时,转销其他综合收益,作分录如下:

```
借:其他综合收益                                4 000.00
     贷:投资收益                                4 000.00
```

持有至到期投资重分类为可供出售金融资产损益、可供出售金融资产公允价值变动损益的内容在第七章第三、第四节中已分别作了阐述,在此不再重复。

第四节 留存收益

留存收益按其用途不同,可分为盈余公积和未分配利润两种。

一、盈余公积的核算

盈余公积是指企业按照规定从净利润中提取的积累资金。它包括法定盈余公积和任意盈余公积。

法定盈余公积是指企业的净利润按照法律规定的比例提存,以备需要时动用的资金。我国规定法定盈余公积按净利润的10%提取。当提取的法定盈余公积超过注册资本的50%时,可以不再提取。

任意盈余公积是指企业的净利润按照企业章程或股东大会决议规定的比例提存,以备需要时动用的资金。任意盈余公积必须在公司发放了优先股股利后才能提取。

企业在提取法定盈余公积和任意盈余公积时,借记"利润分配"账户,贷记"盈余公积"账户。

【例】 华安物流公司全年实现净利润360 000元,按10%的比例提取法定盈余公积,按5%的比例提取任意盈余公积,作分录如下:

借:利润分配——提取法定盈余公积　　　　　　　　　　　　36 000.00
借:利润分配——提取任意盈余公积　　　　　　　　　　　　18 000.00
　　贷:盈余公积——法定盈余公积　　　　　　　　　　　　　36 000.00
　　贷:盈余公积——任意盈余公积　　　　　　　　　　　　　18 000.00

法定盈余公积和任意盈余公积的用途主要有以下三项:第一,用于弥补企业亏损。由于在市场经济的条件下,企业面临着激烈的竞争,其生产经营活动随着市场的波动而出现反复,一旦发生亏损时,可以用法定盈余公积或任意盈余公积予以弥补,这样就为企业克服困境、渡过难关创造了条件。第二,用于转增资本。当企业法定盈余公积或任意盈余公积留存较多,而企业需要拓展经营规模时,可以将其转增资本。第三,用于发放现金股利或分配利润。当企业累积的法定盈余公积和任意盈余公积较多,而未分配利润较少时,为了维护公司的形象给投资者以合理的回报,也可以用这两项盈余公积分派现金股利或分配利润。

企业在以法定盈余公积或任意盈余公积弥补亏损时,借记"盈余公积"账户,贷记"利润分配——盈余公积补亏"账户。

【例】 长兴物流公司年末亏损15 000元,经批准以法定盈余公积弥补亏损,作分录如下:

借:盈余公积——法定盈余公积　　　　　　　　　　　　　　15 000.00
　　贷:利润分配——盈余公积补亏　　　　　　　　　　　　　15 000.00

企业以法定盈余公积和任意盈余公积转增资本时,其核算方法与资本公积转增资本的方法相同,不再重述。在法定盈余公积转增资本后,留存企业的部分不得少于注册资本的25%。

"盈余公积"是所有者权益类账户,用以核算企业按规定从净利润中提取的盈余公积。企业提取盈余公积时,记入贷方;企业以盈余公积弥补亏损、转增资本时,记入借方;期末余额在贷方,表示企业盈余公积的结存数额。

二、未分配利润的核算

未分配利润是指企业的净利润尚未分配的数额,它是企业实现的净利润与已分配利润之间的差额。

企业为了平衡各会计年度的投资回报水平,以丰补歉,留有余地等原因,可以留有一部分净利润不予分配,从而形成了未分配利润。

企业历年积存的未分配利润,均可参与本年度实现的净利润一并分配。未分配利润是通过设置"利润分配——未分配利润"账户核算的,该账户的贷方余额表示未分配利润,若该账户出现借方余额,则表示企业未弥补亏损。其具体核算方法将在第十三章利润和利润分配中阐述。

思 考 题

1. 什么是所有者权益？它与债权人权益在性质上有何区别？
2. 什么是投入资本？什么是留存收益？它们各分为哪几种？
3. 什么是实收资本？什么是注册资本？两者的关系如何？
4. 我国企业主要有哪两种组织形式？分述其定义。
5. 试述股份按股东享有的权利可分为哪两种？并分别说明这两种股份股东的权利具体表现在哪些方面？
6. 什么是股份？什么是股票？它们有何区别？股票发行的价格有哪几种？它们在核算上有何不同？
7. 什么是库存股？什么是股份支付？它有哪两种方式？分述各种方式的定义。
8. 什么是市场条件和非市场条件？
9. 什么是资本公积？什么是资本溢价和其他资本公积？
10. 什么是盈余公积？它可分为哪几种？分述它们的用途。
11. 什么是未分配利润？它是怎样形成的？

习 题 一

一、目的　练习投资者投入资本的核算。

二、资料

1. 2017年,广华物流公司设立时发生有关的经济业务如下。

(1) 1月5日,收到投资者安泰石油公司投入现金909 400元,存入银行。

(2) 1月15日,收到国外投资者贝克公司汇入204 000美元,存入银行,当日美元汇率的中间价为6.80元。

(3) 1月18日,收到投资者安泰石油公司投资拨入的仓库一座,按投资合同约定以500 000元入账,仓库已验收使用。

(4) 1月20日,收到投资者安泰石油公司投入的汽油和柴油各若干升,按投资合同的约定收到专用发票,开列金额180 000元,增值税额23 400元,汽油和柴油均已验收入库。

2. 2018年,广华物流公司的投资者决定扩大经营规模,经批准将注册资本扩充到5 000 000元。现发生下列有关的经济业务。

(1) 1月10日,收到兰新公司投入的土地使用权,按投资合同约定,以990 000元入账。投入资金占企业注册资本的18%。

(2) 1月12日,收到国外投资者贝克公司投入装卸设备一批,该批装卸设备价款、运输费和进口关税等计110 000美元,装卸设备已验收使用。当日美元折合人民币的中间汇率为6.80元,投入资金占企业注册资本的13.60%。

(3) 1月15日,安泰石油公司投入现金462 000元,以增加其投资额,现金已存入银行。投入的资金占企业注册资本的8.40%。

3. 天马物流公司发生下列有关的经济业务。

(1) 2016年1月12日,该公司设立,委托证券公司按面值发行普通股9 000 000股,每股面值1元,发行费用96 000元,证券公司发行完毕扣除发行费用后付来全部发行款。款项存入银行,发行费用分2年摊销。

(2) 2016年1月31日,摊销应由本月份负担的发行费用。

(3) 2018年1月30日,该公司增发普通股1 500 000股,每股面值1元,委托证券公司溢价发行,每股3.60元,发行费用80 000元。证券公司发行完毕扣除发行费用后,付来全部发行款,将其款项存入银行。

三、要求 编制会计分录。

习 题 二

一、目的 练习库存股的核算。

二、资料

1. 华新物流股份有限公司2017年年初决定,根据股份支付协议收购本公司45 000股普通股奖励本公司职工。年末若能使净利润比上年增长15%以上的,行政管理人员奖励12 000股;年末使工作量比上年增长15%以上的,仓储作业人员奖励15 000股,装卸作业人员奖励10 200股,修理车间人员奖励4 200股,物流管理部门人员奖励3 600股。授予日本公司普通股公允价值为每股5元。

(1) 2017年1月31日,根据本公司本月份的经营情况,预计能够达到增收、增作业量奖励的目标,将本月份职工提供服务应奖励的金额计入成本、费用。

(2) 2017年3月5日,购进本公司普通股45 000股,每股4.90元,另按交易金额的3‰支付佣金,款项一并签发转账支票支付。

(3) 2018年1月28日,2017年公司达到增收、增作业量的奖励目标,予以行权,将45 000股普通股奖励给职工,按授权日普通股公允价值确认的金额转账。(2014年2~12月均按该年1月份的标准将职工提供服务应奖励的金额入账)

2. 康达物流股份有限公司的"资本公积——资本溢价"账户余额为678 000元,"盈余公积"账户余额为512 000元。现发生下列有关的经济业务:

(1) 1月15日,购进本公司普通股120 000股,每股4.50元,另按交易金额的3‰支付佣金,款项一并签发转账支票付讫。

(2) 2月20日,购进本公司普通股80 000股,每股4.40元,另按交易金额的3‰支付佣金,款项一并签发转账支票付讫。

(3) 2月22日,今决定将收购本公司200 000股普通股全部予以注销,以减少注册资本。该股份每股面值1元,予以转账。

三、要求　编制会计分录。

习 题 三

一、目的　练习资本公积和盈余公积的核算。

二、资料　嘉嘉物流公司12月份发生下列经济业务。

1. 1日,本公司原有注册资本4 500 000元,留存收益360 000元。经批准将注册资本增至6 000 000元。今收到北滩公司投入办公楼一幢,按投资合同约定的价值627 000元计量。其投入资金占企业注册资本的9.50%。

2. 2日,本公司收到外商吉普公司汇入150 000美元,当日美元折算人民币的中间汇率为6.82元。其投入资金占企业注册资本的15.50%。

3. 31日,本公司持有达安公司40%的股权,采用权益法核算,年末达安公司除净损益外,所有者权益增加了30 000元,持股比例不变,予以转账。

4. 31日,本公司净利润为432 000元,按10%的比例提取法定盈余公积,按5%的比例提取任意盈余公积。

5. 31日,经批准将资本公积100 000元、法定盈余公积150 000元转增资本。

三、要求　编制会计分录。

习 题 四

一、目的　练习资本公积和其他综合收益的核算。

二、资料　天平物流股份有限公司与公司业务骨干签订了2年期的股份支付协议。协议规定公司第一年净利润增长率6%以上,奖励管理骨干33 000股股票;第二年净利润增长率8%以上,奖励管理骨干48 000股股票,2015年12月31日授予日,该股票公允价值为6元。

1. 2016年12月31日,该公司的净利润增长率为6.3%,按照权益工具的公允价值转账。

2. 2017年1月2日,从新海公司的股东中购入该公司的30%的股份,取得了对该公司的共同控制权,对价付出资产的价值为3 000 000元,当即签发转账支票付讫。

3. 2017年1月3日,新海公司接受本公司投资后,可辨认净资产的公允价值为10 200 000元,按本公司应享有的份额转账。

4. 2017年12月31日,该公司的净利润增长率为8.4%,按照权益工具的公允价值转账。

5. 2017年12月31日,新海公司本年实现了净利润663 000元,其他综合收益增加了90 000元,按照应享有份额转账。

6. 2017年12月31日,本公司持有的以可供出售金融资产入账的冠龙公司股票10 000股,其账面价值成本为75 300元,公允价值变动为借方余额2 000元,现公允价值为每股8.05元,予以转账。

7. 2017年12月31日,本公司持有的安泰公司按面值发行的3年期债券100 000元,年利率为6%,到期一次还本付息,已按持有至到期投资入账。现决定将其重分类为可供出售金融资产,该债券账面价值:成本为100 100元,应计利息为6 000元。现公允价值为106 600元,予以转账。

8. 2018年1月8日,可行权日予以行权该公司每股股票的面值为1元,将行权的81 000股股票入账。

9. 2018年3月5日,出售新海公司5%的股份,扣除交易费用后净收入548 000元,当即收到全部款项,存入银行。

三、要求　编制会计分录。

第十章 运 输 业 务

第一节 运输业务概述

一、运输业务的意义

运输业务是指物流企业运用各种运输工具及其设备,为客户提供货物在物流结点之间流动的服务。这种服务是在不同地域范围间,如两个城市、两个企业之间,以改变货物的空间位置为目的的活动,对货物进行的空间位移。

物流企业的运输业务所开展的生产经营活动是社会物质生产的必要条件,它是生产过程的继续。这种生产经营活动联结着生产与再生产、生产与消费的环节;联结着国民经济各部门、各企业;联结着城乡;联结着不同的国家和地区,从而为货物创造了空间效用,使货物潜在的使用价值成为可以满足社会消费需要的现实的使用价值。

二、运输业务生产经营的特点

物流企业运输业务的生产经营活动与工业企业相比较具有以下四个特点。

(一)运输业务的基本功能是实现货物的位移

物流企业运输业务的产品是货物场所的变动。运输货物是使产品变动场所,实现其使用价值,满足社会货物的需要,运输生产经营活动的结束实现了货物空间的位移。

(二)运输业务的生产经营活动不产生新的实物形态的产品

运输业务在生产经营过程中,虽然要消耗原材料和运输工具及设备,但这种生产经营活动既不会改变运输货物的形状和数量,也不会改变运输货物的性质,其最终结果并不创造任何新的物质产品。

(三)运输产品的生产过程和消费过程同时进行

运输业务对空间、地域和时间均具有极强的依附性。运输产品的效用与运输过程不可分离地结合在一起。运输产品不具有实物形态,它既不能储存,也不能调拨,只能在运输业务的生产过程中被消费,其价值就作为追加的价值转移到被运输的货物中去,其位移的效用也随着货物的送达而消失。因此运输产品具有鲜明的时空特性,物流企业必须使自己的运输能力配置适应社会的需要。

(四)运输产品位移的计量具有特殊性

运输产品位移的计量,不仅要考虑运输货物的运输线路所经过的路程,而且要考虑运输货物本身的数量,即运输货物的重量。因此运输产品的计量单位采用复式计量单位,即吨/千米。

三、运输业务的运输方式

物流企业的运输业务按照运输工具及运输设备的不同,其运输方式主要有公路汽车运输、水路船舶运输、铁路机车车辆运输、航空飞机运输和管道运输五种。

第二节 汽车运输成本

一、汽车运输业务的特点

物流企业汽车运输业务的生产点多、面广,其最显著的特点是服务上的灵活性。具体表现在以下五个方面:① 在空间上,可以实现门到门运输。② 在时间上,可以实现即时运输。③ 在批量上,启运的批量为最小。④ 在运行条件上,汽车运输的范围不仅在等级公路上,还可延伸到等级外的公路,甚至于乡村便道。⑤ 在服务上,能根据托运人的具体要求,提供有针对性的服务,最大限度地满足不同性质的货物运送的要求。

二、汽车运输的一般业务程序

(一)货物托运人签填托运单

托运单是指承运人与托运人双方订立的运输合同或运输合同证明,其明确规定了货物承运期间双方的权利和责任。其作用主要有以下四个方面:① 它是物流企业汽车运输部门开具货票的凭证。② 它是调度部门派车、货物装卸和到达时支付的依据。③ 在运输期间发生运输延滞、空驶或运输事故时,它是判定双方责任的原始记录。④ 它是货物收据及交货凭证。

货物的托运单通常由托运人填写,也可委托他人填写,并应在托运单上加盖与托运人名称相符的印章。

(二)托运单内容的审核和受理

汽车运输部门收到货物托运人填写的托运单后,应对托运单的内容进行审核,审核货物的名称、体积、重量和运输要求等详细情况,并检验托运人提交的准许出口、外运、调拨和分配等证明文件,或审核随货同行的有关票证单据。在确定受理后,货物受理人员认定货物的计费里程和货物的运杂费,将托运单编定托运号码,然后告知调度和运务部门,并将结算通知转交托运人。

(三)核实理货

在货物起运前应进行核实理货,其内容主要有:承运人和托运人共同验货;落实货源、货流;落实装卸、搬运设备;查清货物的待运条件是否变更;确定装车时间;通知发货、收货单位做好过磅、分垛和装卸等准备工作。

(四)货物的监装和监卸

1. 货物的监装 车辆到达装货地点,监装人员应根据货票或运单填写的内容、数量，与发货单位联系发货，并确定交货方式。在货物装车前，监装人员应注意并检查货物包装有无破损、渗漏和污染等情况，一旦发现，应与发货单位商议修补或调换。如发货单位自愿承担因破损、渗漏和污染等引起的货损，则应在随车同行的单证上作批注并加盖印章，以明确责任。装车完毕后，应清查货位，检查有无错装、漏装，并与发货人员核对实际装车件数，确认无误后，办理交接签收手续。

2. 货物的监卸　　车辆到达卸货点后，货物监卸人员应会同收货人员、驾驶员和卸车人员检查车辆装载有无异常，一旦发现异常应先做好卸车记录。卸货时，应根据运单及货票所列的项目与收货人点件或监秤记码交接。如发现货损、货差，则应按有关规定编制记录并申报处理。收货人可在记录或货票上签署意见，但无权拒收货物。交货完毕后，应由收货人在货票收货回单联上签字盖章，承运人的责任即告终止。

三、汽车运输业务的成本核算对象、成本计算单位和成本计算期

物流企业汽车运输业务的生产过程是实现货物的位移过程。在实现货物位移的生产过程中的耗费包括生产资料如车辆、房屋建筑、燃料、轮胎、配件、工具等价值耗费和运输人员薪酬部分的价值耗费，构成了汽车运输成本。

（一）汽车运输业务的成本核算对象

物流企业汽车运输业务的营运车辆的车型较为复杂，为了反映不同车型的运输经济效益，通常以不同燃料和不同厂牌的营运车辆作为成本核算对象。对于以特种大型车、集装箱车、零担车、冷藏车和油罐车从事运输业务的物流企业，还应以不同类型、不同用途的车辆分别作为单独的成本核算对象。

（二）汽车运输业务的成本计算单位

汽车运输业务的成本计算单位是以汽车运输工作量的计量单位为依据的，货物运输工作量通常称为货物周转量，其计量单位为吨/千米，它是实际运送货物的吨数与运距的乘积。在实际工作中，通常以千吨/千米作为成本计算的计量单位。

集装箱车辆的成本计算的计量单位为千标准箱千米，集装箱以20英尺为标准箱，小于20英尺标准箱的，每箱按1标准箱计算；40英尺箱或其他大于20英尺标准箱的集装箱，每箱按1.5标准箱计算。

（三）汽车运输业务的成本计算期

汽车运输业务的成本应按月、季、半年和年计算，从年初至各月末止的累计成本，通常不计算在产品成本。营运车辆在经营跨月运输业务时，通常以行车路单签发日期所归属的月份计算其运输成本。

四、汽车运输的成本项目

汽车运输成本项目分为直接材料、直接人工、其他直接费用和营运间接费用四项。

（一）直接材料

直接材料是指企业直接用于运输业务的原材料。它由燃料和轮胎两个明细项目

组成。

1. 燃料　　它是指营运车辆运行中所耗用的各种燃料，如汽油、柴油等。它还包括自动倾卸车辆，卸车时所耗用的燃料。

2. 轮胎　　它是指营运车辆耗用的外胎、内胎和垫带的费用支出，以及轮胎翻新和零星修补费用。

（二）直接人工

直接人工是指直接从事运输业务工人的薪酬。它由工资费用和其他人工费用两个明细项目组成。

1. 工资费用　　它是指按规定支付给营运车辆司机和助手的工资、奖金、津贴和补贴。它还包括实行承包经营物流企业的司机和助手所得的承包收入。

2. 其他人工费用　　它是指按规定的工资总额的一定比例计提的职工福利费、工会经费、职工教育经费、住房公积金和社会保险费。

（三）其他直接费用

其他直接费用是指除了直接材料和直接人工以外直接用于运输业务的费用。它由折旧费、修理费、养路费、运输管理费、车辆保险费、行车事故费和其他费用等七个明细项目组成。

（1）折旧费　　它是指营运车辆按规定计提的折旧费。

（2）修理费　　它是指营运车辆进行各级保养和修理所发生的工料费、修复旧件费用和引车耗用的机油费用。

（3）养路费　　它是指营运车辆按规定向公路养护单位交纳的养路费。

（4）运输管理费　　它是指营运车辆按规定向公路运输管理部门交纳的运输管理费。

（5）车辆保险费　　它是指营运车辆按规定向保险公司投保而支付的费用。

（6）行车事故损失　　它是指营运车辆在运行过程中，因行车肇事所发生的事故损失，扣除保险公司赔偿后的事故费用。它不包括因车站责任发生的货损、货差事故损失以及由于不可抗拒的原因而造成的损失。

（7）其他费用　　它是指不属于以上各项的车辆营运费用。它包括行车杂支、随车工具费、篷布绳索费、车辆牌照和检验费、过桥费、过渡费、高速公路建设费、停车住宿费和车船税等。

（四）营运间接费用

营运间接费用是指物流企业所属的基层营运单位，如分公司、车站等为组织与管理物流营运过程中所发生的不能直接计入成本计算对象的各种间接费用。它包括这些部门发生的工资费用、其他人工费用、折旧费、修理费、低值易耗品摊销、取暖费、水电费、办公费、差旅费、保险费、劳动保护费和其他费用等。但是营运间接费用不包括企业行政管理部门发生的费用。

五、汽车运输成本的核算

（一）直接材料的归集和分配

1. 燃料费用的归集和分配   物流企业各种车辆耗用的燃料，应根据领料单进行汇总，编制燃料耗用汇总表，以便对燃料费用进行归集和分配。物流企业确定各月燃料实际耗用数的方法有满油箱制和实地盘存制两种。

实行满油箱制的物流企业，在月初、月末油箱加满的前提下，车辆当月加油的数量，即为当月燃料的实际耗用数。

实行实地盘存制的物流企业，应在月末实地测量车辆油箱的存油数，并根据当月的领用数，计算车辆当月实际耗用的燃料数。其计算公式如下：

当月实际耗用数＝月初车存数＋本月领用数－月末车存数

【例】 长宁物流公司对燃料柴油采用实地盘存制。1月31日，根据本月份的柴油领料单和车存柴油盘存表编制燃料耗用汇总表如图表10-1所示。

图表10-1

燃料耗用汇总表

燃料名称：柴油   2018年1月1～31日   数量单位：升 金额单位：元

项目 领用部门	月初车存数量	本月领用数量	月末车存数量	本月耗用数量	加权平均单价	本月耗用金额
第一车队	2 000	21 000	2 050	20 950	6.60	138 270
第二车队	1 850	18 900	1 950	18 800	6.60	124 080
修理车间		450		450	6.60	2 970
汽车运输分公司	40	410	50	400	6.60	2 640
行政管理部门	60	920	80	900	6.60	5 940
合　　计	3 950	41 680	4 130	41 500	5.60	273 900

根据燃料耗用汇总表，作分录如下：

    借：主营业务成本——运输支出——第一车队——燃料   138 270.00
    借：主营业务成本——运输支出——第二车队——燃料   124 080.00
    借：辅助营运费用——共同费用   2 970.00
    借：营运间接费用——汽车运输分公司   2 640.00
    借：管理费用   5 940.00
        贷：原材料——燃料   273 900.00

如燃料采用计划成本法时,还要相应地摊销材料成本差异。

若车辆在本企业以外的油库加油,应根据加油车辆所属的部门,直接计入相关的成本或费用账户。

2. 轮胎费用的归集和分配 物流企业各种车辆领用的轮胎外胎、内胎和垫带,应根据各月的领料单进行汇总,编制轮胎领用汇总表,以便于对轮胎费用的归集和分配。

【例】 长宁物流公司对于车队领用的外胎采用按行驶千米摊提法,对于其他部门领用的轮胎采用一次摊销法。1月31日,根据本月份的有关轮胎领料单,编制轮胎领用汇总表如图表10-2所示。

图表10-2

轮胎领用汇总表

2018年1月1~31日

数量单位:条
金额单位:元

项目 领用部门	外胎			内胎			垫带		
	数量	单价	金额	数量	单价	金额	数量	单价	金额
第一车队	8	900	7 200	12	70	840	12	22	264
第二车队	7	750	5 250	14	55	770	11	18	198
汽车运输分公司	1	300	300				1	14	14
行政管理部门				2	18	36	1	14	14
合　计	16	—	12 750	28		1 646	25		490

(1)根据轮胎领用汇总数中领用的外胎,作分录如下:

　　借:预提费用——轮胎　　　　　　　　　　　　　　　　　　12 450.00
　　借:营运间接费用　　　　　　　　　　　　　　　　　　　　　300.00
　　　　贷:原材料——轮胎　　　　　　　　　　　　　　　　　12 750.00

(2)根据轮胎领用汇总表中领用的内胎和垫带,作分录如下:

　　借:主营业务成本——运输支出——第一车队——轮胎　　　1 104.00
　　借:主营业务成本——运输支出——第二车队——轮胎　　　968.00
　　借:营运间接费用　　　　　　　　　　　　　　　　　　　　14.00
　　借:管理费用　　　　　　　　　　　　　　　　　　　　　　50.00
　　　　贷:原材料——其他材料　　　　　　　　　　　　　　2 136.00

对于外胎采用一次摊销法的物流企业,在外胎领用时,即根据外胎的领用部门记入

"主营业务成本"或"营运间接费用""管理费用"等相关账户;而对于外胎采用行驶千米摊提法的企业,则应根据外胎行驶千米的原始记录和外胎千米摊提率,编制外胎摊提费用计算表,以便对外胎费用进行归集和分配。

【例】 长宁物流公司的外胎千米摊提率,规格 10.00 的为 0.95%;规格 9.00~20 的为 0.80%。根据汽车外胎的行驶千米,编制 1 月份外胎摊提费用计算表如图表 10-3 所示。

图表 10-3

外胎摊提费用计算表

2018 年 1 月 31 日   金额单位:元

项目 摊提部门	轮胎规格	实际行驶千米	每车装胎条数	实际行驶胎千米	报废外胎超、亏千米	胎千米合计	千米摊提率	摊提额
第一车队	10.00	115 000	6	690 000	+2 000	692 000	0.95%	6 574
第二车队	9.00~20	127 000	6	762 000	−1 000	761 000	0.80%	6 088
合　计	—	242 000	—	—	—	—	—	12 662

根据外胎摊提费用计算表,作分录如下:

借:主营业务成本——运输支出——第一车队——轮胎　　　　6 574.00
　　主营业务成本——运输支出——第二车队——轮胎　　　　6 088.00
　　贷:预提费用——轮胎　　　　　　　　　　　　　　　　12 662.00

(二)直接人工的归集与分配

物流企业的直接人工由工资费用和其他人工费用两个部分组成。对于有固定车辆的司机和助手的工资费用,可以根据工资结算汇总表直接列入各成本计算对象的明细账户;对于没有固定车辆的司机和助手的工资费用、后备司机和助手的工资费用,则应按一定的标准通过分配后计入各成本计算对象的明细账户。分配标准主要有按营运货物吨位或按营运车日两种,其计算公式如下:

$$工资费用分配率 = \frac{应分配的司机及助手的工资总额}{总运营货物千吨/千米(或总营运车日)}$$

某车队应分配工资费用 = 该车队营运货物千吨/千米(或营运车日) × 工资费用分配率

而其他人工费用可根据已归集分配好的工资费用乘以相应的提取率取得后,直接列入各成本计算对象的明细账户。

【例】 长宁物流公司行政管理部门及汽车运输分公司 1 月份发生的工资总额为 130 400 元,其中:第一车队 50 200 元,第二车队 47 800 元,修理车间 9 600 元,汽车运输分公司7 200元,行政管理部门11 000元,机动司机和助手4 600元。该月第一车队营运货物960千吨/千米,第二车队营运货物880千吨/千米。

(1) 按营运货物千吨/千米分配机动司机和助手工资费用如下:

$$千吨/公里工资费用分配率 = \frac{4\,600}{960+880} = 2.5$$

第一车队应分配工资费用 = 960×2.5 = 2 400(元)

第二车队应分配工资费用 = 880×2.5 = 2 200(元)

(2) 根据上列资料分配工资费用,作分录如下:

借:主营业务成本——运输支出——第一车队——工资费用	52 600.00
借:主营业务成本——运输支出——第二车队——工资费用	50 000.00
借:辅助营运费用——共同费用	9 600.00
借:营运间接费用	7 200.00
借:管理费用	11 000.00
贷:应付职工薪酬——工资	130 400.00

(3) 根据工资费用分配的结果,编制其他人工费用分配表如图表10-4所示。

(4) 根据其他人工费用分配表,作分录如下:

借:主营业务成本——运输支出——第一车队——其他人工费用	23 933.00
借:主营业务成本——运输支出——第二车队——其他人工费用	22 750.00
借:辅助营运费用——共同费用	4 368.00
借:营运间接费用	3 276.00
借:管理费用	5 005.00
贷:应付职工薪酬——职工福利	18 256.00
贷:应付职工薪酬——工会经费	2 608.00
贷:应付职工薪酬——职工教育经费	1 956.00
贷:应付职工薪酬——住房公积金	9 128.00
贷:应付职工薪酬——社会保险费	27 384.00

(三) 其他直接费用的归集和分配

1. 折旧费用的归集和分配　　物流企业的营运车辆的损耗程度与其行驶里程关系密切,为了正确核算物流企业的运输成本,物流企业对营运车辆通常采用工作量法计提折旧。

物流企业对营运车辆外胎费用的核算方法有两种:一种是一次摊销法,即在外胎领用时一次摊销计入运输成本,其计提折旧时,外胎的价值不需从营运车辆原值中扣除;另一种是行驶千米摊提法,在购置新车投入营运后,即按行驶千米摊提外胎费用后,为

了避免出现重复摊提,因此在计提营运车辆折旧时,应将营运车辆的原值扣除外胎的价值,其计算公式如下:

$$\frac{车辆折旧率}{(元/千吨千米)} = \frac{车辆原值-车装轮胎价值-预计净残值}{预计该车辆行驶千米 \div 1\,000}$$

某车辆月折旧额＝该车辆月实际行驶千米÷1 000×车辆折旧率

图表10-4

其他人工费用分配表

2018年1月31日　　　　　　　　　　　　　金额单位:元

应借账户		工资总额	成本项目	职工福利费		工会经费		职工教育经费		住房公积金		社会保险费		合计
				提取率(%)	提取额	提取率(%)	提取额	提取率(%)	提取额	提取率(%)	提取额	提取率(%)	提取额	
主营业务成本	运输支出 第一车队	52 600	直接人工	14	7 364	2	1 052	1.5	789	7	3 682	21	11 046	23 933
	第二车队	50 000	直接人工	14	7 000	2	1 000	1.5	750	7	3 500	21	10 500	22 750
	小　计	102 600		14	14 364	2	2 052	1.5	1 539	7	7 182	21	21 546	46 683
辅助营运费用	修理车间	9 600		14	1 344	2	192	1.5	144	7	672	21	2 016	4 368
营运间接费用		7 200		14	1 008	2	144	1.5	108	7	504	21	1 512	3 276
管理费用		11 000		14	1 540	2	220	1.5	165	7	770	21	2 310	5 005
合　计		130 400		14	18 256	2	2 608	1.5	1 956	7	9 128	21	27 384	59 332

【例】 长宁物流公司有8吨汽车1辆,原始价值210 000元,预计可行驶500 000千米。该车有轮胎6只,每只价值900元,预计净残值为10 600元。2015年1月份该车行驶9 600千米。现计算该车的折旧率和1月份的折旧额如下:

$$折旧率 = \frac{210\,000 - 900 \times 6 - 10\,600}{500\,000 \div 1\,000} = 388$$

该车1月份的折旧额＝9 600÷1 000×388＝3 724.80(元)

【例】 长宁物流公司计提折旧对营运车辆采用工作量法,对其他固定资产采用年限平均法。根据1月初固定资产原值、各车队营运车辆行驶千米和各类固定资产折旧率,编制有关部门固定资产折旧费用计算表如图表10-5所示。

图表 10-5

固定资产折旧费用计算表

2018 年 1 月 31 日　　　　　　　　　　　　　　金额单位：元

固定资产类别	使用部门	原始价值	月折旧率（%）	月实际行驶（千吨千米）	车辆月折旧率	月折旧额
运输工具	第一车队	2 520 000		115	388	44 620
	第二车队	2 210 000		127	314	39 878
	汽车运输分公司	84 000	1			840
	行政管理部门	150 000	1			1 500
房屋及建筑物	第一车队	100 000	0.28			280
	第二车队	90 000	0.28			252
	修理车间	210 000	0.28			588
	汽车运输分公司	300 000	0.21			630
	行政管理部门	650 000	0.21			1 365
机器设备	修理车间	400 000	0.8			3 200
办公设备	行政管理部门	100 000	0.8			800
合　　计		6 814 000	—	242	—	93 953

根据固定资产折旧费计算表，作分录如下：

借：主营业务成本——运输支出——第一车队——折旧费　　　　44 620.00
借：主营业务成本——运输支出——第二车队——折旧费　　　　39 878.00
借：辅助营运费用——共同费用　　　　　　　　　　　　　　　3 788.00
借：营运间接费用——汽车运输分公司　　　　　　　　　　　　2 002.00
借：管理费用　　　　　　　　　　　　　　　　　　　　　　　3 665.00
　　贷：累计折旧　　　　　　　　　　　　　　　　　　　　　93 953.00

2. 修理费用的归集与分配　　物流企业为了使各种车辆正常运行，需要经常对其进行维修和保养，并定期进行大修理。对车辆进行维修、保养和大修理均系固定资产费用化后续支出。营运车辆可以由车队自行进行维修和保养，那么直接在"主营业务成本"账户归集修理费用，领用车辆零配件和维修材料时，借记"主营业成本——运输支出"账户，贷记"原材料"账户。

汽车的大修理通常由修理车间进行，营运车辆的维修和保养也可以安排给修理车间。届时修理费用应在"辅助营运费用"账户归集。属于维修和保养部分的修理费用期末通过分配后转入"主营业务成本"账户；属于大修理费用由于受益期限在1年以上，则应先转入"长期待摊费用"账户，然后再按受益期限平均摊销。关于由修理车间进行的修理业务将在本节"辅助营运费用的归集和分配"内容中阐述。

3. 车辆保险费用的归集和分配　　为了增强物流企业的各种车辆遭受雷击、暴风、暴雨、洪水、龙卷风、雹灾、火灾和意外事故损失的应变能力，物流公司应向保险公司投保，以便在遭受损失时，可以从保险公司取得补偿，以减轻企业的损失。

企业的车辆投保费是按年度支付的，届时借记"待摊费用"账户，贷记"银行存款"账户；按月摊销时，再借记"主营业务成本""营运间接费用"和"管理费用"等有关账户，贷记"待摊费用"账户。

【例】　长宁物流公司全部车辆全年的保险费为149 700元，其中：第一车队72 000元，第二车队70 200元，汽车运输分公司3 000元，行政管理部门4 500元。

（1）1月2日，签发转账支票支付给保险公司全年车辆保险费149 700元，作分录如下：

　　借：待摊费用　　　　　　　　　　　　　　　　　　　　　149 700.00
　　　　贷：银行存款　　　　　　　　　　　　　　　　　　　　　　149 700.00

（2）1月31日，摊销应由本月份负担的车辆保险费，作分录如下：

　　借：主营业务成本——运输支出——第一车队——车辆保险费　　6 000.00
　　借：主营业务成本——运输支出——第二车队——车辆保险费　　5 850.00
　　借：营运间接费用——汽车运输分公司　　　　　　　　　　　　　250.00
　　借：管理费用　　　　　　　　　　　　　　　　　　　　　　　　375.00
　　　　贷：待摊费用　　　　　　　　　　　　　　　　　　　　　　12 475.00

"待摊费用"是资产类账户，用以核算企业已经支出，但应由本期和以后各期分别负担的分摊期限在1年以内（含1年）的各项费用。企业支付待摊费用时，记入借方；企业摊销待摊费用时，记入贷方；期末余额在借方，表示企业已经支付尚待摊销的费用。

"主营业务成本"是费用类账户，用以核算企业因提供物流服务而发生的实际成本，企业发生物流服务实际成本时，记入借方；企业期末将其余额结转"本年利润"账户时，记入贷方。

4. 行车事故损失费用的归集和分配　　物流企业的营运车辆在营运过程中因碰撞、翻车、碾压、落水、失火和机械故障等原因而造成的人员死亡、车辆损失和物资毁损等行车事故所发生的修理费、救援费、赔偿费以及支付给外单位人员的医药费、丧葬费、抚恤费、生活补助费等事故损失费,在扣除向保险公司收回的赔偿收入以及事故对方或过失人的赔偿金额后,计入运输成本内。在事故发生时,可预先估计事故损失费用,届时借记"主营业务成本"账户,贷记"预计负债"账户。当事故结案处理时,按预先估计事故损失费用,借记"预计负债"账户;按实际赔偿金额贷记"应付账款"或"银行存款"账户;两者的差额列入"主营业务成本"账户,以调整已入账的运输成本。

5. 其他费用的归集和分配　　物流企业的营运车辆除了会发生前述的各项费用外,还会发生其他的直接费用,如车队领用随车工具、篷布绳索、防滑链、司机和助手的劳动保护用具等,届时应借记"主营业务成本"账户,贷记"低值易耗品"账户。如支付的行车杂支、车辆牌照费、检验费、过桥费、过渡费、高速公路建设费、停车住宿费和车船税等,届时应借记"主营业务成本"账户,贷记"银行存款"或"库存现金"账户。

【例】　长宁物流公司1月份领用随车工具、篷布绳索、司机和助手的劳动保护用具所发生的费用,第一车队为4 710元,第二车队为4 480元;以现金支付过桥费、过渡费和高速公路建设费等各种费用,第一车队为12 760元,第二车队为9 870元。作分录如下:

　　借:主营业务成本——运输支出——第一车队——其他费用　　　　17 470.00
　　　　主营业务成本——运输支出——第二车队——其他费用　　　　14 350.00
　　　　贷:低值易耗品　　　　　　　　　　　　　　　　　　　　　　9 190.00
　　　　贷:库存现金　　　　　　　　　　　　　　　　　　　　　　　22 630.00

(四) 辅助营运费用的归集和分配

物流企业除了有运输、装卸和仓储等开展物流经营业务的部门外,还有辅助营运部门,它是为物流经营部门提供服务的,如修理车间主要就是为物流企业的运输工具、装卸设备和仓储设备等进行维修、保养和大修理的部门。因此,辅助营运费用是指辅助营运部门为开展生产活动而发生的费用,其实质就是辅助营运部门提供劳务的成本。

此外,辅助营运部门在满足本企业需求的前提下,也可以对外单位提供服务,以充分发挥其生产经营能力。

辅助营运费用应按照成本计算对象和费用类别进行归集。对于修理车间领用的直接用于修理车辆的材料,应根据领料单,分别按维修保养和大修理不同的类别以及拥有车辆的部门进行汇总。

【例】　长宁物流公司1月份编制的修理车间修理车辆直接耗用材料汇总表如图表10-6所示。

图表 10-6

修理车间修理车辆直接耗用材料汇总表

2018 年 1 月 1～31 日　　　　　　　　　　　　　　　　单位：元

材料用途 用料部门	维 修 保 养	大 修 理	合 计
第一车队	2 000	16 004	18 004
第二车队	1 200	14 032	15 232
汽车运输公司	100		100
行政管理部门	120		120
大昌运输公司	1 100	19 500	20 600
合　　计	4 520	49 536	54 056

根据修理车辆直接耗用材料汇总表，作分录如下：

　　借：辅助营运费用——维修保养费——第一车队　　　　　　　2 000.00
　　借：辅助营运费用——维修保养费——第二车队　　　　　　　1 200.00
　　借：辅助营运费用——维修保养费——汽车运输分公司　　　　 100.00
　　借：辅助营运费用——维修保养费——行政管理部门　　　　　 120.00
　　借：辅助营运费用——维修保养费——大昌运输公司　　　　　1 100.00
　　借：辅助营运费用——大修理费——第一车队　　　　　　　　16 004.00
　　借：辅助营运费用——大修理费——第二车队　　　　　　　　14 032.00
　　借：辅助营运费用——大修理费——大昌运输公司　　　　　　19 500.00
　　　　贷：原材料　　　　　　　　　　　　　　　　　　　　　54 056.00

对于修理车间领用的修理车辆共同耗用的材料，如燃料、机油、润滑油、螺丝钉等和领用的各种低值易耗品的摊销，以及修理车间发生的人工费用和管理费用等，可以先在"辅助营运费用——共同费用"二级明细账户进行归集。

【例】　长宁物流公司修理车间 1 月份共领用机油、润滑油（燃料除外）等各种材料计 1 390 元，领用各种工具计 1 284 元。采用一次摊销法，作分录如下：

　　借：辅助营运费用——共同费用　　　　　　　　　　　　　　2 674.00
　　　　贷：原材料——其他材料　　　　　　　　　　　　　　　 1 390.00
　　　　贷：低值易耗品　　　　　　　　　　　　　　　　　　　 1 284.00

在期末，应将"共同费用"明细账户归集的余额，按照一定标准在各成本计算对象内进行分配，分配的标准通常为修理工人工时，其计算公式如下：

$$分配率 = \frac{共同费用总额}{修理工人工时总额}$$

$$\frac{某成本计算对象}{应分配的共同费用} = \frac{该成本计算对象}{耗用修理工人工时} \times 分配率$$

【例】 长宁物流公司修理车间 1 月份共归集了共同费用 20 460 元,该车间各成本计算对象实际耗用工时如图表 10-7 所示。

图表 10-7

修理车间修理车辆实际耗用工时表

2018 年 1 月份　　　　　　　　　　　　　　　　单位:工时

用工部门 \ 工时用途	维修保养	大修理	合计
第一车队	110	130	240
第二车队	90	126	216
汽车运输分公司	10		10
行政管理部门	16		16
大昌运输公司	54	184	238
合　计	280	440	720

(1) 根据上列资料计算共同费用分配率如下:

$$分配率 = \frac{23\,400}{720} = 32.5$$

(2) 根据共同费用分配率编制"辅助营运共同费用分配表"如图表 10-8 所示。

图表 10-8

辅助营运共同费用分配表

2018 年 1 月 31 日　　　　　　　　　　　　金额单位:元

用工部门	分配率	维修保养 工时(小时)	维修保养 金额	大修理 工时(小时)	大修理 金额	金额合计
第一车队	32.5	110	3 575	130	4 225	7 800
第二车队	32.5	90	2 925	126	4 095	7 020
汽车运输分公司	32.5	10	325			325
行政管理部门	32.5	16	520			520
大昌运输公司	32.5	54	1 755	184	5 980	7 735
合　计	—	280	9 100	440	14 300	23 400

(3) 根据分配的结果,作分录如下:

借：辅助营运费用——维修保养——第一车队　　　　　　　　　3 575.00
　　借：辅助营运费用——维修保养——第二车队　　　　　　　　　2 925.00
　　借：辅助营运费用——维修保养——汽车运输分公司　　　　　　　325.00
　　借：辅助营运费用——维修保养——行政管理部门　　　　　　　　520.00
　　借：辅助营运费用——维修保养——大昌运输公司　　　　　　　1 755.00
　　借：辅助营运费用——大修理——第一车队　　　　　　　　　　4 225.00
　　借：辅助营运费用——大修理——第二车队　　　　　　　　　　4 095.00
　　借：辅助营运费用——大修理——大昌运输公司　　　　　　　　5 980.00
　　　贷：辅助营运费用——共同费用　　　　　　　　　　　　　　23 400.00

最后，物流企业应将辅助营运费用中归集的维修保养费转入各受益部门的成本或费用；归集的大修理费用，由于受益期限一般大于1年，应先转入"长期待摊费用"账户；归集的社会车辆的维修保养费和大修理费用，则应转入"其他业务成本"账户。

【例】1月31日，长宁物流公司修理车间本月份承接的车辆大修理已全部完工，本公司大修理车辆的受益期限为18个月，结转归集的辅助营运费用。作分录如下：

　　借：主营业务成本——运输支出——第一车队——修理费　　　　　5 575.00
　　借：主营业务成本——运输支出——第二车队——修理费　　　　　4 125.00
　　借：营运间接费用——汽车运输分公司　　　　　　　　　　　　　425.00
　　借：管理费用　　　　　　　　　　　　　　　　　　　　　　　　640.00
　　借：长期待摊费用——大修理费用——第一车队　　　　　　　　20 229.00
　　借：长期待摊费用——大修理费用——第二车队　　　　　　　　18 127.00
　　借：其他业务成本　　　　　　　　　　　　　　　　　　　　　28 335.00
　　　贷：辅助营运费用　　　　　　　　　　　　　　　　　　　　77 456.00

物流企业对于转入"长期待摊费用"中的大修理费用，应按受益期限平均摊销，转入各受益部门的成本和费用。

【例】1月31日，长宁物流公司摊销本月份应负担的车辆大修理费用40 344元，其中：第一车队19 354元，第二车队17 911元，汽车运输分公司1 499元，行政管理部门1 580元。作分录如下：

　　借：主营业务成本——运输支出——第一车队——修理费　　　　19 354.00
　　借：主营业务成本——运输支出——第二车队——修理费　　　　17 911.00
　　借：营运间接费用——汽车运输分公司　　　　　　　　　　　　1 499.00
　　借：管理费用　　　　　　　　　　　　　　　　　　　　　　　1 580.00
　　　贷：长期待摊费用——大修理费用　　　　　　　　　　　　　40 344.00

"辅助营运费用"是成本类账户，用以核算物流辅助营运部门供应劳务所发生的成本。发生辅助营运费用时，记入借方；期末结转辅助劳务成本时，记入贷方；期末若有余额在借方,表示尚未完工的辅助营运成本。

（五）营运间接费用的归集和分配

物流企业运输业务的营运间接费用是运输分公司、车场和车站等部门为组织与管理运输业务过程所发生的各种间接费用。这些部门除了会发生前述的燃料费、轮胎费、工资费用、其他人工费用、折旧费、修理费、养路费和保险费等费用外,还会发生差旅费、水电费、办公费、取暖费和其他费用。

【例】 长宁物流公司运输分公司1月份发生差旅费、水电费和办公费等费用共4 048元,增值税额516元,一并签发转账支票付讫,作分录如下:

借:营运间接费用——汽车运输分公司　　　　　　　　　　　　　　4 048.00
借:应交税费——应交增值税——进项税额　　　　　　　　　　　　516.00
　　贷:银行存款　　　　　　　　　　　　　　　　　　　　　　　　4 564.00

在实际工作中营运间接费用应分运输分公司、车场和车站等部门进行明细分类核算。

期末各部门归集的营运间接费用应按照一定标准在各成本计算对象内进行分配,分配的标准主要有直接费用总额或总营运车日等。分配率的计算公式如下:

$$\text{分配率} = \frac{\text{该部门发生的营运间接费用}}{\text{运输直接费用总额（或总营运车日）}}$$

$$\text{某成本计算对象应分配营运间接费用} = \text{该成本计算对象的直接费用总额（或总营运车日）} \times \text{分配率}$$

【例】 长宁物流公司汽车运输分公司1月份共发生营运间接费用21 654元。该公司共发生运输直接费用总额601 500元,其中:第一车队为315 500元,第二车队为286 000元,分配营运间接费用如下:

$$\text{分配率} = \frac{21\ 654}{315\ 500 + 286\ 000} = 0.036$$

第一车队应分配营运间接费用＝315 500×0.036＝11 358(元)
第二车队应分配营运间接费用＝286 000×0.036＝10 296(元)

根据分配的结果,作分录如下:

借:主营业务成本——运输支出——第一车队——营运间接费用　　11 358.00
借:主营业务成本——运输支出——第二车队——营运间接费用　　10 296.00
　　贷:营运间接费用——汽车运输分公司　　　　　　　　　　　　21 654.00

"营运间接费用"是成本类账户,用以核算企业在物流营运过程中所发生的不能直接计入成本计算对象的各种间接费用。企业发生营运间接费用时,记入借方;企业期末将其分配转入各成本计算对象时,记入贷方,结转后应无余额。

（六）汽车运输成本明细账的设置与登记

汽车运输成本明细账应按成本计算对象设置，采用多栏式账页。该账页按成本项目划分为直接材料、直接人工、其他直接费用和营运间接费用四个大栏，再将直接材料、直接人工和其他直接费用划分为若干个明细专栏，然后根据记账凭证逐笔进行登记，以归集其实际成本。汽车运输成本明细账的格式如图表10-9所示。

【例】 根据前列各例的业务登记"主营业务成本——运输支出"明细账如图表10-9、图表10-10所示。

六、汽车运输成本的计算

物流企业汽车运输业务应负担的直接材料、直接人工、其他直接费用和营运间接费用构成了汽车运输总成本。汽车运输总成本除以运输周转量即为运输单位成本，其计算公式如下：

$$\frac{运输单位成本}{(元/千吨千米)} = \frac{运输总成本}{运输周转量(千吨/千米)}$$

物流企业月末应根据"主营业务成本——运输支出"明细账所归集的运输成本和该月实际完成的运输周转量编制汽车运输成本计算表，以反映运输总成本和单位成本。

【例】 长宁物流公司1月份第一车队实际完成的运输周转量为960千吨/千米。第二车队实际完成的运输周转量为880千吨/千米。

图表10-9

主营业务成本明细账

二级明细账户：运输支出　　三级明细账户：第一车队　　　　　　　　　　单位：元

2018年		凭证号数	摘要	直接材料		直接人工		其他直接费用					营运间接费用	合计
月	日			燃料	轮胎	工资费用	其他人工费用	折旧费	修理费	车辆保险费	行车事故损失	其他费用		
1	31	（略）	耗用燃料	138 270										138 270
			耗用内胎、垫带		1 104									1 104
			耗用外胎		6 574									6 574
			分配工资费用			52 600								52 600
			分配其他人工费用				23 933							23 933
			计提折旧费					44 620						44 620
			摊销车辆保险费							6 000				6 000
			发生其他费用									17 470		17 470
			发生维修保养费						5 575					5 575
			摊销大修理费用						19 354					19 354
			摊销营运间接费用										11 358	11 358
1	31		本月合计	138 270	7 678	52 600	23 933	44 620	24 929	6 000	—	17 470	11 358	326 858

图表 10-10

主营业务成本明细账

二级明细账户：运输支出　　三级明细账户：第二车队　　　　　　　　　单位：元

2018年		凭证号数	摘要	直接材料		直接人工		其他直接费用				营运间接费用	合计
月	日			燃料	轮胎	工资费用	其他人工费用	折旧费	修理费	车辆保险费	行车事故损失	其他费用		
1	31	(略)	耗用燃料	124 080										124 080
			耗用内胎、垫带		968									968
			耗用外胎		6 088									6 088
			分配工资费用			50 000								50 000
			分配其他人工费用				22 750							22 750
			计提折旧费					39 878						39 878
			摊销车辆保险费							5 850				5 850
			发生其他费用									14 350		14 350
			发生维修保养费						4 125					4 125
			摊销大修理费用						17 911					17 911
			摊销营运间接费用										10 296	10 296
1	31		本月合计	124 080	7 056	50 000	22 750	39 878	22 036	5 850	—	14 350	10 296	296 296

该公司的"主营业务成本——运输支出"明细账的资料见图表 10-9、图表 10-10，并据以编制"汽车运输成本计算表"如图表 10-11 所示。

图表 10-11

汽车运输成本计算表

2018 年 1 月 31 日　　　　　　　　　　　　　　　　　　单位：元

项 目	本年预算数	本月实际数			本年累计数		
		合 计	第一车队	第二车队	合计	第一车队	第二车队
一、直接材料		277 084	145 948	131 136			
1. 燃料		262 350	138 270	124 080			
2. 轮胎		14 734	7 678	7 056			
二、直接人工		149 283	76 533	72 750			
1. 工资费用		102 600	52 600	50 000			
2. 其他人工费用	(略)	46 683	23 933	22 750	(略)	(略)	(略)
三、其他直接费用		175 133	93 019	82 114			
1. 折旧费		84 498	44 620	39 878			
2. 修理费		46 965	24 929	22 036			
3. 车辆保险费		11 850	6 000	5 850			
4. 行车事故损失		—	—	—			
5. 其他费用		31 820	17 470	14 350			

(续表)

项　目	本年预算数	本月实际数			本年累计数		
		合计	第一车队	第二车队	合计	第一车队	第二车队
四、营运间接费用		21 654	11 358	10 296	(略)	(略)	(略)
五、运输总成本		623 154	326 858	296 296			
六、周转量(千吨千米)		1 840	960	880			
七、单位成本(元/千吨千米)		338.67	340.48	336.70			

第三节　船舶运输成本

一、船舶运输业务的特点和形式

（一）船舶运输业务的特点

船舶运输业务最显著的特点是成本低。由于船舶的运输能力强，运输的距离远，而能源消耗低。因此，它在各种运输方式中成本是最低的。然而船舶运输也存在一定的缺点，主要是运输速度慢，受港口、水位、季节和气候影响较大。

（二）船舶运输业务的方式

船舶运输业务的方式有沿海运输、近海运输、远洋运输和内河运输四种。

1. 沿海运输　　它是指船舶在大陆附近沿海航线上航行，经营国内沿海各港口之间的货物运输业务。

2. 近海运输　　它是指船舶在大陆邻近国家海上航线上航行，经营国内沿海港口与邻国港口之间的货物运输业务。

3. 远洋运输　　它是指船舶跨大洋在国际航线上航行，经营跨大洋港口之间的货物运输业务。

4. 内河运输　　它是指船舶在陆地内的江、河、湖等水道上航行，经营江河港口之间的货物运输业务。

二、船舶运输的一般业务程序

船舶运输的业务程序通常有以下八项。

（一）货物托运人提出货物运单

货物托运人在申请货物托运时必须向承运人提出货物运单，运单内容的填写应完整和准确，如在同一张运单内托运多种品名的货物，应分别注明货物的名称；应详细填写收、发货人的名称和地址，以免发生因填写不正确而造成错运；对货物件数、重量、体积、包装和标志等内容的填写必须符合实际托运的货物，具体的填制要求应按照水运法规的规定进行。

（二）审核运单

承运人应认真审核托运人填制的运单，特别是审核关于货物方面的内容。因为这些内容涉及运输合同中当事人的权利和责任的划分，如承运人审核发现与规定不符，则有权要求货物托运人更正或重填一份运单，并审核在有关特约事项栏内是否记载货物的运输要求；审核在托运人盖章栏内有无托运人印章，如运单上无托运人印章，则意味着运输合同不能成立。

（三）验收货物

运单经承运人审核无误后，即接受运输。承运人对托运人提交的货物根据运单记载的内容进行审核，主要有：① 检查货物的重量。对按货物重量或按货物件数和重量承运的件杂货，承运人有权对托运人确定的货物重量进行抽查，并将检查的实际重量记载在货物运单的计费单位栏内，因为货物重量准确与否，不仅会影响承运人交付货物可能承担的责任，而且也会影响承运人的运费收入。② 检查货物的尺码。根据我国现行的水运法规，承运人对有些货物可按尺码与重量选择高的计费，因此，承运人应检查货物的尺码是否与托运人填写的内容相符，并将检查的实际尺码记载在运单的计费单位栏内。③ 检查货物的件数。按件数承运的货物，承运人在起运港接受承运时应点收清楚。如实际件数与运单记录不符，应由托运人补足货物件数或在运单上予以更正。④ 检查货物的包装，不仅要检查货物的实际包装是否符合运单填写的包装形式，而且要检查货物的外部及内部形态是否良好，包装是否完整。对不符合要求的包装，应由托运人整理合格后接受承运。⑤ 检查标志。检查托运人是否按规定做好运输标志、指示标志以及危险品标志；检查标志的内容是否准确、完整，图形、文字是否清晰。

（四）承运

承运人验收货物完毕，接受货物的承运，承托关系即告成立。这就意味着货物托运人取得了托运货物的权利，也承担了使货物处于良好发运状态的义务和支付运费的义务。承运人按时、完好地将货物运抵运单中记载的目的港，也就取得了收取运费的权利。

（五）装船

装船过程包括配载、积载和装船三个方面的业务。配载是指确定船舶航次后该航次装运的货物种类、数量、尺码以及到达的目的港等。积载是指在已定航次货载的基础上，作出所配货物在各个货舱和甲板位置上的合理分配与正确堆装。货物装船方式由托运人自理装船和由港口装卸公司装船两种。在装船过程中，船方和装船方应采取各种方式复核点数，做到数字准确无误，如对数字有争议，应当场澄清和编制记录。船方还应派人看舱理货，如发现货损、标志不清和装船混乱等情况，有权要求装船方整理或编制记录，装船完毕后，即应办理货运票据的签证和交接。

（六）运输

货物装船完毕，承运人和装船人双方办妥交接手续后，便意味着运输的开始。承运人应在合同规定的时间或期限内将货物运抵合同规定的卸船港。运输途中由于承运人照管货物的过失造成货物的灭失、损害，则由承运人负责赔偿。

（七）卸船

卸船方式分为由收货人自理卸船和由港口装卸公司卸船两种。

由收货人自理卸船的货物应由承运人与收货人订立卸船协议，其内容包括自理卸船货物的种类、数量和装卸地点；承运船舶及装、卸的时间；承运与托运人、收货人承担的责任事项；承运人责任豁免范围；延期、速遣费用计算标准、结算方法等。收货人应事先在卸船港办理货运手续，付清运费、港口使用费等费用，并在议定的时间内完成卸船作业。

由港口装卸公司负责卸船主要包括：① 到达港应核对到港货物的各项单证。如有货运单证不齐，或运单与交接清单内容不符等情况，应向船方查询清楚，为卸船提供可靠的依据。② 按实际积载顺序、标志卸船。大票货物、整批货物做到一票一清。零星货物集中卸船，船方有责任指导卸船。③ 卸船过程中发现混装、货损等情况，应及时会同船方编制记录。④ 卸船结束后，在规定的时间内做好船、港双方的交接手续。

（八）到达交货

到达交货包括的内容主要有：① 发出到货通知。到货通知是指承运人向收货人发出货物已运到且已具备提货条件的通知。它可采用电话、传真等方式。它是确定货物是否按时运抵的依据之一，是划分承托双方责任的依据之一，也是计算货物保管费的依据，它可让收货人做好提货准备。② 结算费用。收货人在提货前支付一切运杂费用后，才能提取货物。如收货人未付清应付的费用，应按规定向承运人支付迟交金额的滞纳金。③ 交付货物。收货人前来提货时，应验收货物，如在验收交接时未提出异议，且在提货单上签章并加盖印章后，即为运输责任终止。如在验收时发现货物有异状，或与运单记载不符，收货人应立即向承运人提出异议，并由双方共同编制货运记录。

三、船舶运输业务的成本核算对象、成本计算单位和成本计算期

（一）船舶运输业务的成本核算对象

物流企业船舶运输以货运业务作为成本核算对象。但由于运输成本主要是船舶设备的使用成本，因此发生的船舶费用仍以运输船舶为对象，通过核算船舶费用，间接计算货运成本。物流企业应根据经营管理上的需要，对不同形式的船舶运输确定不同的成本核算对象。

沿海、近海运输以单船、船舶类型作为成本核算对象，先核算每艘船舶运输成本，在此基础上再计算船舶类型成本。

远洋运输由于船舶航次时间长，吨位大，因此必须以单船的航次作为成本核算对象。

内河运输由于船舶的类型较多，因此通常以运输船舶类型作为成本核算对象。

（二）成本计算单位

物流企业船舶运输成本计算单位是以船舶运输工作量的计量单位为依据的。其计量单位为千吨/海里。

（三）船舶运输业务的成本计算期

物流企业的沿海运输业务、近海运输业务和内河运输业务因航次时间不长，各月的未完航次数相差不多，且未完航次的运输量和运输费用较少，因此以月度、季度、半年度和年度作为其成本计算期。而远洋运输因航次时间长，各月未完航次的运输量和运输费用较大，因此以航次作为成本计算期，船舶的航次时间，应从上一航次最终港卸完所载货物起，到本航次最终卸完所载货物时为止。

四、船舶运输的成本项目

（一）海洋运输的成本项目

海洋运输的成本项目分为船舶航行费用或航次运行费用、船舶固定费用、集装箱固定费用和营运间接费用四项。

1. 船舶航行费用或航次运行费用　　船舶航行费用是指船舶在运输生产过程中发生的直接费用。它是沿海、近海运输采用的成本项目。航次运行费用是指船舶在运行过程中发生的可以直接归属于航次负担的费用。它是远洋运输采用的成本项目。

船舶航行费用或航次运行费用由以下八个明细项目组成。

（1）燃料费　　它是指船舶在航行、装卸和停泊等时间内耗用的全部燃料费用。

（2）港口费　　它是指船舶进出港口、停泊港内所发生的各项费用。例如，船舶吨税、灯塔费、引水费、拖轮费、港务费、航道养护费、油污水处理费、系解缆绳费、停泊费和监护费等，还包括航行国外的船舶所发生的运河通过费、海峡通过费、海关检验费和检疫费等过境费用。

（3）货物费　　它是指运输船舶载运货物所发生的应由船方负担的业务费用。例如，装卸工工资费、加班费、装卸工具费、理货费、翻舱费和货物代理费等。

（4）中转费　　它是指船舶载运的货物在中途港口换装其他运输工具运往目的地及在港口中转时发生的应由船方负担的各种费用。例如，汽车接运费、铁路接运费、水运接运费和改港费等。

（5）垫隔材料费　　它是指船舶在同一货舱内装运不同类别的货物需要分开、垫隔,或虽在同一货舱内装运同类货物,但需要防止摇动、移位,以及货物通风需要等耗用的材料、隔货网、防摇装置和通风筒等材料费用。使用后退回可以再利用的材料,应作价予以冲回。

(6) 速遣费　　它是指有装卸协议的营运船舶,提前完成装卸作业,按照协议支付给港口单位的速遣费用。如发生延期,收回的延期费则冲减本项目。

(7) 事故损失　　它是指船舶在营运生产过程中发生海损、机损、货损、货差、污染和人身伤亡等事故的费用。它包括施救、赔偿、修理、诉讼和善后等直接损失。

(8) 船舶航行其他费用或航次其他费用　　它是指不属于以上各项目应由船舶航行或航次负担的其他费用。例如,淡水费、交通车船费、邮电费、清洁费、业务杂支和冰区航行破冰费等。航行国外的船舶还应包括国外港口接待费、领事签证费和代理行费等。

2. 船舶固定费用　　它是指为保持船舶适航状态所发生的经常性的维持费用。这些费用难以直接归属于某一航次,但可以按单船进行归集。船舶固定费用由以下十二个明细项目组成。

(1) 工资费用　　它是指船员的工资、奖金、津贴和补贴。

(2) 其他人工费用　　它是指根据实际发放的船员工资总额,按规定的比例计提的职工福利费、工会经费、职工教育经费、住房公积金和社会保险费。

(3) 润料费　　它是指船舶耗用的润滑油脂费用。

(4) 船舶材料费　　它是指船舶在运输生产和日常维护保养中耗用及劳动保护耗用、事务耗用的各种材料和低值易耗品等。

(5) 船舶折旧费　　它是指企业以确定的折旧方法按月计提的船舶折旧费用。

(6) 船舶修理费　　它是指已完工的船舶实际修理费支出和日常维护保养耗用的修理用料、备品配件等,以及船舶大修理费用摊销的支出。

(7) 船舶保险费　　它是指企业向保险公司投保的各种船舶保险所支付的保险费用。保险公司退回的保险费予以冲减。

(8) 车船税　　它是指在我国境内的车辆、船舶的所有人或管理人按税法规定应交纳的税款。

(9) 船舶非营运期间费用　　它是指船舶在厂修、停船自修、事故停航和定期熏仓等非营运期间所发生的费用,包括为修理目的空驶至船厂期间内发生的费用。

(10) 船舶共同费用　　它是指船舶共同受益,但不能或不便按单船归集的船舶费用。它主要包括以下十二项内容。

一是工资费用。它是指替补公休船员、后备船员和培训船员等按规定支付的工资、奖金、津贴和补贴。

二是其他人工费用。它是指根据上项各类船员的工资总额,按规定的比例计提的职工福利费、工会经费、职工教育经费、住房公积金和社会保险费。

三是船员服装费。它是指根据规定制发给船员的服装费。

四是船员差旅费。它是指船员报到、出差、学习、公休、探亲和调遣等发生的差旅费。

五是文体宣传费。它是指用于船员文娱体育活动和对外宣传购置的书报杂志、电影片、录像带和幻灯片等支出,以及放映机、录像机和电视机的修理费。

六是广告及业务活动费。它是指通过报刊、电台、电视台、画册和展览等进行广告、宣传以及船舶为疏港、揽货业务联系支付的业务招待费用等。

七是单证资料费。它是指运输业务印制使用的各种票据、货运单、航单、航海图书、技术业务资料以及这类单证资料的寄递费用。

八是船员疗养休养费。它是指船员因工作环境特殊,企业为船员安排疗养休养的支出。

九是电信费。它是指船岸通过电台、电缆、卫星和高频电话等通讯联络发生的国内外通讯费用。

十是其他费用。它是指船员体检费、签证费、油料化验费、技术改造和合理化建议奖等。

(11) 其他船舶固定费用　　它是指不属于以上各项的其他船舶固定费用,如船舶证书费和船舶检验费等。

(12) 船舶租赁费　　它是指企业租入运输船舶参加营运,按规定应列入成本的期租费或程租费。期租费是指按租用时期计算的船舶租赁费;程租费是指按运输里程计算的船舶租赁费。

3. 集装箱固定费用　　它是指为保证集装箱的良好使用状态所发生的经常性的费用,它由以下七个明细项目组成。

(1) 空箱保管费　　它是指空箱存放在堆场所支付的堆存费用。

(2) 折旧费　　它是指按规定折旧率计提的集装箱折旧费用。

(3) 租赁费　　它是指租入的集装箱按租赁合同规定所支付的租金。

(4) 修理费　　它是指集装箱修理用配件、材料和修理费用。

(5) 保险费　　它是指投保集装箱安全险所支付给保险公司的保险费用。

(6) 底盘车费用　　它是指企业自有或租入的集装箱底盘车所发生的保管费、折旧费、租赁费、保险费和修理费等。

(7) 其他费用　　它是指不属于以上各项目的集装箱固定费用,如清洁费、熏箱费等。

4. 营运间接费用　　它是指企业的船队或分公司为管理和组织营运生产所发生的各项管理费用和业务费用。它是不能直接计入运输成本核算对象的间接费用。它的明细项目包括：工资费用、其他人工费用、燃料、材料、低值易耗品摊销、折旧费、修理费、办公费、水电费、租赁费、差旅费、业务票据费、取暖费、会议费、保险费、警卫消防费和排污费等。

（二）内河运输的成本项目

内河运输的成本项目分为船舶航行费用、船舶固定费用、船舶维护费用和营运间接费用四项。

1. 船舶航行费用　　它由燃料费、润料费、材料费、燃料及材料节约奖、外付港口费、外付业务费、养河及过闸费、事故损失和船舶其他航行费用等九个成本明细项目组成。其中，燃料费、事故损失和船舶其他航行费用三个成本明细项目核算的内容与海洋运输相应成本项目核算内容相同，在此不再重述。

（1）润料费　　它是指船舶在运输生产中耗用的各种润滑油脂。

（2）材料费　　它是指船舶在运输生产中耗用的各种材料和低值易耗品等。

（3）燃料、材料节约奖　　它是指根据规定对节约燃料、材料按比例提取支付的节约奖金。

（4）外付港口费　　它是指运输船舶在外单位港口发生的港口费用。但不包括在自营港埠发生的港口费用。

（5）外付业务费　　它是指运输船舶支付给非自营港埠或其他单位的业务代理费、理货费及转口、倒舱、翻舱、扫舱和洗舱等费用。

（6）养河费及过闸费　　它是指按规定向航道管理部门支付的养河费，以及运输船舶过闸时按规定向船闸管理部门支付的过闸费用。

2. 船舶固定费用　　它由工资费用、其他人工费用、船舶折旧费、船舶修理费、船舶保险费、劳动保护费和其他船舶固定费用七个成本明细项目组成。除了劳动保护费项目外，其他六个成本明细项目核算的内容与海洋运输相应成本明细项目核算的内容相同，在此不再重述。

劳动保护费是指由运输业务成本负担的劳动安全保护费用。

3. 船舶维护费用　　它是指内河运输业务有封冻、枯水等非通航期时，在非通航期间发生的船舶维护费用。它由以下七个明细项目组成。

（1）工资费用　　它是指非通航期间留船船员的工资、奖金、津贴和补贴。

（2）其他人工费用　　它是指根据上项留船船员工资总额，按规定的比例计提的职工福利费、工会经费、职工教育经费、住房公积金和社会保险费。

（3）燃料费　　它是指在非通航期间由于船舶照明、取暖所耗用的燃料。

（4）材料费　　它是指船舶在非通航期间领用的维护用材料和低值易耗品。

（5）保卫费　　它是指船舶在非通航期间为防止事故和防火所发生的费用。

（6）破冰费　　它是指为保护船舶免受流冰损坏和清除船上冰雪所发生的费用。

(7) 其他费用　　它是指不属于以上项目的船舶维护费用。

4. 营运间接费用　　它的明细项目与海洋运输业务相应的明细项目基本相同,在此不再重述。

五、船舶运输成本的核算

(一) 沿海、近海运输成本的核算

1. 船舶航行费用的归集　　物流企业的沿海或近海运输业务通常以单船作为成本计算对象,因此按船舶名称设置明细账进行明细核算。

物流企业运输货物所发生的船舶航行费用,应根据燃料耗用汇总表、发票和单据等各种原始凭证编制记账凭证,届时借记"主营业务成本——运输支出"账户,贷记"原材料""银行存款""应付账款"等相关账户。并在"运输支出"账户下按船舶的命名设置三级明细账。

【例】　浦江物流公司海运分公司经营沿海运输业务,对燃料柴油采用实地盘存制。1月31日,根据本月份的柴油领料单和船存柴油盘存表编制的燃料耗用汇总表如图表10-12所示。

图表 10-12

燃料耗用汇总表

燃料名称:柴油　　　　2018年1月1~31日

数量单位:升
金额单位:元

项目 领料部门	月初船存数量	本月领用数量	期末船存数量	本月耗用数量	加权平均单价	本月耗用金额
永昌轮	4 500	125 000	3 500	126 000	6.60	831 600
永兴轮	3 400	119 600	4 000	119 000	6.60	785 400
合　计	7 900	244 600	7 500	245 000	6.60	1 617 000

根据燃料耗用汇总表,作分录如下:

借:主营业务成本——运输支出——永昌轮——燃料费　　　831 600.00
借:主营业务成本——运输支出——永兴轮——燃料费　　　785 400.00
　　贷:原材料——燃料类　　　　　　　　　　　　　　　　1 617 000.00

2. 船舶固定费用的归集和分配　　沿海、近海运输是按单船归集成本的,船舶固定费用中的工资费用、其他人工费用、润料费、船舶材料费、船舶折旧费、船舶修理费和船舶保险费等明细成本项目,可以根据涉及这些明细成本项目的"工资结算汇总表""其他人工费用分配表""固定资产折旧费用计算表""领料单"及各种发票、单据等原始凭证直接列入所属船舶的成本。届时借记"主营业务成本——运输支出"账户,贷记"应付职工薪酬""原材料""低值易耗品"等相关账户。

然而,船舶固定费用中的"船舶共同费用"和"船舶非营运期间费用"两个明细成本项目,则需要先在"船舶固定费用"账户中归集,期末通过分配后,再计入各艘船舶的运输成本。

(1) 船舶共同费用的归集与分配　在"船舶固定费用"账户内归集的由各艘船舶负担的共同费用,期末应按照一定的分配标准,在各艘船舶之间进行分配。分配标准通常采用运输周转量(千吨/海里),其计算公式如下:

$$分配率 = \frac{船舶共同费用}{总运输周转量(千吨/海里)}$$

某船舶应负担船舶共同费用＝该船完成运输周转量(千吨/海里)×分配率

【例】　浦江物流公司海运分公司1月份发放的工资费用中,永昌轮船员为154 000元,永兴轮船员为144 000元,后备船员为14 000元。

分配本月份船员的工资费用,作分录如下:

借:主营业务成本——运输支出——永昌轮——工资费用　　154 000
借:主营业务成本——运输支出——永兴轮——工资费用　　144 000
借:船舶固定费用——船舶共同费用　　　　　　　　　　　　14 000
　　贷:应付职工薪酬——工资　　　　　　　　　　　　　　　　312 000

按本月份船员工资总额的14％、2％、1.5％、7％和21％分别计提职工福利费、工会经费、职工教育经费、住房公积金和社会保险费,作分录如下:

借:主营业务成本——运输支出——永昌轮——其他人工费用　70 070.00
借:主营业务成本——运输支出——永兴轮——其他人工费用　65 520.00
借:船舶固定费用——船舶共同费用　　　　　　　　　　　　6 370.00
　　贷:应付职工薪酬——职工福利　　　　　　　　　　　　　43 680.00
　　贷:应付职工薪酬——工会经费　　　　　　　　　　　　　6 240.00
　　贷:应付职工薪酬——职工教育经费　　　　　　　　　　　4 680.00
　　贷:应付职工薪酬——住房公积金　　　　　　　　　　　　21 840.00
　　贷:应付职工薪酬——社会保险费　　　　　　　　　　　　65 520.00

【例】　浦江物流公司海运分公司1月31日"船舶固定费用——船舶共同费用"明细账余额为152 160元,该月永昌轮的运输量为82 500千吨/海里,永兴轮的运输量为76 000千吨/海里,按运输周转量分配各船应负担的船舶共同费用如下:

$$\text{分配率} = \frac{152\,160}{82\,500 + 76\,000} = 0.96$$

永昌轮应负担船舶共同费用 = 82 500 × 0.96 = 79 200(元)

永兴轮应负担船舶共同费用 = 76 000 × 0.96 = 72 960(元)

根据分配的结果,作分录如下:

借:主营业务成本——运输支出——永昌轮——船舶共同费用　　79 200.00
借:主营业务成本——运输支出——永兴轮——船舶共同费用　　72 960.00
　贷:船舶固定费用——船舶共同费用　　　　　　　　　　　　152 160.00

(2) 船舶非营运期间费用的分配　　在"船舶固定费用"账户中归集的船舶在厂修、停船自修、事故停航和定期熏仓等非营运期间所发生的费用,应由营运期间各成本计算期的运输成本负担。届时先按非营运期间费用的全年预算数和全年计划营运天数确定计划分配率。然后据以计算通航期间各月应负担的非营运期间费用。其计算公式如下:

$$\text{计划分配率} = \frac{\text{船舶非营运期间费用全年预算数}}{\text{全年计划营运天数}}$$

各月应负担的船舶非营运期间费用 = 该月份船舶营运天数 × 计划分配率

【例】 浦江物流公司海运分公司,船舶非营运期间费用全年预算数中,永昌轮为1 072 000元;永兴轮为1 040 320元;两艘船舶全年计划营运天数均为320天。7月份,永昌轮营运了26天,永兴轮营运了25天,分配本月份船舶非营运期间费用如下:

$$\text{永昌轮计划分配率} = \frac{1\,072\,000}{320} = 3\,350$$

$$\text{永兴轮计划分配率} = \frac{1\,040\,320}{320} = 3\,251$$

永昌轮应负担的船舶非营运期间费用 = 3 350 × 26 = 87 100(元)

永兴轮应负担的船舶非营运期间费用 = 3 251 × 25 = 81 275(元)

根据分配的结果,作分录如下:

借:主营业务成本——运输支出——永昌轮——船舶非营运期间费用　87 100.00
借:主营业务成本——运输支出——永兴轮——船舶非营运期间费用　81 275.00
　贷:船舶固定费用——船舶非营运期间费用——永昌轮　　　　　　87 100.00
　贷:船舶固定费用——船舶非营运期间费用——永兴轮　　　　　　81 275.00

3. 集装箱固定费用的归集和分配 物流企业运输业务使用的集装箱是自有的,或者租入的。自有的集装箱是固定资产。每月计提折旧时,借记"集装箱固定费用"账户,贷记"累计折旧"账户。借入的集装箱是要支付租金的,支付租金时,借记"集装箱固定费用"账户,贷记"银行存款"账户。期末将归集的集装箱固定费用总额按全部船舶装运集装箱的标准箱天数进行分配,其计算公式如下:

$$分配率 = \frac{集装箱固定费用总额}{全部船舶装用集装箱标准箱天数}$$

全部船舶装用集装箱标准箱天数 = ∑(船舶装用集装箱标准箱数量×使用天数)

某船舶应负担的集装箱固定费用 = 该船装用集装箱标准箱天数×分配率

【例】 浦江物流公司海运分公司1月31日"集装箱固定费用"账户余额为794 010元,该月永昌轮装40英尺集装箱80只,共使用26天;该月永兴轮装20英尺集装箱152只,共使用25天。以20英尺集装箱作为标准箱,分配集装箱固定费用如下:

全部船舶装用集装箱标准箱天数 = 80×2×26+152×25 = 7 960(天)

$$分配率 = \frac{794\ 010}{7\ 960} = 99.75$$

永昌轮应负担集装箱固定费用 = 80×2×26×99.75 = 414 960(元)

永兴轮应负担集装箱固定费用 = 152×25×99.75 = 379 050(元)

根据分配的结果,作分录如下:

借:主营业务成本——运输支出——永昌轮——集装箱固定费用　　414 960.00
　　主营业务成本——运输支出——永兴轮——集装箱固定费用　　379 050.00
　贷:集装箱固定费用　　　　　　　　　　　　　　　　　　　　794 010.00

4. 营运间接费用的归集与分配 物流企业经营沿海、近海运输业务设有船队或分公司的,应按船队或分公司设置明细账,以归集各船队或分公司为管理运输船舶和组织营运活动所发生的费用。发生船队或运输分公司费用时,应根据发票、单据和费用计算表等原始凭证借记"营运间接费用"账户,贷记"应付职工薪酬""银行存款"等账户。期末再将归集的营运间接费用采用一定的标准在各船舶之间进行分配。分配的标准主要有船舶费用总额和船舶营运总吨/天等。营运间接费用分配的计算公式如下:

$$分配率 = \frac{船舶运输业务的营运间接费用}{船舶费用总额(或船舶营运总吨/天)}$$

某船舶应负担的营运间接费用＝该船舶的船舶费用(或船舶营运吨/天)×分配率

【例】 浦江物流公司海运分公司1月31日"营运间接费用——海运分公司"账户余额为540 960元,该月永昌轮发生船舶费用3 034 000元,永兴轮发生船舶费用2 846 000元。按船舶费用分配营运间接费用如下:

$$分配率=\frac{540\ 960}{3\ 034\ 000+2\ 846\ 000}=0.092$$

永昌轮应负担营运间接费用＝3 034 000×0.092＝279 128(元)

永兴轮应负担营运间接费用＝2 846 000×0.092＝261 832(元)

根据分配的结果,作分录如下:

借:主营业务成本——运输支出——永昌轮——营运间接费用　　279 128.00
借:主营业务成本——运输支出——永兴轮——营运间接费用　　261 832.00
　贷:营运间接费用——海运分公司　　　　　　　　　　　　　540 960.00

5. 船舶运输成本明细账的设置与登记　沿海、近海船舶运输成本明细账应按单船设置,采用多栏式账页。该账户按成本项目划分为船舶航行费用、船舶固定费用、集装箱固定费用和营运间接费用四个大栏,再将船舶航行费用和船舶固定费用划分为若干个明细专栏,然后根据记账凭证逐笔进行登记,以归集其实际成本。沿海、近海船舶运输成本明细账的格式如图表10-13所示。

【例】 根据前述各例的业务,登记"主营业务成本——运输支出"明细账如图表10-13、图表10-14所示。

最后,根据登记的结果结出本期发生额,即运输成本,并将运输成本结转"本年利润"账户。

【例】 浦江物流公司将船舶运输成本结转"本年利润"账户,作分录如下:

借:本年利润　　　　　　　　　　　　　　　　　　　　6 420 960.00
　贷:主营业务成本——运输支出——永昌轮　　　　　　3 313 128.00
　贷:主营业务成本——运输支出——永兴轮　　　　　　3 107 832.00

6. 船舶运输成本的计算　物流企业船舶运输业务应负担的船舶航行费用、船舶固定费用、集装箱固定费用和营运间接费用构成了船舶运输总成本,船舶运输总成本除以运输周转量即为运输单位成本,其计算公式如下:

$$运输单位成本(元/千吨海里)=\frac{运输总成本}{运输周转量(千吨/海里)}$$

图表 10-13

主营业务成本明细账

二级明细账户：运输支出　　三级明细账户：永昌轮

单位：元

2018年		凭证号数	摘要	燃料费	船舶航行费用				船舶固定费用					集装箱固定费用	营运间接费用	合计
					港口费①	货物费①	小计	工资费用	其他人工费用	船舶润料费①	船舶非营运期间费用	船舶共同费用	小计			
月	日															
1	31		耗用燃料	831 600			831 600									831 600
			分配工资费用					154 000					154 000			154 000
			计提其他人工费用						70 070				70 070			70 070
			支付港口费		158 500		158 500									158 500
			领用润料							75 500			75 500			75 500
(略)			支付货物费			112 850	112 850									112 850
			分配船舶共同费用									79 200	79 200			79 200
			分配船舶非营运期间费用								87 100		87 100			87 100
			分配集装箱固定费用											414 960		414 960
1	31		船舶费用合计	831 600	158 500	112 850	1 288 000	154 000	70 070	75 500	87 100	79 200	1 331 040	414 960		3 034 000
			分配营运间接费用												279 128	279 128
1	31		本月合计	831 600	158 500	112 850	1 288 000	154 000	70 070	75 500	87 100	79 200	1 331 040	414 960	279 128	3 313 128

① 该项目数据在前文举例中省略。

图表10-14

主营业务成本明细账

二级明细账户：运输支出　　三级明细账户：永兴轮

单位：元

2018年		凭证号数	摘要	船舶航行费用				船舶固定费用					集装箱固定费用	营运间接费用	合计
				燃料费	港口费①	货物费①	小计	工资费用	其他人工费用	润料费①	船舶非营运期间费用	船舶共同费用	小计			
月	日															
1	31		耗用燃料	785 400			785 400									785 400
			分配工资费用					144 000					144 000			144 000
			计提其他人工费用						65 520				65 520			65 520
			支付港口费		149 500		149 500									149 500
			领用润料							70 500			70 500			70 500
			支付货物费			106 600	106 600									106 600
		(略)	分配船舶共同费用									72 960	72 960			72 960
			分配船舶非营运期间费用								81 275		81 275			81 275
			分配集装箱固定费用											379 050		379 050
1	31		船舶费用合计	785 400	149 500	106 600	1 214 000	144 000	65 520	70 500	81 275	72 960	1 253 800	379 050		2 846 000
			分配营运间接费用												261 832	261 832
1	31		本月合计	785 400	149 500	106 600	1 214 000	144 000	65 520	70 500	81 275	72 960	1 253 800	379 050	261 832	3 107 832

① 该项目数据在前文举例中省略。

【例】 浦江物流公司海运分公司 1 月份永昌轮实际完成的运输周转量为 82 500 千吨/海里,永兴轮实际完成的运输周转量为 76 000 千吨/海里。该公司的"主营业务成本——运输支出"明细账的资料如图表 10-13、图表 10-14 所示,据以编制"船舶运输成本计算表"如图表 10-15 所示。

图表 10-15

船舶运输成本计算表

2018 年 1 月 31 日　　　　　　　　　　　　　　　　　　单位:元

项　目	本年预算数	本月实际数			本年累计数		
		合计	永昌轮	永兴轮	合计	永昌轮	永兴轮
一、船舶航行费用		2 502 000	1 288 000	1 214 000			
1. 燃料费		1 617 000	831 600	785 400			
2. 港口费		308 000	158 500	149 500			
3. 货物费		219 450	112 850	106 600			
4. 中转费		95 900	49 720	46 180			
5. 垫隔材料费	(略)	20 210	10 390	9 820	(略)	(略)	(略)
6. 速遣费		23 580	12 380	11 200			
7. 事故损失		13 760	6 440	5 320			
8. 船舶航行其他费用		206 100	106 120	99 980			
二、船舶固定费用		2 583 990	1 331 040	1 252 950			
1. 工资费用		298 000	154 000	144 000			
2. 其他人工费用		135 590	70 070	65 520			
3. 润料费		146 000	75 500	70 500			
4. 船舶材料费		117 830	60 950	56 880			
5. 船舶折旧费		929 305	476 400	452 905			
6. 船舶修理费		178 400	90 780	87 620			
7. 船舶保险费		373 480	192 500	180 980			
8. 车船税		3 090	1 650	1 440			
9. 船舶非营运期间费用		168 375	87 100	81 275			
10. 船舶共同费用	(略)	152 160	79 200	72 960	(略)	(略)	(略)

(续表)

项目	本年预算数	本月实际数			本年累计数		
		合计	永昌轮	永兴轮	合计	永昌轮	永兴轮
11. 其他船舶固定费用		81 760	42 890	38 870			
12. 船舶租赁费							
三、集装箱固定费用		794 010	414 960	379 050			
四、船舶费用合计		5 880 000	3 034 000	2 846 000			
五、营运间接费用		540 960	279 128	261 832			
六、运输总成本		6 420 960	3 313 128	3 107 832			
七、运输周转量(千吨海里)		158 500	82 500	76 000			
八、运输单位成本(元/千吨海里)		40.51	40.16	40.89			

(二) 远洋运输成本的核算

物流企业的远洋运输业务通常以航次作为成本计算对象，因此按船舶的航次设置明细账，归集船舶每航次所发生的费用。航次运行费用的具体核算方法与沿海、近海运输的船舶航次费用相同，在此不再重述。

物流企业的远洋运输业务发生的船舶固定费用是在"船舶固定费用"账户中按船舶进行归集的，月末应将各船舶所归集的船舶固定费用，按该船的全月营运天数在已完航次和未完航次之间进行分配。其计算公式如下：

$$\text{船舶固定费用分配率} = \frac{\text{该船舶固定费用总额}}{\text{该船舶全月营运天数}}$$

某航次应负担的船舶固定费用 = 该船舶本航次营运天数 × 该船舶固定费用分配率

【例】 武定物流公司远洋运输分公司 6 月 30 日"船舶固定费用——瞭望轮"明细账余额为 2 017 260 元，该船全月共营运 30 天，其中第七航次营运了 25 天，其余 5 天为第八航次，尚在营运途中。分配该船第七航次应负担的船舶固定费用如下：

$$\text{船舶固定费用分配率} = \frac{2\ 017\ 260}{30} = 67\ 242$$

瞭望轮第七航次应负担的船舶固定费用 = 67 242 × 25 = 1 681 050(元)

瞭望轮第八航次应负担的船舶固定费用 = 67 242 × 5 = 336 210(元)

根据分配的结果，作分录如下：

借：主营业务成本——运输支出——瞭望轮第七航次　　　　1 681 050.00
　　贷：船舶固定费用——瞭望轮　　　　　　　　　　　　　　　　1 681 050.00

结转瞭望轮第七航次的船舶固定费用后，余额为 336 210 元，系该轮第八航次营运 5 天应负担的船舶固定费用。至 7 月末，该余额再加上 7 月份瞭望轮第八航次营运天数应负担的船舶固定费用，就构成了该轮第八航次的船舶固定费用。

"船舶固定费用"是成本类账户，用以核算为保持船舶适航状态所发生的经常性的维持费用。企业发生船舶固定费用时，记入借方；企业期末将其余额结转航次运行成本时，记入贷方；期末余额在借方，表示企业未完航次应负担的船舶固定费用。

远洋运输业务集装箱固定费用的归集方法与沿海、近海运输业务基本相同，两者的区别是所归集的费用分配对象不同。远洋运输业务是按船舶航次分配所归集的费用，其具体核算方法可以参照船舶的固定费用核算方法，在此不再重述。

"集装箱固定费用"是成本类账户，用以核算企业为保证集装箱的良好使用状态所发生的经常性的费用。企业发生集装箱固定费用时，记入借方；企业期末将其余额结转航次运行成本时，记入贷方；期末余额在借方，表示企业船舶未完航次应负担的集装箱固定费用。

远洋运输业务的营运间接费用可以只计入当期已完成航次成本，不必分配计入该期未完成航次成本。届时，船舶运输业务的营运间接费用，按已完成航次的船舶费用进行分配。其计算公式如下：

$$\text{营运间接费用分配率} = \frac{\text{船舶运输业务的营运间接费用}}{\text{已完成航次船舶费用总额}}$$

某船舶已完成航次应负担的营运间接费用＝该船舶已完成航次船舶费用×营运间接费用分配率

（三）内河运输成本的核算

物流企业的内河运输业务通常以船舶类型作为成本计算的对象，因此按船舶类型设置明细账，如可以分设"货轮""油轮""拖轮"等，来归集不同类型船舶的航行费用和船舶固定费用。其具体核算方法与沿海、近海运输业务相同，在此不再重述。

物流企业内河运输业务在非通航期间发生的船舶维护费用，应按船舶类型设置"船舶维护费用"明细账户予以归集。届时根据工资结算汇总表、其他人工费用分配表、领料单、发票和单据等原始凭证，借记"船舶维护费用"账户，贷记"应付职工薪酬""原材料""银行存款"等相关账户。

非通航期间发生的船舶维护费用，通常由通航期间各成本计算期的运输成本负担。届时先按非通航期间船舶维护费用的全年预算数和全年计划通航期天数，确定计划分配率，然后据以计算通航期间各月应负担的船舶维护费用。其计算公式如下：

$$计划分配率=\frac{船舶维护费用全年预算数}{全年计划通航期天数}$$

通航期某月份应负担的船舶维护费用＝该月份船舶通航天数×计划分配率

【例】 武汉物流公司内河运输分公司船舶维护费用全年预算数货轮为 369 000 元，油轮为 315 000 元，全年计划通航各为 300 天。3 月份货轮和油轮各通航了 27 天，分别分配货轮和油轮的船舶维护费用如下：

$$货轮计划分配率=\frac{369\ 000}{300}=1\ 230$$

货轮应负担的船舶维护费用＝27×1 230＝33 210(元)

$$油轮计划分配率=\frac{315\ 000}{300}=1\ 050$$

油轮应负担的船舶维护费用＝27×1 050＝28 350(元)

根据分配的结果，作分录如下：

借：主营业务成本——运输支出——货轮	33 210.00
借：主营业务成本——运输支出——油轮	28 350.00
贷：船舶维护费用——货轮	33 210.00
贷：船舶维护费用——油轮	28 350.00

"船舶维护费用"是成本类账户，用以核算企业在非通航期间发生的船舶维护费用。企业发生船舶固定费用时，记入借方；企业期末将其余额结转各类船舶运行成本时，记入贷方；期末余额在借方，表示企业尚待分配的船舶维护费用。

内河运输业务的营运间接费用也按船舶类型进行分配，其核算方法与沿海、近海运输业务相同，在此不再重述。

第四节 运输收入

一、收入概述

收入是指企业在日常活动中形成的、会导致所有者权益增加的、与所有者投入资本无关的经济利益的总流入。

（一）收入的特点

企业的收入有以下四个特点。

一是收入是从企业的日常活动中产生的，而不是从偶发的交易或事项中产生的，如物流企业提供运输、仓储等服务的收入。而有些交易或事项，如出售固定资产，也能为物流企业带来经济利益，但这并不是物流企业的经营目标，也不属于企业的日常活动，因此其流入的经济利益是利得,不是收入。

二是收入可能表现为物流企业资产的增加,如增加银行存款、应收票据和应收账款等;也可能表现为物流企业负债的减少,如以运输、仓储服务等抵偿债务;或者两者兼而有之。

三是收入能导致物流企业所有者权益的增加。由于收入能增加资产或减少负债,或两者兼而有之,因此根据"资产－负债＝所有者权益"的公式,企业取得收入一定能增加所有者权益。

四是收入只包括本企业经济利益的流入,不包括为第三方或客户代收的款项。代收的款项,一方面增加本企业的资产;另一方面增加本企业的负债,因此不增加企业的所有者权益,也不属于本企业的经济利益,不能作为本企业的收入。

（二）物流企业收入的确认和计量

物流企业为客户提供运输、仓储、装卸和配货等物流服务系为客户提供劳务,劳务收入应分别下列情况进行确认和计量。

1. 在同一会计年度内开始并完成的劳务　在这种情况下,应在劳务完成时确认收入,确认的金额为合同或协议总金额,不考虑预计可能发生的现金折扣,现金折扣应在实际发生时计入当期的财务费用。

2. 劳务的开始和完成分属不同的会计年度　在这种情况下,如在资产负债表日能对该项交易的结果作出可靠估计的,应按完工百分比法确认收入。

提供劳务的交易结果能否可靠估计,依据以下条件进行判断,如同时满足以下条件,则交易结果能够可靠地估计。

（1）合同总收入和总成本能够可靠地计量　合同总收入一般根据双方签订的合同或协议注明的交易总额确定。随着劳务的不断提供,可能会根据实际情况增加或减少交易总金额,企业应及时调整合同总收入。

（2）与交易相关的经济利益能够流入企业　只有当与交易相关的经济利益能够流入企业时,企业才确认收入。企业可以从接受劳务方的信誉、以往的经验以及双方就结算方式和期限达成的协议等方面进行判断。

（3）劳务的完成程度能够可靠地确定　劳务的完成程度可以采用以下方法确定:① 已完工作的测量。② 已经提供的劳务占应提供劳务总量的比例。③ 已经发生成本占估计总成本的比例。

3. 资产负债表日不能对交易的结果作出可靠估计　在这种情况下,应按已经发生并预计能够补偿的劳务成本确认收入,并按相同的金额结转成本;如预计已经发生的劳务成本不能得到补偿,则不应确认收入,但应将已经发生的成本确认为当期费用。

二、物流企业经营业务的分类

物流企业的经营业务可分为主营业务和其他业务两类。

(一)主营业务

主营业务是指企业为完成其经营目标而从事的日常活动中的主要交易。它可以根据企业营业执照上规定的主要业务范围确定。物流企业的主营业务是为客户提供运输、仓储、装卸和配送等物流服务。主营业务是物流企业的重要业务,是其收入的主要来源,应重点加以核算。因此,物流企业要设置"主营业务收入"账户,核算主营业务形成的收入。

(二)其他业务

其他业务是指企业主营业务以外的其他日常活动。它是企业日常活动中的次要交易。物流企业的其他业务有出租各种设备、无形资产、销售材料和辅助营运部门向社会提供服务等。它是主营业务的补充。物流企业要设置"其他业务收入"账户,核算其他业务形成的收入。

三、营业收入的核算

(一)运输业务收入的核算

物流企业经营汽车运输业务的,营运部门在完成每单运输任务后,就将托运单转交财会部门;物流企业经营船舶运输业务的,业务部门完成每航次运输业务后,就将运单转交财会部门,财会部门收到确认完成运输作业的单据,据以确认收入,届时填制增值税专用发票。增值税专用发票一式数联,其中发票联转交托运人,作为其付款的依据;存根联留存备查,记账联据以入账,届时根据专用发票上开列的价税合计金额,借记"应收账款"账户;根据提供劳务收入金额,贷记"主营业务收入"账户;根据增值税额,贷记"应交税费"账户。俟收到托运人付来款项时,再借记"银行存款"账户,贷记"应收账款"账户。

【例】 浦江物流公司1月31日船舶运输分公司确认永昌轮运输收入 3 682 600元,确认永兴轮运输收入 3 454 100元,汽车运输分公司确认运输收入 314 800元,增值税税率为9%,当即填制专用发票予以转账,作分录如下:

```
借:应收账款                                            8 122 135.00
    贷:主营业务收入——运输收入——船舶运输收入——永昌轮   3 682 600.00
    贷:主营业务收入——运输收入——船舶运输收入——永兴轮   3 454 100.00
    贷:主营业务收入——运输收入——汽车运输收入            314 800.00
    贷:应交税费——应交增值税——销项税额                  670 635.00
```

期末,企业已实现的主营业务收入要结转"本年利润"账户,届时借记"主营业务收入"账户,贷记"本年利润"账户。

【例】 光华物流公司2月份实现船舶运输收入 6 494 400元,汽车运输收入 312 600元,将其结转"本年利润"账户,作分录如下:

借：主营业务收入——运输收入——船舶运输收入　　　　6 494 400.00
借：主营业务收入——运输收入——汽车运输收入　　　　312 600.00
　　贷：本年利润　　　　　　　　　　　　　　　　　　6 807 000.00

物流企业远洋运输业务因航次营运时间长、吨位大、报告期末未完成航次运输量和运输费用大，且各期期末未完航次的运输量和运输费用差距较大。为了正确核算各会计期间的收入、成本和利润，根据配比原则，应以完工百分比法确认运输收入。完工百分比法是指按照劳务的完成程度确认收入和成本的方法。其计算公式如下：

本航次本年确认的收入＝本航次运输总收入×本年末止本航次运输的完成程度
本航次本年确认的成本＝本航次预计运输总成本×本年末止本航次运输的完成程度

【例】 东方物流公司远洋运输分公司复兴轮在2017年12月第十八航次承运上海至旧金山货物10 000吨，全程10 350海里，计运输收入4 657 500元，①预计运输总成本为3 956 000元，本月已入账1 988 600元，该航次至12月31日止已航行了8 280海里。

(1) 2017年12月31日，用完工百分比法确认该航次当年的收入如下：

$$\text{复兴轮第十八航次确认的收入} = 4\,657\,500 \times \frac{8\,280}{10\,350} = 3\,726\,000(元)$$

根据计算的结果，填制专用发票，开列运输收入3 726 000元，增值税额335 340元，款项尚未收到，作分录如下：

借：应收账款　　　　　　　　　　　　　　　　　　　4 061 340.00
　　贷：主营业务收入——运输收入——复兴轮第十八航次　3 726 000.00
　　贷：应交税费——应交增值税——销项税额　　　　　335 340.00

(2) 2017年12月31日，用完工百分比法确认该航次当年的成本如下：

$$\text{复兴轮第十八航次确认的成本} = 3\,956\,000 \times \frac{8\,280}{10\,350} = 3\,164\,800(元)$$

$$\text{复兴轮第十八航次本年应补列的成本} = 3\,164\,800 - 1\,988\,600 = 1\,176\,200(元)$$

根据计算结算，作分录如下：

借：主营业务成本——运输支出——复兴轮第十八航次　　1 176 200.00
　　贷：应付账款　　　　　　　　　　　　　　　　　　1 176 200.00

次年年初应将补列成本的原分录用红字冲转，届时借记"主营业务成本——运输支出——复兴轮第十八航次"账户(红字)，贷记"应付账款"账户(红字)。

---

① 国际运输服务增值税生产率为零。

(3) 2018年1月4日,复兴轮完成了其第十八航次的营运,确认该航次本年度的运输收入,填具专用发票,开列运输收入 931 500 元,增值税额 83 835 元,账款尚未收到,作分录如下:

  借:应收账款   1 015 335.00
   贷:主营业务收入——运输收入——复兴轮第十八航次 931 500.00
   贷:应交税费——应交增值税——销项税额   83 835.00

"主营业务收入"是损益类账户,用以核算企业确认的提供物流服务实现的收入。企业确认物流服务收入时,记入贷方;企业期末将其余额结转"本年利润"账户时,记入借方。

(二)其他业务收入的核算

物流企业出租设备和无形资产,确认出租收入时,应开具专用发票,根据专用发票上列明的价税合计金额,借记"银行存款"或"应收账款"账户,根据租赁收入贷记"其他业务收入"账户,根据增值税额,贷记"应交税费"账户。出租设备计提折旧或出租无形资产摊销时,借记"其他业务成本"账户,贷记"累计折旧"或"累计摊销"账户。

物流企业销售材料取得收入时,根据专用发票上列明的价税合计金额,借记"银行存款"或"应收账款"账户;根据销售收入,贷记"其他业务收入"账户,根据增值税额,贷记"应交税费"账户。同时,还应结转其销售成本,借记"其他业务成本"账户,贷记"原材料"账户。

物流企业辅助营运部门向社会提供服务取得收入的核算,在本章第二节中已作了阐述,在此不再重复。

【例】 6月1日,长宁物流公司将8吨汽车3辆出租给川沙公司,每辆汽车原始价值 210 000 元。

(1) 6月30日,开具专用发票,开列本月份出租3辆汽车租赁收入 9 600 元,增值税额 1 248 元,当即收到全部款项,存入银行,作分录如下:

  借:银行存款   10 848.00
   贷:其他业务收入——出租汽车   9 600.00
   贷:应交税费——应交增值税——销项税额 1 248.00

(2) 6月30日,出租的3辆汽车按1.2‰月分类折旧率,计提本月份折旧,作分录如下:

  借:其他业务成本——出租汽车   7 560.00
   贷:累计折旧   7 560.00

"其他业务收入"是损益类账户,用以核算企业确认的除主营业务活动以外的其他经营活动实现的收入。企业取得其他业务收入时,记入贷方;企业期末将其余额结转"本年利润"账户时,记入借方。

"其他业务成本"是损益类账户,用以核算企业确认的除主营业务活动以外的其他经营活动所发生的成本。企业发生其他业务成本时,记入借方;企业期末将其余额结转

"本年利润"账户时,记入贷方。

通过"其他业务收入"账户和"其他业务成本"账户的对比,可以考核其他业务的经营成果。

思 考 题

1. 什么是运输业务?试述运输业务生产经营的特点。
2. 汽车运输业务有哪些特点?
3. 试述汽车运输业务的一般程序。
4. 试述汽车运输业务的成本计算对象、成本计算单位和成本计算期。
5. 试述汽车运输业务的费用要素。
6. 汽车运输业务成本项目分为哪四项?前三项成本项目又可分为哪些明细项目?
7. 物流企业对营运车辆外胎费用采用按行驶千米摊提法时,应如何计提折旧?试述其计算公式,并说明理由。
8. 什么是辅助营运费用?它应如何进行归集和分配?
9. 试述船舶运输业务的特点和船舶运输的形式。
10. 试述船舶运输的一般业务程序。
11. 试述船舶运输的成本计算对象、成本计算单位和成本计算期。
12. 海洋船舶运输有哪些成本项目?分述各成本项目的定义。
13. 沿海、近海船舶运输的成本项目中船舶航行费用、船舶固定费用各有哪些明细成本项目?
14. 内河船舶运输的成本项目中船舶航行费用、船舶固定费用和船舶维护费用各有哪些明细成本项目?
15. 什么是收入?它有哪些特点?
16. 怎样确认和计量物流企业的劳务收入?
17. 物流企业的经营业务分为哪两类?分述各类经营业务的定义。
18. 什么是完工百分比法?它在什么情况下应用?

习 题 一

一、目的 练习汽车运输成本的核算。

二、资料

1. 浦江物流公司对燃料柴油采用实地盘存制。车队领用的外胎采用按行驶千米摊提法,其他部门领用的外胎采用一次摊销法。1月31日,发生下列有关的经济业务:

(1) 各部门本月份柴油的领用数量,月初、月末柴油的车存数量如图表 10-16 所示。

图表 10-16

燃料领用数量和车存数量汇总表

单位:升

项 目 \ 领料部门	第一车队	第二车队	修理车间	运输分公司	行政管理部门
本月领用数量	29 600	31 300	900	640	1 430
月初车存数量	2 200	2 000		50	40
月末车存数量	2 000	2 100		30	50

柴油的加权平均单价为 6.60 元,予以入账。

(2) 根据本月份的领料单,编制轮胎领用汇总表如图表 10-17 所示。

图表 10-17

轮胎领用汇总表

数量单位:条
金额单位:元

项 目 \ 领用部门	外 胎			内 胎			垫 带		
	数量	单价	金额	数量	单价	金额	数量	单价	金额
第一车队	9	900	8 100	15	70	1 050	15	22	330
第二车队	10	750	7 500	20	55	1 100	18	18	324
运输分公司				2	36	72	2	14	28
行政管理部门	1	320	320	1	36	36	1	14	14
合 计	20	—	15 920	38	—	2 258	36	—	696

(3) 本月份第一车队实际行驶 144 000 千米,每车装胎 6 条,报废外胎超 4 000 千米,轮胎规格为 10.00,千米摊提率为 0.95%。第二车队实际行驶 175 500 千米,每车装胎 6 条,报废外胎亏 3 000 千米,轮胎规格为 9.00~20.00,千米摊提率为 0.80%,摊提本月份轮胎费用。

(4) 本月份行政管理部门及汽车运输分公司发生工资总额为 154 000 元,其中:

第一车队56 280元,第二车队60 072元,修理车间10 800元,运输分公司8 400元,行政管理部门12 000元,机动司机和助手6 448元。机动司机和助手的工资按营运货物千吨/千米分配。该月第一车队营运货物1 200千吨/千米;第二车队营运货物1 280千吨/千米。

(5) 按本月份工资总额的14％、2％、1.5％、7％和21％,分别计提职工福利费、工会经费、职工教育经费、住房公积金和社会保险费。

(6) 该公司计提折旧,对营运车辆采用工作量法,对其他固定资产采用年限平均法,1月初固定资产原值、各车队营运车辆行驶千米和有关部门各类固定资产折旧率如图表10-18所示。

图表10-18

各类固定资产折旧率表

金额单位:元

固定资产类别	使用部门	原始价值	月折旧率（％）	月实际行驶千吨/千米	车辆折旧率
运输工具	第一车队	3 060 000		144	386
	第二车队	3 150 000		176	335
	汽车运输分公司	88 000	1		
	行政管理部门	160 000	1		
房屋及建筑物	第一车队	105 000	0.28		
	第二车队	120 000	0.28		
	修理车间	220 000	0.28		
	汽车运输分公司	320 000	0.21		
	行政管理部门	680 000	0.21		
机器设备	修理车间	420 000	0.8		
办公设备		115 000	0.8		
合计		8 438 000	—	320	

(7) 签发转账支票支付保险公司全年车辆保险费195 300元。其中:第一车队90 000元,第二车队97 200元,汽车运输分公司3 300元,行政管理部门4 800元。

(8) 摊销应由本月份负担的车辆保险费。

(9) 修理车间修理车辆直接耗用材料汇总表如图表10-19所示。予以入账。

图表 10-19

修理车间修理车辆直接耗用材料汇总表

2018年1月1～31日　　　　　　　　　　　　　　　单位：元

材料用途 用料部门	维修保养	大修理	合计
第一车队	3 572	19 860	23 432
第二车队	5 099	20 972	26 071
汽车运输分公司	120	13 858	13 978
行政管理部门	180		180
南市运输公司	1 200	20 506	21 706
合计	10 171	75 196	85 367

（10）修理车间本月份共领用机油、润滑油（燃料除外）等各种材料计2 568元，领用各种工具3 050元，采用一次摊销法核算。

（11）该公司修理车间本月份各成本计算对象实际耗用工时如图表10-20所示。

图表 10-20

修理车间修理车辆实际耗用工时表

2018年1月份　　　　　　　　　　　　　　　　单位：小时

工时用途 用工部门	维修保养	大修理	合计
第一车队	130	160	290
第二车队	120	150	270
汽车运输分公司	15	35	50
行政管理部门	25		25
南市运输公司	60	205	265
合计	350	550	900

按修理工人工时比例分配修理车间共同费用。

（12）修理车间本月份承接的大修理车辆已全部完工，本公司大修理车辆的受益期限为18个月，结转所归集的辅助营运费用。

（13）摊销本月份应负担的车辆大修理费用53 497元，其中：第一车队24 727元，第二车队25 300元，汽车运输分公司1 690元，行政管理部门1 780元。

（14）汽车运输分公司本月份发生差旅费、水电费和办公费用共6 362元，一并签发转账支票付讫。

(15) 按本月份直接费用比例分配营运间接费用。

2. 浦江物流公司1月份第一车队实际完成运输周转量为1 200千吨/千米;第二车队实际完成运输周转量为1 280千吨/千米。

三、要求

1. 根据"资料1",编制会计分录。
2. 根据会计分录设置并登记"主营业务成本——运输支出"明细账。
3. 根据"资料2"及登记的"主营业务成本——运输支出"明细账,编制汽车运输成本计算表。

习 题 二

一、目的
练习船舶运输成本的核算。

二、资料

1. 广兴物流公司海运分公司经营沿海运输业务,1月31日发生下列有关的经济业务:

(1) 根据本月份的柴油领料单和船存柴油盘存表,编制的燃料耗用汇总表如图表10-21所示。

图表10-21

燃料耗用汇总表

燃料名称:柴油　　　　2018年1月1~31日

数量单位:升
金额单位:元

项目 领料部门	月初船存数量	本月领用数量	期末船存数量	本月耗用数量	加权平均单价	本月耗用金额
光辉轮	4 800	166 300	5 100	166 000	6.50	1 079 000
光耀轮	4 000	156 000	3 000	157 000	6.50	1 020 500
合 计	8 800	322 300	8 100	323 000	—	2 099 500

(2) 本月份发放的工资总额中,光辉轮船员为160 000元,光耀轮船员为146 000元,后备船员为16 000元,分配本月份船员工资。

(3) 按本月份船员工资总额的14%、2%、1.5%、7%和21%,分别计提职工福利费、工会经费、职工教育经费、住房公积金和社会保险费。

(4) 以银行存款支付本月份发生的引水费和港务费等各种港口费共308 000元,其中:光辉轮160 000元,光耀轮148 000元。

(5) 以银行存款支付本月份发生的装卸工力资费和理货费等各种货物费共

234 860元，其中：光辉轮122 282元，光耀轮112 578元。

（6）以银行存款支付本月份发生的汽车接运费等各种中转费共104 600元，其中：光辉轮54 800元，光耀轮49 800元。

（7）本月份根据各船舶不同用途的领料单编制的领料单汇总表如图表10-22所示。

图表10-22

领料单汇总表

2018年1月1～31日　　　　　　　　　　　　　　　单位：元

领料部门＼材料种类	垫隔材料	润料	船舶材料	合计
光辉轮	11 400	82 400	76 400	170 200
光耀轮	10 600	75 800	61 400	147 800
合计	22 000	158 200	137 800	318 000

（8）以银行存款支付速遣费25 640元，其中：光辉轮13 380元，光耀轮12 260元。

（9）以银行存款支付货损事故损失15 020元，其中：光辉轮8 540元，光耀轮6 480元。

（10）以银行存款支付淡水费和交通车船费等船舶航行其他费用218 530元，其中：光辉轮115 150元，光耀轮103 380元。

（11）计提本月份集装箱折旧费101 000元，船舶折旧费1 069 200元。船舶折旧费中，光辉轮为547 200元，光耀轮为522 000元。

（12）摊销1年以前发生的、应由本月份负担的船舶大修理费用204 300元，其中：光辉轮105 500元，光耀轮98 800元。

（13）摊销本月份负担的船舶保险费420 650元，其中：光辉轮216 760元，光耀轮203 890元。

（14）计提本月份的车船税3 270元，其中：光辉轮1 750元，光耀轮1 520元。

（15）船舶非营运期间费用全年预算数光辉轮为1 205 820元，光耀轮为997 290元，两艘船舶的全年计划营运天数均为315天。本月份光辉轮营运了25天，光耀轮营运了24天，分配本月份船舶非营运期间费用。

（16）以银行存款支付制发给船员的服装费、广告及业务活动费和电讯费等船舶共同费用147 410元。

（17）以银行存款支付船舶检验费等其他船舶固定费用81 706元，其中：光辉轮42 920元，光耀轮38 786元。

（18）本月份光辉轮实际完成运输周转量92 400千吨/海里；光耀轮实际完成运输

周转量 83 600 千吨/海里,按运输周转量分配各船应负担的船舶共同费用。

(19) 本月份共发生集装箱固定费用 916 520 元,其中:光辉轮装 40 英尺集装箱 92 只,该船共使用 25 天;光耀轮装 20 英尺集装箱 175 只,该船共使用 24 天。以 20 英尺集装箱作为标准箱,分配集装箱固定费用。

(20) "营运间接费用——海运分公司"账户,本月份共归集了 585 015 元,按该月两艘船舶发生的船舶费用进行分配。

(21) 将本月份的船舶运输成本结转"本年利润"账户。

2. 津门物流公司远洋运输分公司 12 月 31 日发生下列有关的经济业务:

(1) 计提本月份集装箱折旧费 1 119 900 元,其中:东海轮 594 000 元,北海轮 525 900 元。

(2) 本月末"船舶固定费用——东海轮"明细账余额为 2 498 100 元,"船舶固定费用——北海轮"明细账余额为 2 273 100 元,两艘船舶全月均营运了 30 天。东海轮第五航次营运了 26 天,其余 4 天为第六航次,尚在营运中;北海轮第六航次营运了 25 天,其余 5 天为第七航次。分配已完航次应负担的船舶固定费用。

(3) 东海轮装 40 英尺集装箱 90 只,第五航次使用 26 天,第六航次使用 4 天;北海轮装 20 英尺集装箱 160 只,第六航次使用了 25 天,第七航次使用了 5 天。以 20 英尺集装箱作为标准箱,分配已完航次的集装箱固定费用。

(4) "营运间接费用——远洋运输分公司"账户本月份共归集了 588 400 元。东海轮第六航次的船舶费用为 3 046 000 元,北海轮第七航次的船舶费用为 2 838 000 元,营运间接费用按本月份两艘船舶已完航次发生的船舶费用进行分配。

3. 北方物流公司内河运输分公司 2 月份发生下列有关的经济业务:

(1) 10 日,领用非通航期间的燃料 9 600 元,维护用材料 3 600 元,维护用工具 2 400 元,采用一次摊销法。

(2) 15 日,以银行存款支付为保护船舶免受流冰损坏的破冰费 8 400 元。

(3) 28 日,本月份发放的工资总额中,货轮船员工资 132 000 元,其中:非通航期间留船船员工资 10 800 元;油轮船员工资 126 000 元,其中非通航期间留船船员工资 9 000 元,分配本月份船员工资。

(4) 28 日,按本月份船员工资总额的 14%、2%、1.5%、7% 和 21%,分别计提职工福利费、工会经费、职工教育经费、住房公积金和社会保险费。

(5) 28 日,本公司船舶维护费全年预算数货轮为 325 380 元,油轮为 312 620 元,全年计划通航为 290 天。2 月份货轮和油轮各通航了 10 天,分别分配货轮和油轮的船舶维护费用。

三、要求

1. 根据"资料 1",编制会计分录。

2. 根据编制的会计分录设置并登记"主营业务成本——运输支出——光辉轮""主营业务成本——运输支出——光耀轮"明细账。

3. 根据"资料1"及登记的"主营业务成本——运输支出——光辉轮""主营业务成本——运输支出——光耀轮"明细账,编制"船舶运输成本计算表"。

4. 分别根据"资料2"和"资料3",编制会计分录。

习 题 三

一、目的 练习营业收入的核算。

二、资料 鸿兴物流公司12月份发生下列有关的经济业务:

1. 15日,汽车运输分公司收到零星汽车运输收入32 500元,增值税额2 925元,存入银行。

2. 31日,沿海运输分公司确认长虹轮已完航次运输收入2 822 650元,确认长风轮已完航次运输收入2 435 600元,汽车运输分公司确认运输收入307 800元,增值税税率为9%,当即填制专用发票予以转账。

3. 31日,远洋运输分公司本月长江轮第二十航次承运上海至悉尼货物6 000吨,全程8 700海里,计运输收入2 349 000元,预计运输总成本为1 973 000元。该航次至12月31日止已航行了5 220海里;黄河轮第十七航次承运上海至温哥华货物5 000吨,全程9 450海里,计运输收入2 126 250元,预计运输总成本为1 786 000元。该航次至12月31日止已航行了3 780海里。用完工百分比法确认这两艘船舶当年的运输收入和运输成本。运输收入的增值税税率为9%,当即填制专用发票,予以转账。

4. 31日,填制专用发票,开列本月份出租4辆5吨汽车租赁收入7 500元,增值税额975元,当即收到全部款项,存入银行。

5. 31日,出租的4辆5吨汽车的原始价值共为535 000元,按1.2‰月分类折旧率计提本月份折旧。

6. 31日,将"主营业务收入""其他业务收入"账户余额结转"本年利润"账户。

7. 31日,将"其他业务成本"账户余额结转"本年利润"账户。

8. 次年1月2日,冲转年末预计入账的长江轮第二十航次和黄河轮第十七航次的运输成本。

9. 次年1月6日,长江轮完成了其第二十航次的营运,确认该航次本年度的运输收入,予以入账。

10. 次年1月11日,黄河轮完成了其第十七航次的营运,确认该航次本年度的运输收入,予以入账。

三、要求 编制会计分录。

第十一章　仓储、装卸和配送业务

第一节　仓储、装卸和配送业务概述

一、仓储业务概述

（一）仓储业务的意义

仓储业务是指物流企业运用仓库及各种储存设备为客户提供货物储存和保管的业务。物流企业在物流业务中，运输业务承担了改变货物空间状态的重任，而仓储业务则承担了改变货物时间状态的重任。

物流企业的仓储业务所开展的生产经营活动是社会物质生产的必要条件，它是生产过程的继续，这种生产经营活动联结着生产与再生产，生产与消费的环节，从而为货物创造了时间效用，使货物潜在的使用价值成为可以满足社会消费需要的、现实的使用价值。

（二）仓储的功能

1. 储存功能　　储存功能是仓储业务最基本的功能。在现实经济生活中，如粮食、棉花等农产品是在特定的季节收获的，但粮食的消费和棉花作为原料的需求则全年是均衡的；反之，空调机、羽绒服等工业品是全年生产的，但消费则有着明显的季节性。这些情况都需要仓储来支持市场营销活动。仓储的储存功能提供了存货的缓冲，使生产活动在受到材料来源和客户需求的限制条件下提高效率。

2. 整合功能　　整合功能是指仓库接受来自一系列制造工厂指定送往某一特定地区的货物，然后将它们拼装整合成单一的一票装运的仓储功能。整合功能可以节省运输费用，并使客户的收货站台减少拥塞。

3. 分类功能　　分类功能是指仓库接收来自制造商的客户组合订货，然后将组合订货分类或分割成个别订货，并安排当地的运输部门负责运送到各个客户处去的仓储功能。由于长距离运输转移的是大批量的装运，运输费用较低，通过仓库的分类就能节约运输费用。

4. 交叉站台功能　　交叉站台功能是指交叉站台设施从多个制造商处收到运来整车的货物，货物中如果有标签的，就按客户进行分类，如果没有标签的，则按地点进行分配；然后产品就像"交叉"一词的意思那样穿过"站台"装上被指定去适当客户处的拖车；一旦该拖车装满了来自多个制造商的组合产品后，它就被放行运往客户的仓储功能。交叉站台功能既能使所有的车辆都进行充分的装载,节约了运输费用,又能更有效地利用站台设施,使站台装载利用率达到最大限度。

二、装卸业务概述

(一)装卸业务的意义

装卸业务是指物流企业运用机械设备和人力为客户提供改变货物在物流同一节点内的存在状态和空间位置的服务。这里的装卸是广义的装卸,它包括狭义的装卸和搬运。狭义的装卸是指货物在指定地点以人力或机械装入运输设备或卸下,其结果是货物上下方向的位移。搬运则是指在同一场所内对货物进行水平的移动,其结果是货物横向或斜向的位移。在实际工作中,装卸和搬运是密不可分的,通常合称装卸搬运,或简称装卸,即广义的装卸。

此外,运输与搬运的区别主要是物流的活动范围不同,运输活动是在物流节点之间进行,而搬运则是在物流节点内进行,而且是短距离的移动。

在物流企业的生产经营活动中,运输、仓储和配送等业务均以装卸业务为起点和终点的。于是装卸活动总是不断地出现,反复地进行着,并且每次装卸活动均要耗费时间,而这一时间的长短是决定物流速度的关键。如装卸人员操作不当将会造成货物破损、散失和损耗等损失。因此装卸活动效率的高低和质量的好坏,会直接影响到物流企业的整体效率和为社会服务的质量。

(二)装卸业务生产经营的特点

1. 装卸业务是附属性、伴生性的活动　　装卸业务是物流企业的运输、仓储和配送等业务生产经营活动的开始和结束时必然发生的活动。例如,货物需要从仓库搬运至运输工具处,并装上运输工具才能进行运输,运输到储存地以后,又要从运输工具上卸下,并搬运至仓库才能进行储存。

2. 装卸业务是支持性、保障性的活动　　装卸业务的生产经营活动的质量会影响物流企业其他业务的生产经营活动的质量和速度。例如,货物装船太慢,就会拖延船舶起航的时间;又如,货物装船、装车不当,会引起运输过程中的损失,货物卸放不当,又会引起货物转换成下一步运动的困难等等。因此物流企业其他业务的生产经营活动只有在装卸业务的有效支持下,才能实施高水平的营运。

3. 装卸业务是衔接性的活动　　在任何其他物流业务活动互相过渡时,通常是以装卸业务来衔接的,因此,装卸业务往往成为整个物流活动的"瓶颈",它是物流各项作业之间能否形成有机联系和紧密衔接的关键。建立一个有效的物流系统,关键看这一衔接是否有效。

三、配送业务概述

(一)配送业务的意义

配送业务是指物流企业根据客户的要求,对货物进行储存、拣选、包装和组配等作业,并按时将组配的货物以最合理的方式送交收货人的服务。配送是物流系统中一种特殊的、综合的活动形式,它集装卸、储存、包装和运输于一身,通过一系列活动完成将货物送达收货人的业务。

物流企业的配送业务所开展的生产经营活动,由于具有灵活性、适应性和服务性,解决了支线运输和小搬运这一物流过程中的薄弱环节,它将支线运输和小搬运统一起来,使输送过程得以优化和完善;配送业务将用户所需的各种货物配备好,集中起来向用户发货,以及将多个用户的小批量货物集中起来进行一次发货等方式,提高了末端物流的经济效益;配送业务还将原由各生产企业自己储存的货物,集中到物流企业的仓库,既提高了仓库的利用效率,又产生了规模经济效应,降低了货物的储存成本,提高了社会经济效益。

(二)配送业务生产经营的特点

1. 配送业务是从物流企业至用户的一种特殊送货形式　　物流企业的配送业务在货物的整个输送过程中是处于"二次输送""支线输送"或"终端输送"的位置,它是"中转"型送货,通常是短距离少量货物的移动。

2. 配送业务是运输与其他活动共同构成的组合体　　配送业务不是单纯的运输或输送,它是运输与仓储、分拣、包装、组配和装卸紧密结合在一起的生产经营活动。

3. 配送业务是送货到户式的服务　　配送业务是一种"门到门"的服务,可以将货物从物流企业一直送到用户指定的仓库、营业场所、车间和个体消费者手中。

第二节 仓储成本

一、仓储的一般业务程序

(一)签订仓储合同

仓储合同又称仓储保管合同,是指保管人接受存货人交付储存的货物,并在储存期限届满时,完好地归还该货物,存货人给付保管费的协议。通过签订仓储合同以明确双方的权利义务关系。

(二)验收货物

仓库保管员在接收到库的货物时,存货人先提供仓储合同副本、承运人的运单或接运人员交付的到货交接单等,并提供货物的质量证明书或合格证及其他相关单证。只有在各种单证齐全,并经核对无误后货物才能得以验收。验收时要点收货物的数量,检查货物的包装和标志,并鉴定货物的质量指标是否符合规定等。对于满足收货条件的,可在交接清单上签收,并写上需注明的情况,以便分清仓库与运输部门的责任;对于不符合收货要求的,可在交接清单上注明,并拒收货物。

（三）办理入库手续

货物验收后，由保管员填写入库通知单，在该单上注明货物的品名、型号、规格、数量、单位以及货物存放的库房号和货位号，并由保管员签字确认。入库通知单一式数联，其中一联交付存货人作为其存货的依据，一联作为货卡由仓库保管员留存，另一联据以登记"实物保管明细账"。同时，仓库业务部门凭入库通知单向存货人签发仓单。仓单是指保管人向存货人填发的表明仓储保管关系的存在，以及保管人愿意向仓单持有人履行交付仓储物义务的凭证。

（四）货物保管

货物进入仓库后，在保管期间要经常检查货物的数量是否正确、质量有无变化以及保管条件和安全措施是否符合要求。并进行定期和不定期的盘点，核对货物实际数量与保管账上的数量是否相符，分析货物数量溢缺的原因，以改进货物的仓储管理。

（五）货物出库

仓库接到存货人或仓单持有人持有的仓单和出库通知后，在对单证审核无误后，收回仓单，签发仓库货物出库单，在出库单上注明发货商品存放的货区、库房、货位编号及发货后应有的储存数量，将其连同提货单一并转交仓库保管员，保管员对转交的出库单复核无误后，备齐货物，当面与提货人按单逐件点交清楚，办好交接手续，提货人和保管员均应在出库单上签章。出库单一式数联，发货结束后，应在出库单上加盖"发讫"戳记，然后将一联出库单及相关单证送交存货人，以便其办理账款结算，保管员自留一联登记实物保管明细账。出库单应定期装订成册，妥善保管，在规定的时间内，转交财会人员，财会人员据以向存货人收取堆存收入。

二、仓储业务的成本核算对象、成本计算单位和成本计算期

（一）仓储成本核算对象

物流企业经营仓储业务的仓库的类型复杂多样，它按建筑结构可分为露天仓库、简易仓库、平房仓库、楼房仓库、立体仓库和罐式仓库等；按保管货物的特性可分为普通仓库、冷藏仓库、恒温仓库和特种危险品仓库等。因此，仓储业务的成本核算对象为各种类型的仓库。

（二）仓储业务的成本计算单位

仓储业务的成本计算单位是以货物堆存量的计量单位为依据的。货物堆存量通常以重量作为成本计量单位，用堆存吨/天表示。它是指实际堆存货物的吨数与货物堆存天数的乘积。货物堆存量也能以面积作为成本计量单位，用堆存平方米/天表示，它是指实际堆存货物的面积与堆存货物天数的乘积。在实际工作中，通常用堆存千吨/天或堆存千平方米/天作为仓储业务的成本计算单位。

（三）仓储业务的成本计算期

仓储业务的成本，应按月、季、半年、年计算，并计算从年初至各月末止的累计成本。

三、仓储成本项目

仓储成本项目分为堆存直接费用和营运间接费用两项。

（一）堆存直接费用

堆存直接费用是指仓库因仓储、保管货物而发生的直接费用。它有以下十一个明细项目。

1. 工资费用　　它是指按规定支付给从事仓储作业人员的工资、奖金、津贴和补贴。

2. 其他人工费用　　它是指根据仓储作业人员的工资总额，按规定的比例计提的职工福利费、工会经费、职工教育经费、住房公积金和社会保险费。

3. 材料费　　它是指因仓储、保管货物所消耗的各种材料。

4. 低值易耗品摊销　　它是指应由本期仓储成本负担的货架、托盘、垫仓板和苫布等仓储工具和其他低值易耗品的摊销额。

5. 动力及照明费　　它是指冷藏仓库、恒温仓库等仓库耗用的动力费和各种仓库耗用的照明费。

6. 折旧费　　它是指仓库等仓储设备按照规定计提的折旧费用。

7. 修理费　　它是指为保证仓储设备正常使用而发生的修理费用。

8. 劳动保护费　　它是指仓储作业中职工劳动保护费用，它包括防暑清凉饮料费用。

9. 事故损失　　它是指在仓储作业过程中，因仓库责任而造成的货物被盗、丢失、损毁、变质和错交等货损、货差事故损失。

10. 保险费　　它是指应由本期仓储业务负担的财产保险费用。

11. 其他费用　　它是指不属于以上项目的仓储直接费用。

（二）营运间接费用

由于仓储业务和装卸业务是密不可分的，仓储和装卸业务往往与客户合签一张合同，因此营运间接费用是指企业的仓储装卸、营运部或分公司为管理和组织仓储和装卸的营运生产所发生的管理费用和业务费用。

四、仓储成本的核算

由于仓储业务是堆存货物，因此仓储成本习惯上称为堆存成本。

（一）堆存直接费用的归集

物流企业仓储货物所发生的堆存直接费用，应根据"工资结算汇总表""其他人工费用分配表""耗用材料汇总表""固定资产折旧费用计算表"及各种发票、单据等，直接列入所属仓库或库区的成本。届时借记"主营业务成本——堆存支出"账户，贷记"应付职工薪酬""原材料""累计折旧"和"银行存款"等相关的账户。

【例】　光明物流公司6月份发放的工资总额中，简易仓库仓储作业人员工资费用为24 000元,立体仓库仓储作业人员工资费用为42 000元,6月份仓库设备折旧额,简易仓库为39 470元,立体仓库为76 100元。

(1) 分配工资费用　　分配本月份仓储作业人员工资费用,作分录如下:

借:主营业务成本——堆存支出——简易仓库——工资费用　　　24 000.00
借:主营业务成本——堆存支出——立体仓库——工资费用　　　42 000.00
　贷:应付职工薪酬——工资　　　　　　　　　　　　　　　　66 000.00

(2) 计提其他人工费用　　根据仓储作业人员的工资总额,分别按14％、2％、1.5％、7％和21％计提本月份职工福利费、工会经费、职工教育经费、住房公积金和社会保险费。作分录如下:

借:主营业务成本——堆存支出——简易仓库——其他人工费用　10 920.00
借:主营业务成本——堆存支出——立体仓库——其他人工费用　19 110.00
　贷:应付职工薪酬——职工福利　　　　　　　　　　　　　　9 240.00
　贷:应付职工薪酬——工会经费　　　　　　　　　　　　　　1 320.00
　贷:应付职工薪酬——职工教育经费　　　　　　　　　　　　　990.00
　贷:应付职工薪酬——住房公积金　　　　　　　　　　　　　4 620.00
　贷:应付职工薪酬——社会保险费　　　　　　　　　　　　　13 860.00

(3) 计提折旧费　　按仓库设备月折旧额计提本月份折旧费。作分录如下:

借:主营业务成本——堆存支出——简易仓库——折旧费　　　　39 470.00
借:主营业务成本——堆存支出——立体仓库——折旧费　　　　76 100.00
　贷:累计折旧　　　　　　　　　　　　　　　　　　　　　115 570.00

(二) 营运间接费用的归集与分配

物流企业的营运间接费用应按营运部或分公司设置明细分类账,归集营运部或分公司发生的营运间接费用,期末按营运部或分公司的堆存直接费用和装卸直接费用的比例进行分配。其计算公式如下:

$$\text{分配率} = \frac{\text{某营运部或分公司营运间接费用}}{\text{该营运部或分公司堆存直接费用} + \text{该营运部或分公司装卸直接费用}}$$

$$\text{该营运部或分公司仓储业务应负担的营运间接费用} = \text{该营运部或分公司堆存直接费用} \times \text{分配率}$$

$$\text{该营运部或分公司装卸业务应负担的营运间接费用} = \text{该营运部或分公司装卸直接费用} \times \text{分配率}$$

【例】　光明物流公司1月31日"营运间接费用——仓储装卸营运部"明细账户余额为31 976元,该月简易仓库发生堆存直接费用102 000元,立体仓库发生堆存直接费用 181 000 元,两个装卸队共发生装卸直接费用 288 000 元。分配两个仓库仓储业务各应负担营运间接费用如下:

$$\text{分配率} = \frac{31\,976}{102\,000 + 181\,000 + 288\,000} = 0.056$$

简易仓库仓储业务应负担营运间接费用 = 102 000 × 0.056 = 5 712(元)
立体仓库仓储业务应负担营运间接费用 = 181 000 × 0.056 = 10 136(元)

根据分配的结果,作分录如下:

借:主营业务成本——堆存支出——简易仓库——营运间接费用　　5 712.00
借:主营业务成本——堆存支出——立体仓库——营运间接费用　　10 136.00
　　贷:营运间接费用——仓储装卸营运部　　　　　　　　　　　15 848.00

五、堆存成本的计算

仓储业务应负担的堆存直接费用和营运间接费用构成了堆存总成本。堆存总成本除以货物堆存量即为堆存单位成本,其计算公式如下:

$$\text{堆存单位成本(元/堆存千吨天)} = \frac{\text{堆存总成本}}{\text{货物堆存量(堆存千吨天)}}$$

物流企业月末应根据"主营业务成本——堆存支出"明细账所归集的堆存成本和该月实际完成的堆存量编制"堆存成本计算表",以反映堆存总成本和单位成本。"主营业务成本——堆存支出"明细账也采用多栏式账页,其登记方法与前述的"主营业务成本——运输支出"明细账相同,在此不再重述。

【例】 光明物流公司1月份简易仓库实际完成堆存量为263千吨/天,立体仓库实际完成堆存量为452千吨/天。该公司"主营业务成本——堆存支出"明细账的资料从略,现据以编制"堆存成本计算表"如图表11-1所示。

图表 11-1

堆存成本计算表

2018 年 1 月 31 日　　　　　　　　　　　　　　　　单位:元

项　目	本年预算数	本月实际数			本年累计数		
		合计	简易仓库	立体仓库	合计	简易仓库	立体仓库
一、堆存直接费用		283 000	102 000	181 000			
1. 工资费用		66 000	24 000	42 000			

(续表)

项　目	本年预算数	本月实际数			本年累计数		
		合计	简易仓库	立体仓库	合计	简易仓库	立体仓库
2. 其他人工费用	(略)	30 030	10 920	19 110	(略)	(略)	(略)
3. 材料费		7 330	2 960	4 370			
4. 低值易耗品摊销		10 210	4 150	6 060			
5. 动力及照明费		7 500	2 820	4 680			
6. 折旧费		104 705	35 630	69 075			
7. 修理费		26 860	9 660	17 200			
8. 劳动保护费		9 180	3 620	5 560			
9. 事故损失		5 240	1 960	3 280			
10. 保险费	(略)	4 860	1 650	3 210			
11. 其他费用		11 085	4 630	6 455			
二、营运间接费用		15 848	5 712	10 136			
三、堆存总成本		298 848	107 712	191 136			
四、堆存量(千吨/天)		715	263	452			
五、堆存单位成本(元/千吨天)		417.97	409.55	422.87			

第三节　装卸成本

一、装卸的一般业务程序

（一）签订装卸合同

装卸合同是指装卸人接受客户的要求，将货物完好无损地装入运输设备或卸下运输设备，并将卸下的货物搬运至指定的地点，客户给付装卸费的协议。通过签订装卸合同以明确双方的权利和义务。

（二）落实装卸作业的组织

装卸营运部根据装卸合同对装卸作业对象的特点进行详细了解，据以确定装卸搬运作业的方式，规划装卸搬运作业路线，选择装卸搬运的工具和设备，组织装卸搬运作业人员，并签发装卸作业单，单内列明装卸货物的名称、数量及装卸的要求等。装卸作业单一式四联，装卸营运部留存一联，将其余三联转交装卸队。

（三）装卸货物

装卸队在进行装卸作业前，应先核对装卸的货物与装卸作业单上所列的品名与数量是否相符，检查包装是否完好等，确认无误后才能进行装卸作业。装卸完毕后，在装卸作业单上签章后，将三联装卸作业单转交装卸营运部，装卸营运部留下一联，另两联转交财会部门，财会部门留下一联入账，另一联转交客户，作为收取装卸收入的依据。

二、装卸业务的成本核算对象、成本计算单位和成本计算期

（一）装卸业务的成本核算对象

物流企业以运输业务或仓储业务为主的，在经营装卸业务时，可以机械作业和人工作业分别作为成本核算对象，核算其成本。以机械作业为主，人工作业为辅的作业活动，可不单独核算人工装卸成本，以人工作业为主，机械作业为辅的作业活动，也可以不单独核算机械装卸成本。

物流企业经营港口业务的，为了加强成本管理，可以装卸作业的主要货种作为成本核算对象，核算其成本。主要货种可分为石油、煤炭、矿石、木材、粮食、集装箱和杂货等。

（二）装卸业务的成本计算单位

装卸业务的成本计算单位是以货物装卸量的计量单位为依据的，货物装卸量通常以重量作为成本计量单位，用装卸吨表示。

集装箱装卸业务的成本计算单位可采用标准箱，也可以采用装卸吨，两者的换算比例如下：

$$1\text{ 标准箱} = 10\text{ 装卸吨}$$

（三）装卸业务的成本计算期

装卸业务的成本，应按月、季、半年和年计算，并计算从年初至各月末止的累计成本。

三、装卸成本项目

装卸成本项目分为装卸直接费用和营运间接费用两项。

（一）装卸直接费用

装卸直接费用是指物流企业因装卸货物而发生的直接费用。它有以下十四个明细项目。

1. 工资费用　　它是指按规定支付给从事装卸作业人员的工资、奖金、津贴和补贴。
2. 其他人工费用　　它是指根据装卸作业人员的工资总额按规定的比例计提的职工福利费、工会经费、职工教育经费、住房公积金和社会保险费。

3. 燃料费　　它是指各种装卸机械和机械化装卸系统在运行过程中实际耗用的汽油和柴油等燃料。

4. 轮胎　　它是指装卸机械领用的外胎、内胎和垫带及其翻新和零星修补费用。

5. 材料费　　它是指在装卸作业中所耗用的各种材料,装卸队自行维修保养装卸机械、装卸工具所耗用的各种材料,以及领用的各种手用工具和随车工具等。

6. 动力及照明费　　它是指装卸机械在运行中消耗的动力和照明用电费。

7. 低值易耗品摊销　　它是指应由本期装卸成本负担的抓斗、漏斗、网络、托盘、手推车和跳板等装卸用具的摊销额。

8. 折旧费　　它是指各种装卸机械设备按规定提取的折旧费。

9. 修理费　　它是指为装卸机械设备和装卸工具进行维修发生的工料费用。

10. 外付装卸费　　它是指支付给外单位支援装卸作业所发生的费用。

11. 劳动保护费　　它是指从事装卸业务使用的劳动保护用品、防暑清凉饮料以及采取劳动保护措施等所发生的各项费用。

12. 事故损失　　它是指在装卸作业过程中,因装卸作业人员造成的应由本期装卸成本负担的货损、机损,以及装卸作业人员的人身伤亡等事故所发生的损失。

13. 保险费　　它是指应由本期装卸成本负担的财产保险费。

14. 其他费用　　它是指不属于以上各项目的装卸直接费用。

（二）营运间接费用

营运间接费用是指物流企业的装卸营运部或分公司为管理和组织装卸的营运生产所发生的管理费用和业务费用。

四、装卸成本的核算

（一）装卸直接费用的归集

物流企业装卸货物所发生的装卸直接费用,应根据"工资结算汇总表""其他人工费用分配表""燃料耗用汇总表""轮胎领用汇总表""耗用其他材料汇总表""固定资产折旧费用计算表"及各种发票和单据等,直接列入所属装卸队的成本。届时借记"主营业务成本——装卸支出"账户,贷记"应付职工薪酬""原材料""累计折旧""银行存款"等相关账户。这里需要说明的是,装卸机械使用的轮胎外胎的磨损,由于与行驶里程无关,因此不能采用按行驶里程摊提法,而应采用一次摊销法。如果一次领换轮胎外胎数量较多时,也可以先列入"待摊费用"账户,然后分月摊销计入装卸成本。

【例】光明物流公司仓储装卸营运部下有两个装卸队,装卸一队以人工作业为主,机械作业为辅;装卸二队以机械作业为主,人工作业为辅,1月份发生下列部分有关的经济业务:

(1) 分配本月份装卸作业人员工资费用,其中装卸一队38 200元,装卸二队27 600元,作分录如下:

借:主营业务成本——装卸支出——装卸一队——工资费用　　38 200.00
借:主营业务成本——装卸支出——装卸二队——工资费用　　27 600.00
　　贷:应付职工薪酬——工资　　　　　　　　　　　　　　　65 800.00

(2) 按本月份装卸作业人员工资总额的14%、2%、1.5%、7%和21%分别计提职工福利费、工会经费、职工教育经费、住房公积金和社会保险费,作分录如下:

借:主营业务成本——装卸支出——装卸一队——其他人工费用　17 381.00
借:主营业务成本——装卸支出——装卸二队——其他人工费用　12 558.00
　　贷:应付职工薪酬——职工福利　　　　　　　　　　　　　　9 212.00
　　贷:应付职工薪酬——工会经费　　　　　　　　　　　　　　1 316.00
　　贷:应付职工薪酬——职工教育经费　　　　　　　　　　　　987.00
　　贷:应付职工薪酬——住房公积金　　　　　　　　　　　　　4 606.00
　　贷:应付职工薪酬——社会保险费　　　　　　　　　　　　　13 818.00

(3) "燃料耗用汇总表"列明装卸一队耗用柴油1 270元,装卸二队耗用柴油9 080元。作分录如下:

借:主营业务成本——装卸支出——装卸一队——燃料费　　　　2 280.00
借:主营业务成本——装卸支出——装卸二队——燃料费　　　　10 710.00
　　贷:原材料——燃料　　　　　　　　　　　　　　　　　　　12 990.00

(4) "轮胎领用汇总表"列明装卸一队领用轮胎1 500元,装卸二队领用轮胎6 200元。轮胎采用一次摊销法,作分录如下:

借:主营业务成本——装卸支出——装卸一队——轮胎　　　　　1 500.00
借:主营业务成本——装卸支出——装卸二队——轮胎　　　　　6 200.00
　　贷:原材料——轮胎　　　　　　　　　　　　　　　　　　　7 700.00

(二) 营运间接费用的归集和分配

由于物流企业的装卸作业与仓储作业、运输作业常常相互衔接,关系密切,因此,物流企业往往由营运部或分公司来统一组织和管理这些业务的生产经营活动。这就要求营运间接费用按营运部或分公司进行归集,期末按这些业务的直接费用的比例进行分配,其计算公式在上一节已作了阐述,在此不再重述。

【例】 光明物流公司1月31日"营运间接费用——仓储装卸营运部"明细账户余额为31 976元,该月装卸一队发生装卸直接费用101 000元,装卸二队发生装卸直接费用187 000元,两个仓库发生堆存直接费用283 000元,分配两个装卸队各应负担的营运间接费用如下：

$$分配率 = \frac{31\,976}{101\,000 + 187\,000 + 283\,000} = 0.056$$

装卸一队应负担的营运间接费用 = 101 000 × 0.056 = 5 656（元）
装卸二队应负担的营运间接费用 = 187 000 × 0.056 = 10 472（元）

根据分配的结果，作分录如下：

借：主营业务成本——装卸支出——装卸一队——营运间接费用　　5 656.00
借：主营业务成本——装卸支出——装卸二队——营运间接费用　　10 472.00
　贷：营运间接费用——仓储装卸营运部　　　　　　　　　　　　16 128.00

五、装卸成本的计算

装卸业务应负担的装卸直接费用和营运间接费用构成了装卸总成本。装卸总成本除以货物装卸量即为装卸单位成本。其计算公式如下：

$$\text{装卸单位成本（元/装卸千吨）} = \frac{\text{装卸总成本}}{\text{货物装卸量（装卸千吨）}}$$

物流企业月末应根据"主营业务成本——装卸支出"明细账所归集的装卸成本和该月实际完成的装卸量编制"装卸成本计算表"，以反映装卸总成本和单位成本。

【例】　光明物流企业1月份第一装卸队实际完成装卸量 37.58 千吨，第二装卸队实际完成装卸量 74.02 千吨，该公司"主营业务成本——装卸支出"明细账和资料从略，据以编制装卸成本计算表如图表 11-2 所示。

图表 11-2

装卸成本计算表

2018 年 1 月 31 日　　　　　　　　　　　　　　　　　　　单位：元

项　目	本年预算数	本月实际数			本年累计数		
		合　计	装卸一队	装卸二队	合计	装卸一队	装卸二队
一、装卸直接费用	（略）	288 000	101 000	187 000			
1. 工资费用		65 800	38 200	27 600			
2. 其他人工费用		29 939	17 381	12 558			
3. 燃料费		12 990	2 280	10 710			
4. 轮胎		7 700	1 500	6 200			
5. 材料费		8 060	2 580	5 480			
6. 动力及照明费		6 070	2 110	3 960			

(续表)

项 目	本年预算数	本月实际数			本年累计数		
		合 计	装卸一队	装卸二队	合计	装卸一队	装卸二队
7. 低值易耗品摊销		6 920	1 740	5 180			
8. 折旧费		96 467	20 179	76 288	(略)	(略)	(略)
9. 修理费		23 444	4 260	19 184			
10. 外付装卸费							
11. 劳动保护费		10 330	4 050	6 280			
12. 事故损失		4 210	1 330	2 880			
13. 保险费		4 330	1 270	3 060			
14. 其他费用		11 740	4 120	7 620			
二、营运间接费用		16 128	5 656	10 472			
三、装卸总成本		304 128	106 656	197 472			
四、装卸作业量（千吨）		111.60	37.58	74.02			
五、装卸单位成本（元/千吨）		2 725.16	2 838.11	2 667.82			

第四节 配 送 成 本

一、配送的一般业务程序

（一）签订配送合同

配送合同是指物流企业接受客户交付的各种大批量货物，并按照客户的指令，将各收货人所需的各种货物进行配货，并在一定的时间内完好地送达收货人，客户将给付配送费的协议。通过签订配送合同，以明确双方的权利和义务。

（二）货物入库

仓库收到客户发来货物时，保管员应将货物与客户开来的发货单核对是否相符，检查货物有无损坏。经检查无误后，开具入库通知单，在该单上注明货物的品名、型号、规格、数量、单位以及货物存放的库房号和货位号，并签字确认。入库通知单一式数联，其中一联交付客户，作为其存货的依据；一联作为货卡，由仓库保管员留存；另一联据以登记实物保管账。

（三）货物保管

仓库对于在库的货物，要注意养护，确保货物质量安全，并进行定期和不定期的盘点，核对货物实际数量与保管账上的数量是否相符，分析货物数量溢缺的原因，以提高货物仓储管理的质量。

（四）分拣及配货

营运部接到客户配送要求后，即填列配送单，该单上列明配送货物的品名、型号、规格、数量、单位以及货物存放的库房号和货位号等。配送单一式数联，营运部自留一联，将其余各联转交分拣及配货部门，由其按照配送单上的要求，将存放的货物分拣出来，配备齐全，经复核人员确认无误后，再进行适当的包装，并标明收货人名称、地址和送达时间，然后在配货单上签字确认。已完成配货后，留下一联配送单，据以登记实物保管账，将其余各联连同配好的货物一并转交配装部门。

（五）配装

配装部门收到配好的货物后，将同一条送货路线上不同收货人的货物进行组合，配装在同一辆载货车上，并将两联配送单转交运输部门。

（六）运输送达

运输部门待货物配装完毕后，将两联配送单交付给司机或随车送货人。然后由其依次将配好的货物送达收货人，经其验收无误后，将一联配送单交付收货人，作为其收货的依据，另一联配送单由收货人签章后带回，作为向客户收取配送费的依据。

二、配送业务的成本核算对象、成本计算单位和成本计算期

（一）配送业务的成本核算对象

物流企业配送业务是由多个环节完成的，各个配送环节的成本核算都具有各自的特点，因此，配送的各个环节都应当有各自的成本核算对象。货物保管环节的成本核算对象是仓库，分拣及配货的成本核算对象是被分拣及配货的货物，配送发运的成本核算对象则是货运车辆。

（二）配送业务的成本计算单位

由于配送业务有多个成本核算对象，因此，也就有多个成本计算单位。货物保管业务的成本计算单位为堆存量，用千吨/天表示；分拣配货业务的成本计算单位为分拣配货量，用千吨或千件表示；配装业务的成本计算单位为配装量，用千吨表示。运输送达业务的成本计算单位为货物周转量，用千吨/公里表示。

（三）配送业务的成本计算期

配送业务的成本，应按月、季、半年和年计算，并计算从年初至各月末止的累计成本。

三、配送成本项目

配送业务有多个成本核算对象，不同的核算对象，成本项目是不同的。

货物保管业务与前述的仓储业务相同，可以采用仓储业务的成本项目；配装业务与装卸业务相类似，可以参照装卸业务的成本项目；运输送达业务与汽车运输业务相同，可以采用汽车运输业务的成本项目。下面，阐述分拣及配货业务的成本项目。分拣及配货的成本项目分为分拣及配货直接费用和营运间接费用两项。

（一）分拣及配货直接费用

分拣及配货直接费用是指物流企业因配送业务的需要，对货物进行分拣及配货所发生的直接费用。它有以下六个明细项目。

1. 工资费用　它是指按规定支付给从事分拣及配货作业人员的工资、奖金、津贴和补贴。

2. 其他人工费用　它是指根据分拣及配货作业人员的工资总额按规定的比例计提的职工福利费、工会经费、职工教育经费、住房公积金和社会保险费。

3. 材料费　它是指在分拣及配货作业中所耗用的各种材料。

4. 折旧费　它是指分拣机械按规定提取的折旧费用。

5. 修理费　它是指分拣机械进行维修发生的工料费用。

6. 其他　它是指不属于以上项目的分拣及配货的直接费用。

（二）营运间接费用

营运间接费用是指物流企业的营运部或分公司为管理和组织分拣及配货的营运生产所发生的管理费用和业务费用。

四、配送成本的核算

（一）配送直接费用的归集

物流企业配送货物所发生的配送直接费用，应根据"工资结算汇总表""其他人工费用分配表""耗用材料汇总表""固定资产折旧费用计算表"及各种发票和单据等，直接列入各个环节的成本，届时，借记"主营业务成本——配送支出——堆存费用""主营业务成本——配送支出——分拣配货费用""主营业务成本——配送支出——配装费用""主营业务成本——配送支出——运输费用"等账户，贷记"应付职工薪酬""原材料""累计折旧""银行存款"等相关账户。

（二）营运间接费用的归集与分配

物流企业配送业务各个环节的营运间接费用，先在组织和管理这些业务的营运部或分公司的明细账中归集。届时，借记"营运间接费——配送营运部"账户，贷记"应付职工薪酬""累计折旧"等相关账户。期末再将归集的营运间接费用按堆存、分拣及配货、配装和运输四项业务直接费用的比例进行分配，分配方法和核算与前述的相同，在此不再重复。

第十一章　仓储、装卸和配送业务

第五节　仓储、装卸和配送收入

一、仓储业务收入的核算

物流企业仓储业务的营运部门要每日编制"堆存日结单",分客户反映每日货物的进仓量、出仓量及堆存量,期末依据"堆存日结单"汇总,编制"堆存月结单"。该单一式数联,留存一联,将两联堆存月结单转交财会部门,财会部门复核无误后,据以确认堆存收入。届时填制专用发票,专用发票一式数联,其中:发票联连同一联"堆存月结单"一并转交存货人,作为其付款的依据;存根联留存备查;记账联据以入账。届时,根据价税合计金额,借记"应收账款"账户,根据提供仓储劳务收入,贷记"主营业务收入——堆存收入"账户;根据增值税额,贷记"应交税费"账户;等收到存货人付来款项时,再借记"银行存款"账户,贷记"应收账款"账户。

【例】 光明物流公司1月31日确认本月份在简易仓库,津滨公司堆存货物150千吨/天,太仓公司堆存货物113千吨/天,每千吨/天收取堆存收入469元。在立体仓库,华明公司堆存货物280千吨/天,中新公司堆存货物172千吨/天,每千吨/天收取堆存收入476元,增值税税率为6%,当即开具专用发票,予以转账。作分录如下:

```
借:应收账款                                          358 808.94
    贷:主营业务收入——堆存收入——简易仓库              123 347.00
    贷:主营业务收入——堆存收入——立体仓库              215 152.00
    贷:应交税费——应交增值税——销项税额                 20 309.94
```

二、装卸业务收入的核算

物流企业经营装卸业务的,营运部门期末将"装卸作业单"分客户进行汇总,编制"装卸作业月结单"。该单一式数联,留存一联,将两联"装卸作业月结单"连同"装卸作业单"一并转交财会部门,财会部门复核无误后,据以确认装卸收入。届时填制专用发票,专用发票一式数联,其中:发票联连同一联"装卸作业月结单"一并转交客户,作为其付款的依据;存根联留存备查;记账联据以入账。届时,借记"应收账款"账户,贷记"主营业务收入——装卸收入"账户和"应交税费"账户。

【例】 光明物流公司1月31日确认本月份装卸一队为津滨公司装卸货物21千吨,为太仓公司装卸货物16.58千吨,每千吨收取装卸收入3 150元;装卸二队为华阳公司装卸货物45千吨,为中新公司装卸货物29.02千吨,每千吨收取装卸收入3 050元,增值税税率为6%,当即开具专用发票予以转账,作分录如下:

借:应收账款   364 786.28
　　贷:主营业务收入——装卸收入——装卸一队   118 377.00
　　贷:主营业务收入——装卸收入——装卸二队   225 761.00
　　贷:应交税费——应交增值税——销项税率   20 648.28

三、配送业务收入的核算

物流企业经营配送业务,营运部期末将配送单按客户汇总,编制"配送作业月结单"。该单一式数联,营运部留存一联,将两联"配送作业月结单"连同配送单一并转交财会部门。财会部门复核无误后,据以确认配送收入。届时填制发票,发票一式数联,其中:发票联连同一联"配送作业月结单"一并转交客户,作为其付款的依据;存根联留存备查;记账联据以入账。届时,借记"应收账款"账户,贷记"主营业务收入——配送收入——堆存收入""主营业务收入——配送收入——分拣及配货收入""主营业务收入——配送收入——配装收入"和"主营业务收入——配送收入——运输收入"账户。

思 考 题

1. 什么是仓储业务?它有哪些功能?
2. 什么是装卸业务?它有哪些生产经营特点?
3. 什么是配送业务?它有哪些生产经营特点?
4. 试述仓储的一般业务程序。
5. 试述仓储业务的成本核算对象、成本计算单位和成本计算期。
6. 仓储成本由哪些项目和明细项目组成?
7. 试述装卸的一般业务程序。
8. 试述装卸业务的成本核算对象、成本计算单位和成本计算期。
9. 装卸成本由哪些项目和明细项目组成?
10. 试述配送的一般业务程序。
11. 试述配送业务的成本核算对象,成本计算单位和成本计算期。
12. 配送成本由哪些项目和明细项目?
13. 怎样确认仓储业务、装卸业务和配送业务的收入?

习 题 一

一、目的　练习仓储成本的核算。
二、资料
1. 高桥物流公司1月31日发生下列有关仓储的经济业务:
(1) 分配本月份仓储作业人员工资费用,其中:简易仓库为26 400元,立体仓库为

45 600元。

(2) 根据仓储作业人员工资总额的14%、2%、1.5%、7%和21%,分别计提本月份职工福利费、工会经费、职工教育经费、住房公积金和社会保险费。

(3) 本月份耗用材料汇总表中列明简易仓库领用材料2 460元,立体仓库领用材料4 050元。

(4) 收到本月份电力公司账单,简易仓库耗用动力电2 320元,照明电712元,立体仓库耗用动力电4 340元,照明电798元。

(5) 本月份领用托盘,垫仓板等仓储工具一批,计11 220元。其中:简易仓库领用4 560元,立体仓库领用6 660元,采用一次摊销法。

(6) 本月份固定资产折旧计算表列明简易仓库应提折旧43 900元,立体仓库应提折旧84 260元。

(7) 本月份简易仓库作业人员领用劳动保护用品3 980元,立体仓库作业人员领用劳动保护用品6 120元。

(8) 本月份简易仓库发生货物损毁损失2 330元,立体仓库发生货差事故损失3 800元,经批准从客户应收保管费收入中抵扣。

(9) 摊销应由本月份仓储业务负担的保险费5 780元,其中:简易仓库1 950元,立体仓库3 830元。

(10) 发生其他的仓储直接费用13 640元,其中:简易仓库4 790元,立体仓库8 850元,款项当即以转账支票付讫。

(11) 摊销应由本月份负担的仓库大修费用30 550元,其中:简易仓库10 910元,立体仓库19 640元,该大修理费用摊销期限为1年。

(12) 本月末"营运间接费用——仓储装卸营运部"明细账户余额为36 344元,该营运部装卸直接费用347 300元,按相关账户发生的直接费用的比例分配仓储业务应负担的营运间接费用。

2. 本月份简易仓库实际完成堆存作业量为288千吨/天,立体仓库实际完成堆存作业量为499千吨/天。

三、要求

1. 根据"资料1",编制会计分录。
2. 根据编制的会计分录,设置并登记"主营业务成本——堆存支出"明细账。
3. 根据"资料2"和登记的"主营业务成本——堆存支出"明细账,编制"堆存成本计算表"。

习 题 二

一、目的 练习装卸成本的核算。

二、资料

1. 康定物流公司 1 月 31 日发生下列有关装卸的经济业务：

(1) 该公司对燃料柴油采用实地盘存制，月末根据本月份柴油领料单和库存柴油盘存表编制燃料耗用汇总表如图表 11-3 所示。

图表 11-3

装卸设备燃料耗用汇总表

燃料名称：柴油　　　　2018 年 1 月 1～31 日

计量单位：升
金额单位：元

项目 领料部门	月初车存数量	本月领用数量	月末车存数量	本月耗用数量	加权平均单价	本月耗用金额
装卸一队	100	600	75		6.40	
装卸二队	200	3 500	400		6.40	
合　　计	300	4 100	475		6.40	

(2) 分配本月份装卸作业人员工资费用，其中：装卸一队为 43 200 元，装卸二队为 33 600 元。

(3) 根据装卸作业人员工资总额的 14%、2%、1.5%、7% 和 21%，分别计提本月份职工福利费、工会经费、职工教育经费、住房公积金和社会保险费。

(4) 本月份轮胎领用汇总表列明装卸一队领用轮胎 1 810 元，装卸二队领用轮胎 7 450 元，轮胎采用一次摊销法。

(5) 收到本月份电力公司账单，装卸一队耗用动力电 2 010 元，照明电 520 元；装卸二队耗用动力电 3 990 元，照明电 760 元，款项尚未支付。

(6) 本月份耗用材料汇总表中列明装卸一队领用材料 3 366 元，装卸二队领用材料 6 810 元。

(7) 本月份固定资产折旧计算表中列明装卸一队应提折旧 31 920 元，装卸二队应提折旧 86 548 元。

(8) 本月份修理车间为两个装卸队装卸机械进行日常维修和大修理。月末"辅助营运费用"中归集的日常维修费用中，装卸一队为 1 690 元，装卸二队为 6 100 元；归集的大修理费用中装卸一队为 7 200 元，装卸二队为 18 000 元，大修理费用摊销期为 15 个月。

(9) 摊销本月份应负担的装卸设备大修理费用 26 150 元，其中：装卸一队为 4 050 元，装卸二队为 22 100 元。

(10) 本月份领用手推车、跳板等低值易耗品一批，计 15 880 元，其中：装卸一队为

4 380 元,装卸二队为 11 500 元。低值易耗品采用五五摊销法。

(11) 本月份领用劳动保护用品计 12 330 元,其中:装卸一队领用 4 560 元,装卸二队领用 7 770 元。

(12) 摊销应由本月份装卸业务负担的保险费 5 320 元,其中:装卸一队 1 530 元,装卸二队 3 790 元。

(13) 本月份发生其他的装卸直接费用 13 020 元,其中:装卸一队 4 360 元,装卸二队 8 660 元。款项以转账支票支付。

(14) 本月份装卸一队发生货损损失 1 550 元,经批准从应收装卸收入中扣除;装卸二队发生机损修理费 3 440 元,签发转账支票付讫。

(15) 本月份"营运间接费用——仓储装卸营运部"明细账户余额为 36 344 元,该营运部堆存直接费用为 313 500 元。按相关账户发生的直接费用的比例,分配装卸业务应负担的营运间接费用。

2. 本月份装卸一队实际完成装卸作业量为 44.36 千吨,装卸二队实际完成装卸作业量为 91.10 千吨。

三、要求

1. 根据"资料 1",编制会计分录。
2. 根据编制的会计分录,设置并登记"主营业务成本——装卸支出"明细账。
3. 根据"资料 2"和登记的"主营业务成本——装卸支出"明细账,编制"装卸成本计算表"。

习 题 三

一、目的 练习仓储、装卸和配送收入。

二、资料 星辰物流公司发生下列有关的经济业务:

1. 3 月 31 日,确认本月份在简易仓库,太行公司堆存货物 180 千吨/天,普陀公司堆存货物 108 千吨/天,每千吨/天收取堆存收入 466 元;在立体仓库青浦公司堆存货物 292 千吨/天,嘉定公司堆存货物 178 千吨/天,每千吨/天收取堆存收入 478 元,增值税税率为 6%,当即开具专用发票予以入账。

2. 3 月 31 日,确认本月份装卸一队为太行公司装卸货物 25 千吨,为普陀公司装卸货物 16.36 千吨,每千吨收取装卸收入 3 175 元;装卸二队为青浦公司装卸货物 50 千吨,为嘉定公司装卸货物 30.65 千吨,每千吨收取装卸收入 3 120 元,增值税税率为 6%,当即开具专用发票予以转账。

3. 3 月 31 日,为长兴公司配送业务确认本月份堆存收入 128 800 元,分拣配货收入 76 620 元,装配收入 68 160 元,运输收入 136 780 元,增值税税率为 6%,当即开具专用发票予以转账。

4. 4月2日,收到太行公司付来上月堆存和装卸货物的账款,存入银行。

5. 4月3日,收到青浦公司付来上月堆存和装卸货物的账款,存入银行。

6. 4月5日,收到长兴公司付来上月配送业务的账款,存入银行。

三、要求 编制会计分录。

第十二章 期间费用、税金和政府补助

第一节 期间费用

一、期间费用概述

(一) 期间费用的内容

物流企业的期间费用是指本期发生的、不能直接归属于某个特定物流成本而直接计入当期损益的费用。它是保证物流企业经营各项物流业务顺利进行必须开支的费用,是物流企业当期发生的费用中的重要组成部分。其主要包括以下六项内容。

1. 发生的行政管理人员工资及其相关费用　它是指支付企业行政管理人员的工资、奖金、津贴和补贴,以及按规定提取的职工福利费、工会经费、职工教育经费、养老保险费、医疗保险费、失业保险费和住房公积金等。

2. 发生的劳务费用　它是指行政管理部门发生的修理费、租赁费、咨询费和水电费等。

3. 发生的物质资料消耗费用　它是指行政管理部门固定资产的折旧费、低值易耗品的摊销和原材料的耗费等。

4. 拓展物流业务发生的费用　它是指为拓展物流业务发生的差旅费、广告费和展览费等。

5. 经营过程中发生的管理费用　它是指经营过程中发生的业务招待、劳动保险费、咨询费、诉讼费和聘请中介机构费等费用。

6. 发生的筹资费用　它是指发生的除了予以资本化的利息以外的借款利息、债券利息和汇兑净损失,以及支付给金融机构的手续费。

(二) 期间费用的分类

期间费用按发生的环节不同,可分为管理费用和财务费用。

1. 管理费用　管理费用是指企业行政管理部门为组织和管理生产经营活动所发生的各项费用。它包括下列各明细科目。

(1) 公司经费　它是指支付给企业行政管理部门人员工资、奖金、津贴和补贴及其他相关薪酬,以及企业行政管理部门所发生的差旅费、办公费、折旧费、修理费、物料消耗、低值易耗品摊销和其他公司经费。

(2) 劳动保险费　它是指企业支付离退休职工的退休金、价格补贴、医药费、职工退职金、6个月以上病假人员工资、职工死亡丧葬补助费、抚恤费及按规定支付给离休干部的各项经费。

(3) 董事会费　它是指企业最高权力机构及其成员为执行职能而发生的各项费用,包括董事会成员津贴、会议费和差旅费等。

(4) 咨询费　它是指企业向有关咨询机构进行科学技术、经营管理咨询所支付的费用,包括聘请经济技术顾问、法律顾问等支付的费用。

(5) 聘请中介机构费　它是指企业聘请中介机构进行查账验资以及进行资产评估等发生的各项费用。

(6) 诉讼费　它是指企业因起诉或应诉而发生的各项费用。

(7) 排污费　它是指企业按规定交纳的排污费用。

(8) 绿化费　它是指企业对场区、库区进行绿化而发生的费用。

(9) 技术转让费　它是指企业使用非专利技术而支付的费用。

(10) 研发费用　它是指企业自行开发无形资产在研究阶段发生的支出。

(11) 无形资产摊销　它是指专利权、非专利技术、商标权、著作权和土地使用权等无形资产的摊销。

(12) 开办费　它是指企业在筹建期内所发生的开办费。包括开办人员的职工薪酬、办公费、培训费、差旅费、印刷费、注册登记费,以及不计入固定资产成本的借款费用。

(13) 业务招待费　它是指企业为业务经营的合理需要而支付的费用。

(14) 广告费　它是指企业为向社会宣传而设置的宣传栏、橱窗,印刷宣传资料和购置的宣传品,在报刊、电台、电视台刊登和广播业务广告等所支付的费用。

(15) 展览费　它是指企业为进行展览活动所支出的费用。

(16) 其他管理费用　它是指企业发生的不能列入上列各项目的管理费用。

2. 财务费用　财务费用是指企业为筹集生产经营所需资金而发生的各项费用。它包括下列各明细科目。

(1) 利息支出　它是指企业支付的短期借款利息、商业汇票贴现利息、长期借款在固定资产工程竣工并达到预定可使用状态后发生的利息支出,以及企业发行债券按规定应由财务费用负担的利息等。若发生存款利息收入,则记入"财务费用"账户的贷方。

(2) 汇兑损失　它是指企业的外币存款、外币现金和以外币结算的各种债权、债务等因汇率的变动所造成的损失。若发生汇兑收益,则记入贷方。

(3) 手续费　它是指企业支付给金融机构办理转账结算的手续费。

(4) 其他财务费用　它是指企业发生的不能列入上列各项目的财务费用,如筹资活动等发生的其他财务费用。

(三) 期间费用的核算要求

1. 划清期间费用与物流成本的界限　　物流企业的生产经营活动是多种多样的,伴随着生产经营活动的开展,发生了各种用途的开支,这就需要分清开支发生的地点和用途,分清涉及的部门和人员,分门别类地进行核算。例如,职工薪酬的核算,直接从事物流生产活动人员的薪酬应作为物流成本入账,各个物流管理部门人员的职工薪酬应作为营运间接费用入账;企业行政管理人员的职工薪酬应作为管理费用入账。又如,对于营运间接费用和管理费用中共有的其他费用,如职工薪酬、折旧费、修理费、租赁费、水电费和材料消耗等,应根据原始凭证中注明的发生部门,严格区分营运间接费用和管理费用。

2. 划清期间费用与营业外支出的界限　　期间费用是反映物流企业生产经营活动中非生产性开支的一项重要的经济指标。对于因违反经济合同或财经纪律而支付的违约金、赔偿金或罚款和因违反国家法律而被没收的财物损失、赞助支出、捐赠支出以及与企业生产经营活动无关的各项支出,均不能作为期间费用入账,而应由"营业外支出"账户列支。

3. 划清本期期间费用与下期期间费用的界限　　物流企业要按照权责发生制的要求,掌握期间费用的归属期,确定期间费用的开支。凡是属于本期发生的期间费用,不论其款项是否已经支付,均应作为本期发生的期间费用入账;凡是不属于本期发生的期间费用,即使款项已经支付,也不能作为本期的期间费用入账。

物流企业对于本期发生尚未支付的费用,可通过预提费用的方式,计入期间费用;对于本期尚未发生而已经支付的费用,可通过待摊费用方式,分期摊入各受益期的期间费用。

物流企业不得任意预提和摊销费用,人为地调节各月的期间费用。

(四) 期间费用的列支方式

物流企业期间费用有以下四种列支方式。

1. 直接支付　　它是指企业日常支付的属于本期负担的费用。它是根据费用凭证以货币资金支付的,如支付本月的工资、业务招待费、咨询费、修理费、广告费和其他各项费用等。

2. 转账摊销　　它是指不通过货币结算而采用转账形式摊销应由本期负担的费用,如低值易耗品摊销费、固定资产折旧费、无形资产摊销以及日常耗用材料的转销等。

3. 预付待摊　　它是指过去已预先支付,应由本期摊销负担的费用,如企业已支付数额较大的修理费摊销,预付的保险费、租赁费和报纸杂志费的摊销等。

4. 预提待付　　它是指应由本期负担而在以后各期支付的费用,如预提的职工福利费、职工教育经费和短期借款利息等。

二、期间费用的总分类核算

(一) 管理费用的核算

管理费用有十六个明细科目,有不少明细科目在前面有关章节中已作了详细的阐述,不再重复。下文仅阐述保险费的核算。

物流企业拥有大量的财产,为了增强遭受自然灾害和意外事故损失的应变能力,企业通常向保险公司投保。行政管理部门的财产保险费由"管理费用"账户列支。然而企业投保时的财产保险费通常是按年度支付的,为了使管理费用负担合理,在支付全年保险费时,应先列入"待摊费用"账户,然后按受益期采取分期摊销的方法,摊入"管理费用"账户。

【例】 环球物流公司将行政管理部门的财产向保险公司投保。

(1) 12月30日,签发转账支票支付下年度行政管理部门财产保险费24 000元,作分录如下:

借:待摊费用——保险费　　　　　　　　　　　　　24 000.00
　　贷:银行存款　　　　　　　　　　　　　　　　　　24 000.00

(2) 次年1月31日,摊销应由本月份负担的财产保险费,作分录如下:

借:管理费用——其他费用　　　　　　　　　　　　　2 000.00
　　贷:待摊费用——保险费　　　　　　　　　　　　　2 000.00

待摊费用的摊销期限不得超过12个月,但可以跨年。

"待摊费用"是资产类账户,用以核算企业已经支付但应由本期和以后受益各期分别负担的各项费用。企业发生待摊费用时,记入借方;企业摊销待摊费用时,记入贷方;期末余额在借方,表示企业已经发生尚待摊销的费用。

"管理费用"是损益类账户,用以核算企业行政管理部门为组织和管理生产经营活动而发生的各项管理费用。企业发生管理费用时,记入借方;企业期末将其余额结转"本年利润"账户时,记入贷方。

(二) 财务费用的核算

1. 利息的核算　物流企业向银行等金融机构借入的短期借款利息,银行是按季度结算的,企业3个月的短期借款利息由季末最后1个月承担显然是不合理的。为了使企业费用负担合理,真实地反映各期利息支出的情况,就应在每个季度的前2个月分别计算其当月发生的借款利息,予以预提入账。短期借款利息的计算公式如下:

本期短期借款利息 = 本月短期借款平均余额 × 月利率

$$本月短期借款平均余额 = \frac{本月短期借款账户余额累计数}{30天}$$

【例】 环球物流公司第一季度短期借款情况如下:

(1) 计提短期借款利息　1月31日,本月份短期借款账户平均余额为320 000元,月利率为6‰,计算该月份负担的利息如下:

1月份短期借款利息＝320 000×6‰＝1 920(元)

根据计算结果，计提本月份短期借款利息，作分录如下：

借：财务费用——利息支出　　　　　　　　　　　　　　　1 920.00
　　贷：应付利息　　　　　　　　　　　　　　　　　　　　　　　1 920.00

（2）计算应负担的短期借款利息　　3月31日，接到银行转来"短期借款计息单"，计本季度短期借款利息5 580元，查2月28日已计提短期借款利息1 680元，计算本月份应负担的短期借款利息如下：

3月份短期借款利息＝5 580－1 920－1 680＝1 980(元)

根据计算结果，作分录如下：

借：应付利息　　　　　　　　　　　　　　　　　　　　　　3 600.00
借：财务费用——利息支出　　　　　　　　　　　　　　　1 980.00
　　贷：银行存款　　　　　　　　　　　　　　　　　　　　　　　5 580.00

银行等金融机构对企业的银行存款利息，也是在每个季末结算的，企业在每个季度的前2个月也应计提银行存款利息，其计算方法与短期借款利息计算方法相同。届时根据计算的结果，借记"应收利息"账户，贷记"财务费用"账户。等季末收到银行等金融机构转来的"银行存款计息单"时，再根据实收利息数额借记"银行存款"账户；根据前2个月计提利息数额贷记"应收利息"账户；根据第3个月应收利息数额贷记"财务费用"账户。

2. 手续费的核算　　物流企业向银行等金融机构办理国内外转账结算时，均要支付一定数额的手续费。手续费采取当时计付和定期汇总计付两种方法，计付手续费时借记"财务费用——手续费"账户，贷记"银行存款"账户。

"财务费用"是损益类账户，用以核算企业为筹集生产经营所需资金等而发生的费用。企业发生利息支出、汇兑损失以及相关的手续费时，记入借方；企业在冲转利息支出和汇兑损失及期末将其余额结转"本年利润"账户时，记入贷方。

三、期间费用的明细分类核算

物流企业的期间费用主要是通过"管理费用"和"财务费用"账户进行总分类核算的，反映了管理费用和财务费用的总括情况。为了反映和监督期间费用开支的详细情况，并为分析检查管理费用和财务费用的预算执行情况，为改善经营管理提供资料，必须对管理费用和财务费用进行明细分类核算。

管理费用和财务费用按子目设置明细分类账户，可以采用"三栏式"账页。为了在账页上集中反映管理费用和财务费用各项目开支的情况，便于记账，也可以采用"多栏式"账页，现将管理费用多栏式明细分类账的格式列示如图表12-1所示。

图表 12-1

管理费用明细分类账

年		凭证号数	摘要	公司经费	劳动保险费	董事会费	咨询费	聘请中介机构费	其他管理费用	合计
月	日									

由于"管理费用"和"财务费用"等账户的明细分类账户较多，平时发生的数额主要是借方金额，因此采用多栏式账页进行核算时，每个项目可以只设一个金额栏，登记借方发生额；若发生贷方发生额时，则用红字登记。

第二节 税金和教育费附加

一、税金的意义和种类

税金是指企业和个人按照国家税法规定的税率向税务部门交纳的税款。它是国家财政收入的一个重要组成部分。

（一）税收的特征

税收是指国家为了行使其职能取得的财政收入的一种方式。企业和个人交纳的税金形成了国家的税收。

税收主要有以下三个特征。

1. 具有强制性　税收是国家以社会管理者的身份，用法律、法规等形式对征收税款加以规定，并依法强制征税。

2. 具有无偿性　国家征税后，税款即成为财政收入，不再归还纳税人（法律、法规规定可以退税的除外），也不支付其任何报酬。

3. 具有固定性　国家在征税之前，以法律的形式预先规定了课税对象、课税额度和课税方法等。

（二）税收的作用

税收对保证完成财政收入，为经济建设积累资金；对宏观调控生产和消费，调节社会成员的收入水平；对开展企业之间的竞争，促进市场经济的发展，促进企业加强经济核算，改善经营管理，提高经济效益；对推动国民经济协调发展等均具有重要的作用。

（三）税金的种类

物流企业的税金主要有增值税、企业所得税[①]、城市维护建设税、房产税、城镇土地使用税、车船税和印花税等。

---

① 企业所得税将在第十三章第一节利润中阐述。

1. 增值税　　它是指对在我国境内销售货物或者加工、修理修配劳务(简称劳务)、销售服务、无形资产、不动产,以及进口货物的企业和个人,就其销售货物或劳务、销售服务、无形资产、不动产的增值额和货物进口金额计算征收的税款。

2. 城市维护建设税　　它是指对从事工商经营、交纳增值税和消费税的单位和个人征收的税款。

3. 房产税　　它是指以房产为征收对象,按照房屋的计税余值或房屋的租金收入向房屋产权所有人或经营人征收的税款。房产是指有屋面和围护结构,能够遮风避雨,可供人们在其中生产、学习、工作、娱乐、居住或储藏物资的场所。

4. 城镇土地使用税　　它是指以国有或集体土地为征税对象,对拥有土地使有权的单位和个人征收的税款。

5. 车船税　　它是指向在我国境内的车辆和船舶的所有人或者管理人按照我国车船税法征收的税款。

6. 印花税　　它是指对经济活动和经济交往中,书立、领受的应税凭证的行为征税对象征收的税款。

二、增值税的核算

增值税的计算方法有扣税法和扣额法两种,我国采取的是扣税法。

扣税法是指先按销售货物或劳务、服务的销售额计算增值税额(简称销项税额),然后再按税法规定抵扣购买货物或劳务、服务时已缴纳的增值税额(简称进项税额)计算其应交增值税额的方法。

增值税纳税人分为一般纳税人和小规模纳税人两种。一般纳税人是指年应征增值税销售额超过我国税法规定的小规模纳税人标准的企业。小规模纳税人是指年销售额在规定标准以下,并且会计核算不健全,不能按规定报送有关税务资料的企业。

(一)一般纳税人增值税的计算和核算

1)进项税额的确认和计算的依据　　进项税额是指纳税人购进货物、无形资产、不动产或者购买劳务、服务支付或者负担的增值税额。在经营活动中,销售方收取的销项税额,也就是购买方支付的进项税额。物流企业在其经营活动中既会发生销售劳务、服务,又会发生购买货物、无形资产、不动产或购买劳务、服务,因此都会有收取的销项税额和支付的进项税额。增值税额的核心就是纳税人用收取的销项税额抵扣其支付的进项税额,其余额为纳税人实际缴纳的增值税额。

物流企业只有从销售方取得增值税专用发票上注明的增值税额,才能从销项税额中予以抵扣。

物流企业不能从销项税额中抵扣进项税额的项目有:用于按简易计税方法计税的项目,非增值税应税项目、免征增值税项目、集体福利或个人消费的购进货物或者劳务、服务以及非正常损失的购进货物及相关的劳务、服务等。

非正常损失是指因管理不善造成被盗、丢失、霉烂变质的损失以及被执法部门没收或者强令自行销毁的货物。

2) 销项税额的确认和计算依据　　销项税额是指纳税人销售货物或者销售劳务和服务收入与规定的税率计算并向购买方收取的增值税额。

销项税额是指销售额与增值税税率的乘积。要确认销项税额先要确定销售额。

（1）销售额的确定　　销售额是指纳税人销售货物或者销售劳务、服务向购买方收取的全部价款和价外费用，但不包括收取的销项税额。

价外费用是指价外向购买方收取的手续费、补贴、基金、集资费、返还利润、奖励费、违约金（延期付款利息）、包装费、储备费、优质费、运输装卸费、代收款项，以及其他各种性质的价外费用。

凡随同销售货物、无形资产、不动产或提供劳务、服务向购买方收取的价外费用，无论其会计上如何核算，均应计入销售额计算应纳税额。

（2）增值税的税率　　有基本税率、低税率和零税率三种。基本税率为13％，适用于一般货物和劳务；低税率有9％和6％两档。9％税率适用于销售交通运输、邮政、基础电信、建筑、不动产租赁服务、销售不动产、转让土地使用权，销售或者进口下列货物：食用盐、食用植物油、自来水、暖气、热水、冷气、煤气、石油液化气、天然气、沼气、居民用煤炭制品、图书、报纸、杂志、音像制品、电子出版物、饲料、化肥、农药、农机和农业产品等。农业产品是指种植业、养殖业、林业、牧业、水产业生产的各种植物、动物的初级产品；6％税率适用于提供现代服务业服务包括：研发和技术服务、信息技术服务、文化创意服务、物流辅助服务、鉴证咨询服务、增值电信服务、生活服务、销售无形资产（转让土地使用权除外）等；零税率适用于出口货物和劳务、服务，财政部、国家税务总局另有规定者除外。

2. 增值税明细账户的设置　　增值税是价外税，它的核算比较复杂，先在"应交税费"账户下设置"应交增值税"和"未交增值税"两个二级明细分类账户。

在"应交增值税"二级明细账户下再设置"销项税额""进项税额转出""进项税额""销项税额抵减""已交税金""减免税款""转出未交增值税"和"转出多交增值税"等三级明细账户。现将这些三级明细账户的核算内容说明如下：

"销项税额"明细账户　　企业销售货物或提供应税劳务应收取销项税额时，记入贷方；退回销售货物，应冲销销项税额时，则用红字记入贷方。

"进项税额转出"明细账户　　企业在购入货物发生非正常损失，以及改变用途等原因时，其已入账的进项税额应转入本账户的贷方，而不能从销项税额中抵扣。

"进项税额"明细账户　　企业购入货物或接受应税劳务，支付符合从销项税额中抵扣的进项税额时，记入借方；退出所购货物冲销进项税额时，则用红字记入借方。

"销项税额抵减"明细账户　　企业因扣减销售额而减少销项税额时,记入借方。

"已交税金"明细账户　　企业缴纳当月发生的增值税额时,记入借方;收到退回当月多交增值税额时,则用红字记入借方。

"减免税款"明细账户　　企业按规定获准减免增值税款时,记入借方。

"转出未交增值税"明细账户　　企业在月末发生当月应交未交增值税额时,记入借方。

"转出多交增值税"明细账户　　企业在月末发生当月多缴纳的增值税额尚未退回时,记入贷方。

在"未交增值税"二级明细账户下再设置"转入未交增值税"和"转入多交增值税"两个三级明细账户。现将这两个三级明细账户的核算内容说明如下:

"转入未交增值税"明细账户　　企业在月末发生当月应交未交的增值税额转入时,记入贷方;在以后缴纳时,记入借方。

"转入多交增值税"明细账户　　企业在月末发生当月多缴纳的增值税额尚未退回时,记入借方;在以后退回时,记入贷方。

增值税额的纳税期限由主管税务机关根据纳税人应纳税额的多少分别核定。

3. **增值税的计算和核算**　　企业应纳增值税额的计算公式如下:

$$\text{应纳增值税额} = \text{销项税额} + \text{进项税额转出} + \text{转出多交增值税} - \text{进项税额} - \text{销项税额抵减} - \text{已交税金} - \text{减免税款} - \text{转出未交增值税}$$

【**例**】　新兴物流公司纳税期限为 1 个月。3 月 31 日,应交增值税二级账户的三级明细分类账户的余额如下(单位:元):

销项税额	656 332
进项税额	360 378
转出未交增值税	198 354

(1) 仓库被盗窃轮胎一批,金额 20 000 元,该批轮胎的增值税税率为 13%,予以转账。作分录如下:

借:待处理财产损溢	22 600.00
贷:库存商品	20 000.00
贷:应交税费——应交增值税——进项税额转出	2 600.00

(2) 根据上列资料计算 3 月份应交增值税额如下:

　　应交增值税额=656 332+2 600-360 378-198 354=100 200(元)

根据计算的结果,作分录如下:

借:应交税费——应交增值税——转出未交增值税	100 200.00
贷:应交税费——未交增值税——转入未交增值税	100 200.00

(3) 4月10日,填制增值税缴款书,缴纳3月份增值税额,作分录如下:

借:应交税费——未交增值税——转入未交增值税　　　　100 200.00
　　贷:银行存款　　　　　　　　　　　　　　　　　　　　　　100 200.00

如果当期的销项税额小于进项税额不足抵扣时,其不足部分可结转下期继续抵扣。

为了便于记账,并便于计算各期的应纳增值税额,应交增值税的三级明细分类账可以采用多栏式账页。

(二) 小规模纳税人增值税的计算和核算

小规模纳税人销售劳务和服务采用简易计税方法,按照销售额的3%征收率计算应纳税额,并不得抵扣进项税额。因此,小规模纳税人购进原材料等货物时,应将支付的货款和进项税额全部作为原材料等货物的进价或买价,列入"在途物资""固定资产"等相关账户,将价税合计数作为原材料、固定资产等货物的采购或购置成本。小规模纳税人购买劳务、服务时,应将支付的价款和进项税额全部作为买价,列入"主营业务成本"等相关账户,将价税合计金额作为购买劳务、服务的成本。小规模纳税人销售劳务和服务时,不得填制专用发票,只能采用普通发票,将取得的收入全部记入"主营业务收入"账户,这样"主营业务收入"账户反映的是含税收入,因而,月末要将其调整为真正的销售额,将增值税额从含税收入中分离出来,其调整的公式如下:

$$销售额 = \frac{含税收入}{1+征收率}$$

然后根据调整的结果,再计算应交增值税额,其计算公式如下:

$$应交增值税额 = 销售额 \times 征收率$$

【例】　天成物流公司为小规模纳税人,1月31日"主营业务收入"账户余额为82 400元,增值税征收率为3%,将增值税额从含税收入中分离出来,计算的结果如下:

$$销售额 = \frac{82\,400}{1+3\%} = 80\,000(元)$$

$$应交增值税额 = 80\,000 \times 3\% = 2\,400(元)$$

根据计算的结果,调整本月份的主营业务收入和应纳增值税额,作分录如下:

借:主营业务收入　　　　　　　　　　　　　　　　　　2 400.00
　　贷:应交税费——应交增值税　　　　　　　　　　　　　　2 400.00

"应交税费"是负债类账户,用以核算企业按照税法规定计算应缴纳的各种税费。企业发生应缴纳的各种税费时,记入贷方;企业缴纳税费时,记入借方;期末余额通常在贷方,表示企业尚未缴纳的税费,若期末余额在借方,则表示企业多缴或尚未抵扣的税费。

三、城市维护建设税的核算

城市维护建设税税款专门用于城市的公用事业和公共设施的维护建设。它以物流企业实际交纳的增值税额为计税的依据,将其乘以规定的税率。城市维护建设税的税率按纳税人所在地的不同,分为如下三种:纳税人所在地为市区的,税率为7%;纳税人所在地为县城、镇的,税率为5%;纳税人所在地不在市区、县城或者镇的,税率为1%。其计算公式如下:

$$应交城市维护建设税额=应交增值税额×适用税率$$

城市维护建设税一般在月末提取,次月初交纳。

【例】 新兴物流公司3月份应交增值税额为102 700元,按7%的税率计算本月份应交城市维护建设税额如下:

$$应交城市维护建设税额=102\ 700×7\%=7\ 189(元)$$

根据计算结果,提取应交城市维护建设税额,作分录如下:

借:税金及附加　　　　　　　　　　　　　　　　　7 189.00
　　贷:应交税费——应交城市维护建设税　　　　　　　　7 189.00

"税金及附加"是损益类账户,用以核算企业经营活动发生的城市维护建设税和教育费附加及房产税、城镇土地使用税、车船税、印花税等相关的税费。企业按照规定计提与经营活动相关的税金及附加时,记入借方;月末企业将其余额结转"本年利润"账户时,记入贷方。

四、房产税、城镇土地使用税和车船税的核算

房产税有从价计征和从租计征两种,企业自用的房产采用从价计征。根据房产的余值,按1.2%的税率交纳,其计算公式如下:

$$应交房产税额=房产余值×1.2\%$$

$$房产余值=房产原值×[1-(10\%\sim30\%)]$$

企业出租的房产,根据房产的租金收入,按12%的税率交纳,其计算公式如下:

$$应交房产税额=房产租金收入×12\%$$

城镇土地使用税根据实际使用土地的面积,按税法规定的单位税额交纳。其计算公式如下:

$$应交城镇土地使用税额=应税土地的实际占用面积×适用单位税额$$

一般规定每平方米的年税额,大城市为1.50~30.00元;中等城市为1.20~24.00元;小城市为0.90~18.00元;县城、建制镇、工矿区为0.60~12.00元。

车船税以辆、整备质量和净吨位从量计征。客车、摩托车以辆为计税标准,货车以整

备质量为计税标准,机动船舶以净吨位为计税标准。

房产税和城镇土地使用税均采取按年征收,分期交纳的方法;车船税采取按年申报分月计算,一次缴纳的方法。

【例】 新兴物流公司拥有自用房产原值900 000元,允许减除25%计税,房产税年税率为1.2%;占用土地面积为1 600平方米,每平方米年税额为6元;物流管理部门和行政管理部门各有小汽车1辆,每年每辆税额为360元;物流作业部门有货车10辆,计整备质量100吨,每吨年税额为60元,有1 200吨级货轮1艘,每吨年税额为4元。税务部门规定对房产税和城镇土地使用税在月末后10日内交纳,车船税在当年2月15日前交纳。2月28日,计算本月份应交各项税金如下:

$$\text{月应交房产税额} = \frac{900\,000 \times (1-25\%) \times 1.2\%}{12} = \frac{8\,100}{12} = 675(元)$$

$$\text{月应交城镇土地使用税额} = \frac{1\,600 \times 6}{12} = \frac{9\,600}{12} = 800(元)$$

$$\text{月应交车船税额} = \frac{360 \times 2 + 100 \times 60 + 1\,200 \times 4}{12} = \frac{11\,520}{12} = 960(元)$$

根据计算的结果,提取应交房产税、城镇土地使用税和车船税。作分录如下:

```
借:主营业务成本——汽车运输支出              500.00
借:船舶固定费用——车船税                    400.00
借:营运间接费用                             30.00
借:税金及附加                            1 505.00
    贷:应交税费——应交房产税              675.00
    贷:应交税费——应交城镇土地使用税      800.00
    贷:应交税费——应交车船税              960.00
```

五、印花税的核算

印花税根据购销合同、加工承揽合同、建设工程勘察设计合同、建筑安装工程承包合同、财产租赁合同、货物运输合同、仓储保管合同、借款合同、财产保险合同、技术合同、产权转移书据和股份转让书据的金额,按税法规定的税率交纳;营业账簿中记载资金的账簿,根据"实收资本"加"资本公积"两项的合计金额按5‰的税率交纳,其他账簿每件交纳5元;许可证照每件交纳5元。

印花税由纳税人自行计算自行购买印花税票,自行贴花,并由纳税人在每枚税票的骑缝处盖戳注销。企业根据业务需要购买印花税票时,借记"税金及附费"账户,贷记"库存现金"或"银行存款"账户。

六、教育费附加的核算

教育费附加是国家为了加快教育事业的发展,扩大中小学教育经费的来源,向单位和个人征收的附加费用。用以改善中小学基础教育设施和办学条件。

教育费附加以各单位和个人实际交纳的增值税额为计征依据,教育费附加率为3%,一般月末提取,次月初交纳。其计算和核算口径与城市维护建设税相同。

【例】 新兴物流公司1月份应交增值税额为102 700元,按税额的3%计提应交教育费附加,作分录如下:

　　借:税金及附加　　　　　　　　　　　　　　　　　　　　　　　　3 081.00
　　　　贷:应交税费——教育费附加　　　　　　　　　　　　　　　　　　3 081.00

在下月初交纳教育费附加时,借记"应交税费——教育费附加"账户,贷记"银行存款"账户。

七、结转税金及附加

企业在"税金及附加"账户归集的税金和教育费附加在期末要结转"本年利润"账户。

【例】 新兴物业公司3月份"税金及附加"账户归集了11 775元,将其结转"本年利润"账户,作分录如下:

　　借:本年利润　　　　　　　　　　　　　　　　　　　　　　　　　11 775.00
　　　　贷:税金及附加　　　　　　　　　　　　　　　　　　　　　　　11 775.00

第三节　政　府　补　助

一、政府补助概述

政府补助是指企业从政府无偿取得货币性资产或非货币资产,但不包括政府作为所有者投入的资本。政府包括各级政府及其所属机构,国际上类似的组织也在此范围之内。

(一)政府补助的特征

1. 政府补助是无偿的　　政府向企业提供补助,并不因此而享有企业的所有权,企业未来也不需要以提供服务,转让资产等方式偿还。

2. 政府补助是有条件的　　政府补助通常附有一定的条件,主要包括政策条件和使用条件。政策条件是指企业只有符合政府补助政策的规定,才有资格申请政府补助。符合政策规定的,不一定都能够取得政府补助;不符合政策规定、不具备申请补助资格的,不能取得政府补助。使用条件是指已获批准取得政府补助的,应当按照政府规定的用途使用。

3. 政府资本性投入不属于政府补助　　政府以投资者身份向企业投入资本,享有企业相应的所有权,两者之间只有投资者与被投资者的关系。政府拨入的投资补助等专项拨款中,在相关文件规定作为"资本公积"处理的,也属于资本性投入的性质。这些均不属于政府补助。

(二) 政府补助的主要形式

政府补助的形式主要有:财政拨款、财政贴息和税收返还等。

财政拨款是指政府无偿付给企业的资金,通常在拨款时明确规定了资金的用途。比如,财政部门拨付给企业用于构建固定资产或进行技术改造的专项资金,鼓励企业安置职工就业而给予的奖励款项,拨付企业的粮食定额补贴,拨付企业开展研究活动的研发经费等。

财政贴息是指政府为支持特定领域或区域的发展,根据国家宏观经济形势和政策目标,对承贷企业的银行贷款利息给予补贴。

税收返还是指政府按照国家有关规定采取先征后返(退)、即征即退等办法向企业返还的税款。

(三) 政府补助的分类

政府补助分为与资产相关的政府补助和与收益相关的政府补助两类。

与资产相关的政府补助是指企业取得的、用于购建或以其他方式形式的长期资产的政府补助。

与收益相关的政府补助是指除与资产相关的政府补助之外的政府补助。

(四) 政府补助的计量

1. 货币性资产形式的政府补助　　企业取得的各种政府补助为货币性资产的,如通过银行转账等方式拨付的补助,通常按照实际收到的金额计量;存在确凿证据表明该项补助是按照固定的定额标准拨付的,如按照实际销售量或储备量与单位补贴定额的补助等,可以按照应收的金额计量。

2. 非货币性资产形式的政府补助　　政府补助为非货币性资产的,应当按照公允价值计量;公允价值不能可靠取得的,按照名义金额计量,名义金额计量为1元。

二、政府补助的核算

(一) 与资产相关的政府补助的核算

企业取得政府补助的长期资产时,不能直接计入当期的损益,而应当确认为递延收益。届时借记"固定资产""无形资产"等账户,贷记"递延收益"账户。

【例】 1月20日,安凯物流公司收到当地政府作为补助拨付的环保设备一台,该设备的公允价值为108 000元,已达到预定可使用状态,并验收使用,作分录如下:

借:固定资产　　　　　　　　　　　　　　　　　　　　　108 000.00
　　贷:递延收益　　　　　　　　　　　　　　　　　　　　108 000.00

当企业取得政府补助的长期资产投入使用后,在该资产的使用寿命内计提折旧或者进行摊销时,先借记"管理费用"相关账户;贷记"累计折旧"账户;然后,再确认当期的收益,借记"递延收益"账户,贷记"其他收益"账户。

【例】 续上例,2月28日,政府补助的环保设备预计使用寿命为8年,预计净残值率为4%。

(1) 计提本月份固定资产折旧费,作分录如下:

借:管理费用——折旧费 1 080.00
　　贷:累计折旧 1 080.00

(2) 确认本期收益,作分录如下:

借:递延收益 1 080.00
　　贷:其他收益 1 080.00

"其他收益"是损益类账户,用以核算企业取得政府补助等其他收益。企业取得政府补助等其他收益时,记入贷方;企业期末将其余额结转"本年利润"账户时,记入借方。

(二) 与收益相关的政府补助的核算

企业取得与收益相关的政府补助,用于补偿其已发生的相关费用或损失的,应当直接计入当期损益。

如果政府是按照国家定额标准拨付的,期末可以按照实际销售或储备量与单位补贴定额计算的补助金额,借记"其他应收款"账户,贷记"其他收益"账户。

等收到政府拨付的补助款时,再借记"银行存款"账户。贷记"其他应收款"账户。

企业取得与收益相关的政府补助,用于补偿企业以后期间的相关费用或损失的,在取得政府补助时,借记"银行存款"账户,贷记"递延收益"账户;在确认相关费用的期间计入当期损益时,再借记"递延收益"账户,贷记"其他收益"账户。

【例】 光明物流公司吸收了3位中年残疾人员就业,将取得地方政府的补助。

(1) 1月5日,收到地方政府划拨的政府补助90 000元,存入银行。作分录如下:

借:银行存款 90 000.00
　　贷:递延收益 90 000.00

(2) 1月31日,该批残疾人员预计工作5年,确认本月份的收入,作分录如下:

借:递延收益 1 500.00
　　贷:其他收益 1 500.00

(3) 7月15日,有位残疾人员因不能适应工作,被予以辞退,现汇出返还政府辞退人员剩余政府补助27 000元,作分录如下:

借:递延收益 27 000.00
　　贷:银行存款 27 000.00

"递延收益"是负债类账户,用以核算企业确认的应在以后期间计入当期损益的政府补助。企业收到应在以后期间计入当期损益的政府补助时,记入贷方;企业在确认政府补助的当期收益及返还政府补助时,记入借方;期末余额在贷方,表示企业应在以后期间计入当期损益的政府补助。

思 考 题

1. 什么是期间费用?它有哪些内容?
2. 期间费用分为哪两类?分述各类期间费用的定义及其明细项目。
3. 试述期间核算的要求。
4. 期间费用有哪些列支方式?分述各种列支方式的定义。
5. 保险费和利息支出在核算上有何特点?
6. 什么是税金?试述税收的特征和作用。
7. 试述税金的种类。
8. 什么是一般纳税人?什么是小规模纳税人?
9. 企业不能从销项税额中抵扣的进项税额包括哪些内容?
10. 什么是政府补助?试述政府补助的分类和计量。

习 题 一

一、目的 练习期间费用的科目及其明细科目的划分。

二、资料 青浦物流公司12月份发生的经济业务如图表12-2所示。

图表12-2

划分期间费用表

经 济 业 务	属于期间费用 应列入的科目、子目	不属于期间费用 应列入的科目
1. 修理车间为维修营运车辆而耗用的材料		
2. 从事物流生产人员的工资费用		
3. 支付聘请会计师事务所进行查账验资的费用		
4. 企业的外币等汇率的变动而造成的损失		
5. 行政管理部门使用的固定资产按规定提取的折旧费用		
6. 库区进行绿化而发生的费用		
7. 企业行政管理部门发生的差旅费用		

(续表)

经 济 业 务	属于期间费用 应列入的 科目、子目	不属于期间费用 应列入的科目
8. 支付企业聘请法律顾问支付的费用		
9. 因存货遭受毁损计提的跌价准备		
10. 商业承兑汇票贴现的利息支出		
11. 支付修理车间6个月以上长期病假人员的工资		
12. 物流管理部门领用材料		
13. 行政管理部门消耗的燃料		
14. 物流管理部门因业务需要而发生的差旅费用		
15. 企业行政管理部门发生的低值易耗品摊销		
16. 计提物流管理部门人员住房公积金		
17. 企业运输部门按照规定交纳的车船税		
18. 企业因业务需要而发生的招待客户费用		
19. 企业支付给金融机构办理转账结算的手续费		
20. 企业向有关机构进行经营管理咨询所支付的费用		
21. 物流管理部门耗用文具、印刷和邮电等费用		
22. 企业进行展览活动而支付的费用		
23. 为职工学习先进技术和提高文化水平而支付的费用		
24. 行政管理部门支付照明用电费		
25. 企业因起诉而发生的费用		
26. 企业向社会宣传而支付电视台的广告费用		
27. 企业购进专利权的摊销		
28. 物流管理部门使用低值易耗品的摊销		

三、要求 指出上列经济业务是否属于期间费用开支范围。若属于期间费用开支范围,应填明科目及子目;若不属于期间费用开支范围,应填明列支的会计科目。

习 题 二

一、目的 练习期间费用的核算。

二、资料 嘉定物流公司12月份发生下列有关的经济业务:

1. 2日,公司经理预支差旅费1 800元,以现金付讫。

2. 7日,公司经理出差回来报销差旅费1 780元,退回多余现金20元,以结清预支款。

3. 10日，工资结算汇总表中列明本月份应发薪酬合计195 600元，其中：运输人员薪酬76 000元，装卸人员薪酬48 000元，修理车间人员薪酬20 000元，物流管理人员薪酬15 000元，行政管理人员薪酬28 000元，在建工程人员薪酬8 600元。代扣款项合计34 245元，其中：住房公积金13 692元，养老保险费15 648元，医疗保险费3 912元，失业保险费978元，个人所得税15元。实发金额161 355元，据以提取现金备发职工薪酬。

4. 10日，发放本月份职工薪酬。

5. 12日，签发转账支票支付本月份报刊广告费1 800元。

6. 15日，经理室领用办公桌1只，金额1 200元，按五五摊销法摊销。

7. 18日，摊销本月份行政管理部门负担的财产保险费1 800元。

8. 20日，签发转账支票支付下一年全年行政管理部门财产保险费24 000元。

9. 22日，以现金支付招待客户费用1 650元。

10. 24日，签发转账支票支付从绿化服务公司购置的林木费用1 720元。

11. 26日，计提行政管理部门固定资产折旧费1 968元。

12. 28日，分配本月份各类人员职工薪酬。

13. 29日，分别按本月份工资总额的14%、2%和1.5%计提职工福利费、工会经费和职工教育经费。

14. 30日，分别按本月份工资总额的20%、1%和7%计提养老保险费、失业保险费和住房公积金。

15. 31日，银行开来短期借款计息单，系支付本季度短期借款利息6 900元。查前2个月已计提短期借款利息4 290元。

三、要求

1. 编制会计分录。
2. 根据会计分录登记"管理费用"明细账。

习 题 三

一、目的　练习税金和教育费附加的核算。

二、资料　长宁物流公司每月纳税1次，有关资料如下：

1. 3月31日，应交增值税二级明细账户所属的三级明细账户的余额如下：销项税额为599 720元，进项税额为329 580元，转出未交增值税为180 140元。

2. 该公司接着发生下列有关的经济业务：

(1) 3月31日，仓库被盗窃材料一批，金额15 000元，该批材料的增值税税率为13%，予以转账。

(2) 3月31日,将本月份应交未交的增值税额入账。

(3) 3月31日,根据本月份提取的应交增值税额,按7%税率提取本月份应交城市维护建设税。

(4) 3月31日,年初总分类账簿中,实收资本账户余额为2 250 000元,资本公积账户余额为250 000元,按5‰税率交纳印花税,日记账和明细账簿共8本,每年交纳5元,签发转账支票付讫。

(5) 3月31日,本企业拥有自有房产1 080 000元,允许减除20%计税,房产税税率为1.2%;占用土地1 200平方米,每平方米税额为6元;行政管理部门有小汽车1辆,每辆年税额为360元;物流作业部门有货车10辆,整备质量120吨,每吨年税额为60元,有1 080吨级货船1艘,每吨年税额为4元。计提本月份房产税、城镇土地使用税和车船税。

(6) 3月31日,根据本月份提取的应交增值税额的3%计提应交教育费附加。

(7) 4月10日,填制交款书分别交纳应交的增值税、城市维护建设税和教育费附加。

三、要求 编制会计分录。

习 题 四

一、目的 练习政府补助的核算。

二、资料 天顺物流公司发生下列有关的经济业务:

1. 1月10日,收到当地政府作为补助投付的环保设备1套,该设备的公允价值为150 000元,已达到预定可使用状态,并验收使用。

2. 1月31日,吸收4位中年残疾人员就业,收到地方政府划拨的补助款216 000元,存入银行。

3. 2月28日,政府补助拨付的环保设备预计使用寿命8年,预计净残值率为4%,计提其本月份折旧额,并确认收益。

4. 2月28日,月初吸收的4位残疾人员预计工作9年,确认本月份的收入。

5. 4月30日,有位残疾人员因不能适应工作,予以辞退,现汇出返还政府辞退人员剩余的政府补助款。

三、要求 编制会计分录。

第十三章 利润和利润分配

第一节 利 润

一、利润的意义

利润是指企业在一定会计期间的经营成果,它是企业在一定会计期间内所取得的全部收入,抵补全部费用后的净额。如果企业在一定会计期间内所取得的全部收入抵补不了全部费用,其差额则为亏损。

利润是综合反映企业会计期间经营成果的重要指标。物流企业营业收入的多少、营业成本的升降、期间费用的省费、经济效益的高低和经营管理水平的高低等,都会通过利润指标综合地反映出来。因此企业必须准确地核算利润,以便通过利润指标的分析,不断地改善经营管理,提高经济效益。

一、利润总额的构成

企业的利润总额由营业利润和营业外收支净额两个部分组成。

(一) 营业利润

营业利润是指企业从各种经营活动中所取得的利润。它由营业收入、营业成本、税金及附加、期间费用、研发费用、资产减值损失和其他各种收益七小部分组成。

1. 营业收入　　它是指企业经营主要业务和其他业务所确认的收入总额。
2. 营业成本　　它是指企业经营主要业务和其他业务发生的实际成本总额。
3. 税金及附加　　它是指企业经营业务应负担的城市维护建设税、房产税、城镇土地使用税、车船税、印花税等税金和教育费附加。
4. 期间费用　　它是指企业在经营活动中发生的应当由本期负担的管理费用和财务费用。
5. 研发费用　　它是指企业自行开发无形资产在研究阶段发生的支出。
6. 资产减值损失　　它是指企业各项资产发生的减值损失。
7. 其他各种收益　　它是指企业主营业务和其他业务以外的经营收益。它包括其他收益、投资收益、公允价值变动收益和资产处置收益。

(二) 营业外收支净额

营业外收支净额是指企业发生的与生产经营无直接关系的其他各项收入与支出的差额,由营业外收入与营业外支出两部分组成。

1. 营业外收入　　它是指企业发生的与生产经营无直接关系的各项收入。它主要包括下列内容：

(1) 固定资产报废清理收益　　它是指报废清理固定资产残料出售所取得的收入大于报废清理固定资产的账面价值和清理费用的差额。

(2) 盘盈利得　　它是指企业在财产清查中盘盈流动资产产生的利得。

(3) 捐赠利得　　它是指企业接受各种捐赠而产生的利得。

(4) 罚款收入　　它是指企业因提供劳务单位或供货单位不履行合同或协议而向其收取的赔款；因接受劳务单位不履行合同、协议支付劳务供应款而向其收取的赔偿金和违约金等各种形式的罚款收入；在扣除了因对方违反合同或协议而造成的经济损失后的净收入。

2. 营业外支出　　它是指企业发生的与企业经营业务无直接关系的各项支出。它主要包括下列内容：

(1) 固定资产报废毁损损失　　它是指企业报废毁损固定资产所取得的收入小于其账面价值和清理费用之间的差额。

(2) 公益性捐赠支出　　它是指企业对外公益性捐赠的现金及财产物资的价值。

(3) 非常损失　　它是指自然灾害造成的各项资产净损失，并包括由此造成的停工损失和善后清理费用。

(4) 盘亏损失　　它是指企业在财产清查中盘亏存货和固定资产等各种资产所造成的损失。

(5) 罚款支出　　它是指企业因为未履行经济合同、协议而向其他单位支付的赔偿金、违约金和罚息等。

"营业外收入"是损益类账户，用以核算企业发生的与经营业务无直接关系的各项收入。企业发生各项营业外收入时，记入贷方；企业月末将其余额结转"本年利润"账户时，记入借方。

"营业外支出"是损益类账户，用以核算企业发生的与经营业务无直接关系的各项支出。企业发生各项营业外支出时，记入借方；企业月末将其余额结转本年利润账户时，记入贷方。

二、利润核算前的准备工作

企业的利润总额是企业生产经营活动的总成果，为了正确地核算企业的利润总额，企业必须做好账目核对、清查财产和账项调整等准备工作。

(一) 账目核对

账目核对是指物流企业将各种有关的账簿记录进行核对，通过核对做到账账相符。如果发现不符，应立即查明原因，予以更正。

账目核对的具体内容有：总分类账中各资产类、成本类及费用类账户的余额之和应与各负债类、所有者权益类及收入类账户的余额之和核对相符；各总分类账户的期末余额应与其所统驭的明细分类账户的余额之和核对相符;银行存款日记账应与银行对账单核对相符;"应收账款""应付账款""其他应收款"和"其他应付款"各账户的余额应与其往来单位账核对相符。

(二)清查财产

清查财产是指根据账簿记录对物流企业的现金和各项财产物资及有价证券进行清查盘点,通过清查盘点做到账实相符。

清查财产的具体内容包括库存现金、原材料、低值易耗品、固定资产及股票和债券等。如果发现短缺或溢余,应及时查明原因,并进行账务处理,以保护企业财产的安全与完整,并保证核算资料的准确性和真实性。

(三)账项调整

账项调整是将属于本期已经发生而尚未入账的经济业务,包括本期应得的收入和应负担的支出,按照权责发生制的要求调整入账。

账项调整是在账账相符、账实相符的基础上进行的,其调整的具体内容有:本期已实现而尚未入账的主营业务收入及其相应的主营业务成本;本期已实现而尚未入账的其他业务收入及其相应的其他业务成本;本期已领用的原材料、低值易耗品的转账和待摊费用的摊销;本期固定资产折旧的计提和无形资产、长期待摊费用的摊销;本期职工福利费、工会经费、职工教育经费、职工社会保险费和住房公积金的计提;本期已实现的公允价值变动损益、投资收益、利息收入、汇兑损益和已发生的短期负债、长期负债的利息支出的入账或计提,本期应负担而尚未支付的各种税金和教育费附加的计提;本期已批准核销的待处理财产损溢的转账。本期发生减值的资产减值准备的计提或转销等。

三、利润总额的核算

期末企业通过账目核对、清查财产和账项调整等一系列利润核算前的准备工作后,在试算平衡的基础上,将企业损益类账户所归集的数额全部转入"本年利润"账户,其借贷方余额相抵后的差额,即为企业实现的利润总额。

【例】 1月31日,东方物流公司账项调整后,损益类账户的余额如下(单位:元):

贷方余额账户	金额	借方余额账户	金额
主营业务收入	500 000	主营业务成本	363 500
其他业务收入	25 000	其他业务成本	15 500
公允价值变动损益	1 800	税金及附加	8 600
投资收益	2 200	管理费用	56 620
营业外收入	1 500	财务费用	4 480
		资产减值损失	2 000
		营业外支出	1 800

（1）将损益类贷方余额账户结转"本年利润"账户，作分录如下：

  借：主营业务收入   500 000.00
  借：其他业务收入   25 000.00
  借：公允价值变动损益   1 800.00
  借：投资收益   2 200.00
  借：营业外收入   1 500.00
   贷：本年利润   530 500.00

（2）将损益类借方余额账户结转"本年利润"账户，作分录如下：

  借：本年利润   452 500.00
   贷：主营业务成本   363 500.00
   贷：其他业务成本   15 500.00
   贷：税金及附加   8 600.00
   贷：管理费用   56 620.00
   贷：财务费用   4 480.00
   贷：资产减值损失   2 000.00
   贷：营业外支出   1 800.00

  通过结账分录，将损益类账户的余额全部转入"本年利润"账户，从而在"本年利润"账户内集中予以反映。现将上列两笔业务登记"本年利润"账户如图表13-1所示。

图表13-1

本 年 利 润

单位：元

2018年		凭证号数	摘　　要	借方	贷方	借或贷	余额
月	日						
1	31		主营业务收入转入		500 000.00		
			其他业务收入转入		25 000.00		
			公允价值变动损益转入		1 800.00		
			投资收益转入		2 200.00		
			营业外收入转入		1 500.00		
			主营业务成本转入	363 500.00			
		（略）	其他业务成本转入	15 500.00			

(续表)

2018年		凭证号数	摘要	借方	贷方	借或贷	余额
月	日						
1	31		税金及附加转入	8 600.00			
			管理费用转入	56 620.00			
			财务费用转入	4 480.00			
			资产减值损失转入	2 000.00			
			营业外支出转入	1 800.00		贷	78 000.00

上列"本年利润"账户的贷方余额为 78 000 元,是东方物流公司 1 月份实现的利润总额。

四、所得税的核算

(一)利润总额与应纳税所得额之间的差异

所得税是指企业就其全年的生产经营所得和其他所得征收的税款,它以企业全年的所得额作为纳税依据。然而,在经济领域中,会计和税收是两个不同的分支,分别遵循不同的原则,规范不同的对象。因此,在企业会计准则和税收法规中,均体现了会计和税收各自相对的独立性和适当分离的原则。

从会计核算的角度来看,应以会计年度的利润总额作为企业全年的所得额,这样,往往会与税法规定的一个时期的应纳税所得额有所不同。它们之间由于确认的范围和时间不同而产生差异,从而导致会计和税收上对应纳所得额的计算也出现差异。

(二)利润总额与应纳税所得额之间差异的种类

利润总额与应纳税所得额之间产生的差异,就其原因和性质的不同,可分为永久性差异和暂时性差异两种。

1. 永久性差异　它是指根据会计核算要求和税法对收入、费用等会计项目的确认范围不同产生的差异。这种差异可能会在各个会计期间发生,并且一旦发生,在以后的会计期间不会再转回。永久性差异的主要内容如下:

(1) 利息支出　在会计核算中所有借款的利息支出(固定资产在建工程用借款除外),均按实际发生数列入财务费用而减少了利润总额;但税法规定企业从非金融机构借款的利息支出,高于金融机构同类、同期贷款利率的部分计入应纳税所得额。

(2) 违法经营的罚款和被没收财物的损失　在会计核算上企业将违法经营的罚款和被没收财物的损失,列入营业外支出而减少了利润总额;但税法规定这部分支出计入应纳税所得额。

(3) 支付各项税收的滞纳金和罚款　在会计核算上企业将违反税法规定支付各项税收的滞纳金和罚款,列入营业外支出而减少了利润总额;但税法规定这部分支出计入应纳税所得额。

（4）职工福利费超过计税福利费的差额　　在会计核算上企业发生的职工福利费全部计入成本、费用而减少了利润总额；但税法规定发生的职工福利费超过工资总额14％的部分计入应纳税所得额。

（5）公益性捐赠支出　　在会计核算上，公益性捐赠支出均列入营业外支出而减少了利润总额；但税法规定企业用于公益性的捐赠支出，在年度内超过利润总额12％的部分计入应纳税所得额。

（6）赞助支出　　在会计核算上，各种赞助支出均列入营业外支出而减少了利润总额；但税法规定企业发生的与生产经营活动无关的各种非广告性赞助支出计入应纳税所得额。

（7）业务招待费　　在会计核算上业务招待费按实际发生的数额列入管理费用而减少了利润总额；但税法规定企业发生的业务招待费支出中的40％计入应纳税所得额。

（8）对外投资分回利润　　在会计核算上企业从其他单位分回已经交纳所得税额的利润，要通过投资收益计入利润总额；但税法规定企业从其他单位分回的已交纳所得税的利润，为了避免重复纳税，在计算本企业所得税额时，可从应纳税所得额中扣除。

（9）国债利息收入　　在会计核算上国债利息收入要通过投资收益计入利润总额；但税法规定企业国债利息收入可以免交所得税额，其数额可从应纳税所得额中扣除。

2. 暂时性差异　　它是指资产或负债的账面价值与其计税基础之间的差额。

资产的计税基础是指企业收回资产账面价值过程中，计算应纳税所得额时按照税法规定可以自应税经济利益中抵扣的金额。通常情况下，资产取得时其入账价值与计税基础是相同的，后续计量过程中因会计核算的结果与税法规定不同，可能产生资产的账面价值与其计税基础的差异。例如，资产发生减值，提取减值准备。在会计核算上，资产的可变现净值或可收回金额低于其账面价值时，应当计提减值准备；而税法规定，企业提取的减值准备一般不能税前抵扣，只有在资产发生实质性损失时，才允许税前扣除，由此产生了资产的账面价值与计税基础之间的暂时性差异。又如，在会计核算上，企业自行开发的无形资产在满足资本化条件时应当资本化，将其开发阶段的支出确认为无形资产成本；而税法规定，企业无形资产开发阶段的支出可于发生当期扣除，由此产生了自行开发的无形资产在持有期间的暂时性差异。

负债的计税基础是指负债的账面价值减去未来期间计算应纳税所得额时按照税法规定可予抵扣的金额。通常，负债的确认和偿还，不会对当期损益和应纳税所得额产生影响，其计税基础即为账面价值。而在某些情况下，负债的确认可能会影响损益，进而影响不同期间的应纳税所得额，使得其计税基础与账面价值之间产生差额。例如，企业因或有事项确认的预计负债,会计核算上按照最佳估计数确认,计入当期损益;而税法规定,与确认预计负债相关的费用在实际发生时准予税前扣除,该负债的计税基础为零,由此形成了负债的账面价值与计税基础之间的暂时性差异。

按照暂时性差异对未来期间应税金额的影响不同,可分为应纳税暂时性差异和可抵扣暂时性差异两种。

应纳税暂时性差异是指在确定未来收回资产或清偿负债期间的应纳税所得额时,将导致产生应税金额的暂时性差异。资产的账面价值大于其计税基础或者负债的账面价值小于其计税基础时,产生应纳税暂时性差异。

可抵扣暂时性差异是指在确定未来收回资产或清偿负债期间的应纳税所得额时,将导致产生可抵扣金额的暂时性差异。资产的账面价值小于其计税基础或者负债的账面价值大于其计税基础时,产生可抵扣暂时性差异。

企业应当将当期和以前期间应交未交的所得税确认为负债,将已支付的所得税超过应支付的部分确认为资产。

对于存在应纳税暂时性差异的应纳税所得额应当按照规定确认递延所得税负债,对于存在可抵扣暂时性差异的应纳税所得额应当按照规定确认递延所得税资产。

(三)所得税额的计算和核算

企业的所得税额是以全年的应纳税所得额为依据的,其计算公式如下:

$$所得税额 = 应纳税所得额 \times 适用税率$$

由于利润总额与应纳所得额之间存在着永久性差异和暂时性差异。因此,在计算所得税额时,需要将利润总额调整为应纳税所得额,其调整的公式如下:

$$应纳税所得额 = 利润总额 \pm 永久性差异 \pm 暂时性差异$$

所得税费用是由本期所得税额和递延所得税费用两个部分组成的,递延所得税费用又分为递延所得税负债和递延所得税资产,其计算公式分解如下:

$$本期所得税额 = 应纳税所得额 \times 适用税率$$
$$递延所得税费用 = 递延所得税负债 - 递延所得税资产$$
$$递延所得税负债 = 应纳税暂时性差异 \times 适用税率$$
$$递延所得税资产 = 可抵扣暂时性差异 \times 适用税率$$
$$所得税费用 = 本期所得税额 + 递延所得税负债 - 递延所得税资产$$

初始会计年度可以按照上列公式确认所得税费用。

【例】 吴中物流公司第1年利润总额为600 000元,所得税税率为25%,该公司发生业务招待费20 000元,取得国债利息收入12 000元。影响计税基础的有关账户余额为:坏账准备4 300元,固定资产减值准备5 100元,预计负债80 000元。"无形资产"账户

余额为110 000元,为刚确认的自行开发的专利权,尚未摊销。计算确认所得税费用如下:

本期所得税额=(600 000+20 000×40%−12 000+4 300+5 100+80 000−
110 000)×25%=143 850(元)

递延所得税负债=110 000×25%=27 500(元)

递延所得税资产=(4 300+5 100+80 000)×25%=22 350(元)

所得税费用=143 850+27 500−22 350=149 000(元)

(1) 根据计算的结果,确认本年度所得税费用,作分录如下:

借:所得税费用	149 000.00
借:递延所得税资产	22 350.00
贷:应交税费——应交所得税	143 850.00
贷:递延所得税负债	27 500.00

(2) 将所得税费用结转"本年利润"账户,作分录如下:

借:本年利润	149 000.00
贷:所得税费用	149 000.00

后续年度确定递延所得税费用时,还应考虑"递延所得税负债"和"递延所得税资产"账户原有的余额。

【例】 吴中物流公司第2年利润总额为630 000元,所得税税率为25%,该公司发生业务招待费22 000元,取得国债利息收入12 600元。"递延所得税负债"账户余额为27 500元,"递延所得税资产"账户余额为22 350元。影响计税基础的有关账户余额为:坏账准备4 500元,固定资产减值准备5 300元。"无形资产"账户中有自行开发的无形资产110 000元,已摊销10 000元。计算其所得税费用如下:

本期所得税额=[630 000+22 000×40%−12 600+4 500+5 300−(110 000−
10 000)]×25%=134 000(元)

递延所得税负债=(110 000−10 000)×25%=25 000(元)

递延所得税资产=(4 500+5 300)×25%=2 450(元)

上列计算的递延所得税资产和递延所得税负债的金额是这两个账户应保留的金额,在核算时应减去这两个账户原来的余额。

根据计算的结果,确认本年度所得税费用,作分录如下:

借:所得税费用(134 000−2 500+19 900)	151 400.00
借:递延所得税负债(25 000−27 500)	2 500.00
贷:应交税费——应交所得税	134 000.00
贷:递延所得税资产(2 450−22 350)	19 900.00

"所得税费用"是损益类账户,用以核算企业确认的应当从当期利润总额中扣除的所得费用。企业确认所得税费用时,记入借方;企业月末将其余额结转"本年利润"账户时,记入贷方。

"递延所得税资产"是资产类账户,用以核算企业确认的可抵扣暂时性差异产生的所得税资产。企业确认递延所得税资产时,记入借方;企业转销递延所得税资产时,记入贷方;期末余额在借方,表示企业已确认的递延所得税资产。

"递延所得税负债"是负债类账户,用以核算企业确认的应纳税暂时性差异产生的所得税负债。企业确认递延所得税负债时,记入贷方;企业转销递延所得税负债时,记入借方;期末余额在贷方,表示企业已确认的递延所得税负债。

(四)所得税费用确认和交纳的核算

所得税费用虽然以企业全年的所得额为纳税依据,然而为了保证国家财政收入的及时和均衡,并使企业能够有计划合理地安排经营资金,国家对所得税额采取按月或按季预征,年终汇算清缴,多退少补的办法。企业应交纳的所得税费用,一般应根据当地税务部门的规定,在月末或季末确认,次月初或次季初交纳,其计算公式如下:

本期累计应交所得税额=本期累计应纳税所得额×适用税率

本期应交所得税额=本期累计应交所得税额-上期累计已交所得税额

为了简化核算手续,企业平时可按利润总额作为计算应交所得税额的依据,在年终清算时,再将利润总额与应纳税所得额之间的永久性差异和暂时性差异进行调整。

【例】 南兴物流公司到11月30日止已交纳了所得税额147 500元,11月30日结算后利润总额为650 000元,所得税税率为25%,计算本月份应交所得税额如下:

本期累计应交所得税额=650 000×25%=162 500(元)

本期应交所得税额=162 500-147 500=15 000(元)

(1) 根据计算的结果,作分录如下:

借:所得税费用　　　　　　　　　　　　　　　　　　15 000.00
　　贷:应交税费——应交所得税　　　　　　　　　　　　15 000.00

(2) 将所得税费用结转"本年利润"账户时,作分录如下:

借:本年利润　　　　　　　　　　　　　　　　　　　15 000.00
　　贷:所得税费用　　　　　　　　　　　　　　　　　　15 000.00

(3) 次月初以银行存款交纳时,作分录如下:

借:应交税费——应交所得税　　　　　　　　　　　　15 000.00
　　贷:银行存款　　　　　　　　　　　　　　　　　　　15 000.00

税法规定 12 月份或第 4 季度的所得税额应在年终前几天预交。预交的所得税额是根据当月或当季的收入情况测算的,预交时借记"应交税费"账户,贷记"银行存款"账户。预交的所得税额和年终决算的应交所得税额之间的差额通过汇算清交来解决。

【例】 续前例,南兴物流公司预计 12 月份实现利润总额为 50 000 元。

(1) 12 月 26 日,预交本月份所得税额,作分录如下:

借:应交税费——应交所得税	12 500.00
贷:银行存款	12 500.00

(2) 12 月 31 日,年终决算时,利润总额为 712 000 元,发生业务招待费 25 000 元,对外投资分回税后利润 11 600 元。"递延所得税负债"账户余额为 16 800 元,"递延所得税资产"账户余额为 13 150 元。影响计税基础的有关账户余额为:坏账准备 5 500 元,存货跌价准备 6 500 元,预计负债 50 000 元。"无形资产"账户中有自行开发的无形资产 100 000 元,已摊销了 40 000 元。清算本年度应交所得税额如下:

本年所得税额=[712 000+25 000×40%-11 600+5 500+6 500+50 000-(100 000-40 000)]×25%=178 100(元)

本月所得税额=178 100-162 500=15 600(元)

递延所得税负债=(100 000-40 000)×25%=15 000(元)

递延所得税资产=(5 500+6 500+50 000)×25%=15 500(元)

根据计算的结果,作分录如下:

借:所得税费用(15 600-1 800-2 350)	11 450.00
借:递延所得税负债(15 000-16 800)	1 800.00
借:递延所得税资产(15 500-13 150)	2 350.00
贷:应交税费——应交所得税	15 600.00

(3) 同时,将所得税费用结转"本年利润"账户,作分录如下:

借:本年利润	11 450.00
贷:所得税费用	11 450.00

(4) 次年 1 月 10 日,清缴所得税额,计算结果如下:

应清缴所得税额=15 600-12 500=3 100(元)

根据计算的结果,清缴所得税额时,作分录如下:

借:应交税费——应交所得税	3 100.00
贷:银行存款	3 100.00

"本年利润"是所有者权益类账户,用以核算企业在本年度内实现的净利润。在月末,各收入类账户转入时,记入贷方;各费用类账户转入时,记入借方。期末余额一般在贷方,表示企业实现的净利润;若期末余额在借方,则表示企业本年发生的净亏损。

第二节 利润分配

一、利润分配的意义和顺序

（一）利润分配的意义

利润分配是指企业按照国家规定的政策和企业章程的规定，对已实现的净利润在企业和投资者之间进行分配。首先，企业通过提取法定盈余公积和任意盈余公积，作为企业发展生产经营的后备资金。其次，通过将一部分利润分配给投资者，作为企业对投资者的回报。最后，企业为了平衡各会计年度的投资回报水平，以丰补歉，留有余地，还留存一部分未分配利润。因此企业要认真做好利润分配工作，处理好企业和投资者之间的经济关系。

（二）利润分配的顺序

利润分配的顺序基本上也是按照企业和投资者的顺序进行的，企业利润分配的具体程序为：① 以税前利润弥补亏损。② 以税后利润弥补亏损。③ 提取法定盈余公积。④ 分派优先股股东股利。⑤ 提取任意盈余公积。⑥ 分派普通股股东股利。

二、利润分配的核算

企业对实现的利润进行分配，就意味着利润的减少。为了全面地反映整个会计年度利润的完成情况，以便与利润预算的执行情况进行对比分析，因此在利润分配时，不直接冲减"本年利润"账户，而是设置"利润分配"账户进行核算。以下将按照利润分配的顺序阐述其核算方法。

（一）弥补亏损的核算

根据我国财务制度规定，企业发生年度利润亏损后，可以用下一年度的税前利润弥补，若下一年度利润不足弥补的，可以在5年内延续弥补。若5年以内还没有以税前利润将亏损弥补足额，从第6年开始，则只能以税后利润弥补亏损。

由于以前年度的亏损反映为"利润分配"账户的借方余额，而本年度内实现的利润反映为"本年利润"账户的贷方余额，年终清算后，"本年利润"账户的余额转入"利润分配"账户贷方时，即对以前年度的亏损作了弥补。因此，无论以税前利润弥补亏损，还是以税后利润弥补亏损，均不必另行编制会计分录。

（二）提取法定盈余公积和任意盈余公积的核算

企业的利润总额交纳所得税额后，剩余的部分称为税后利润，又称净利润，它应按规定的比例提取法定盈余公积和任意盈余公积。法定盈余公积按净利润10%的比例提取，任意盈余公积的提取比例由公司自行确定。

【例】 华昌物流公司全年实现净利润480 000元，按10%的比例提取法定盈余公积，按5%的比例提取任意盈余公积，作分录如下：

借：利润分配——提取法定盈余公积	48 000.00
借：利润分配——提取任意盈余公积	24 000.00
贷：盈余公积——法定盈余公积	48 000.00
贷：盈余公积——任意盈余公积	24 000.00

（三）向投资者分配利润的核算

1. 有限责任公司向投资者分配利润的核算　　有限责任公司的净利润在提取法定盈余公积和任意盈余公积后，剩余的部分可以作为投资者的收益，按投资的比例向投资者进行分配。在分配时，一般根据谨慎性会计信息质量的要求而留有余地，以防将来可能遭受到的意外损失。企业在确定分配给投资者利润时，借记"利润分配"账户，贷记"应付股利"账户。

【例】　华昌物流公司全年实现净利润 480 000 元，按 75％的比例分配给投资者，该企业华兴公司投资 60％，东昌公司投资 40％，作分录如下：

借：利润分配——应付现金股利或利润	360 000.00
贷：应付股利——华兴公司	216 000.00
贷：应付股利——东昌公司	144 000.00

当以现款向投资者分配利润时，借记"应付股利"账户，贷记"银行存款"账户。

"利润分配"是所有者权益类账户，也是"本年利润"的抵减账户，用以核算企业利润的分配（或亏损的弥补）和历年分配（或弥补）后的结存余额。企业分配利润或年终亏损转入时，记入借方；企业将盈余公积弥补亏损，以及年终将"本年利润"账户余额转入时，记入贷方；平时余额一般在借方，表示企业年内利润分配累计数。年终"本年利润"账户余额转入后，若余额在贷方，表示未分配利润；若余额在借方，则表示未弥补亏损。

"应付股利"是负债类账户，用以核算企业应向投资者发放的现金股利或分配的利润。企业确定应向投资者发放的现金股利或分配的利润时，记入贷方；企业向投资者发放现金股利或分配利润时，记入借方；期末余额在贷方，表示企业尚未向投资者发放的现金股利或分配利润。

企业年终清算，向投资者发放现金股利或分配利润时，也可以根据具体需要，将历年结余的未分配利润，并入本年度进行分配。

2. 股份有限公司向股东发放股利的核算　　股份有限公司是以向股东发放股利的形式分配净利润的。股份有限公司的净利润在提取法定盈余公积后，首先是发放优先股股利，其次是提取任意盈余公积，最后才是发放普通股股利。

1) 发放优先股股利的核算　　优先股股利是指股份有限公司从其净利润中分配给优先股股东的作为其对公司投资的报酬。股份有限公司一般以现金发放优先股股利。优先股的股利率通常是事先约定的,在宣告发放优先股股利日,按优先股的股数乘以优先股股利率,计算出优先股股利,据以借记"利润分配"账户,贷记"应付股利"账户。

【例】 中兴物流股份有限公司有优先股 200 000 股,3 月 15 日宣告将于 3 月 25 日分派优先股股利,每股发放 0.12 元,作分录如下:

  借:利润分配——应付现金股利或利润   24 000.00
    贷:应付股利   24 000.00

等发放优先股股利时,再借记"应付股利"账户,贷记"银行存款"账户。

2) 提取任意盈余公积的核算 股份有限公司在发放了优先股股利后,其净利润可以按公司章程或股东会规定的比例提取任意盈余公积。提取时,借记"利润分配"账户,贷记"盈余公积"账户。

3) 发放普通股股利的核算 普通股股利是指股份有限公司从其净利润中分配给普通股股东的作为其对公司投资的报酬。

股份有限公司发放普通股股利,可以根据具体情况,采取现金股利或股票股利的方式。

(1) 发放现金股利的核算 现金股利是指以现金方式发放给股东的股利,这是一种最常用的方式。股东投资于股票的目的主要是期望得到较其他投资形式更高的现金收益。由于股东对股利的追求,所以股利的高低会直接影响公司股票市场价格的涨落,而公司股票市场价格的涨落又关系到公司信誉的高低,从而间接影响到公司筹资能力的大小。但公司的董事会往往偏重于考虑公司长期发展的财务需要,希望限制股利发放的数额,保留一定的资金,以开拓发展生产经营业务。因此,董事会应权衡各个方面的利益,制定合理的发放股利的方案。

股份有限公司在宣告发放普通股现金股利日,已形成了负债,届时借记"利润分配"账户,贷记"应付股利"账户;俟发放普通股现金股利时,再借记"应付股利"账户,贷记"银行存款"账户。

【例】 中兴物流股份有限公司有 9 000 000 股普通股。

(1) 3 月 15 日,该公司宣告将于 3 月 25 日分派普通股现金股利,每股 0.11 元,作分录如下:

  借:利润分配——应付现金股利或利润   990 000.00
    贷:应付股利   990 000.00

(2) 3 月 25 日,发放普通股现金股利时,作分录如下:

  借:应付股利   990 000.00
    贷:银行存款   990 000.00

(2) 发放股票股利的核算

股票股利是指以增发股票方式分发给股东的股利。作为股利发放股票又称送股。采取发放股票股利方式，实质上是将一部分净利润资本化。股份有限公司发放股票股利，不必动用现金，却增加了公司的股本；增强了公司的财务实力，有利于拓展公司的经营业务。而股东虽没有追加投资，却增加了拥有的股份，同时不影响投资者对现金的需求，因为股票随时可以在证券市场上抛售而取得现金。这种方式具有一定的灵活性。

股票股利一般按股东持有普通股份的比例，分发给普通股的股东，如每10股可分发2股股票股利，其送股比例为10送2，这样通过送股后，并不会改变股东在股份有限公司中所拥有的股份比例。

股份有限公司经股东大会或类似机构决议发放给普通股股东股票股利，应在办理好增资手续后，借记"利润分配"账户，贷记"股本"账户。

【例】 中兴物流股份有限公司有9 000 000股普通股。3月25日，经股东大会决议发放给普通股股东股票股利，每10股分派1股，每股面值1元，并已办理好增资手续，作分录如下：

借：利润分配——转作股本的股利　　　　　　　　　　900 000.00
　　贷：股本——普通股　　　　　　　　　　　　　　　　　900 000.00

三、"本年利润"账户和"利润分配"账户的转销

年终清算后，"本年利润"账户归集了全年实现的净利润，而"利润分配"账户则归集了全年已分配的利润和历年积存的未分配利润，这时必须结束旧账，开设新账。

企业在结束旧账前，应将"本年利润"账户余额和"利润分配"账户下"提取法定盈余公积""提取任意盈余公积"和"应付现金股利或利润"等明细分类账户的余额全部转入"利润分配"账户下"未分配利润"明细分类账户。

【例】 静安物流公司12月31日有关账户余额如下（单位：元）：

贷方余额账户		借方余额账户	
本年利润	600 000	利润分配——提取法定盈余公积	60 000
利润分配——未分配利润	61 200	利润分配——提取任意盈余公积	36 000
		利润分配——应付现金股利或利润	432 000

(1) 将"本年利润"账户余额结转"利润分配——未分配利润"账户，作分录如下：

借：本年利润　　　　　　　　　　　　　　　　　　600 000.00
　　贷：利润分配——未分配利润　　　　　　　　　　　　600 000.00

(2) 将"利润分配"各明细分类账户余额结转"利润分配——未分配利润"账户，作分录如下：

借：利润分配——未分配利润　　　　　　　　　　　　528 000.00
　　贷：利润分配——提取法定盈余公积　　　　　　　　60 000.00
　　贷：利润分配——提取任意盈余公积　　　　　　　　36 000.00
　　贷：利润分配——应付现金股利或利润　　　　　　432 000.00

根据上列分录登记"利润分配——未分配利润"账户如图表13-2所示。

图表13-2

利润分配——未分配利润

单位：元

2018年		凭证号数	摘　　要	借　方	贷　方	借或贷	余　额
月	日						
1	1		上年结转			贷	61 200
12	31	（略）	本年利润转入		600 000		
			提取法定盈余公积转入	60 000			
			提取任意盈余公积转入	36 000			
			应付现金股利或利润转入	432 000		贷	133 200
12	31		本期发生额及余额	528 000	600 000	贷	133 200

思 考 题

1. 什么是利润？企业为什么必须正确地核算利润？
2. 什么是营业利润？它由哪七个部分组成？说明这七个部分的定义。
3. 企业在利润核算前有哪些准备工作？并说明这些准备工作的定义。
4. 试述账目核对、清查财产和账项调整的具体内容。
5. 什么是所得税？什么是永久性差异？什么是暂时性差异？
6. 永久性差异包括哪些内容？
7. 分述资产的计税基础和负债的计税基础。
8. 分述在什么情况下产生应纳税暂时性差异和可抵扣暂时性差异？
9. 什么是利润分配？试述利润分配的顺序。
10. 股票股利与现金股利有哪些不同？股份有限公司为什么要分派股票股利？

习 题 一

一、目的 练习利润总额的核算。

二、资料

1. 真南物流公司1月31日损益类账户余额如下（单位：元）：

贷方余额账户		借方余额账户	
主营业务收入	520 000	主营业务成本	375 000
其他业务收入	30 000	其他业务成本	12 100
公允价值变动损益	900	管理费用	67 800
投资收益	2 750	财务费用	670
营业外收入	2 050	资产减值损失	1 000
		营业外支出	1 940

2. 该公司1月31日发生下列经济业务：

(1) 计提本月份短期借款利息3 390元。

(2) 计提本月份银行存款利息450元。

(3) 摊销应由本月份行政管理部门负担的广告费1 750元。

(4) 将本月份应交未交的增值税额88 000元入账。

(5) 根据已提取的增值税额，按7%税率计提城市维护建设税。

(6) 根据已提取的增值税额，按3%提取率计提教育费附加。

(7) 本月28日待查盘缺的原材料50元，系日常收发工作中差错，经批准予以转账。

(8) 将损益类贷方余额的账户结转"本年利润"账户。

(9) 将损益类借方余额的账户结转"本年利润"账户。

三、要求

1. 编制会计分录。

2. 登记"本年利润"账户。

习 题 二

一、目的 练习所得税的核算。

二、资料 东海物流公司有关资料如下：

1. 第1年利润总额为500 000元，所得税税率为25%，该公司发生业务招待费16 000元，取得国债利息收入11 600元。影响计税基础的有关账户余额为：坏账准备

3 800元,固定资产减值准备4 600元,预计负债72 000元。"无形资产"账户余额为90 000元,为刚确认的自行开发的专利权,尚未摊销。

2. 第2年利润总额为550 000元,所得税税率为25%,该公司发生业务招待费18 000元,罚款支出3 000元,取得国债利息收入15 000元。影响计税基础的有关账户余额为:坏账准备3 900元,固定资产减值准备4 900元。"无形资产"账户中有自行开发的无形资产90 000元,已摊销9 000元。

三、要求 确认所得税费用并编制相应的会计分录。

习 题 三

一、目的 练习利润的核算。

二、资料

1. 静安物流公司11月30日各有关账户的余额如下(单位:元):

贷方余额账户		借方余额账户	
主营业务收入	400 000	主营业务成本	285 100
其他业务收入	22 000	其他业务成本	12 600
公允价值变动损益	1 250	税金及附加	6 600
投资收益	2 500	管理费用	52 900
营业外收入	2 200	财务费用	3 900
		资产减值损失	2 250
		营业外支出	2 800

2. 接着又发生下列经济业务:

(1) 11月30日,将损益类贷方余额的账户结转"本年利润"账户。

(2) 11月30日,将损益类借方余额的账户结转"本年利润"账户。

(3) 11月30日,前10个月利润总额为635 000元,已交所得税额158 750元,按25%税率计提应交所得税额。

(4) 11月30日,将所得税费用结转"本年利润"账户。

(5) 12月10日,以银行存款交纳上月提取的所得税额。

(6) 12月25日,预计本月份实现利润总额58 000元,按25%税率预交本月份所得税额。

(7) 12月31日,年终决算利润总额为762 000元,发生业务招待费27 500元,对外投资分回税后利润12 000元。"递延所得税负债"账户余额为19 250元。"递延所得税资产"账户余额12 970元。影响计税基础的有关账户余额为:坏账准备3 560元,存货跌价准备4 240元,预计负债60 000元。"无形资产"账户中有自行开发的专利权110 000元,已摊销了44 000元,清算本年度应交所得税额。

(8) 12月31日,将所得税费用结转"本年利润"账户。

(9) 次年1月15日,以银行存款清缴上年度所得税额。

三、要求　编制会计分录。

习 题 四

一、目的　练习利润分配的核算。

二、资料

1. 大宁物流公司2017年共实现净利润500 000元,接着又发生下列经济业务:

(1) 12月31日,按净利润10%的比例计提法定盈余公积,按6%的比例计提任意盈余公积。

(2) 12月31日,按净利润75%的比例分配给投资者,其中:国家投资60%,西海公司投资40%。

(3) 次年1月15日,以银行存款支付给投资者利润。

2. 卢湾物流股份有限公司2017年实现净利润2 500 000元,接着发生下列有关的经济业务:

(1) 12月31日,按净利润10%的比例计提法定盈余公积。

(2) 12月31日,公司宣告将于次年1月18日发放优先股股利,每股0.12元,该公司共有200 000股优先股。

(3) 12月31日,按净利润5%的比例计提任意盈余公积。

(4) 次年1月18日,发放优先股股利24 000元。

(5) 次年2月25日,公司宣告将于3月15日发放普通股股利,其中股票股利,每10股发放2股,每股面值1元;现金股利,每10股发放0.30元,该公司共有8 000 000股普通股。

(6) 次年3月15日,普通股股票股利发放完毕,予以转账。

(7) 次年3月15日,普通股现金股利发放完毕,予以入账。

三、要求　编制会计分录。

第十四章 财务报告

第一节 财务报告概述

一、财务报告的意义和作用

财务报告是指企业对外提供的反映企业某一特定日期财务状况和某一会计期间经营成果、现金流量等会计信息的文件。财务报告包括财务报表和其他应当在财务报表中披露的相关信息和资料。

财务报表是指对企业财务状况、经营成果和现金流量的结构性表述。财务报表是财务报告的主体。物流企业在为客户提供物流服务的过程中,发生了大量的经济业务,根据审核过的原始凭证编制记账凭证,然后根据记账凭证,分门别类地在各有关账簿中进行登记,按照会计科目加以归集。这些既有总分类账上所反映的总括资料,又有明细分类账上所反映的明细资料,企业经济活动的全面情况得到了完整反映。但是,账簿中所归集的资料毕竟是分散的,缺乏必要的归类、整理和分析。为了集中反映企业的经济活动状况、经营成果和现金流量,就有必要定期编制财务报表。

正确编制财务报表,对考核企业的经济活动、反映企业的经营成果和现金流量具有重要的作用。

首先,企业的管理层、各职能部门及职工通过财务报表能够全面了解企业的财务状况、经营成果和现金流量,以便进行分析对比、总结经验、发现问题并及时采取措施、加强管理,以提高企业的经济效益,并为企业管理当局进行决策提供重要的信息和依据。

其次,企业的投资者、债权人通过阅读财务报表,可以分析企业目前的财务状况、经营情况和现金流量,了解企业资产、负债和所有者权益的结构情况,从而判断企业的盈利能力和偿债能力,以决定今后的投资方向。

再次,财政税务机关、开户银行和审计单位可以根据企业财务报表,检查企业资金运用情况、经营成果的形成情况,以及营业税和所得税等税款的交纳情况;检查企业是否严格遵守国家规定的财经纪律、信贷制度和结算纪律,以更好地发挥财政、税务、银行和审计的监督作用,促使企业合理地使用资金,并为制定信贷计划提供依据。

二、财务报表的组成和编制要求

（一）财务报表的组成

财务报表至少应当包括下列组成部分：① 资产负债表。② 利润表。③ 现金流量表。④ 所有者权益(或股东权益)变动表。⑤ 附注。

(二) 财务报表的编制要求

为了保证财务报表的质量,充分发挥财务报表的作用,各级企业都必须按照规定,认真编制上报财务报表,要求做到以下四点。

1. 数字真实　　财务报表是一个信息系统,其所反映的各项数字,必须真实,能真实地反映企业的财务状况、经营成果和现金流量。编制财务报表时,必须做到账账、账实和账表三相符,不得匡计数字,更不得弄虚作假,隐瞒谎报、篡改数字。

2. 计算准确　　财务报表中,有不少项目需要根据有关账户期末余额和本期发生额进行分析、计算整理后才能填列,而且报表有关项目之间存在着一定的数量勾稽关系。因此,要采用正确的计算方法,做到账表相符,以确保会计信息的准确性。

3. 内容完整　　各种财务报表之间,以及财务报表的各项指标之间,是相互联系、互为补充的,因此,必须按照企业会计准则应用指南规定的种类、格式和内容填报。不应漏编、漏报报表,也不应漏填报表项目。

4. 报送及时　　财务报表必须根据规定的期限及时编制与报送,以便于报表使用者及时了解和分析企业在报告期内的财务状况、经营成果和现金流量,并保证会计资料的及时逐级汇总。

三、财务报表的分类

物流企业的财务报表可以按照下列不同标准进行分类。

(一) 按照财务报表所反映的经济内容分

物流企业的主要财务报表分为以下四种。

1. 资产负债表　　它是指反映企业财务状况的报表。

2. 利润表　　它是指反映企业经营成果的报表。

3. 现金流量表　　它是指反映企业的现金和现金等价物流入和流出的报表。

4. 所有者权益(或股东权益)变动表　　它是指反映企业所有者权益各组成部分增减变动的报表。

(二) 按照财务报表所反映的资金运动形态分

1. 静态报表　　它是指反映企业在某一日期终了时,资金运动变化处于相对静止状态的报表,如资产负债表。

2. 动态报表　　它是指反映企业在某一时期内,资金运动变化状况的报表,如利润表和现金流量表。

(三) 按照会计报表的编制时期分

1. 年度报表(年报)　　它是指年度决算报表。

2. 半年度报表(半年报)　　它是指半年度计算报表。

3. 季度报表(季报)　　它是指季度计算报表。

4. 月度报表(月报)　　它是指月度计算报表。

(四) 按照财务报表母子公司的关系分

1. 个别财务报表　　它是指由母公司或子公司编制仅反映母公司或子公司自身财务状况、经营成果和现金流量的报表。

2. 合并财务报表　　它是指由母公司编制的,将母子公司形成的企业集团作为一个会计主体,综合反映企业集团整体财务状况、经营成果和现金流量的报表。

第二节　资产负债表

一、资产负债表的作用

资产负债表是指反映企业在某一特定日期财务状况的报表。它反映了企业所掌握的各种资产的分布和结构,企业所承担的债务以及所有者在企业中所拥有的权益。

通过对资产负债表的分析,可以了解资产、负债和所有者权益的结构是否合理,企业的财务实力是否雄厚,短期偿债能力的强弱,所有者持有权益的多少,以及企业财务状况的发展趋势。从而为企业管理当局挖掘内部潜力和制定今后发展方向等进行经营决策提供重要的经济信息,并为投资者和债权人服务。

二、资产负债表的结构和内容

资产负债表的结构由表头和正表两个部分组成。

资产负债表的表头由报表名称、编制单位、编制日期和金额单位等内容组成。

资产负债表的正表是根据资金运动的规律,即资产的总额与负债和所有者权益的总额必然相等的原理设计的。它采用"账户式"左右对称结构,左方反映企业拥有资产的分布状况,右方反映所负的债务和所有者权益的状况。金额栏设有期末余额和年初余额两栏,以便报表使用者掌握和分析企业财务状况的变化及发展趋势。

(一) 资产

资产按照其流动性不同,可分为流动资产和非流动资产两类。

1. 流动资产　　它是指预计在一个正常营业周期中变现、出售或耗用的资产,或者主要为交易目的而持有的资产,或者预期在资产负债表日起1年内变现的资产,以及交换其他资产或清偿负债的能力不受限制的现金或现金等价物。它具有较强的流动性。

现金等价物是指企业持有的期限短、流动性强、易于转换为已知金额的现金,价值变动风险很小的投资。期限短,一般是指从购买日起3个月以内到期。现金等价物通常是指在3个月内到期的短期债券投资。

流动资产由货币资金、交易性金融资产、应收票据及应收账款、预付款项、其他应收款、存货、持有待售资产、1年内到期的非流动资产和其他流动资产等项目组成。流动资产表明了企业的短期偿债能力，又可为下一期经营时所运用。因此，它在企业的资产中占有重要的地位。

2. 非流动资产　　它是指流动资产以外的资产。它的流动性是很弱的。

非流动资产由可供出售的金融资产、持有至到期投资、长期应收款、长期股权投资、投资性房地产、固定资产、在建工程、无形资产、开发支出、商誉、长期待摊费用、递延所得税资产和其他非流动资产等项目组成。

（二）负债

负债按照其流动性不同，可分为流动负债和非流动负债。

1. 流动负债　　它是指企业预计在一个正常营业周期中清偿的债务，或者主要为交易目的而持有的债务，或者自资产负债表日起1年内到期应予清偿的债务，或者企业无权自主地将清偿推迟至资产负债表日后1年以上的债务。

流动负债由短期借款、交易性金融负债、应付票据及应付账款、预收款项、应付职工薪酬、应交税费、其他应付款、持有待售负债、1年内到期的非流动负债和其他流动负债等项目组成。

2. 非流动负债　　它是指流动负债以外的负债。

非流动负债由长期借款、应付债券、长期应付款、预计负债、递延收益、递延所得税负债和其他非流动负债等项目组成。

（三）所有者权益

所有者权益由实收资本、资本公积、其他综合收益、盈余公积和未分配利润等项目组成。

资产负债表的格式及其具体内容如图表14-2所示（见第313页）。

三、资产负债表的编制方法

（一）资产负债表"期末余额"栏内各个项目的填列

资产负债表"期末余额"栏内各个项目的填列可分为以下两种情况。

1. 一般项目的填列　　资产负债表的一般项目是根据总分类账户的期末余额填列的，如短期借款项目。

2. 需要分析计算调整项目的填列　　资产负债表的有些项目则需要根据有关总分类账户和明细分类账户的资料，经过分析计算调整后填列的，如应收账款、存货等项目。

现将有关项目的分析计算调整填制方法说明如下：

（1）"货币资金"项目　　该项目根据"库存现金""银行存款""备用金"和"其他货币资金"账户期末余额合计数填列。

(2)"应收票据及应收账款"项目　　该项目根据"应收票据"账户期末余额加上"应收账款"账户所属各明细分类账户的期末借方余额合计数,减去"坏账准备"相关明细分类账户期末余额后的差额填列。如"预收账款"账户所属有关明细分类账户有借方余额的,也应包括在本项目内。

(3)"预付款项"项目　　该项目根据"预付账款"账户所属各明细分类账户的期末借方余额合计数填列。如"应付账款"账户所属有关明细分类账户有借方余额的,也应包括在本项目内。

(4)"其他应收款"项目　　该项目根据"应收利息""应收股利"和"其他应收款"账户期末余额合计数,减去"坏账准备"相关明细分类账户期末余额后的差额填列。

(5)"存货"项目　　该项目根据"在途物资"(或"材料采购""材料成本差异")"原材料""低值易耗品"和"存货跌价准备"等账户的期末借贷方余额相抵后的差额填列。

(6)"一年内到期的非流动资产"项目　　该项目根据"可供出售金融资产""持有至到期投资""长期应收款"和"长期待摊费用"账户所属有关明细分类账户的期末余额分析填列。

(7)"其他流动资产"项目　　该项目反映企业除以上流动资产项目外的其他流动资产,如可以根据"待摊费用"账户的期末余额以及其他有关账户的期末余额填列。

(8)"可供出售金融资产"项目　　该项目根据"可供出售金融资产"账户的期末余额,减去该账户中将于1年内到期的可供出售金融资产的数额后的差额填列。

(9)"持有至到期投资"项目　　该项目根据"持有至到期投资"账户的期末余额,减去该账户中将于1年内到期的持有至到期投资的数额,再减去"持有至到期投资减值准备"账户期末余额后的差额填列。

(10)"长期应收款"项目　　该项目根据"长期应收款"账户的期末余额,减去该账户将于1年内收回的款项后的差额填列。

(11)"长期股权投资"项目　　该项目根据"长期股权投资"账户的期末余额,减去"长期股权投资减值准备"账户期末余额后的差额填列。

(12)"投资性房地产"项目　　该项目根据"投资性房地产"账户的期末余额减去"投资性房地产累计折旧"和"投资性房地产减值准备"账户期末余额后的差额填列。

(13)"固定资产"项目　　该项目根据"固定资产"账户的期末余额减去"累计折旧"和"固定资产减值准备"账户期末余额,再加上"固定资产清理"账户的期末余额后的数额填列。

(14)"在建工程"项目　　该项目根据"在建工程"和"工程物资"账户的期末余

额合计数,减去"在建工程减值准备"和"工程物资减值准备"账户期末余额的差额填列。

(15)"无形资产"项目 该项目根据"无形资产"账户的期末余额减去"累计摊销"和"无形资产减值准备"账户期末余额后的差额填列。

(16)"长期待摊费用" 该项目根据"长期待摊费用"账户的期末余额减去1年内(含1年)摊销的数额后的差额填列。

(17)"应付票据及应付账款"项目 该项目根据"应付票据"账户的期末余额,加上"应付账款"账户所属各有关明细分类账户的期末贷方余额合计数填列。如"预付账款"账户所属明细分类账户有贷方余额的,也应包括在本项目内。

(18)"预收款项"项目 该项目根据"预收账款"账户所属有关明细分类账户的期末贷方余额合计数填列。如"应收账款"账户所属明细分类账户有贷方余额的,也应包括在本项目内。

(19)"其他应付款"项目 该项目根据"应付利息""应付股利"和"其他应付款"账户的期末余额合计数填列。

(20)"一年内到期的非流动负债"项目 该项目根据"长期借款""应付债券""长期应付款"和"专项应付款"等非流动负债账户的期末余额分析填列。

(21)"其他流动负债"项目 该项目反映企业除以上流动负债项目以外的其他流动负债。如可以根据"预提费用"账户的期末余额以及其他有关账户的期末余额填列。

(22)"长期借款"项目 该项目根据"长期借款"账户的期末余额减去1年内到期的长期借款数额后的差额填列。

(23)"应付债券"项目 该项目根据"应付债券"账户的期末余额减去1年内到期的应付债券数额后的差额填列。

(24)"长期应付款"项目 该项目根据"长期应付款"和"专项应付款"账户的期末余额合计数,减去"未确认融资费用"账户期末余额,再减去1年内到期的长期应付款和专项应付款的数额后的差额填列。

(25)"未分配利润"项目 该项目根据"本年利润"账户期末余额与"利润分配"账户期末余额计算填列。

(二)资产负债表"年初余额"栏内各个项目的填列

资产负债表"年初余额"栏内各个项目的金额是根据上年年末资产负债表"期末余额"栏内所列的数据填列。

【例】 顺风物流公司编制资产负债表的资料如下:

1. 2017年12月31日,总分类账户期末余额表如图表14-1所示。

图表 14-1

总分类账户期末余额表

2017 年 12 月 31 日   单位：元

借方余额账户	金额	贷方余额账户	金额
库存现金	4 500	坏账准备	7 800
银行存款	640 300	存货跌价准备	3 900
备用金	3 200	固定资产减值准备	8 100
其他货币资金	22 000	累计折旧	869 500
交易性金融资产	200 000	累计摊销	86 000
应收票据	45 800	短期借款	500 000
应收账款	1 123 400	应付票据	49 600
预付账款	20 400	应付账款	118 800
应收利息	9 600	预收账款	21 000
其他应收款	33 200	应付职工薪酬	33 400
在途物资	35 000	应交税费	58 200
原材料	236 000	应付股利	560 500
低值易耗品	128 100	其他应付款	21 700
待摊费用	42 000	预提费用	19 200
持有至到期投资	138 000	长期借款	110 000
固定资产	5 612 600	应付债券	400 000
在建工程	142 000	递延所得税负债	62 800
工程物资	24 000	实收资本	5 100 000
无形资产	146 000	资本公积	113 500
长期待摊费用	132 000	盈余公积	418 500
递延所得税资产	18 000	本年利润	737 500
利润分配	543 900		
合 计	9 300 000	合 计	9 300 000

2. 有关明细账户余额如下所述。

"应收账款"明细分类账借方余额 1 138 800 元，贷方余额 15 400 元；"应付账款"明细账贷方余额 136 800 元，借方余额 18 000 元；"坏账准备——应收账款"明细账 7 800 元。

3. 有关账户的具体资料如下所述。

"持有至到期投资"账户中 1 年内到期的债券 38 000 元；"长期待摊费用"账户中 1 年内到期的长期待摊费用 12 000 元；"应付债券"账户中有 1 年内到期的债券 50 000 元。

根据上列资料编制资产负债表如图表 14-2 所示。

图表 14-2

资产负债表

编制单位：顺风物流公司　　　2017年12月31日　　　会企01表　单位：元

资产	行次	期末余额	年初余额	负债和所有者权益（或股东权益）	行次	期末余额	年初余额
流动资产：				流动负债：			
货币资金	1	670 000	632 000	短期借款	56	500 000	450 000
交易性金融资产	2	200 000	164 000	交易性金融负债	57		
应收票据及应收账款	3	1 176 800	1 141 900	应付票据及应付账款	58	186 400	180 300
预付款项	5	38 400	36 500	预收款项	60	36 400	34 800
其他应收款	6	42 800	40 600	应付职工薪酬	61	33 400	31 830
存货	7	395 200	356 800	应交税费	62	58 200	54 390
持有待售资产	8			其他应付款	63	582 200	540 380
一年内到期的非流动资产①	11	50 000	45 000	持有待售负债	64		
其他流动资产②	21	42 000	36 000	一年内到期的非流动负债	70	50 000	47 500
流动资产合计	24	2 615 200	2 452 800	其他流动负债③	71	19 200	17 800
非流动资产：				流动负债合计	75	1 465 800	1 357 000
可供出售金额资产	31			非流动负债：			
持有至到期投资	32	100 000	80 000	长期借款	81	110 000	110 000
长期应收款	33			应付债券	82	350 000	300 000
长期股权投资	35			长期应付款	83		

(续表)

投资性房地产	36			预计负债	84		
固定资产	37	4 735 000	4 614 800	递延收益	85		
在建工程	38	166 000	110 700	递延所得税负债	86	62 800	59 200
无形资产	39	60 000	69 000	其他非流动负债	87		
开发支出	40			非流动负债合计	88	522 800	469 200
商誉	41	120 000	132 000	负债合计	90	1 988 600	1 826 200
长期待摊费用	42			所有者权益(或股东权益):			
递延所得税资产	43	18 000	15 500	实收资本(或股本)	91	5 100 000	4 800 000
其他非流动资产	44			资本公积	92	113 500	413 500
非流动资产合计	45	5 199 000	5 022 000	减:库存股	93		
				其他综合收益	94		
				盈余公积	95	418 500	300 500
				未分配利润	96	193 600	134 600
				所有者权益(或股东权益)合计	98	5 825 600	5 648 600
资　产　总　计	50	7 814 200	7 474 800	负债和所有者权益(或股东权益)总计	100	7 814 200	7 474 800

① 该项目中期末余额和期初余额中均有 1 年内到期的长期待摊费用 12 000 元,其余均为 1 年内到期的持有至到期投资。
② 该项目的期末余额和期初余额均为"待摊费用"账户余额。
③ 该项目的期末余额和期初余额均为"预提费用"账户余额。

第三节 利润表

一、利润表的意义和作用

利润表是指反映企业在一定会计期间内利润（亏损）实现情况的报表。它反映了企业的各项收入和各项成本、费用等支出以及净利润或净亏损的构成。

通过对利润表的分析，可以检查利润预算的完成情况和营业收入、营业成本、管理费用和财务费用预算的执行情况，了解企业的盈利能力，有利于经营者掌握企业在生产经营过程中存在的问题，以促使其提高经营管理水平和经济效益，也有利于投资者作出正确的决策。

二、利润表的结构和内容

利润表的结构由表头和正表两个部分组成。

利润表的表头由报表名称、编制单位、报表时期和金额单位等内容组成。

利润表的正表部分采用多步式结构，分为七个部分。第一部分是营业收入。第二部分是营业利润，它是以营业收入减去营业成本、税金及附加、管理费用、研发费用、财务费用和资产减值损失，加上其他收益、投资收益、公允价值变动收益和资产处置收益后的数额，用以反映企业的经营成果。第三部分是利润总额，它是以营业利润加上营业外收入，减去营业外支出后的数额，用以反映企业的税前利润。第四部分是净利润，是以利润总额减去所得税费用后的数额，用以反映企业的税后利润。第五部分是其他综合收益的税后净额，它是以其他综合收益减去其应交纳所得税额后的数额，用以反映企业其他综合收益净额。第六部分是综合收益总额，它是净利润加上其他综合收益的税后净额，用以反映企业的净收益。第七部分是每股收益。

"利润表"正表部分各项目均分设"本月金额"和"本年累计金额"两栏金额，"本月金额"栏内的金额主要反映当月利润实现的情况；"本年累计金额"栏内的金额主要反映自年度开始起，至报告期止的累计数额。

利润表的格式及其具体内容如图表14-3所示。

三、利润表的编制方法

利润表各项目的"本月金额"主要根据损益类总分类账户的净发生额填列；"本年累计金额"则根据各损益类总分类账户的累计净发生额填列，或者根据上月末本表的"本年累计金额"加上本表的"本月金额"后填列。

现将利润表具体项目的填列方法说明如下：

1. "营业收入"项目　该项目根据"主营业务收入"和"其他业务收入"账户净发生额之和填列。

图表 14-3

利 润 表

会企 02 表

编制单位：顺风物流公司　　　2017 年 12 月　　　　　　　　单位：元

项　　目	行次	本月金额	本年累计金额
一、营业收入	1	818 000	8 260 000
减：营业成本	2	583 200	6 258 000
税金及附加	3	54 760	71 250
管理费用	5	77 100	889 000
研发费用	6		
财务费用	7	4 480	53 300
其中：利息费用	8	4 620	55 720
利息收入	9	540	6 120
资产减值损失	10	6 960	16 600
加：其他收益	11		
投资收益（损失以"－"号填列）	12	4 600	20 200
其中：对联营企业和合营企业的股资收益	13		
公允价值变动收益（损失以"－"号填列）	14	150	1 080
资产处置收益（损失以"－"号填列）	15		
二、营业利润（亏损以"－"号填列）	16	96 250	993 130
加：营业外收入	17	3 390	25 500
减：营业外支出	18	6 040	38 630
三、利润总额（亏损总额以"－"号填列）	20	93 600	980 000
减：所得税费用	21	23 500	242 500
四、净利润（净亏损以"－"号填列）	22	70 100	737 500
五、其他综合收益的税后净额	23		
（一）不能重分类进损益的其他综合收益	24		
1. 重新计量设定受益计划变动额	25		
2. 权益法下不能转损益的其他综合收益	26		
……			
（二）将重分类进损益的其他综合收益	30		
1. 权益法下可转损益的其他综合收益	31		
2. 可供出售金融资产公允价值变动损益	32		
3. 持有至到期投资重分类为可供出售金融资产损益	33		

(续表)

项目	行次	本月金额	本年累计金额
……			
六、综合收益总额	36	70 100	737 500
七、每股收益	38		
（一）基本每股收益	39		
（二）稀释每股收益	40		

2."营业成本"项目　　该项目根据"主营业务成本"和"其他业务成本"账户净发生额之和填列。

3."税金及附加"项目　　该项目根据"税金及附加"账户净发生额填列。

4."管理费用"项目　　该项目根据"管理费用"账户的净发生额减去该账户中"研发费用"明细账户的净发生额后的数额填列。

5."研发费用"项目　　该项目根据"管理费用"账户中"研发费用"明细账户的净发生额填列。

6."财务费用"项目　　该项目根据"财务费用"账户的净发生额填列。

7."利息费用"和"利息收入"项目　　这两个项目根据"财务费用"账户中"利息支出"明细账户的净发生额分析填列。

8."资产减值损失""其他收益""投资收益""公允价值变动收益"和"资产处置收益"项目　　这些项目分别根据"资产减值损失""其他收益""投资收益""公允价值变动损益"和"资产处置损益"账户净发生额填列。

9."营业利润"项目　　该项目根据该表"营业收入"项目的金额减去"营业成本""税金及附加""管理费用""研发费用""财务费用""资产减值损失"项目的金额，加上"其他收益""投资收益""公允价值变动收益"和"资产处置收益"项目的金额后的数额填列。

10."营业外收入"和"营业外支出"项目　　这些项目分别根据"营业外收入"和"营业外支出"账户的净发生额填列。

11."利润总额"项目　　该项目根据该表"营业利润"项目的金额加上"营业外收入"项目的金额，减去"营业外支出"项目的金额后的数额填列。

12."所得税费用"项目　　该项目根据"所得税费用"账户的净发生额填列。

13."净利润"项目　　该项目根据"利润总额"项目的金额减去"所得税费用"项目的金额后的差额填列。

14."其他综合收益的税后净额"项目　　该项目根据"其他综合收益"账户期末余额减去其应交所得税后的差额填列。

15."综合收益总额"项目　　该项目根据"净利润"项目的金额，加上"其他综合收益的税后净额"项目金额后的数额填列。

16."基本每股收益"项目　　该项目根据该表"净利润"项目的金额除以该公司普通股股票的股数的商填列。

17."稀释每股收益"项目　　该项目根据该表"净利润"项目的金额除以该公司普通股与潜在普通股之和而取得的商填列。潜在普通股主要包括可转换公司债券和认购权证等。

第四节　现金流量表

一、现金流量表的作用

现金流量表是指反映企业一定会计期间现金和现金等价物流入和流出的报表。该表是半年度的财务报表。现金有狭义和广义之分,狭义的现金通常是指库存现金。这里所讨论的是广义的现金,是指企业的库存现金以及可以随时用于支付的存款。现金流量是指企业在一定期间的现金和现金等价物的流入和流出。

现金流量表为财务报表使用者提供企业一定会计期间内现金和现金等价物流入和流出的信息,财务报表使用者通过对现金流量表的分析,可以评价企业在未来会计期间的现金流量,评估企业偿还债务及支付企业投资者投资报酬的能力,了解企业本期净利润与经营活动中现金流量发生差异的原因,掌握本期内影响或不影响现金流量的投资活动与筹资活动,并可据以预测企业未来的现金流量。

二、现金流量表的结构和内容

现金流量表的结构由表头、正表和补充资料三个部分组成。

现金流量表的表头部分由报表名称、编制单位、报表时期和金额单位等内容组成。

现金流量表的正表部分采用多步式。它由以下六个部分组成。

(一)经营活动产生的现金流量

经营活动是指企业投资活动和筹资活动以外的所有交易或事项。企业随着经营活动的开展将会产生经营活动的现金流入量和流出量。

1. 经营活动的现金流入量　　这部分内容由销售商品、提供劳务收到的现金、收到的税费返还、收到其他与经营活动有关的现金等三个项目组成。

(1)"销售商品、提供劳务收到的现金"项目　　该项目反映物流企业本期提供劳务收到的现金,前期提供劳务本期收到的现金,以及本期预收的账款。

(2)"收到的税费返还"项目　　该项目反映物流企业收到返还的各种税费,如收到的营业税、所得税和教育费附加返还等。

(3)"收到其他与经营活动有关的现金"项目　　该项目反映物流企业除了上述各项目外,收到其他与经营活动有关的现金流入。如罚款现金收入、捐赠现金收入、流动资产损失中获得赔偿的现金收入等。

2. 经营活动的现金流出量　　这部分内容由购买商品、接受劳务支付现金,支付给职工以及为职工支付的现金,支付的各项税费和支付的其他与经营活动有关的现金等四个项目组成。

(1)"购买商品、接受劳务支付的现金"项目　　该项目反映物流企业本期购进原材料、接受劳务支付的现金,本期支付前期购进原材料、接受劳务的未付款项和本期预付款项。进货退出原材料收到的现金应从本项目内减去。

(2)"支付给职工以及为职工支付的现金"项目　　该项目反映物流企业实际支付给职工的薪酬,以及为职工支付的现金。它包括本期实际支付给职工的工资、奖金、各种津贴和补贴等,以及实际支付的医疗保险费等社会保险费、住房公积金、职工福利费、工会经费和职工教育经费等。但不包括支付的离退休人员的各项费用和支付的在建工程人员的职工薪酬等。

(3)"支付的各项税费"　　该项目反映物流企业按规定支付的各种税费,包括本期发生并支付的税费,以及本期支付以前各期发生的税费和预交的税金,如支付的营业税、所得税、城市维护建设税、教育费附加、印花税、房产税、土地使用税和车船税等。不包括计入固定资产价值实际支付的耕地占用税等。

(4)"支付其他与经营活动有关的现金"项目　　该项目反映物流企业除上述各项目外,支付的其他与经营活动有关的现金流出,如捐赠现金支出、罚款支出、支付的差旅费、业务招待费、保险费以及企业支付的离退休人员的各项费用等。

(二)投资活动产生的现金流量

投资活动是指企业长期资产的购建和不包括在现金等价物范围内的投资及其处置活动。企业随着投资活动的开展将会产生投资活动的现金流入量和流出量。

1. 投资活动的现金流入量　　这部分内容由收回投资收到的现金,取得投资收益收到的现金,处置固定资产、无形资产和其他长期资产收回的现金净额,处置子公司及其他营业单位收到的现金净额和收到其他与投资活动有关的现金等五个项目组成。

(1)"收回投资收到的现金"项目　　该项目反映物流企业出售、转让或到期收回除现金等价物以外的交易性金融资产,可供出售金融资产,长期股权投资中除处置子公司、营业单位以外而收到的现金,以及收回持有至到期投资本金而收到的现金。

(2)"取得投资收益收到的现金"项目　　该项目反映物流企业因持有交易性金融资产、可供出售金融资产、持有至到期投资和长期股权投资而取得的现金股利和利息,以及从子公司、联营企业和合营企业分回利润收到的现金。但不包括股票股利。

(3)"处置固定资产、无形资产和其他长期资产收回的现金净额"项目　　该项目反映物流企业处置固定资产、无形资产和其他长期资产收回的现金,减去为处置这些资产而支付的有关费用后的净额。

(4) "处置子公司及其他营业单位收到的现金净额"项目　该项目反映物流企业处置子公司及其他营业单位收到的现金减去为处置这些资产而支付的有关费用后的净额。

(5) "收到其他与投资活动有关的现金"项目　该项目反映物流企业除了上述各项目外,收到其他与投资活动有关的现金流入。

2. 投资活动的现金流出量　这部分内容由购建固定资产、无形资产和其他长期资产支付的现金、投资支付的现金、取得子公司及其他营业单位支付的现金净额和支付其他与投资活动有关的现金等四个项目组成。

(1) "购建固定资产、无形资产和其他长期资产支付的现金"项目　该项目反映物流企业购买建造固定资产,取得无形资产和其他长期资产支付的现金。它不包括为购建固定资产而发生的借款利息资本化的部分,以及融资租入固定资产支付的租赁费。

(2) "投资支付的现金"项目　该项目反映物流企业取得的除现金等价物以外的交易性金融资产、可供出售金融资产、持有至到期投资、长期股权投资中除购买子公司及其他营业单位外支付的现金,以及支付的相关交易费用。

(3) "取得子公司及其他营业单位支付的现金净额"项目　该项目反映物流企业购买子公司及其他营业单位成本中以现金支付的部分。

(4) "支付其他与投资活动有关的现金"项目　该项目反映物流企业除了上述各项目以外,支付其他与投资活动有关的现金流出。

(三) 筹资活动产生的现金流量

筹资活动是指导致企业资本及债务规模和构成发生变化的活动。企业随着筹资活动的开展,将会产生筹资活动的现金流入量和流出量。

1. 筹资活动的现金流入量　这部分内容由吸收投资收到的现金、取得借款收到的现金和收到其他与筹资活动有关的现金等三个项目组成。

(1) "吸收投资收到的现金"项目　该项目反映物流企业收到的投资者投入的现金,包括以发行股票、债券等方式筹集的资金实际收到的款项净额(发行收入减去支付的佣金等发行费用后的净额)。

(2) "取得借款收到的现金"项目　该项目反映物流企业举借各种短期、长期借款所收到的现金。

(3) "收到其他与筹资活动有关的现金"项目　该项目反映物流企业除上述各项目外,收到的其他与筹资活动有关的现金流入。

2. 筹资活动的现金流出量　这部分内容由偿还债务支付的现金、分配股利、利润或偿付利息支付的现金和支付其他与筹资活动有关的现金等三个项目组成。

(1) "偿还债务支付的现金"项目　该项目反映物流企业以现金偿还债务的本金,包括偿还金融企业的借款本金和偿还债券本金等。

(2)"分配股利、利润或偿付利息支付的现金"项目　该项目反映物流企业实际支付的现金股利,支付给其他投资单位的利润以及支付的借款利息和债券利息等。

(3)"支付其他与筹资活动有关的现金"项目　该项目反映物流企业除了上述各项目外,支付其他与筹资活动有关的现金流出。

(四)汇率变动对现金及现金等价物的影响

"汇率变动对现金及现金等价物的影响"项目　该项目反映物流企业外币现金流量及境外子公司的现金流量折算为人民币时,所采用的现金流量发生日的即期汇率折算的人民币金额与"现金及现金等价物净增加额"中外币现金净增加额按期末汇率折算的人民币金额之间的差额。

(五)现金及现金等价物净增加额

"现金及现金等价物净增加额"项目　该项目反映物流企业现金及现金等价物的流入量与流出量之间的差额。

(六)期末现金及现金等价物余额

"期末现金及现金等价物余额"项目　该项目反映物流企业期末现金余额和期末现金等价物余额的合计数。

补充资料是指未能列入现金流量表正表的、而需要予以披露的内容。补充资料由将净利润调节为经营活动的现金流量、不涉及现金收支的投资活动和筹资活动和现金及现金等价物净增加额三个部分组成。

三、现金流量表的编制方法

现金流量表正表虽然分为六个部分,但最复杂的部分是经营活动产生的现金流量净额。因为经营活动产生的现金流量净额是根据收付实现制确认的净利润反映的,而企业会计准则要求会计核算按权责发生制确认净利润。因此,在编制现金流量表时,就需要将权责发生制确认的净利润转换为收付实现制下的净利润,转换的方法有直接法和间接法两种。

直接法是指以利润表中各主要经营收支项目为基础,并以实际的现金收入和现金支出进行调整,结算出现金流入量、现金流出量和现金流量净额的方法。间接法是指以净利润为基础,以非现金费用和债权债务以及存货的变动额加以调整,结算出现金流量净额的方法。经营活动产生的现金流量净额在正表部分采用的是直接法,在补充资料部分采用的是间接法。现将现金流量表各项目的填列方法说明如下。

(一)经营活动产生的现金流量各项目的填列方法

1."销售商品、提供劳务收到的现金"项目　该项目根据利润表"营业收入"项目的金额,加上"应交税费——应交增值税"账户所属"销项税额"明细账户贷方净发生额,再加上资产负债表"应收票据及应收账款"项目的年初余额和"预收款项"项目的期末余额,减去"应收票据及应收账款"项目的期末余额和"预收款项"项目的年初余额,减去

"坏账准备"账户所属相关明细账户的贷方发生额填列。

2. "收到的税费返还"项目　　该项目根据"其他应收款"和"营业外收入"账户的贷方发生额中收到返还的增值税、所得税和教育费附加填列。

3. "收到其他与经营活动有关的现金"项目　　该项目根据"营业外收入""其他应付款"结合"库存现金"和"银行存款"等有关账户发生额分析填列。

4. "购买商品、接受劳务支付的现金"项目　　该项目根据利润表"营业成本"项目的金额,加上"应交税费——应交增值税"账户所属的"进项税额"明细账户的净发生额和存货中未列入成本减少的金额,再加上资产负债表中"存货"项目的期末余额,减去"存货"项目的年初余额,加上"应付票据及应付账款"项目的年初余额和"预付款项"项目的期末余额,减去"应付票据及应付账款"项目的期末余额和"预付款项"项目的年初余额,加上"存货跌价准备"账户的贷方发生额,减去已记入"主营业务成本"和"其他业务成本"账户的工资费用、其他人工费用、折旧费和税金,以及"待摊费用"和"长期待摊费用"账户转入的金额后的数额填列。

5. "支付给职工以及为职工支付的现金"项目　　该项目根据"应付职工薪酬"账户借方净发生额,扣除列入"在建工程"账户中的职工薪酬数额后的差额填列。

6. "支付的各项税费"项目　　该项目根据利润表"税金及附加"项目的金额,加上列入"主营业务成本"账户内的税金,加上"应交税费"账户的年初余额和"应交税费"账户所属"未交增值税""应交所得税"明细账户的期末余额,减去"应交税费"账户的期末余额和"应交税费"账户所属"未交增值税""应交所得税"明细账户的年初余额,加上"应交税费——应交增值税——已交税金""应交税费——未交增值税——转入未交增值税"和"应交税费——应交所得税"三个明细账户的借方发生额之和填列。

7. "支付其他与经营活动有关的现金"项目　　该项目根据利润表"管理费用""研发费用""财务费用""营业外支出"四个项目金额之和,减去这四个项目中不需要以现金支付的金额,再减去这四个项目中已经包含的、并且已列入本表的"支付给职工以及为职工支付的现金"项目中的工资费用和其他人工费用等,还要减去已列入"财务费用"项目,但将列入本表的"分配股利、利润或偿付利息支付的现金""支付其他与筹资活动有关的现金"和"汇率变动对现金及现金等价物的影响"这三个项目的金额,加上"待摊费用""长期待摊费用"账户借方发生额,再加上"预提费用"和"其他应收款"账户借方发生额,减去"预提费用"和"其他应收款"账户贷方发生额后的差额填列。

不需要以现金支付的数额是指提取的固定资产折旧费、待摊费用、无形资产和长期待摊费用的摊销数,预提费用的提取数,固定资产盘亏(扣除盘盈)、固定资产清理净损失等。

(二)投资活动产生的现金流量各项目的填列方法

1. "收回投资收到的现金"项目　　该项目根据"交易性金融资产"账户贷方发生

额,减去该账户所属"现金等价物"明细账户的贷方发生额,加上"可供出售金融资产""持有至到期投资"和"长期股权投资"账户的贷方发生额,减去"持有至到期投资——应计利息"明细账户的贷方发生额,再减去这些账户中收回的非现金数额和处置子公司及其他营业单位收到的现金数额后的差额填列。

2. "取得投资收益收到的现金"项目 该项目根据利润表"投资收益"和"公允价值变动收益"项目的金额之和,加上"应收股利""应收利息"和"持有至到期投资——应计利息"三个账户的年初余额,减去这三个账户的期末余额后的差额填列。

3. "处置固定资产、无形资产和其他长期资产收回的现金净额"项目 该项目根据"固定资产清理"账户的借、贷方发生额、"投资性房地产"和"无形资产"账户的贷方发生额,并结合"银行存款"账户的发生额分析填列。

4. "处置子公司及其他营业单位收到的现金净额"项目 该项目根据"长期股权投资"账户的贷方发生额中处置子公司及其他营业单位收到的现金及现金等价物的数额填列。

5. "购建固定资产、无形资产和其他长期资产支付的现金"项目 该项目根据"固定资产""在建工程""工程物资""无形资产""研发支出——开发支出"账户的借方发生额,加上"固定资产减值准备""无形资产减值准备"账户的贷方发生额,减去本期在建工程动用工程物资的金额、本期融资租入固定资产的价值和为购建固定资产而发生的借款利息资本化的金额,再减去因赊购、接受投资、接受捐赠或收回投资等各种原因未支付现金而取得的固定资产、在建工程、工程物资和无形资产金额后的数额填列。

6. "投资支付的现金"项目 该项目根据"交易性金融资产""可供出售金融资产""持有至到期投资"和"长期股权投资"账户的借方发生额合计数,减去这四个账户中未支付现金而增加的投资的金额,再减去"交易性金融资产——现金等价物"和"持有至到期投资——应计利息"账户的借方发生额,再减去"长期股权投资"账户中因购买子公司及其他营业单位支付的现金数额后的差额填列。

7. "取得子公司及其他营业单位支付的现金净额"项目 该项目根据"长期股权投资"账户的借方发生额中因购买子公司及其他营业单位支付的现金及现金等价物的数额填列。

(二) 筹资活动产生的现金流量各项目的填列方法

1. "吸收投资收到的现金"项目 该项目有限责任公司根据"实收资本"账户贷方发生额中收到现金的金额;股份有限公司根据"股本"账户贷方发生额中收到现金的金额,然后这两种企业都要加上"资本公积"账户贷方发生额中收到现金的金额,再加上"应付债券——本金"账户贷方发生额,减去未收到现金而增加的应付债券本金的数额后的差额填列。

2. "取得借款收到的现金"项目 该项目根据"短期借款""长期借款——本金"

账户贷方发生额的合计数填列。

3. "偿还债务支付的现金"项目　该项目根据"短期借款""长期借款——本金""应付债券——本金"账户的借方发生额合计数填列。

4. "分配股利、利润或偿付利息支付的现金"项目　该项目根据"应付利息""应付股利"账户借方发生额,加上"财务费用""在建工程"账户中所列支的银行借款利息和债券利息,加上"应付利息""长期借款——利息""应付债券——应计利息"账户的借方发生额,减去上述三个账户的贷方发生额后的差额填列。

5. "支付其他与筹资活动有关的现金"项目　该项目根据"长期应付款"账户的借方发生额,加上"财务费用"账户中发行债券费用,再加上"实收资本"或"股本""资本公积"和"盈余公积"等账户借方发生额中以现金支付的金额后的数额填列。

（四）汇率变动对现金及现金等价物的影响额项目的填列方法

"汇率变动对现金及现金等价物的影响"项目　该项目根据"财务费用——汇兑损失"账户净发生额填列。发生汇兑损失用负数表示;发生汇兑收益则用正数表示。

（五）现金及现金等价物净增加额项目的填列方法

"现金及现金等价物净增加额"项目　该项目根据资产负债表中"货币资金"项目的期末余额减去年初余额,再加上"交易性金融资产——现金等价物"账户的期末余额减去该账户的年初余额填列。其计算的结果应与前面四大部分之和相等。

（六）期末现金及现金等价物余额项目的填列方法

1. "期初现金及现金等价物余额"项目　该项目根据资产负债表中"货币资金"项目的期初余额,加上"交易性金融资产——现金等价物"账户的年初余额填列。

2. "期末现金及现金等价物余额"项目　该项目根据本表"现金及现金等价物增加额"项目与"期初现金及现金等价物余额"项目的金额之和填列。

（七）补充资料

1. 将净利润调节为经营活动现金流量各项目的填列方法　具体表述如下:

（1）"净利润"项目　该项目根据利润表中"净利润"项目的数额填列。

（2）"资产减值准备"项目　该项目根据利润表中"资产减值损失"项目的数额填列。

（3）"固定资产折旧"项目　该项目根据"累计折旧"账户贷方发生额中提取固定资产折旧的数额填列。

（4）"无形资产摊销"项目　该项目根据"累计摊销"账户贷方发生额分析填列。

（5）"长期待摊费用摊销"项目　该项目根据"长期待摊费用"账户贷方发生额分析填列。

（6）"处置固定资产、无形资产和其他长期资产的损失(减收益)"项目　该项目根据"营业外支出——处置非流动资产损失"明细账户的净发生额,减去"营业外收入——处置非流动资产利得"明细账户的净发生额,再减去"其他业务收入"账户出租无形资产收入的金额,加上"其他业务成本"账户出租无形资产的成本(不含其中的职工薪酬)后的数额填列。

(7)"固定资产报废损失"项目　　该项目根据"营业外支出"账户所属的"盘亏损失——固定资产盘亏"明细账户的净发生额,减去"营业外收入"账户所属的"盘盈利得——固定资产盘盈"明细账户的净发生额后的差额填列。

(8)"公允价值变动损失(减:收益)"项目　　该项目根据利润表中"公允价值变动收益"项目的金额填列,收益用负数反映。

(9)"财务费用"项目　　该项目根据"财务费用"账户发生的利息、筹资费用和汇兑损失的合计数填列。

(10)"投资损失(减:收益)"项目　　该项目根据利润表"投资收益"项目的金额填列,收益用负数反映。

(11)"递延所得税资产减少"项目　　该项目根据资产负债表"递延所得税资产"项目的年初余额减去期末余额后的差额填列。

(12)"递延所得税负债增加"项目　　该项目根据资产负债表"递延所得税负债"项目的期末余额减去年初余额后的差额填列。

(13)"存货的减少(减:增加)"项目　　该项目根据资产负债表"存货"项目的年初余额减去期末余额后的差额填列。

(14)"经营性应收项目的减少(减:增加)"项目　　该项目根据资产负债表"应收票据及应收账款""预付款项"项目的年初余额之和,减去上列各项目的期末余额,加上"其他应收款"账户的年初余额,减去该账户的期末余额,再减去列入本表的"资产减值准备"项目中的计提的坏账准备金额后的数额填列。

(15)"经营性应付项目的增加(减:减少)"项目　　该项目根据资产负债表"应付票据及应付账款""预收款项""应付职工薪酬""应交税费"项目的期末余额之和,减去上述各项目的年初余额之和,加上"其他应付款"账户的期末余额,减去该账户的年初余额,再减去列入本表的"资产减值准备"项目中的计提的存货跌价准备金额后的数额填列。

(16)"其他"项目　　该项目根据资产负债表"其他流动资产"项目的年初余额减去期末余额,再加上"其他流动负债"项目的期末余额减去年初余额后的数额填列。

(17)"经营活动产生的现金流量净额"项目　　该项目根据前列十六个项目之和填列。

2. 不涉及现金收支的重大投资活动和筹资活动各项目的填列方法　　具体表述如下:

(1)"债务转为资本"项目　　该项目反映企业本期转为资本的债务金额。根据"应付票据及应付账款""短期借款""长期借款"和"长期应付款"等负债账户的借方发生额中转为资本的数额填列。

(2) "一年内到期的可转换公司债券"项目　该项目反映企业 1 年内到期的可转换公司债券的本息。根据"应付债券——可转换公司债券"明细账户的贷方发生额分析填列。

(3) "融资租入固定资产"项目　该项目反映企业本期融资租入固定资产计入"长期应付款"账户的金额。根据"长期应付款——融资租入固定资产价款"账户的贷方发生额填列。

3. 现金及现金等价物净增加情况的各项目的填列方法　具体表述如下：

(1) "现金的期末余额""现金的期初余额"项目　这两个项目分别根据资产负债表"货币资金"项目的期末余额和年初余额填列。

(2) "现金等价物的期末余额""现金等价物的期初余额"项目　这两个项目分别根据"交易性金融资产——现金等价物"账户的期末余额和年初余额填列。

【例】根据图表 14-2 资产负债表、图表 14-3 利润表及下列有关资料编制的现金流量表，如图表 14-4 所示。

(1) 期末及年初余额　有关明细账户的期末余额与年初余额如下(单位：元)：

账户名称	期末余额	年初余额
交易性金融资产——现金等价物	100 000	80 000
持有至到期投资——应计利息	4 000	2 000
应交税费——未交增值税	34 100	31 800
应交税费——应交所得税	20 500	19 250

(2) 借贷方发生额　有关账户的借贷方发生额如下(单位：元)：

账户名称	借方	贷方
交易性金融资产	210 000	174 000
其中：现金等价物	120 000	100 000
应收利息	12 000	11 400
其他应收款	32 000	30 400
坏账准备——应收账款		7 500
存货跌价准备		3 600
待摊费用	42 000	36 000
持有至到期投资	70 000	45 000
其中：应计利息	4 000	2 000
固定资产	659 600	226 600
累计折旧	150 000	462 800
在建工程	204 000	153 200
工程物资	55 000	50 500

固定资产减值准备		5 500
累计摊销		9 000
长期待摊费用		12 000
短期借款	450 000	500 000
应付职工薪酬	2 251 730	2 253 300
应交税费——应交增值税——销项税额		908 600
应交税费——应交增值税——进项税额	499 400	
应交税费——未交增值税——转入未交增值税	406 900	409 200
应交税费——应交所得税	240 150	241 400
应付股利	519 840	560 500
其他应付款	19 720	20 880
预提费用	19 600	21 000
应付债券	47 500	100 000
其中：应计利息	15 000	18 000

(3) 主营业务成本有关明细账净发生额　主营业务成本有关明细账户净发生额如下(单位：元)：

工资费用	1 580 000
其他人工费用	466 100
折旧费	437 800
保险费(待摊费用转入)	31 200
车船税	13 600
其他费用(长期待摊费用转入)	12 000

(4) 管理费用有关明细账净发生额　管理费用有关明细账户净发生额如下(单位：元)：

工资费用	160 000
其他人工费用	47 200
保险费(待摊费用转入)	4 800
物料消耗	15 600
低值易耗品摊销	9 100
折旧费	25 000
无形资产摊销	9 000

(5) 财务费用有关明细账净发生额　财务费用有关明细账户净发生额如下(单位：元)：

利息支出	46 800
发行债券费用	100
汇兑损失	3 600

(6) 营业外收入有关明细账净发生额   营业外收入有关明细账户净发生额如下(单位：元)：

非流动资产处置利得(固定资产)	15 600
罚款收入现金	9 900

(7) 营业外支出有关明细账净发生额(单位：元)：   营业外支出有关明细账户净发生额如下

非流动资产处置损失(固定资产)	12 910
捐赠支出现金	18 000
罚款支出现金	7 720

(8) 其他有关资料   其他有关资料如下：

a. 出售与报废的固定资产以现金支付清理费用1 500元，出售固定资产与固定资产残料收入现金80 790元。

b. 增加固定资产、在建工程和工程物资的数额中除固定资产有153 200元系在建工程转入；在建工程有18 000元系应付债券利息，50 500元系工程物资转入外，其余部分均以现金支付。

图表14-4

现 金 流 量 表

编制单位：顺风物流公司　　　2017年度　　　会企03表　单位：元

项　　　目	行次	金　额
一、经营活动产生的现金流量		
销售商品、提供劳务收到的现金	1	9 127 800
收到的税费返还	3	
收到其他与经营活动有关的现金	8	11 060
经营活动现金流入小计	9	9 138 860
购买商品、接受劳务支付的现金	10	4 279 200
支付给职工以及为职工支付的现金	12	2 251 730
支付的各项税费	13	731 640
支付其他与经营活动有关的现金	18	689 020
经营活动现金流出小计	20	7 951 590
经营活动产生的现金流量净额	21	1 187 270
二、投资活动产生的现金流量		

(续表)

项目	行次	金额
收回投资收到的现金	22	117 000
取得投资收益收到的现金	23	18 680
处置固定资产、无形资产和其他长期资产收回的现金净额	25	79 290
处置子公司及其他营业单位收到的现金净额	26	
收到其他与投资活动有关的现金	28	
投资活动现金流入小计	29	214 970
购建固定资产、无形资产和其他长期资产支付的现金	30	702 400
投资支付的现金	31	156 000
取得子公司及其他营业单位支付的现金净额	32	
支付其他与投资活动有关的现金	35	
投资活动现金流出小计	36	858 400
投资活动产生的现金流量净额	37	−643 430
三、筹资活动产生的现金流量		
吸收投资收到的现金	38	82 000
取得借款收到的现金	40	500 000
收到其他与筹资活动有关的现金	43	
筹资活动现金流入小计	44	582 000
偿还债务支付的现金	45	482 500
分配股利、利润或偿付利息支付的现金	46	581 640
支付其他与筹资活动有关的现金	52	100
筹资活动现金流出小计	53	1 064 240
筹资活动产生的现金流量净额	54	−482 240
四、汇率变动对现金及现金等价物的影响	55	−3 600
五、现金及现金等价物净增加额	56	58 000
加:期初现金及现金等价物余额	57	712 000
六、期末现金及现金等价物余额	58	770 000
补充资料		
1. 将净利润调节为经营活动现金流量		
净利润	59	737 500
加:资产减值准备	60	16 600
固定资产折旧	61	462 800
无形资产摊销	62	9 000
长期待摊费用摊销	63	12 000
处置固定资产、无形资产和其他长期资产的损失(收益以"−"号填列)	64	−2 690
固定资产报废损失(收益以"−"号填列)	65	
公允价值变动损失(收益以"−"号填列)	66	−1 080
财务费用(收益以"−"号填列)	67	50 500
投资损失(收益以"−"号填列)	68	−20 200

(续表)

项　　　目	行次	金　额
递延所得税资产减少(增加以"－"号填列)	69	－2 500
递延所得税负债增加(减少以"－"号填列)	70	3 600
存货的减少(增加以"－"号填列)	71	－38 400
经营性应收项目的减少(增加以"－"号填列)	72	－45 900
经营性应付项目的增加(减少以"－"号填列)	73	10 640
其他	74	－4 600
经营活动产生的现金流量净额	75	1 187 270
2. 不涉及现金收支的投资和筹资活动		
债务转为资本	76	
一年内到期的可转换公司债券	77	
融资租入固定资产	78	
3. 现金及现金等价物净增加情况		
现金的期末余额	79	670 000
减：现金的期初余额	80	632 000
加：现金等价物的期末余额	81	100 000
减：现金等价物的期初余额	82	80 000
现金及现金等价物净增加额	83	58 000

现金流量表有关行次数字具体计算如下：

行次 1＝8 260 000＋908 600＋43 900＋1 098 000＋36 400－1 176 800－34 800－7 500
　　　＝9 127 800(元)

行次 8＝9 900＋21 700－20 540＝11 060(元)

行次 10＝6 258 000＋499 400＋15 600＋9 100＋395 200－356 800＋48 000＋132 300＋38 400－
　　　49 600－136 800－36 500＋3 600－1 580 000－466 100－437 800－13 600－31 200－
　　　12 000＝4 279 200(元)

行次 13＝71 250＋13 600＋54 390＋34 100＋20 500－58 200－31 800－19 250＋406 900＋240 150
　　　＝731 640(元)

行次 18＝889 000＋53 300＋38 630－160 000－47 200－4 800－15 600－9 100－25 000－9 000－
　　　46 800－100－3 600－12 910＋42 000＋19 600＋32 000－21 000－30 400＝689 020(元)

行次 22＝174 000－100 000＋45 000－2 000＝117 000(元)

行次 23＝20 200＋1 080＋9 000＋2 000－9 600－4 000＝18 680(元)

行次 25＝80 790－1 500＝79 290(元)

行次 30＝659 600＋204 000＋55 000＋5 500－18 000－153 200－50 500＝702 400(元)

行次 31＝210 000－120 000＋70 000－4 000＝156 000(元)

行次 45＝450 000＋47 500－15 000＝482 500(元)

行次 46＝519 840＋46 800＋18 000＋15 000－18 000＝581 640(元)

行次 60＝7 500＋3 600＋5 500＝16 600(元)

行次 67＝46 800＋100＋3 600＝50 500(元)

行次 72 = 43 900＋1 098 000＋36 500＋31 600－45 800－1 131 000－38 400－33 200－7 500
　　　 ＝－45 900(元)
行次 73 = 49 600＋136 800＋36 400＋33 400＋58 200＋21 700－48 000－132 300－34 800－31 830
　　　 －54 390－20 540－3 600＝10 640(元)
行次 74 = 36 000－42 000＋19 200－17 800＝－4 600(元)

第五节　所有者权益变动表

一、所有者权益变动表的意义和作用

所有者权益变动表是指反映企业在一定会计期间构成所有者权益的各组成部分增减变动情况的报表。它反映了企业所有者权益的结构及其增减变动情况。

通过对所有者权益变动表的分析，可以了解企业实收资本[①]、资本公积、库存股、其他综合收益、盈余公积和未分配利润增减变动的详细情况，了解企业增资扩股的能力及其资金的来源。

二、所有者权益变动内容和结构

所有者权益变动表的结构由表头和正表两个部分组成。

所有者权益变动表的正表分为四个部分，第一部分是上年年末余额。第二部分是本年年初余额，它是上年年末余额加上会计政策变更和前期差错更正后的数额。第三部分是本年增减变动金额，它由综合收益总额、所有者投入和减少资本、利润分配和所有者权益内部结转四小部分组成。第四部分是本年年末余额，它是本年年初余额，加上或减去本年变动金额后的数额。

所有者权益变动表金额栏分为本年金额和上年金额两个部分，"本年金额"栏和"上年金额"栏均采用多栏式，分别划分为实收资本[②]、资本公积、库存股、其他综合收益、盈余公积、未分配利润和所有者权益合计六栏。

所有者权益变动表的格式及其具体内容如图表 14-5 所示。

三、所有者权益变动表的编制方法

(一)"本年金额"栏的填列方法

1. "上年年末余额"项目　　该项目分别根据"实收资本[③]""资本公积""库存股""其他综合收益""盈余公积"和"利润分配——未分配利润"账户上年的年末余额填列。

2. "会计政策变更""前期差错更正"项目　　这两个项目分别根据"盈余公积""利润分配——未分配利润"账户分析填列。

3. "本年年初余额"项目　　该项目根据本表"上年年末余额"项目的金额，加上"会

---

①、②、③　股份有限公司为股本。

图表 14-5

所有者权

编制单位：顺风物流公司　　　　　　　　　　　　　　　　　　　　　　　　　　　　　　　2017

项　　　目	实收资本（或股本）	资本公积	减：库存股	其他综合收益	盈余公积
一、上年年末余额	4 800 000	413 500			300 500
加：会计政策变更					
前期差错更正					
二、本年年初余额	4 800 000	413 500			300 500
三、本年增减变动金额（减少以"－"号填列）					
（一）综合收益总额					
（二）所有者投入和减少资本					
1. 所有者投入资本					
2. 股份支付计入所有者权益的金额					
3. 其他					
（三）利润分配					
1. 提取盈余公积					118 000
2. 对所有者（或股东）的分配					
3. 其他					
（四）所有者权益内部结转					
1. 资本公积转增资本（或股本）	300 000	－300 000			
2. 盈余公积转增资本（或股本）					
3. 盈余公积弥补亏损					
4. 其他					
四、本年年末余额	5 100 000	113 500			418 500

益变动表

会企：04 表
年度 单位：元

金　　额			上　年　金　额						
未分配利润	所有者权益合计	实收资本（或股本）	资本公积	减：库存股	其他综合收益	盈余公积	未分配利润	所有者权益合计	
134 600	5 648 600	4 550 000	413 500			191 060	79 880	5 234 440	
134 600	5 648 600	4 550 000	413 500			191 060	79 880	5 234 440	
	737 500							684 000	
			250 000					250 000	
							109 440		
	560 500							519 840	
59 000							54 720		
193 600	5 825 600	4 800 000	413 500			300 500	134 600	5 648 600	

计政策变更""前期差错更正"两个项目金额后的数额填列。

4. "综合收益总额"项目　　该项目根据"利润表"中"综合收益总额"项目的数额填列。

5. "所有者投入和减少资本"中的三个明细项目　　这三个明细项目分别为"所有者投入资本""股份支付计入所有者权益的金额"和"其他",分别根据"实收资本""资本公积""其他综合收益"账户的发生额分析填列。

6. "利润分配"中的三个明细项目　　这三个明细项目分别为"提取盈余公积""对所有者(或股东)的分配"和"其他",分别根据"利润分配"相关明细账户的净发生额填列。

7. "所有者权益内部结转"中的四个明细项目　　这四个明细项目分别为"资本公积转增资本(或股本)""盈余公积转增资本(或股本)""盈余公积弥补亏损"和"其他",分别根据"实收资本""资本公积""盈余公积"和"利润分配——盈余公积补亏"账户的净发生额分析填列。

8. "本年年末余额"项目　　该项目根据本表的"本年年初余额"项目的金额,加上"综合收益总额"项目的金额,加上或减去"所有者投入和减少资本"中各明细项目的金额,再加上或减去"利润分配"中各明细项目和"所有者权益内部结转"中各明细项目的金额后的数额填列。

(二)"上年金额"栏的填列方法

"上年金额"栏各个项目的数额可以根据该表上一年度的"本年金额"栏各个项目的数额填列。

现根据图表 14-2 资产负债表、图表 14-3 利润表及下列有关资料编制所有者权益变动表如图表 14-5 所示。

1. 本年和上年均未发生会计政策变更和前期差错更正业务,本年将 300 000 元资本公积转增资本,上年所有者追加投资 250 000 元,上年金额中的上年年末余额实收资本为 4 550 000 元,资本公积为 413 500 元,盈余公积为 191 060 元,未分配利润为 79 880 元。

2. 本年"利润分配"各明细分类账户的净发生额分别为提取盈余公积 118 000 元,应付股利 560 500 元,未分配利润 59 000 元;上年"利润分配"各明细分类账户的净发生额分别为提取盈余积 109 440 元,应付股利 519 840 元,未分配利润 54 720 元。

第六节　附　注

一、附注概述

附注是指对资产负债表、利润表、现金流量表和所有者权益变动表等报表中列示项目的文字描述或明细资料,以及对未能在这些报表中列示项目的说明等。

附注可以将财务报表中被高度浓缩的重要信息作进一步的分解、解释或补充,以突出财务报表的重点,增加报表内信息的可理解性,并通过对重要会计政策和会计估计变更以及差错更正的说明,以提高财务报表内信息的可比性。因此附注是财务报表的重要组成部分。

二、附注的主要内容

企业应当按照规定披露附注信息。附注主要包括下列内容。

（一）企业的基本情况

它主要包括：① 企业注册地、组织形式和总部地址。② 企业的业务性质和主要经营活动。③ 母公司以及集团最终母公司名称。④ 财务报告的批准报出者和财务报告批准报出日。

（二）财务报表的编制基础

财务报表的编制基础包括会计年度、记账本位币、会计计量所运用的计量基础等。

（三）遵循企业会计准则的声明

企业应当声明,编制的财务报表符合《企业会计准则》的要求,真实、完整地反映了企业的财务状况、经营成果和现金流量等有关的信息。

（四）重要会计政策和会计估计

企业应当披露采用的重要会计政策和会计估计,届时应当披露重要会计政策的确定依据和财务报表项目的计量基础,以及会计估计中所采用的关键假设和不确定因素。

会计政策是指企业在会计确认、计量和报告中所采用的原则、基础和会计处理方法。

会计估计变更是指由于资产和负债的当前状况及预期经济利益和义务发生了变化,从而对资产或负债的账面或者资产的定期消耗金额进行调整。

（五）会计政策和会计估计变更以及差错更正的说明

企业应当按照《企业会计准则》及其《企业会计准则——应用指南》的规定,披露会计政策和会计估计变更以及差错更正的有关情况。

（六）报表重要项目的说明

企业对报表重要项目的说明,应当按照资产负债表、利润表、现金流量表和所有者权益变动表及其项目列示的顺序,采用文字和数字描述相结合的方式进行披露。报表重要项目的明细金额合计,应当与报表项目金额相衔接。

第七节　前期差错及其更正

一、前期差错概述

（一）前期差错的含义及包括的内容

前期差错是指由于没有运用或错误运用信息,而对前期财务报表造成省略或错报。

上述的信息有两种：一是编报前期财务报表时预期能够取得并加以考虑的可靠信息；二是前期财务报告批准报出时能够取得的可靠信息。

前期差错通常包括计算错误、应用会计政策错误、疏忽或曲解事实、舞弊产生的影响，以及存货、固定资产盘盈等。

（二）前期差错的类型

前期差错按其对财务报表使用者的影响的程度不同，可分为以下两类。

1. 不重要的前期差错　　它是指不足以影响财务报表使用者对企业财务状况、经营成果和现金流量作出正确判断的会计差错。

2. 重要的前期差错　　它是指足以影响财务报表使用者对企业财务状况、经营成果和现金流量作出正确判断的前期差错。前期差错影响的财务报表的金额越大、性质越严重，其重要性就越大。

二、前期差错的更正方法

企业对于不同类型的前期差错，采用不同的更正方法，现分别予以阐述。

（一）不重要的前期差错的更正方法

企业对于不重要的前期差错，不需要调整财务报表相关项目的期初数，但应调整发现当期的相关项目，属于影响损益的，应直接计入当期相关的损益项目。

【例】 2018年1月31日，经检查，沪光物流公司发现2017年多提行政管理部门固定资产折旧费1 200元，予以更正。作分录如下：

借：累计折旧　　　　　　　　　　　　　　　　　　　　　　1 200.00
　　贷：管理费用——折旧费　　　　　　　　　　　　　　　　　　1 200.00

企业发生固定资产盘盈往往是以前年度账务处理差错所造成的，因此也应作为前期差错更正处理。

【例】 2017年12月27日，浦江物流公司盘盈摩托车一辆，经检查发现，该摩托车系2016年12月18日购进，价值9 600元，已计入当月的管理费用。该摩托车预计可使用8年，预计净残值率为4%，该公司固定资产折旧采用年限平均法，予以更正。作分录如下：

借：固定资产　　　　　　　　　　　　　　　　　　　　　　9 600.00
　　贷：累计折旧　　　　　　　　　　　　　　　　　　　　　　1 152.00
　　贷：管理费用　　　　　　　　　　　　　　　　　　　　　　8 448.00

（二）重要的前期差错的更正方法

企业对于重要的前期差错，应当采用追溯重述法进行更正，但确定前期差错累积影响数不切实可行的除外。追溯重述法是指在发现前期差错时，视同该项前期差错从未发生过，从而对财务报表相关项目进行更正的方法。

企业应当在其发现重要的前期差错的当期财务报表中，调整前期比较数据。具体地说,通过下述处理对其进行追溯更正:① 追溯重述差错发生期间列报的前期比较金额。② 如果前期差错发生在列报的最早前期之前,则追溯重述列报的最早前期的资产、负债和所有者权益相关项目的期初余额。

对于发生的重要的前期差错,如果影响损益,应将其对损益的影响数调整发现差错当期的期初留存收益,财务报表其他相关项目的期初数也应一并调整;如果不影响损益,应调整财务报表相关项目的期初数。

【例】 2018年3月25日,经检查,东方物流公司发现2017年多计耗用柴油90 000元,列入"主营业务成本"账户,该公司的所得税税率为25%。公司分别按净利润的10%和6%计提法定盈余公积和任意盈余公积。

1) 分析前期差错的影响数 该公司多计主营业务成本,将会少计利润总额,从而造成少计提应交所得税额和少计净利润,并造成少计提盈余公积。

2) 编制相关项目的调整分录,分述如下:

(1) 冲转多计主营业务成本,作分录如下:

  借:原材料   90 000.00
    贷:以前年度损益调整   90 000.00

(2) 补计提应交所得税额,作分录如下:

  借:以前年度损益调整   22 500.00
    贷:应交税费——应交所得税   22 500.00

(3) 结转"以前年度损益调整"账户,作分录如下:

  借:以前年度损益调整   67 500.00
    贷:利润分配——未分配利润   67 500.00

(4) 补提法定盈余公积和任意盈余公积,作分录如下:

  借:利润分配——未分配利润   10 800.00
    贷:盈余公积——法定盈余公积   6 750.00
      盈余公积——任意盈余公积   4 050.00

3) 财务报表的调整和重述 东方物流公司在列报2018年财务报表时,应调整2018年资产负债表有关项目的年初余额,利润表及所有者权益变动表的上年金额也应进行调整。

(1) 资产负债表相关项目金额的调整 调增"存货"项目年初余额90 000元,调增"应交税费"项目年初余额22 500元;分别调增"盈余公积"项目年初余额和"未分配利润"项目年初余额10 800元和56 700元。

(2) 利润表项目的调整 调减"营业成本"项目上年金额90 000元;分别调增"营

业利润"项目和"利润总额"项目上年金额各 90 000 元;分别调增"所得税费用"项目和"净利润"项目上年金额 22 500 元和 67 500 元;并调增"综合收益总额"项目上年金额 67 500 元。

（3）所有者权益变动表项目的调整　　分别调增"前期差错更正"项目中"盈余公积"栏和"未分配利润"栏上年金额 10 800 元和 56 700 元,以及"所有者权益合计"栏上年金额 67 500 元。

"以前年度损益调整"是损益类账户,用以核算企业本年度发生的调整以前年度损益的事项以及本年发现的重要前期差错更正涉及调整以前年度损益的事项。企业调整增加的以前年度利润或调整减少的以前年度亏损,由于调整减少或增加以前年度利润或亏损而相应减少所得税费用,以及将以前年度多计的净利润结转"利润分配"账户时,记入贷方;企业调整减少的以前年度利润或调整增加的以前年度的亏损,由于调整增加或减少以前年度利润或亏损而相应增加的所得税费用,以及将以前年度少计的净利润结转"利润分配"账户时,记入借方。

三、前期差错更正的披露

企业应当在附注中披露与前期差错更正有关的信息:① 前期差错的性质。② 各个列报前财务报表中受影响的项目名称和更正金额。③ 无法进行追溯重述的,说明该事实和原因以及对前期差错开始进行更正的时点、具体更正情况等。

思 考 题

1. 什么是财务报表？它有哪些作用？
2. 试述财务报表的组成和编制要求。
3. 试述财务报表的分类。
4. 什么是资产负债表？它有哪些作用？其结构怎样？
5. 什么是利润表？它有哪些作用？其结构怎样？
6. 什么是现金流量表？它有哪些作用？其结构怎样？
7. 现金流量表有哪两种编制方法？分述这两种方法的定义。
8. 什么是所有者权益变动表？它有哪些作用？
9. 什么是前期差错？它包括哪些内容？
10. 前期差错有哪两类？分述各类错误的更正方法。

习 题 一

一、目的　　练习财务报表的编制。

第十四章 财务报告

二、资料 永安物流公司 12 月 31 日有关资料如下：

1. 年末结账后有关账户余额如下（单位：元）：

借方余额账户	年末余额	年初余额	贷方余额账户	年末余额	年初余额
库存现金	4 000	3 600	坏账准备	7 500	6 900
银行存款	613 000	575 400	存货跌价准备	3 600	3 450
备用金	3 000	3 000	固定资产减值准备	5 500	3 620
其他货币资金	20 000	18 000	累计折旧	828 280	528 380
交易性金融资产	190 000	166 000	累计摊销	92 000	84 000
应收票据	43 500	41 700	短期借款	458 000	413 000
应收账款	1 041 500	1 014 400	应付票据	47 120	45 600
预付账款	41 480	33 830	应付账款	114 960	113 680
应收利息	9 100	8 500	预收账款	33 580	32 500
其他应收款	31 520	30 000	应付职工薪酬	32 800	31 200
在途物资	24 400	23 200	应交税费	57 600	53 990
原材料	221 900	197 280	应付股利	530 100	500 688
低值易耗品	182 500	166 470	其他应付款	18 480	17 550
待摊费用	41 200	35 280	预提费用	24 560	23 992
持有至到期投资	122 500	96 750	应付债券	513 500	444 000
固定资产	5 356 780	4 923 000	递延所得税负债	59 600	57 200
在建工程	115 000	85 800	实收资本	4 840 000	4 560 000
工程物资	22 800	18 440	资本公积	112 000	392 000
无形资产	150 000	150 000	盈余公积	408 652	297 052
长期待摊费用	120 000	130 000	利润分配	185 648	129 848
递延所得税资产	19 300	18 000			

2. 有关明细分类账户余额及有关资料如下（单位：元）：

	期末余额	年初余额
(1) "应收账款"账户借方余额	1 062 500	1 034 900
"应收账款"账户贷方余额	21 000	20 500
(2) "应付账款"账户借方余额	15 000	12 000
"应付账款"账户贷方余额	129 960	125 680
(3) "持有至到期投资"账户中 1 年内到期的债券	37 500	32 750
(4) "长期待摊费用"账户中 1 年内到期的待摊费用	10 000	10 000
(5) "应付债券"账户中 1 年内到期的债券	47 500	45 000

3. 本年损益类账户净发生额如下(单位:元)

账户名称	12月数	1~11月数
主营业务收入	649 200	6 993 200
其他业务收入	18 800	198 800
主营业务成本	489 500	5 329 100
其他业务成本	12 500	128 900
税金及附加	6 010	65 360
管理费用①	71 600	768 800
财务费用	4 360	46 740
其中:财务费用——利息费用	4 760	46 140
财务费用——利息收入	510	5 490
资产减值损失	3 210	12 590
公允价值变动损益	120	860
投资收益	4 100	15 860
营业外收入	2 100	22 500
营业外支出	5 940	28 930
所得税费用	21 800	212 700

4. 有关明细分类账户的年末余额和年初余额如下(单位:元):

账户名称	年末余额	年初余额
交易性金融资产——现金等价物	90 000	75 000
持有至到期投资——应计利息	3 000	1 750
应交税费——未交增值税	32 390	30 210
应交税费——应交所得税	21 760	20 360

5. 有关总分类账户和明细分类账户的借贷方发生额如下(单位:元):

账户名称	借方金额	贷方金额
交易性金融资产	204 000	180 000
其中:现金等价物	115 000	100 000
应收利息	9 400	8 800
其他应收款	30 800	29 280
坏账准备——应收账款		6 700

---

① 该账户内未发生研发费用。

存货跌价准备		3 500
待摊费用	41 200	35 280
持有至到期投资	78 000	52 250
其中:应计利息	3 000	1 750
固定资产	649 430	217 500
累计折旧	140 000	439 900
在建工程	158 500	129 300
工程物资	56 700	52 340
固定资产减值准备	3 580	5 600
累计摊销		8 000
长期待摊费用		10 000
短期借款	430 000	475 000
应付职工薪酬	2 142 920	2 144 520
应交税费——应交增值税——销项税额		864 600
应交税费——应交增值税——进项税额	475 200	
应交税费——应交增值税——转出未交增值税	389 400	
应交税费——应交所得税	232 000	233 400
应付股利	500 688	530 100
其他应付款	17 270	18 200
预提费用	22 232	22 800
应付债券	56 500	126 000
其中:应计利息	12 000	15 000

6. 主营业务成本有关明细账户净发生额如下(单位:元):

工资费用	1 502 000
其他人工费用	443 090
折旧费	432 670
保险费(待摊费用转入)	30 780
车船税	12 800
其他费用(长期待摊费用转入)	10 000

7. 其他有关账户净发生额:

(1) 管理费用有关明细项目净发生额如下(单位:元):

工资费用	154 000
其他人工费用	45 430
保险费(待摊费用转入)	4 500

物料消耗	14 800
低值易耗品摊销	8 700
折旧费	23 900
无形资产摊销	8 000

（2）财务费用有关明细项目净发生额如下（单位：元）

利息费用	50 900
利息收入	6 000
发行债券费用	90
汇兑损失	3 510

（3）营业外收入有关明细项目净发生额如下（单位：元）：

非流动资产处置利得（固定资产）	16 820
罚款收入现金	7 780

（4）营业外支出有关明细项目净发生额如下（单位：元）：

非流动资产处置损失（固定资产）	16 670
罚款支出现金	6 200
捐赠支出现金	12 000

8. 其他有关资料如下：

（1）出售与报废固定资产以现金支付清理费用2 280元，出售固定资产与固定资产残料收入现金79 930元。

（2）增加固定资产在建工程和工程物资的数额中除固定资产有129 300元系在建工程转入，在建工程有15 000元系应付债券的利息，52 340元系工程物资转入外，其余的均以现金支付。

9. 该公司本年和上年均未发生会计政策变更和前期差错更正业务，本年将280 000元资本公积转增资本，上年投资者追加投资300 000元，上年金额中的上年年末余额实收资本为4 260 000元，资本公积为392 000元，盈余公积为191 644元，未分配利润为77 144元。本年"利润分配"明细分类账户的净发生额分别为提取盈余公积111 600元，应付股利530 100元，未分配利润55 800元。上年综合收益总额为658 800元，"利润分配"明细分类账户的净发生额分别为提取盈余公积105 408元，应付股利500 688元，未分配利润52 704元。

三、要求

1. 根据"资料1""资料2"，编制资产负债表。
2. 根据"资料3"，编制利润表。
3. 根据"资料4""资料5""资料6""资料7""资料8"和资产负债表、利润表编制现金流量表。

4. 根据"资料9"和资产负债表、利润表，编制所有者权益变动表。

习 题 二

一、目的　练习前期差错的更正。

二、资料　光明物流公司2018年发生下列有关的经济业务：

1. 2月5日，经检查发现2017年少提行政管理部门设备折旧费1 200元，予以更正。

2. 2月25日，盘盈计算机一台，经检查该计算机系2017年12月16日购进，价值4 500元，已由行政管理部门领用，并计入当月的管理费用，该计算机预计可使用5年，预计净残值率为4%，该公司固定资产折旧采用年限平均法，予以更正。

3. 3月25日，经检查发现2017年多计耗用柴油80 000元列入"主营业务成本"账户，该公司的所得税税率为25%，公司分别按净利润的10%和6%计提法定盈余公积和任意盈余公积。

三、要求　编制更正分录，并对财务报表进行调整和重述。

附录一

现值系数表

利率 计息期数	1%	2%	3%	4%	5%	6%	7%	8%	9%	10%
1	0.9901	0.9804	0.9709	0.9615	0.9524	0.9434	0.9346	0.9259	0.9174	0.9091
2	0.9803	0.9612	0.9426	0.9246	0.9070	0.8900	0.8734	0.8573	0.8417	0.8264
3	0.9706	0.9423	0.9151	0.8890	0.8638	0.8396	0.8163	0.7938	0.7722	0.7513
4	0.9610	0.9238	0.8885	0.8548	0.8227	0.7921	0.7629	0.7350	0.7084	0.6830
5	0.9515	0.9057	0.8626	0.8219	0.7835	0.7473	0.7130	0.6806	0.6499	0.6209
6	0.9420	0.8880	0.8375	0.7903	0.7462	0.7050	0.6663	0.6302	0.5963	0.5645
7	0.9327	0.8706	0.8131	0.7599	0.7107	0.6651	0.6227	0.5835	0.5470	0.5132
8	0.9235	0.8535	0.7894	0.7307	0.6768	0.6274	0.5820	0.5403	0.5019	0.4665
9	0.9143	0.8368	0.7664	0.7026	0.6446	0.5919	0.5439	0.5002	0.4604	0.4241
10	0.9052	0.8203	0.7441	0.6756	0.6139	0.5584	0.5083	0.4632	0.4224	0.3855
11	0.8963	0.8043	0.7224	0.6496	0.5847	0.5268	0.4751	0.4289	0.3875	0.3505
12	0.8874	0.7885	0.7014	0.6246	0.5568	0.4970	0.4440	0.3971	0.3555	0.3186
13	0.8787	0.7730	0.6810	0.6006	0.5303	0.4688	0.4150	0.3677	0.3262	0.2897
14	0.8700	0.7579	0.6611	0.5775	0.5051	0.4423	0.3878	0.3405	0.2992	0.2633
15	0.8613	0.7430	0.6419	0.5553	0.4810	0.4173	0.3624	0.3152	0.2745	0.2394
16	0.8528	0.7284	0.6232	0.5339	0.4581	0.3936	0.3387	0.2919	0.2519	0.2176
17	0.8444	0.7142	0.6050	0.5134	0.4363	0.3714	0.3166	0.2703	0.2311	0.1978
18	0.8360	0.7002	0.5874	0.4936	0.4155	0.3503	0.2959	0.2502	0.2120	0.1799
19	0.8277	0.6864	0.5703	0.4746	0.3957	0.3305	0.2765	0.2317	0.1945	0.1635
20	0.8195	0.6730	0.5537	0.4564	0.3769	0.3118	0.2584	0.2145	0.1784	0.1486
21	0.8114	0.6598	0.5375	0.4388	0.3589	0.2942	0.2415	0.1978	0.1637	0.1351
22	0.8034	0.6468	0.5219	0.4220	0.3418	0.2775	0.2257	0.1839	0.1502	0.1228
23	0.7954	0.6342	0.5067	0.4057	0.3256	0.2618	0.2109	0.1703	0.1378	0.1117
24	0.7876	0.6217	0.4919	0.3901	0.3101	0.2470	0.1971	0.1577	0.1264	0.1015
25	0.7798	0.6095	0.4776	0.3751	0.2953	0.2330	0.1842	0.1460	0.1160	0.0923

附录二

年金现值系数表

利率 计息期数	1%	2%	3%	4%	5%	6%	7%	8%	9%	10%
1	0.9901	0.9804	0.9709	0.9615	0.9524	0.9434	0.9346	0.9259	0.9174	0.9091
2	1.9704	1.9416	1.9135	1.8861	1.8594	1.8334	1.8080	1.7833	1.7591	1.7355
3	2.9410	2.8839	2.8286	2.7751	2.7232	2.6730	2.6243	2.5771	2.5313	2.4869
4	3.9020	3.8077	3.7171	3.6299	3.5460	3.4651	3.3872	3.3121	3.2397	3.1699
5	4.8534	4.7135	4.5797	4.4518	4.3295	4.2124	4.1002	3.9927	3.8897	3.7908
6	5.7955	5.6014	5.4172	5.2421	5.0757	4.9173	4.7665	4.6229	4.4859	4.3553
7	6.7282	6.4720	6.2303	6.0021	5.7864	5.5824	5.3893	5.2064	5.0330	4.8684
8	7.6517	7.3255	7.0197	6.7327	6.4632	6.2098	5.9713	5.7466	5.5348	5.3349
9	8.5660	8.1622	7.7861	7.4353	7.1078	6.8017	6.5152	6.2469	5.9952	5.7590
10	9.4713	8.9826	8.5302	8.1109	7.7217	7.3601	7.0236	6.7101	6.4177	6.1446
11	10.3676	9.7868	9.2526	8.7605	8.3064	7.8869	7.4987	7.1390	6.8052	6.4951
12	11.2551	10.5753	9.8540	9.3851	8.8633	8.3838	7.9427	7.5361	7.1607	6.8137
13	12.1337	11.3484	10.6350	9.9856	9.3936	8.8527	8.3577	7.9038	7.4869	7.1034
14	13.0037	12.1062	11.2961	10.5631	9.8986	9.2650	8.7455	8.2442	7.7862	7.3667
15	13.8651	12.8493	11.9379	11.1184	10.3797	9.7122	9.1079	8.5596	8.0607	7.6061
16	14.7179	13.5777	12.5611	11.6523	10.8378	10.1059	9.4466	8.8514	8.3126	7.8237
17	15.5623	14.2919	13.1661	12.1657	11.2741	10.4773	9.7632	9.1216	8.5436	8.0216
18	16.3983	14.9920	13.7535	12.6593	11.6896	10.8276	10.0591	9.3719	8.7556	8.2014
19	17.2260	15.6785	14.3238	13.1339	12.0853	11.1581	10.3356	9.6036	8.9501	8.3649
20	18.0456	16.3514	14.8775	13.5903	12.4622	11.4699	10.5940	9.8181	9.1285	8.5136
21	18.8570	17.0112	15.4150	14.0292	12.8212	11.7641	10.8355	10.0168	9.2922	8.6487
22	19.6604	17.6580	15.9369	14.4511	13.1630	12.0416	11.0612	10.2007	9.4424	8.7715
23	20.4558	18.2922	16.4436	14.8568	13.4886	12.3034	11.2722	10.3711	9.5802	8.8832
24	21.2434	18.9139	16.9355	15.2470	13.7986	12.5504	11.4693	10.5288	9.7066	8.9847
25	22.0232	19.5235	17.4131	15.6221	14.0939	12.7834	11.6536	10.6748	9.8226	9.0070

丁元霖最新财会系列丛书

商品流通企业会计	定价：48.50 元
商品流通企业会计习题与解答	定价：36.00 元
商品流通企业会计模拟实习	定价：32.00 元
商品流通企业会计模拟实习解答	定价：14.00 元
旅游饮食服务业会计	定价：45.00 元
旅游饮食服务业会计习题与解答	定价：24.00 元
银行会计	定价：48.00 元
银行会计习题与解答	定价：28.00 元
外贸会计	定价：39.00 元
外贸会计习题与解答	定价：28.80 元
物流企业会计	定价： 元
物流企业习题与解答	定价：22.00 元

全国各地新华书店、经济书店均有销售

本社发行科可以办理邮购

电话：021-64411389、64411367　　传真：021-64411325

地址：上海市中山西路 2230 号　　邮编：200235

邮购汇款额＝书款＋邮资(书款总额 10％)＋邮挂费(3 元)

丁元霖最新财会系列教材

会计学基础 定价：35.00元

会计学基础习题与解答 定价：31.00元

财务会计 定价：42.00元

财务会计习题与解答 定价：28.00元

成本会计 定价：43.00元

成本会计习题与解答 定价：29.00元

财务管理 定价：33.00元

财务管理习题与解答 定价：12.50元

管理会计 定价：27.00元

管理会计习题与解答 定价：13.50元

税务会计 定价：25.00元

税务会计习题与解答 定价：18.00元

全国各地新华书店、经济书店均有销售

本社发行科可以办理邮购

电话：021-64411389、64411367　　　传真：021-64411325

地址：上海市中山西路2230号　　　邮编：200235

邮购汇款额＝书款＋邮资(书款总额10％)＋邮挂费(3元)